Martin

Leitfaden für den Erlass von Verfügungen

Leitfaden für den Erlass von Verfügungen

Grundlagen – Inhalt – Form – Rechtswirkungen

von

Jürg Martin
Dr. iur., Rechtsanwalt

Schulthess Polygraphischer Verlag Zürich 1996

© Schulthess Polygraphischer Verlag AG, Zürich 1996
ISBN 3 7255 3424 1

Inhaltsverzeichnis

Abkürzungsverzeichnis   XIII
Literaturverzeichnis   XVII

Einleitung   1

1. Eingrenzung des Themas   3

2. Der Begriff der Verfügung   4
2.1 Zweck   4
2.2 Begriffsmerkmale   4
2.3 Abgrenzungen   8
    2.3.1 Vom rechtsetzenden Erlass   8
    2.3.2 Von formlosen Äusserungen der Verwaltungsbehörde   10
       2.3.2.1 Auskünfte, Mitteilungen, Hinweise, Orientierungen, Vorschläge   10
       2.3.2.2 Angaben über die künftige Praxis   11
       2.3.2.3 Belehrungen, Empfehlungen, Ermahnungen, Androhungen   11
       2.3.2.4 Rechnungen, Mahnungen, Bestätigungen früherer Verfügungen   12
       2.3.2.5 Fragen   12
       2.3.2.6 Nichteintreten auf Aufsichtsbeschwerden   12
    2.3.3 Von verwaltungsinternen Vorgängen   13
       2.3.3.1 Dienstanweisungen   13
       2.3.3.2 Organisatorisches   13
       2.3.3.3 Zustimmungen, Stellungnahmen, Berichte etc. anderer Ämter   14
    2.3.4 Von privatrechtlichem Handeln   14
    2.3.5 Von politischen Beschlüssen   16
2.4 Arten von Verfügungen   17
    2.4.1 Konstitutive und deklaratorische Verfügungen   18
    2.4.2 Materielle und Verfahrensverfügungen   19
    2.4.3 «Ausnahmebewilligungen»   19
       2.4.3.1 Zum Begriff   19

Inhaltsverzeichnis

		2.4.3.2 Voraussetzungen und Schranken der Erteilung	20
		2.4.3.3 Anspruch auf eine Ausnahmebewilligung?	23
	2.4.4	Feststellungsverfügungen	24
	2.4.5	Strafverfügungen, Verfügungen im Bereich des Straf- und Massnahmenvollzugs und solche mit strafähnlichem Charakter	25
	2.4.6	Allgemeinverfügungen	26
2.5	Nebenbestimmungen in Verfügungen		28
	2.5.1	Allgemeine Grundsätze	28
	2.5.2	Schranken	30
	2.5.3	Die Bedingung	34
	2.5.4	Die Befristung	34
	2.5.5	Die Auflage	35
	2.5.6	Der Revers	35
	2.5.7	Entzug der aufschiebenden Wirkung	36
	2.5.8	Finanzielle Nebenregelungen	37
3	**Das Verfahren bis zum Erlass**		**38**
3.1	Die Zuständigkeit		38
	3.1.1	Zur Entscheidfällung	38
	3.1.2	Zur Beurteilung von Vorfragen	40
3.2	Die Zulässigkeit des Verfügungswegs		44
3.3	Adressat und Vertreter		45
3.4	Der Ausstand		48
3.5	Verfahrenseinleitung und Festlegung des Verfahrensgegenstandes (Offizialmaxime)		52
	3.5.1	Von Amtes wegen	52
	3.5.2	Auf Antrag	52
3.6	Verfahrenskoordination und Teilung von Verfahren		53
3.7	Entscheide vor und während dem Hauptverfahren		56
	3.7.1	Vorsorgliche Massnahmen	56
		3.7.1.1 Vorsorgliche Massnahmen i.e.S.	56
		3.7.1.2 Superprovisorische Massnahmen	58
	3.7.2	Vorentscheide	59
	3.7.3	Zwischenentscheide	60
	3.7.4	Teilentscheide	61

3.8	Die Feststellung des Sachverhalts		61
	3.8.1	Feststellung von Amtes wegen (Untersuchungsmaxime), Mitwirkungsrechte und -pflichten	61
	3.8.2	Ausmass und Intensität der Sachverhaltsfeststellung	64
	3.8.3	Beweislast	65
	3.8.4	Beweismittel	67
	3.8.5	Beweiswürdigung	69
3.9	Die Gewährung des rechtlichen Gehörs		70
	3.9.1	Inhalt des Anspruchs auf rechtliches Gehör	71
		3.9.1.1 Allgemeines	71
		3.9.1.2 Teilgehalte	72
	3.9.2	Schranken	79
	3.9.3	Folgen bei Verletzung	80
3.10	Das Verbot formeller Rechtsverweigerung		81
3.11	Unentgeltliche Rechtspflege und Verbeiständung		84
3.12	Die Entscheidfällung		85
4.	**Die Rechtmässigkeit des Inhalts**		**87**
4.1	Rechtsanwendung von Amtes wegen		87
4.2	Die gesetzliche Grundlage		87
	4.2.1	Grundsatz	87
		4.2.1.1 Inhaltliche Tauglichkeit	88
		4.2.1.2 Genauigkeit	90
		4.2.1.3 Stufe des Erlasses	92
	4.2.2	Der unbestimmte Rechtsbegriff	95
	4.2.3	Ermessen	97
	4.2.4	Die polizeiliche Generalklausel	100
	4.2.5	Lückenfüllung	101
	4.2.6	Gewohnheitsrecht	104
	4.2.7	Gebühren	104
4.3	Die Gesetzes- und Verfassungsmässigkeit im allgemeinen		106
4.4	Wichtige verfassungsmässige Rechte und Grundsätze		109
	4.4.1	Geltungsbereich	109
		4.4.1.1 Bei staatlichen Leistungen	109
		4.4.1.2 Für Ausländer	110
		4.4.1.3 Für juristische Personen	111

		4.4.1.4 Bei privatrechtlichem Handeln der Behörde	111
		4.4.1.5 Unter Privaten	112
	4.4.2	Die Rechtsgleichheit	113
	4.4.3	Das Willkürverbot	118
	4.4.4	Treu und Glauben	121
		4.4.4.1 Bei der Auslegung	122
		4.4.4.2 Schutz- und Aufklärungspflicht	122
		4.4.4.3 Bindung an Auskünfte und anderes vertrauenerweckendes Verhalten	123
		4.4.4.4 Verbot widerspruchsvollen Verhaltens	126
		4.4.4.5 Das Verbot des Rechtsmissbrauchs	128
		4.4.4.6 Schranken	129
	4.4.5	Exkurs: Wohlerworbene Rechte	131
		4.4.5.1 Voraussetzungen	131
		4.4.5.2 Rechtswirkungen	133
	4.4.6	Das öffentliche Interesse	133
	4.4.7	Verhältnismässigkeit	136
		4.4.7.1 Eignung	137
		4.4.7.2 Erforderlichkeit	137
		4.4.7.3 Verhältnismässigkeit i.e.S.	138
	4.4.8	Religionsfreiheit	141
	4.4.9	Eigentumsgarantie	141
	4.4.10	Handels- und Gewerbefreiheit	142
	4.4.11	Meinungsäusserungs- und Versammlungsfreiheit, Petitionsrecht	143
	4.4.12	Persönliche Freiheit	144
4.5	Die Voraussetzungen für die Einschränkung verfassungsmässiger Rechte		144
	4.5.1	Gesetzliche Grundlage	144
	4.5.2	Öffentliches Interesse	145
	4.5.3	Verhältnismässigkeit	149
		4.5.3.1 Eignung	150
		4.5.3.2 Erforderlichkeit	150
		4.5.3.3 Verhältnismässigkeit i.e.S.	152
4.6	Die EMRK und andere Staatsverträge		153

5.	**Pflicht zum Erlass einer Verfügung**	154
5.1	Pflicht zum Eintreten auf Begehren	154
5.2	Gesetzliche Pflicht zum Erlass einer Verfügung, insbesondere Wiederherstellung des rechtmässigen Zustands	154
5.3	Rechtsanspruch auf eine Verfügung	157
5.4	«Obliegenheit»	158
6.	**Die Form der Verfügung**	160
6.1	Der Titel	161
6.2	Der Absender	161
6.3	Adressat und Vertreter	162
6.4	Die Sprache	162
6.5	Der Sachverhalt	162
6.6	Die Begründung	163
	6.6.1 Form	163
	6.6.2 Inhalt	163
6.7	Das Dispositiv	165
6.8	Die Rechtsmittelbelehrung	166
6.9	Die Unterschrift	168
6.10	Die Eröffnung	169
	6.10.1 Allgemeine Grundsätze	169
	6.10.2 Zustellformen	171
6.11	Zusammenfassung	172
7.	**Exkurs: Der Abschluss von Verträgen durch die Verwaltungsbehörde**	174
8.	**Die Verfügung als Rechtsöffnungstitel**	182
9.	**Wiedererwägung, Widerruf, Revision, Aufhebung**	185
9.1	Wiedererwägung	186
9.2	Widerruf	188
	9.2.1 Umstände, die zum Widerruf berechtigen	188
	9.2.2 Umstände, die nicht zum Widerruf berechtigen	191

	9.2.3 «Unwiderrufbare» Verfügungen	192
	9.2.4 Interessenabwägung	193
9.3	Revision	195
9.4	Aufhebung	198

10. Nichtigkeit ... 200

10.1 Die Nichtigkeitsgründe ... 200

10.2 Die allgemeinen Voraussetzungen ... 203

10.3 Interessenabwägung ... 203

11. Rechtskraft und Vollzug ... 204

11.1 «Rechtskraft» ... 204

11.2 Vollzug ... 205

    11.2.1 Form und Grundlage ... 206

    11.2.2 Voraussetzungen und Schranken ... 208

    11.2.3 Vollzugsmassnahmen ... 208

    11.2.4 Zeitpunkt des Vollzugs ... 210

12. Intertemporales Recht ... 211

12.1 Übersicht ... 211

12.2 Echte Rückwirkung ... 213

12.3 Unechte Rückwirkung ... 214

12.4 Vorwirkung ... 215

12.5 «Unechte» Nachwirkung ... 218

12.6 «Echte» Nachwirkung ... 218

12.7 Rechtsänderungen während des Verfahrens ... 219

Checkliste zum Erlass von Verfügungen ... 220

Anhang: Beispiele ... 223

Übersicht über die Beispielsammlung ... 224

Beispiel 1: Superprovisorische Verfügungen betr. Ausschluss von der Vergabe öffentlicher Arbeiten ... 226

Beispiel 2: Rückweisung einer unklaren und ungebührlichen Eingabe ... 230

Beispiel 3: Verfahrensverfügung betr. Ergänzung von Eingaben, Kostenvorschuss (Formular) ... 232

Beispiel 4:	Teilweise Gutheissung eines Gesuches um Akteneinsicht	233
Beispiel 5:	Abweisung eines Gesuches um Ausbildungsbeiträge in Briefform	238
Beispiel 6:	Zusicherung eines Förderungsbeitrages mit Auflagen	239
Beispiel 7:	Optische Gestaltung einer Verfügung	241
Beispiel 8:	«Wahl» eines Beamten	242
Beispiel 9:	Beendigung eines Beamtenverhältnisses	243
Beispiel 10:	Gutheissung des Erweiterungsgesuchs eines Gastwirtschaftsbetriebs	244
Beispiel 11:	Führerausweisentzug, Kurzverfügung	248
Beispiel 12:	Führerausweisentzug, ausführlich begründete Verfügung	250
Beispiel 13:	Führerausweisentzug auf unbestimmte Dauer wegen Alkoholabhängigkeit	256
Beispiel 14:	Ausschluss aus der Jagdberechtigung wegen mangelnder Vorsicht mit der Waffe	262
Beispiel 15:	Verweigerung der Verlängerung einer Aufenthaltsbewilligung	267
Beispiel 16:	Abweisung eines Steuererlassgesuchs	268
Beispiel 17:	Teilweise Nichteintreten auf ein Steuererlassgesuch	271
Beispiel 18:	Pfandrechts – Verfügung (Grundstückgewinnsteuer)	274
Beispiel 19:	Genehmigung eines Wegprojektes, Verfahrenskoordination	277
Beispiel 20:	Ausnahmebewilligung für eine Trafostation ausserhalb der Bauzone, Kurzverfügung	280
Beispiel 21:	Zustimmung zur Erteilung einer Ausnahmebewilligung für eine Beschneiungsanlage ausserhalb der Bauzone	282
Beispiel 22:	Verweigerung der aufschiebenden Wirkung	289
Beispiel 23:	Abschreiben eines Wiedererwägungsgesuchs wegen Rückzug	292
Beispiel 24:	Behandlung des bedingten Rückzugs einer Eingabe	293
Beispiel 25:	Widerruf einer Verfügung und Feststellungsverfügung	296
Beispiel 26:	Unzulässiger Widerruf während des Rechtsmittelverfahrens	299
Beispiel 27:	Nicht anfechtbare Vollzugsanordnung	303
Beispiel 28:	Italienische Verfügung	308
Beispiel 29:	Antwort auf ein privatrechtliches Angebot	311
Sachregister		313

Abkürzungsverzeichnis

a.a.O.	am angeführten Ort
Abs.	Absatz
AG	Aktiengesellschaft
AG	Aargau
AGVE	Aargauische Gerichts- und Verwaltungsentscheide
AHV	Alters- und Hinterlassenenversicherung
Anm. d. Verf.	Anmerkung des Verfassers
ANAG	Bundesgesetz über Aufenthalt und Niederlassung der Ausländer, SR 142.20
AR	Appenzell Ausserrhoden
AR GVP	Appenzell-ausserrhodische Gerichts- und Verwaltungspraxis
Art.	Artikel
AZ	Ausnützungsziffer
BE	Bern
betr.	betreffend
BG	Bundesgesetz
BGE	Entscheidungen des Schweizerischen Bundesgerichts
BJM	Basler Juristische Mitteilungen
BL	Baselland
BLVGE	Basellandschaftliche Verwaltungsgerichtsentscheide
BR	Baurecht, Seminar für Schweizerisches Baurecht, Universität Freiburg
BS	Baselstadt
BV	Bundesverfassung der Schweizerischen Eidgenossenschaft, SR 101
BVG	Bundesgesetz über die berufliche Alters-, Hinterlassenen- und Invalidenvorsorge, SR 831.40
BVR	Bernische Verwaltungsrechtsprechung
bzw.	beziehungsweise
ca.	circa

Abkürzungsverzeichnis

d.h.	das heisst
Diss.	Dissertation
EG	Einführungsgesetz
EGV SZ	Entscheide der Gerichts- und Verwaltungsbehörden des Kantons Schwyz
EJPD	Eidgenössisches Justiz- und Polizeidepartement
EMRK	Konvention zum Schutze der Menschenrechte und Grundfreiheiten (vom 4. November 1950)
etc.	et cetera
ev.	eventuell
f / ff	folgende Seite(n)
GR	Graubünden
GVP	Gerichts- und Verwaltungspraxis
HGF	Handels- und Gewerbefreiheit
i.d.R.	in der Regel
i.e.S.	im engeren Sinn
IV	Invalidenversicherung
i.V.m.	in Verbindung mit
Kt.	Kanton
LGVE	Luzerner Gerichts- und Verwaltungsentscheide
lit.	litera
LU	Luzern
m.E.	meines Erachtens
N	Note
NGVP	Nidwaldner Gerichts- und Verwaltungspraxis
NHG	Bundesgesetz über den Natur- und Heimatschutz, SR 451
Nr.	Nummer
NW	Nidwalden
o.ä.	oder ähnliches
OR	Schweizerisches Obligationenrecht, SR 220
OW	Obwalden

OW VVGE	Verwaltungs- und Verwaltungsgerichtsentscheide des Kantons Obwalden
PBG	Planungs- und Baugesetz
PKG	Praxis des Kantonsgerichtes von Graubünden
PTT	Post-, Telefon- und Telegrafenbetriebe
PVG	Praxis des Verwaltungsgerichtes des Kantons Graubünden
RB	Rechenschaftsbericht des Verwaltungsgerichts des Kantons Zürich
RPG	Bundesgesetz über die Raumplanung, SR 700
RPR	Rekurspraxis der Regierung des Kantons Graubünden
Rz	Randziffer
s.	siehe
S.	Seite
SBB	Schweizerische Bundesbahnen
SchKG	Bundesgesetz über Schuldbetreibung und Konkurs, SR 281.1
SG	St. Gallen
SG GVP	St. Galler Gerichts- und Verwaltungspraxis
SH	Schaffhausen
SH AOG	Amtsbericht des Obergerichts an den Grossen Rat des Kantons Schaffhausen
SO	Solothurn
sog.	sogenannt
SOG	Solothurnische Gerichtspraxis
SR	Systematische Sammlung des Bundesrechts
StGB	Schweizerisches Strafgesetzbuch, SR 311.0
SZ	Schwyz
TG	Thurgau
TVR	Thurgauische Verwaltungsrechtspflege
u.a.	und anderes
u.ä.	und ähnliches
USG	Bundesgesetz über den Umweltschutz, SR 814.01
usw.	und so weiter

Abkürzungsverzeichnis

vgl.	vergleiche
VPB	Verwaltungspraxis der Bundesbehörden
VRG	Gesetz über den Rechtsschutz in Verwaltungssachen
VVG	Bundesgesetz über den Versicherungsvertrag, SR 221.229.1
VwVG	Bundesgesetz über das Verwaltungsverfahren, SR 172.021
WUST	Warenumsatzsteuer
z.B.	zum Beispiel
ZBl	Schweizerisches Zentralblatt für Staats- und Verwaltungsrecht
ZG	Zug
ZGB	Schweizerisches Zivilgesetzbuch, SR 210
ZG GVP	Gerichts- und Verwaltungspraxis des Kantons Zug
ZH	Zürich
ZH RB	Rechenschaftsbericht des Verwaltungsgerichts des Kantons Zürich
Ziff.	Ziffer
ZR	Blätter für Zürcherische Rechtsprechung
z.T.	zum Teil

Literaturverzeichnis

Aubert Jean-François	Bundesstaatsrecht der Schweiz. Fassung von 1967 und Nachtrag bis 1994. Band II. Verlag Helbing & Lichtenhahn Basel/Frankfurt am Main 1995.
Gygi Fritz	Verwaltungsrecht. Eine Einführung. Verlag Stämpfli & Cie AG Bern 1986.
Häfelin Ulrich/ **Haller** Walter	Schweizerisches Bundesstaatsrecht. 3. Auflage. Schulthess Polygraphischer Verlag Zürich 1993.
Häfelin Ulrich/ **Müller** Georg	Grundriss des Allgemeinen Verwaltungsrechts. 2., neu bearbeitete Auflage. Schulthess Polygraphischer Verlag Zürich 1993.
Imboden Max/ **Rhinow** René	Schweizerische Verwaltungsrechtsprechung. Band I: Allgemeiner Teil. Band II: Besonderer Teil. Verlag Helbing & Lichtenhahn Basel/Frankfurt am Main 1986. (zit. Imboden/Rhinow Nr. ...) (zit. Imboden/Rhinow/Krähenmann Nr. ..., wenn es auch den Ergänzungsband betrifft)
Jaag Tobias	Die Abgrenzung zwischen Rechtsatz und Einzelakt. Schulthess Polygraphischer Verlag Zürich 1985.
Knapp Blaise	Grundlagen des Verwaltungsrechts. Bände I + II. Verlag Helbing & Lichtenhahn Basel/Frankfurt am Main 1992/93.
Kölz Alfred/ **Häner** Isabelle	Verwaltungsverfahren und Verwaltungsrechtspflege des Bundes. Schulthess Polygraphischer Verlag Zürich 1993.
Rhinow René/ **Krähenmann** Beat	Schweizerische Verwaltungsrechtsprechung. Ergänzungsband zur 5. Auflage der Schweizerischen Verwaltungsrechtsprechung von Max Imboden und René Rhinow. Verlag Helbing & Lichtenhahn Basel/Frankfurt am Main 1990. (zit. Rhinow/Krähenmann Nr. ...)
Schwarzenbach Hans Rudolf	Tafeln zum allgemeinen Verwaltungsrecht, Schulthess Polygraphischer Verlag Zürich 1995.
Stadelwieser Jürg	Die Eröffnung von Verfügungen. Dissertation der Hochschule St. Gallen 1994.

Einleitung

Den Vorgänger dieses Leitfadens durfte ich als Student vor bald 15 Jahren für die Stadt Winterthur erstellen. Der damalige Stadtschreiber führte in seinem Vorwort unter anderem aus:

> **«Die heute allgemein festzustellende Tendenz, jede behördliche Verfügung anzuzweifeln oder gar anzufechten, macht es nötiger denn je, auch in formeller Hinsicht grösste Vorsicht bei der Formulierung von Erlassen anzuwenden.»**

In zehn Jahren Advokatur und Privatwirtschaft habe ich oft die Gegenposition gehört, beispielsweise:

> **«Die heute allgemein festzustellende Tendenz, jede Tätigkeit zu regeln oder gar zu verbieten, macht es nötiger denn je, behördliche Verfügungen anzuzweifeln und wenn möglich anzufechten.»**

Dem Ausgleich zwischen diesen Positionen und damit dem Frieden zwischen Bürger und Behörde und der Vermeidung unnötiger Beanspruchung der Gerichte möge das vorliegende Werk dienen.

Es ist ganz **auf die Bedürfnisse des Praktikers,** sei er Beamter, Verfügungsadressat oder Anwalt, **ausgerichtet.** Ob der Auswahl und Reihenfolge werden dem systematisch denkenden Juristen (eingeschlossen mir selbst) die Haare zu Berge stehen. Doch es gibt genügend Lehrbücher des Verwaltungsrechts; der Leitfaden will nicht mit ihnen konkurrieren. Er folgt dem Verfahrensablauf und behandelt die Rechtsfragen in der Reihenfolge, in welcher sie sich dem Praktiker darbieten.

Entsprechend ist die Auswahl der Erkenntnisquellen: Das «Gerippe» basiert auf den wichtigsten Standardlehrbüchern. Es wird ausgefüllt durch Rechtsprechung aus den letzten ca. zehn Jahren. Der Leitfaden versteht sich nicht als Beitrag zur Rechtswissenschaft und verzichtet daher auf eine Auseinandersetzung mit der Literatur und weitgehend auch mit den zitierten Entscheiden. Entwicklungen in der Rechtsprechung werden nur erwähnt, wo sie eine Bedeutung für das in Zukunft zu Erwartende haben, sonst wird jeweils nur der letzte Entscheid zu einem Thema zitiert.

Im übrigen wird auch nicht eingegangen auf den Inhalt gesetzlicher Regelungen, da sie in jedem Kanton anders und dem Leser in der Regel bekannt oder leicht zugänglich sind.

Bei Zitaten aus Entscheidsammlungen wird die Seite angegeben, bei Lehrbüchern wegen der Möglichkeit neuer Auflagen die Numerierung.

Einleitung

Dem Nichtjuristen sei, damit er die Übersicht behalte, die Verwendung der beigelegten **Checkliste** empfohlen.

An dieser Stelle danke ich herzlich allen, welche zum Gelingen dieses Buches beigetragen haben, insbesondere den kantonalen Amtsstellen, die mir Material für die Beispielsammlung geliefert haben, sowie

- meiner lieben Frau Elsbeth für die viele Schreibarbeit,
- meinem geschätzten Kollegen lic. iur. Franco Donati für die kritische Durchsicht aus der Optik des erfahrenen Verwaltungspraktikers sowie
- cand. iur. Ariane Heller für die sorgfältige formelle und inhaltliche Überarbeitung.

1. Eingrenzung des Themas

Die vorliegende Arbeit befasst sich mit dem Erlass von Verfügungen, d.h. mit dem **erstinstanzlichen, nichtstreitigen Verwaltungsverfahren,** das zu einem rechtsgestaltenden oder -feststellenden Hoheitsakt in einem Einzelfall gegen einzelne oder mehrere Rechtsunterworfene führt. Nicht behandelt werden insbesondere die Rechtsmittelverfahren und die im kontradiktorischen Verfahren ergehenden Entscheide.

Sie stützt sich im wesentlichen auf die Standardlehrbücher des Verwaltungs- und Verfahrensrechts, einzelne neuere Dissertationen sowie insbesondere Entscheide des Bundes- und oberer kantonaler Gerichte und Verwaltungsinstanzen. Im übrigen werden auch Entscheide zitiert, die nicht eine Verfügung oder nicht einmal das Verwaltungsrecht betreffen, aber dennoch als Beispiel etwa für eine Interessenabwägung, eine Beweiswürdigung oder ähnliches dienen können. Dabei ist zu beachten, dass jede Verfügung auf Grund einer einschlägigen Gesetzgebung erlassen wird und das Verwaltungsverfahrensgesetz des entsprechenden Gemeinwesens Anwendung findet. **Die Betrachtung oder «Benützung» der Präjudizien kann daher auch bei gleich gelagertem Sachverhalt nicht unbesehen, sondern immer nur mit Rücksicht auf die zu Grunde liegende Gesetzgebung erfolgen.**

Das anwendbare kantonale Verfahrensrecht wird aber mehr und mehr durchdrungen vom Bundesrecht: Die zu den Garantien der Bundesverfassung ergangenen Entscheide definieren in aller Regel einen **Minimalstandard,** von dem das kantonale oder kommunale Recht nur zugunsten des Betroffenen abweichen darf. Zusätzlich misst das Bundesgericht immer öfter Vorschriften des Bundesverfahrensrechts **«allgemeine Tragweite»** zu und wendet sie auf kantonale Verfahren an (vgl. *O. Vogel* in ZBJV 1993, 457). In einem so schwierigen rechtlichen Umfeld das richtige Vorgehen zu wählen, ist eine anspruchsvolle Aufgabe für den Verwaltungsbeamten, die ihm mit diesem Leitfaden etwas erleichtert werden soll.

2. Der Begriff der Verfügung

«Verfügung» ist eine Bezeichnung, welche Gesetzgeber, Gerichte und Rechtslehre einer bestimmten Gruppe von realen Erscheinungen gegeben haben. Es gibt daher keine vollständig präzise theoretische Definition (vgl. *Jaag* 26). Der Begriff der Verfügung ist nur zu erfassen durch Betrachtung des Zwecks der damit bezeichneten Hoheitsakte sowie von einzelnen Begriffsmerkmalen, die auf alle oder fast alle Erscheinungsformen der Verfügung zutreffen.

Der Begriff der Verfügung hat zwei Hauptfunktionen: Er definiert eine Handlungsform der Verwaltung und das Anfechtungsobjekt des Betroffenen (*Rhinow/Krähenmann* Nr. 35 B I).

2.1 Zweck

Die Verfügung dient der **Anwendung der Gesetze und Verordnungen** auf einen bestimmten Sachverhalt hinsichtlich einer bestimmten Person (*Knapp* Nr. 936 f). Für die Verwaltung ist sie das wichtigste Instrument zur Rechtsdurchsetzung. Dem Adressaten dient die Verfügung zur Erhöhung der Rechtssicherheit und des **Rechtsschutzes,** weil für den Erlass der Verfügungen ganz bestimmte Regeln gelten, und er dadurch die Gewähr erhält, dass die Verwaltung sich ihm gegenüber rechtmässig verhält, bzw. er sich bei einer Rechtsverletzung wehren kann.

2.2 Begriffsmerkmale

(Vgl. *Schwarzenbach* Tafel 32)

Die Frage nach der Definition des Begriffs «Verfügung» wird sich in der Praxis stets im Zusammenhang mit den konkreten Folgen dieser Definition stellen, d.h. es geht darum, ob eine vorgesehene Anordnung in Verfügungsform zu erlassen ist, ob sie gemäss den für Verfügungen geltenden Regeln angefochten werden kann usw. Zur Beantwortung dieser Fragen ist **immer in erster Linie die einschlägige Gesetzgebung beizuziehen,** wo solche Themen geregelt sind und allenfalls auch der für dieses Rechtsgebiet massgebliche Verfügungsbegriff definiert wird. Die nachfolgenden Ausführungen und Beispiele zum Begriff der Verfügung können daher nur eine Orientierungshilfe abgeben zum Verständnis, zur Auslegung und allenfalls zur Lükkenfüllung bei der Anwendung der Vorschriften.

Art. 5 Abs. 1 VwVG, das Bundesgericht und ähnlich die meisten kantonalen Rechtsordnungen definieren den Begriff der Verfügung wie folgt: «**Als Verfügungen gelten behördliche Anordnungen im Einzelfall, durch welche eine konkrete verwaltungsrechtliche Rechtsbeziehung rechtsgestaltend oder feststellend in verbindlicher und erzwingbarer Weise geregelt wird**» (BGE 117 Ib 445). Daraus ergeben sich folgende Begriffselemente:

a) Die Verfügung ist **individuell-konkret**, d.h. sie richtet sich an einen einzelnen oder eine bestimmte Anzahl von Adressaten und regelt einen oder eine bestimmte Anzahl von Fällen. Im Gegensatz dazu sind Gesetze und Verordnungen als generell-abstrakte Normen keine Verfügungen.

Eine Ausnahme bilden die **Allgemeinverfügungen**. Sie regeln einen konkreten Fall, richten sich aber an eine Vielzahl von Adressaten, wie z.B. permanente Verkehrsanordnungen (vgl. dazu unten 2.4.6).

b) Sie ist ein **einseitiger** (*Knapp* Nr. 946 ff, *Kölz/Häner* Rz 216 f, SZ EGV 1994, 7 betr. Abgrenzung zum Vertrag im Falle eines Anstellungsverhältnisses) **Hoheitsakt**. Der Staat als Träger hoheitlicher Gewalt auferlegt dem Bürger einseitig Rechte oder Pflichten. Keine Verfügung liegt deshalb vor, wenn der Staat als Privatrechtssubjekt handelt und z.B. privatrechliche Verträge abschliesst. Hingegen können Verfügungen nicht nur von Organen des Bundes, der Kantone oder Gemeinden direkt erlassen werden, sondern auch von anderen Organisationen welche die gesetzlichen Befugnisse dazu haben, z.B. unselbständige öffentlich-rechtlichen Anstalten (GR PVG 1978, 19 betr. Elektrizitätswerke).

ZH • *ZBl 1983, 565: Die Promotionsentscheide einer Privatschule sind keine Verfügungen, sondern eine rein privatrechtliche Angelegenheit.*

c) Es muss sich um eine **verwaltungsrechtliche** Rechtsbeziehung handeln. Verfügungen werden im allgemeinen im nichtstreitigen Verwaltungsverfahren erlassen und schliessen dieses ab. Danach bilden sie die Grundlage zu einem allfälligen streitigen Verwaltungsverfahren. Gerichtsurteile sind normalerweise keine Verfügungen. Sie können aber an die Stelle von Verfügungen treten, beispielsweise Entscheide eines Verwaltungsgerichts, mit denen eine Verfügung ohne Rückweisung an die Vorinstanz abgeändert wird. Ausserdem können Gerichte vor dem Urteil verfahrensleitende oder vorsorgliche Verfügungen erlassen. Sie werden durch das anwendbare Prozessrecht geregelt.

BL • *BLVGE 1991, 116: Das Erbschaftsinventar ist keine Verfügung (in casu mit fehlender rechtlicher Verbindlichkeit begründet).*

d) Die Verfügung wirkt **rechtsgestaltend oder -feststellend** und ist **verbindlich** und **erzwingbar**. Dies unterscheidet sie von blossen Auskünften, Ratschlägen, Stellungnahmen oder Wünschen des Gemeinwesens an einen Privaten.

Keine Verfügungen sind auch organisatorische Massnahmen sowie die verwaltungsinternen Weisungen (sog. Verwaltungsverfügungen), da sie keine Rechte und Pflichten von ausserhalb der Verwaltung stehenden Dritten begründen.

Bund • *BGE 113 Ia 232: Beschluss über die Aufnahme von Projektierungsarbeiten in casu ohne Verfügungscharakter.*

AG • *ZBl 1994, 476: Die Errichtung eines Mentorats für einen Lehrer ist eine Verfügung an den Mentor, nicht aber an den betroffenen Lehrer, da dessen Rechtsstellung nicht verändert wird.*

Kein Begriffsmerkmal ist die **Anfechtbarkeit,** gibt es doch auch Verfügungen, die (jedenfalls mit einem ordentlichen Rechtsmittel) nicht anfechtbar sind (BGE 116 V 319). Dies ist allerdings die absolute und sehr seltene Ausnahme. Anderseits sollte auch Verwaltungshandeln, das nicht Verfügungscharakter aufweist, angefochten werden können, wenn ein Rechtsschutzinteresse besteht. Die Bindung der Anfechtungsmöglichkeit an den Verfügungsbegriff führt zu einer Überdehnung desselben, weil die Gerichte, wollen sie auf ein Rechtsmittel eintreten, das Vorliegen einer Verfügung annehmen müssen (vgl. zum Stand der Diskussion die interessante Analyse von *S. Giacomini* in ZBl 1993, 237 ff sowie *M. Müller,* ZBl 1995, 533 ff).

Alles, was die obgenannten Begriffsmerkmale trägt, ist eine Verfügung, auch wenn die entsprechende Form fehlt. Wird z.B. ein Verwaltungsakt, der Rechte und Pflichten eines Privaten begründet, als «Auskunft» bezeichnet, so liegt eine Verfügung vor, und es gelten die entsprechenden Regeln, unter anderem bezüglich Anfechtbarkeit. «Fehlt einem Akt, der (materiell) Verfügungscharakter hat, die entsprechende Form, so hat die Behörde diese nachträglich herzustellen; im Falle der Weigerung hat die Oberbehörde die ursprünglich verfügende Instanz im Rekursverfahren oder aufsichtsrechtlich anzuweisen, das Versäumte nachzuholen» (*A. Kölz,* Kommentar zum VRG des Kt. ZH, Zürich 1978 § 19 N. 3, vgl. zum Auseinanderklaffen von Form und Inhalt auch die bei *Rhinow/Krähenmann* Nr. 35 B II a erwähnten Beispiele).

Bund
- *BGE 117 Ia 445: Das Lebensmittelgesetz verwendet veraltete Begriffe und Verfahrensformen. Die dort vorgesehenen «Beanstandungen» sind auf Grund ihrer Rechtswirkungen Verfügungen im heutigen Sinn.*
- *VPB 1995, 40: Nicht in Verfügungsform ergangene Nichtzulassung einer Idee zum weiteren Auswahlverfahren in einem wissenschaftlichen Förderungsprogramm als Verfügung, da der Bewerber damit von der Möglichkeit der Förderung seines Projekts ausgeschlossen wird.*
- *VPB 1993, 50: Ein Brief betr. Streichung eines mit unbefriedigenden Resultaten an seiner Dissertation arbeitenden Doktoranden von der Doktorandenliste ist eine Verfügung.*
- *VPB 1992, 36: Anspruch auf eine Feststellungsverfügung bei Vorliegen eines schützenswerten Interessens. Ein Brief, in welchem ein Feststellungsbegehren abgewiesen wird, ist eine Verfügung.*

GR
- *RPR 1989/90, 39: Ein Brief, in dem die Behörde auf eine konkrete Anfrage individuell und verbindlich antwortet, ist als Verfügung zu qualifizieren. Daran ändert das Fehlen einer Rechtsmittelbelehrung nichts.*

Andererseits ist ein Schriftstück, das mit «Verfügung» oder ähnlich bezeichnet ist, keine solche, wenn die obgenannten Begriffselemente nicht gegeben sind.

Bund
- *VPB 1994, 161: Mit einer Rechtsmittelbelehrung versehener Brief ohne Verfügungscharakter.*

GR
- *PVG 1986, 189: Ein als «Entscheid» bezeichnetes Schreiben der Gemeinde, in welchem die Einräumung einer Dienstbarkeit abgelehnt wird, ist privatrechtliches Handeln.*

NW
- *NGVP 1988–1992, 33: Offenbar als «Verfügung» ergangene Vollzugsanordnung (Fristansetzung für bereits verfügten Abbruch) nicht mit ordentlichem Rechtsmittel anfechtbar.*

Prüfungsnoten sind keine Verfügungen, sondern Begründungselement einer späteren Verfügung über Bestehen/Nichtbestehen (VPB 1987, 57).

2.3 Abgrenzungen

2.3.1 Vom rechtsetzenden Erlass

Dieses Thema wurde 1985 in der Habilitationsschrift von *Tobias Jaag* (Die Abgrenzung zwischen Rechtssatz und Einzelakt, Zürich 1985) umfassend aufgearbeitet. Der Autor kommt zum Schluss, eine absolut scharfe Grenze lasse sich zwischen Rechtssatz und Einzelakt nicht ziehen (S. 247, vgl. auch *Kölz/Häner* Rz 220). Als Richtlinien für die Praxis müssen folgende Grundsätze genügen:

a) An bestimmte Personen in einzelnen Fällen gerichtete Anordnungen (**individuell-konkret**) sind **Verfügungen**.

b) An einen unbestimmten Adressatenkreis für eine unbestimmte Anzahl von Fällen gerichtete Anordnungen (**generell-abstrakt**) sind keine Verfügungen, sondern **Gesetze**, Verordnungen oder andere Rechtsregeln.

c) Die für einen Einzelfall an eine unbestimmte Anzahl Personen gerichteten Vorschriften (**generell-konkret**) heissen **Allgemeinverfügungen**, beispielsweise Verkehrssignale.

d) Bei Anordnungen, die für einen bestimmten Personenkreis in unbestimmt vielen Fällen gelten (**individuell-abstrakt**) wird es sich in der Regel um **Spezialgesetzgebungen** handeln, die bezüglich Erlass, Geltungskraft etc. den generell-abstrakten Normen entsprechen.

Die vorliegende Arbeit behandelt die individuell-konkreten Verfügungen und erwähnt auch die Allgemeinverfügungen (s. unten 2.4.6). Die nachstehenden Beispiele zeigen Grenzfälle, in denen auf Vorliegen eines **Erlasses** erkannt wurde:

Bund
- *BGE 112 Ib 249: Generelle Sperre für Bewilligungen zum Verkauf von Grundstücken an Personen mit Wohnsitz im Ausland, mit Erwägungen zur Abgrenzung Allgemeinverfügung-Erlass.*
- *BGE 89 Ib 461: Der Normalstudienplan einer Abteilung des schweizerischen Schulrates im Regulativ für Diplomprüfungen (vgl. auch Imboden/Rhinow Nr. 35).*
- *VPB 1995, 181: Analysenliste mit Tarif für Krankenversicherungen.*

- *ZBl 1972, 234: Die Bestimmung der Einkommensklassen von Amtsträgern (auch wenn von einzelnen Einreihungen nur eine Person betroffen ist), weil sie auch für künftige Amtsinhaber gilt (Imboden/Rhinow Nr. 5 B II a).*

AG
- *ZBl 1983, 225: Der Beschluss der Ortsbürgergemeindeversammlung, den Ortsbürgern Brennholz zum halben Marktpreis abzugeben, ist keine Verfügung, sondern ein Erlass.*

GR
- *PVG 1989, 112: Ein generelles Fahrverbot.*
  Der Entscheid beschreibt den Sachverhalt nicht, doch ist anzunehmen, dass «generell» die Anwendbarkeit auf ein ganzes Gebiet oder auf eine bestimmte Art von Strassen (Alpwege etc.) bedeutet.

- *PVG 1989, 13: Hotelbuskonzept einer Gemeinde den Rechtssätzen zugeordnet, weil es alle Hotels der Gemeinde erfasst, die gegenwärtig oder zukünftig einen eigenen Bus betreiben und nicht nur einzelne Sachverhalte abdeckt, sondern alles Busfahrten, die von den Hotelbussen unternommen werden.*

- *PVG 1980, 175: Der Beschluss betr. Abgaben für Holztransporte auf einem Gemeindeweg, obwohl er sich nur auf einen Weg bezieht.*

- *PVG 1977, 13: Der Beschluss einer Gemeindeversammlung, das in der Waldordnung verankerte Holzbezugsrecht einer bestimmten Kategorie von Grundeigentümern aufzuheben (Abänderung eines Rechtssatzes).*

- *PVG 1971, 188: Ein Gemeindeversammlungsbeschluss, in dem die Entschädigung für Wuhraufträge dem Grundsatz nach festgelegt wird, ist keine Verfügung.*

- *RPR 1991/1992, 18: Vorschriften für das gewerbsmässige Befahren von Fliessgewässern als generell-abstrakte Normen, auch wenn die Absicht besteht, sie nach einem halben Jahr auf Grund der Erfahrungen anzupassen.*

Grosse Probleme in Bezug auf die Zuordnung zu den Verfügungen oder den Erlassen bilden alle Arten der **Planung.** Diese Schwierigkeiten werden jedoch dadurch stark gemildert, dass heute die Raumplanungsgesetze die massgeblichen Fragen wie Zuständigkeit zum Erlass, Anfechtungsverfahren etc. detailliert regeln. Es sind daher vor allem ältere Entscheide, die in diesem Bereich noch instruktive und zum Teil sehr subtile Erwägungen über die Abgrenzung zwischen Verfügung und Erlass enthalten. Da diese auch in anderem Zusammenhang von Interesse sind, seien hier einige solche Entscheide ohne nähere Besprechung zitiert:

Bund • *BGE 118 Ib 11, 117 Ib 11, 116 Ib 162, 115 Ib 505, 115 Ib 351 (Zuordnung von Empfindlichkeitsstufen).*
GR • *PVG 1979, 74, 73, 71, PVG 1969, 45 (die letzteren drei betr. die Bausperre), PVG 1970, 57 (Bebauungs- und Nutzungsplan).*
OW • *VVGE 1991 und 1992, 32.*

Im übrigen wird auf die speziellen Regelungen des Planungsrechts nicht eingegangen und Entscheide aus diesem Bereich werden nur erwähnt, soweit sie von allgemeiner Bedeutung sind.

2.3.2 Von formlosen Äusserungen der Verwaltungsbehörde

Die Verwaltungsbehörden haben vielerlei Möglichkeiten, sich gegenüber dem Privaten zu äussern, die nicht dem oben beschriebenen Begriff der Verfügung entsprechen. Sie haben in der Regel keine oder nur beschränkte oder einseitige (z.B. Haftung des Gemeinwesens) Rechtswirkungen, auf die hier nicht einzugehen ist. Für das vorliegende Thema von Bedeutung ist die Frage, wo vom Gesetz, der Praxis und der Rechtslehre die Grenze zur Verfügung angenommen wird.

2.3.2.1 Auskünfte, Mitteilungen, Hinweise, Orientierungen, Vorschläge

Solche Äusserungen wollen **keine rechtsgestaltende Wirkung gegenüber Privaten** und sind deshalb keine Verfügungen (vgl. *Rhinow/Krähenmann* Nr. 35 B II c mit weiteren Bsp.).

Bund • *BGE 116 V 162: Vorschläge der Militärversicherung, auch wenn sie gesetzlich vorgesehen sind und Nichtzustimmung mit «Einspruch» kundzutun ist, sind keine Verfügungen, weil auch ohne Einspruch eine nochmalige Prüfung und dann der Erlass einer begründeten Verfügung folgen.*
 • *BGE 115 V 224: do. für Stellungnahmen von Vorsorgeeinrichtungen.*
 • *VPB 1995, 290: Tarifauskunft im Zollwesen.*
AG • *AGVE 1992, 208: Brief auf Grund Fehlens verschiedener formeller und materieller Voraussetzungen nicht als Verfügung qualifiziert.*

Haben sie trotzdem einen Rechtsnachteil zur Folge, können sie **ausnahmsweise anfechtbar** sein (*Kölz/Häner* Rz 135).

Bund
- *BGE 114 Ib 191: Verwaltungsgerichtsbeschwerde zugelassen gegen eine Grundsatzerklärung, die in allgemeiner Weise die künftige Haltung der Behörde festlegt (Ankündigung, inskünftig würden bisher erteilte Ausnahmebewilligungen nicht mehr gewährt).*

GR
- *PVG 1988, 56: Nach Bündner Praxis werden Vorentscheide im Baurecht dann als anfechtbare Verfügung betrachtet, wenn sie abweisend sind. Tut die Behörde kund, sie habe keine grundsätzlichen Einwände gegen das Projekt, handelt es sich um eine blosse Auskunft.*

Dieser kann allerdings vertrauensbildende Wirkung zukommen, vgl. unten 4.4.4.3.

2.3.2.2 Angaben über die künftige Praxis

Solche sind **zulässig**, aber keine Verfügungen. Im Anwendungsfall kann sich die Behörde aber nicht unbesehen darauf stützen, sondern hat die Rechtslage konkret zu prüfen und beispielsweise eine auf den Einzelfall bezogene Interessenabwägung vorzunehmen.

Bund
- *BGE 114 Ib 190 betr. künftiges nicht mehr Zulassen gewisser spezieller Ausnahmetransporte.*
- *VPB 1993, 189: «Grundsatzentscheid» über eine neue Praxis, kann erst im Anwendungsfall angefochten werden.*

AR
- *GVP 1988, 59: Veröffentlichte «Absichtserklärung» über die künftige Praxis.*
- *GVP 1988, 45: Zirkularschreiben mit Hinweis auf gesetzliche Bestimmungen und die Gebührenpraxis.*

2.3.2.3 Belehrungen, Empfehlungen, Ermahnungen, Androhungen

Sofern sie keine Schlechterstellung des Adressaten zur Folge haben sollen, können sie ohne gesetzliche Grundlage und Anfechtungsmöglichkeit, aber auch ohne Rechtswirkung zu Lasten des Betroffenen erfolgen (Imboden/Rhinow Nr. 55, *Häfelin/Müller* Rz 701 ff).

Bund
- *BGE 119 Ib 99: Vorbehalt der Aufhebung des Amtes bei der Wahl eines Beamten als Teil der Verfügung (nicht nur «Ermahnung»), da vom Vorbehalt der Anspruch auf eine Entschädigung abhängt.*
- *BGE 117 II 484: Die Empfehlungen der Kartellkommission haben keine bindende Wirkung und sind deshalb keine Verfügungen.*

- *ZBl 1991, 117: «Entscheide» der interkantonalen Kontrollstelle für Heilmittel sind mangels Verbindlichkeit blosse Empfehlungen.*

- *ZBl 1984, 310: «Mahnung» (im Sinne von Ermahnung) eines Beamten als Verfügung angesehen, weil sie insofern zu einer Schlechterstellung des Betroffenen führt, als sie schärfere Sanktionen im Wiederholungsfall möglich macht.*

2.3.2.4 Rechnungen, Mahnungen, Bestätigungen früherer Verfügungen

Wenn nicht ausdrücklich die Form der Verfügung gewählt wird, handelt es sich auch hier um Äusserungen ohne eigene Rechtsgestaltungswirkung zu Lasten des Betroffenen (*Rhinow/Krähenmann* Nr. 35 B II c).

GR
- *PVG 1984, 183: Blosse Rechnungen sind keine Verfügungen.*

- *PVG 1980, 177: Die briefliche Bestätigung einer nicht mehr anfechtbaren Verfügung als Antwort auf Abänderungsanträge des Bewilligungsempfängers ist keine Verfügung.*
   Immerhin könnten die Abänderungsanträge als Wiedererwägungsgesuch angesehen werden und der Entscheid damit unter Umständen anfechtbar sein (vgl. unten 9.1).

OW
- *VVGE 1987 und 1988, 121: Die «Verpflichtung» zu einem privatrechtlichen Vertragsabschluss mit einem anderen Privaten ist eine blosse Ermahnung.*

2.3.2.5 Fragen

Anfragen der Behörde an Private haben, soll dieser zur Beantwortung verpflichtet sein, in Verfügungsform zu ergehen. Dafür wiederum ist eine gesetzliche Grundlage nötig, die in der Verfügung erwähnt werden soll.

2.3.2.6 Nichteintreten auf Aufsichtsbeschwerden

Bund
- *BGE 121 Ia 45 und 87: Das Nichteintreten auf oder die Abweisung von Aufsichtsbeschwerden ist keine Verfügung.*

2.3.3 Von verwaltungsinternen Vorgängen

2.3.3.1 Dienstanweisungen

In aller Regel sind Weisungen von Behörden an andere Behörden keine Verfügungen. Ausnahmsweise als solche oder als Verordnungen gelten können sie dann, wenn sie selbst, d.h. ohne weitere anfechtbare Verfügung (BGE 105 Ia 353) «Aussenwirkungen» (*Rhinow/Krähenmann* Nr. 35 B VI c 2) haben, d.h. in die Rechtsstellung Privater eingreifen (so auch *Häfelin/Müller* Rz 695 mit weiteren Bsp.).

Bund • *ZBl 1984, 538: Als «Weisung» bezeichnete Gebührenordnung mit unmittelbarer Wirkung für den Bürger: Es ist auf den Inhalt, nicht auf die unrichtige Bezeichnung abzustellen. Die Gebührenordnung war in dem für Verordnungen geltenden Verfahren von der zuständigen Behörde erlassen worden, und der Rechtsschutz wurde nicht geschmälert. Sie taugt deshalb als gesetzliche Grundlage für die Gebührenerhebung.*

AG • *ZBl 1994, 476: Die Errichtung eines Mentorats für einen Lehrer ist eine Verfügung an den Mentor, nicht aber an den betroffenen Lehrer, da dessen Rechtsstellung nicht verändert wird.*

SZ • *EGV 1993, 15: Weisung des Schulrats an die Lehrer, weiterhin Aufsicht in Schulgottesdiensten zu halten, als «Dienstbefehl», nicht Verfügung.*

ZG • *ZBl 1993, 416: Der Entscheid des Gemeinderats, der für die Sozialabteilung zuständigen Gemeinderätin stehe kein freier Zugriff auf den PC des Sozialsekretärs zu, ist eine Verfügung.*
Man beachte die m.E. berechtigte Kritik auf S. 420, wonach es sich nicht um eine Verfügung, sondern eine innerdienstliche Anordnung ohne Verfügungscharakter handle.

2.3.3.2 Organisatorisches

Wie die Verwaltung ihre Tätigkeit organisiert, kann Wirkungen auf Private haben. Dann stellt sich die Frage nach dem Verfügungscharakter der organisatorischen Anordnungen, der in der Regel verneint wird:
- **Benennung oder Umbenennung** von Strassen, Poststellen u.ä. (Verfügungscharakter verneint: BGE 109 Ib 253, ZBl 1992, 234; bejaht: ZBl 1992, 524 im Falle einer Privatstrasse)

- **Zuverfügungstellen, Ändern oder Aufheben von Infrastruktur** wie Bahn- und Postautokursen (verneint: VPB 1986, 336 und 1980, 189), von Postautostellen (verneint VPB 1975, Nr. 102) Fernmeldeeinrichtungen (verneint VPB 1986, 316)
- SBB-**Fahrpläne** (VPB 1994, 593)
- **Benutzungsregeln** für staatliche Infrastruktur (GR PVG 1991, 216 betr. Schiessprogramm, Verfügungscharakter verneint; obiter dictum: gleich verhält es sich mit Schulstundenplänen)
- **Zuteilungen, Zuweisungen, Ortsfestlegungen:** Standort einer Sanitätsstelle (verneint VPB 1978, 413), Zuteilung von Lehrern, Schülern, Klassen (verneint SZ EGV 1980, 73, 1984, 135)
- Entscheide über die Aufnahme von **Projektierungsarbeiten** (verneint BGE 113 Ia 232)
- Entscheide über **Aufsichtsbeschwerden,** wenn nicht in die Rechtsstellung Privater eingegriffen wird, insbesondere bei Abweisung (BGE 104 Ib 241, VPB 1979 III, 25).

2.3.3.3 Zustimmungen, Stellungnahmen, Berichte etc. anderer Ämter

Bund • *BGE 116 Ib 260: Die vorläufige Stellungnahme einer Bewilligungsbehörde im Rahmen eines Planungsprozesses ist keine Verfügung.*

AG • *ZBl 1985, 228: Der Entscheid einer Behörde, Strafanzeige zu erstatten, ist keine Verfügung.*

Auch die Gewährung oder Nichtgewährung der Zustimmung von Ämtern zu Verfügungen anderer Ämter ist keine Verfügung; als solche anfechtbar ist nur der Entscheid des verfügenden Amtes.

2.3.4 Von privatrechtlichem Handeln

(Zur Abgrenzung Privatrecht – öffentliches Recht vgl. *Schwarzenbach* Tafel 10. S. auch unten 7. betr. Abgrenzung zwischen privatrechtlichen und öffentlichrechtlichen Verträgen)

Die Verwaltungsbehörden handeln oft im Bereich des Privatrechts (vgl. die Übersicht bei *Häfelin/Müller* Rz 225 ff). Dabei ist zu unterscheiden zwischen dem Entscheid, einen Vertrag abzuschliessen als möglicherweise anfechtbarer und (wenn die unten 9. beschriebenen Voraussetzungen gegeben sind) auch widerrufbarer Verwaltungsakt und der eigentlichen privatrechtlichen Handlung (z.B. Vertragsabschluss), die nicht widerrufen, sondern allenfalls nach den Regeln des Privatrechts angefochten werden kann (vgl. bezüglich Submission BR 1991/4 Nr. 147). Privatrechtliches Handeln, insbesondere eigentliche privatrechtsgeschäftliche Willensäusserungen, ist zwar gewissen (namentlich verfassungsrechtlichen) Schranken unterworfen (anderer Ansicht *Knapp* Nr. 77), stellt aber in der Regel kein Verfügen dar.

Bund • *BGE 119 Ia 427 und dort zitierte Entscheide: Submissionsentscheide sind keine Verfügungen, sondern privatrechtliches Handeln.*

Kantonale Regelungen können aber den Betroffenen im kantonalen Verfahren Parteistellung und Rechtsschutz wie bei Verfügungen gewähren, vgl. dazu BR 2/93 S. 31 ff: *Michel/Clerc,* La protection juridique des soumissionnaires dans le droit et la pratique des cantons.

AR • *GVP 1988, 46: Die Ablehnung eines Gesuchs um privatrechtliches Handeln des Gemeinwesens (Abtretung von Boden) ist keine Verfügung.*

GR • *PVG 1990, 26: Die Ausübung eines Kaufrechts zwecks Überführung des Objekts ins Finanzvermögen ist privatrechtlicher Natur.*

• *PVG 1986, 189: Ein als «Entscheid» bezeichnetes Schreiben der Gemeinde, in welchem die Einräumung einer Dienstbarkeit abgelehnt wird, ist privatrechtliches Handeln.*

• *PVG 1985, 31: Die Verpachtung von Boden des Finanzvermögens einer Gemeinde an einen Landwirt ist privatrechtlicher Natur. Weder der Abschluss des Vertrages mit einem Bewerber noch die Ablehnung eines solchen ist eine Verfügung.*

• *PVG 1983, 21: Gemeindeversammlungsbeschluss, das Durchfahrtsrecht über ein im Eigentum der Gemeinde stehendes Grundstück nicht zu erteilen, als privatrechtliches Handeln.*

In **Ausnahmefällen** wurde das Vorliegen einer Verfügung angenommen:

Bund • *BGE 114 Ia 461: «Kürzung» der Rechnung eines Experten, falls dieser keine Möglichkeit hat, den vollen Anspruch vor einem Gericht einzuklagen.*

• *BGE 106 Ia 323: Submissionsentscheide können dann Verfügungen sein, wenn die Behörde Vorschriften anwendet, die nicht dem Ermöglichen der richtigen Wahl durch die Behörde dienen, sondern dem Schutz unmittelbarer Interessen der Bewerber. In casu bejaht für eine Norm, nach welcher bestimmte Bewerber zu bevorzugen sind.*

- *BGE 106 Ia 65: Der Entscheid über ein Gesuch um die (im kantonalen Recht vorgesehene) Rückübertragung eines enteigneten, aber nicht benötigten Grundstücks ist eine Verfügung.*

Bestimmte Handlungen zur «Unterstützung» privatrechtlicher Vorgänge können öffentlichrechtlicher Natur sein.

Bund • *BGE 101 Ib 308: Zwischenhändler-Rahmenvertrag mit Käseunion.*

BE • *BVR 1995, 221: Einsetzung eines Kontrollorgans gemäss einem Gesamtarbeitsvertrag als Verfügung.*

Kein privatrechtliches Handeln, sondern normales Verfügen mit privatrechtlichen Folgen liegt vor bei den sog. **privatrechsgestaltenden Verfügungen,** z.B. Lex F. – Bewilligungen, Verfügungen von Kartell- und Börsenaufsichtsbehörden u.ä. (vgl. *Imboden/Rhinow/Krähenmann* Nr. 38).

OW • *VVGE 1989 und 1990, 84: Genehmigung eines privatrechtlichen Tauschvertrages durch die Allmendkommission als Verfügung.*

Entscheide zur Abgrenzung von privat- und öffentlichrechtlichen Rechtsverhältnissen sind auch in der Rechtsprechung zu Art. 42 ff OG (Voraussetzungen der zivilrechtlichen Berufung ans Bundesgericht) zu finden (vgl. z.B. BGE 118 II 206, 213).

2.3.5 Von politischen Beschlüssen

In diesem heiklen Bereich werden wohl die Entscheide noch weniger als anderswo nach streng juristischen Kriterien gefasst. Generelle Aussagen zur Praxis sind daher schwierig. Immerhin wird man als Grundsatz festhalten können, dass Parlamentsbeschlüsse und ähnliches keine Verfügungen sind, doch gibt es viele Ausnahmen.

a) Nach *Imboden/Rhinow/Krähenmann* Nr. 35 B III e sind **Wahlakte** Verfügungen, wobei wohl mit «Wahlakt» die Einstellung oder Einsetzung einer Person in eine Verwaltungsstelle durch die übergeordnete Behörde gemeint ist. Wahlen durch ein Parlament oder eine Gemeindeversammlung dürften jedoch kaum den Verfügungen zugehören. (M.E. sollte der erstgenannte Fall nicht «Wahl», sondern «Einsetzung», «Berufung», «Ernennung» (so *Knapp* Nr. 3112) o.ä. genannt werden.)

AG • *ZBl 1994, 429: Nichtwahl des einzigen Bewerbers für eine Lehrerstelle als negative Verfügung.*

b) Weil bekanntlich die Trennung zwischen Legislative und Exekutive nicht streng eingehalten wird, gibt es auch echte **Verwaltungsentscheide**, die **von Parlamenten** oder Gemeindeversammlungen getroffen werden. Hierbei kann es sich um Verfügungen handeln.

Bund • *BGE 116 Ib 424: Der «decreto legislativo» des Tessiner Parlaments betr. einen Strassenbau kommt inhaltlich einer Baubewilligung gleich und ist deshalb als Verfügung anzusehen.*

GR • *PVG 1987, 11: Unterschutzstellung eines einzelnen Hauses mittels Volksabstimmung.*

c) **Ausgabenbeschlüsse** und die Bewilligung oder Ablehnung des **Budgets** sind in der Regel keine Verfügungen, es sei denn, eine Ausgabe werde gleichzeitig und ohne besondere Vorlage mit dem Budget zusammen beschlossen (BGE 99 I 193, 95 I 535, GR PVG 1991, 14).

GR • *PVG 1987, 41: Der Beschluss einer Gemeindeversammlung, mit welchem eine Kanalisationsleitung für öffentlich erklärt und ein Kredit für die Vorfinanzierung gesprochen wird. Eine Verfügung ist erst der Entscheid des Vorstands, betr. Tragung von Erstellungskosten durch die Grundeigentümer.*

2.4 Arten von Verfügungen

(Vgl. *Schwarzenbach* Tafel 34)

Es gibt viele Möglichkeiten, die grosse Zahl der Erscheinungsformen von Verfügungen einzuteilen. Die meisten sind indessen praktisch kaum von Bedeutung und auch theoretisch nicht überzeugend. M.E. zu Recht setzt deshalb *Gygi* ein Fragezeichen hinter dem Titel «Verfügungsarten» und führt aus, die Begriffs- und Wesensmerkmale der Verfügung blieben als solche durchwegs dieselben, was immer sie auch zum Gegenstand haben (*Gygi* 126 f). Trotzdem sollen nachstehend wenige «Arten» bzw. Unterscheidungen zur Sprache kommen, welche bestimmte Erscheinungsformen mit praktisch bedeutsamen Gemeinsamkeiten bzw. Unterschieden definieren.

2.4

2.4.1 Konstitutive und deklaratorische Verfügungen

Konstitutive Verfügungen gewähren oder auferlegen Rechte bzw. Pflichten, die erst durch Erlass der Verfügung entstehen. Demgegenüber stellen deklaratorische Verfügungen nur fest, wie die Rechtslage ist und dass entsprechendem Handeln nichts im Wege steht. Diese Abgrenzung scheint auf den ersten Blick klar und nach strengen Kriterien durchführbar. Bei näherem Hinsehen verschwimmt die Grenze aber. Es lassen sich zwar Beispiele finden, die regelmässig zur einen oder anderen Gruppe gehören:

- **Ausnahmebewilligungen:** Hier besteht ein Ermessen der Behörde («kann»); ein Anspruch auf Erteilung besteht nicht von vornherein, sondern kann sich allenfalls aus allgemeinen Rechtsgrundsätzen wie dem Gleichbehandlungsgebot etc. ergeben. Durch die Bewilligungserteilung erhält der Betroffene ein Recht, das er vorher nicht hatte (Bsp. Bauen ausserhalb der Bauzone, Fahrbewilligung in Fahrverbotsstrasse für einen besonderen Anlass etc.). Diese Bewilligung ist deshalb **konstitutiv**.

- **Konzessionen** sind ebenfalls konstitutive Verfügungen, mit denen Rechte des Staates und/oder Staatsaufgaben an Private übertragen werden. Bsp.: Betrieb einer Rohrleitungsanlage, Jagdpatent im Kanton GR (RPR 1987/1988, 118).

- **Polizeibewilligungen:** Sie begründen keine Rechte, sondern stellen lediglich fest, dass die gesetzlichen Voraussetzungen zu deren Ausübung gegeben sind. Ist dies der Fall, so besteht ein Anspruch auf Erteilung. An der Rechtsstellung des Betroffenen ändert sich materiell nichts. Er hatte das Recht auf die bewilligte Tätigkeit schon vorher von Gesetzes wegen und musste nur noch das formelle Erfordernis der Bewilligungseinholung erfüllen. Die Bewilligung ist **deklaratorisch.** Bsp.: Baubewilligung in der Bauzone, Bewilligung zum Verkauf von Lebensmitteln, Führerausweis.

Zwischen diesen einigermassen klar zuteilbaren Fallgruppen steht jedoch eine Vielzahl von Verfügungsarten, die in einem geringeren oder stärkeren Mass, d.h. mit weniger oder mehr Gestaltungsfreiheit der Behörde, das Gesetz konkretisieren. Es lässt sich m.E. keine scharfe Linie ziehen zwischen Verfügungen, welche die Rechtsstellung des Betroffenen ändern und solchen, die sie feststellen. Auch für die Frage, ob ein Anspruch auf Erlass einer Verfügung besteht (dazu unten 5.3), ist die Unterscheidung konstitutiv – deklaratorisch nicht von grundlegender Bedeutung. Die Regeln, welche die Praxis für den Anspruch auf Feststellungsverfügungen entwickelt hat (s. unten 2.4.4), sollten auch für die konstitutiven gelten, falls der Gesetzgeber keine Regelung getroffen hat. Als Grundsatz hat zu gelten, dass dem Rechtsunterworfenen auf ein ordnungsgemäss bei der zuständigen Behörde eingereichtes Gesuch (falls er dies wünscht) immer mit einer anfechtbaren Verfügung geantwortet werden soll.

2.4.2 Materielle und Verfahrensverfügungen

Diese Unterscheidung betr. den Inhalt der Verfügung ist namentlich von Bedeutung für die Frage der Anfechtbarkeit. Die meisten Verfahrensgesetze regeln die Möglichkeit der Anfechtung von **Verfahrens**verfügungen wie Zuständigkeitsentscheide, Bewilligung/Entzug der aufschiebenden Wirkung, Beweisbeschlüsse etc., wogegen die Anfechtbarkeit von Verfügungen **materiellen** Inhalts zumeist im entsprechenden Spezialgesetz geregelt ist.

In der Regel sind materielle Verfügungen Endentscheide, während Verfahrensverfügungen normalerweise als Zwischenentscheide (s. unten 3.7.3) ergehen.

Gegenbeispiele sind:

- Der Nichteintretensentscheid oder die Abschreibungsverfügung (GR PVG 1989, 211) als das Verfahren abschliessende Verfahrensverfügungen (Endentscheide) und andererseits
- Teilentscheide als Verfügungen materiellen Inhalts, welche das Verfahren nicht abschliessen.

Verfahrensleitende und andere Zwischenentscheide können nach den meisten Regelungen dann angefochten werden, wenn dem Betroffenen andernfalls ein nicht wieder gut zu machender Nachteil droht. Dies dürfte auch dann gelten, wenn das kantonale Recht es nicht ausdrücklich vorsieht (AGVE 1989, 312: Annahme einer Lücke, analoge Anwendung von Art. 45 Abs. 1 VwVG).

2.4.3 «Ausnahmebewilligungen»

2.4.3.1 Zum Begriff

Die Anführungszeichen zeigen, dass der Autor mit diesem Begriff nicht ganz glücklich ist. Er erweckt den Eindruck von Günstlingswirtschaft und Willkür. Ausserdem erinnert er an überholte, aber wohl noch immer vertretene Auffassungen, wie beispielsweise dass auf Erteilung einer Ausnahmebewilligung (mehr als für andere konstitutive Verwaltungsakte) kein Anspruch bestehe, oder dass Ausnahmebestimmungen grundsätzlich restriktiv auszulegen seien (wovon die zulässige Praxis, dass *bestimmte* Ausnahmebewilligungen nur restriktiv gewährt werden, zu unterscheiden ist, vgl z.B. GR RPR 1991/1992, 64 betr. Härtefall bei Aufenthaltsbewilligungen). Auch besteht die Tendenz, immer allgemeiner gehaltene Ausnahmebewilligungsmöglichkeiten zu erlassen, wodurch das Erfordernis der gesetzlichen Grundlage arg strapaziert werden kann (vgl. z.B. die m.E. nicht unbedenklichen Erwägungen in GR RPR 1991/1992, 146, wonach der Stadtrat von X auf Grund einer allgemeinen Ausnahmekompetenz die Ladenöffnungszeiten regeln kann wie er will, nur gebunden an das Willkürverbot).

Inhaltlich ist heute anerkannt, dass es sich bei der Ausnahmebewilligung um eine Kombination eines unbestimmten Rechtsbegriffs («Ausnahme») und einer Ermessensgewährung (...«kann die Behörde eine Ausnahmebewilligung ...»") handelt (vgl. *Gygi* 87, *Häfelin/Müller* Rz 1977). Zur Entwicklung der Rechtsprechung vgl. im einzelnen *Imboden/Rhinow/Krähenmann* Nr. 37. **Die Ausnahmebewilligung ist also keine Erscheinung, bei der andere Grundsätze zur Anwendung kommen als bei den übrigen Verfügungen.** Der Begriff ist wohl dennoch nicht ganz überflüssig, und die massgeblichen Lehrbücher wie auch die Gerichtspraxis und die Gesetzgeber aller Stufen benützen ihn nach wie vor. Insbesondere in der Gesetz- und Verordnungsgebung wird er sich aus praktischen Gründen nicht vermeiden lassen. Er dient dort immerhin dazu, der anwendenden Behörde anzuzeigen, dass eine «wirkliche Ausnahmesituation» vorliegen muss und ermöglicht eine einheitliche Rechtsprechung dazu. Paradebeispiel ist die Ausnahmebewilligung nach Art. 24 Abs. 1 des eidgenössischen Raumplanungsgesetzes. Die Entscheide dazu würden alleine ein Buch füllen und werden deshalb, soweit nicht von allgemeiner Bedeutung, hier weggelassen.

2.4.3.2 Voraussetzungen und Schranken der Erteilung

a) In der Regel eine **gesetzliche Grundlage**

Bund
- *BGE 117 Ia 94: Die Ausnahmesituation muss die in der fraglichen Bestimmung genannte sein. Eine Ausnahmebewilligung ist nur zulässig, wenn sie den darin erwähnten Interessen (in casu öffentliche!) dient.*

- *BGE 114 Ib 238: Das Bundesgericht toleriert eine von der Praxis zugelassene Ausnahmemöglichkeit, die im Gesetz nicht vorgesehen ist.*

SZ
- *EGV 1991, 200: Ausnahmemöglichkeit ohne gesetzliche Grundlage durch Lückenfüllung geschaffen.*

b) Vorliegen einer (allenfalls näher definierten) **Ausnahmesituation**

Bund
- BGE 117 Ia 146: Ausnahmebewilligung kommt nicht in Frage, um **generelle** Gründe zu berücksichtigen, die sich praktisch immer anführen liessen, sondern nur zur Vermeidung von Härten und offensichtlich ungewollten «unzweckmässigen» Wirkungen.
- BGE 117 Ib 320: Erwägungen darüber, wann ein «Härtefall» im Ausländerrecht vorliegt (vgl. auch VPB 1990, 190 und 192).
- BGE 117 Ib 162: Zehn Seiten Abwägungen darüber, ob ein Bauer die Milch zu einer 300 m weiter entfernten Sammelstelle bringen dürfe (verneint!).
  Dem Verfasser sei die Anmerkung erlaubt, dass jeder Politiker diese Stilblüte unserer planwirtschaftlich organisierten Landwirtschaft studieren sollte. Man wähnt sich in einer Kolchose!
- BGE 117 Ib 131: Keine Ausnahmebewilligung muss erteilt werden, wenn die Härte mit zumutbaren Massnahmen vom Betroffenen selbst beseitigt werden kann. Von der Wohnanteilspflicht kann deshalb nicht wegen übermässiger Lärmbelastung befreit werden, wenn mit Schallschutzfenstern die für das Wohnen geforderten Werte erreicht werden können.
- VPB, 1992, 72: Ausnahme vom Nachtfahrverbot für Lastwagen.

BE
- BVR 1985, 229: Die an den Ausnahmegrund zu stellenden Anforderungen richten sich vorab nach der Bedeutung der Vorschrift, von der abgewichen werden soll und dem Ausmass, in dem ihr Zweck gefährdet wird. Keine Ausnahmebewilligung für einen Amateurfunker zum Aufstellen einer technisch notwendigen, baurechtswidrigen ca. 20 Meter hohen Antenne wegen massiver und nachhaltiger Beeinträchtigung des Quartierbildes und negativer Präjudizwirkung.

GR
- PVG 1992, 39: Im Vertrauen auf falsche Grundbuchvermessung zu nah an der Grenze erstelltes Gebäude als ausserordentliche Situation, welche die Erteilung einer Ausnahmebewilligung für eine Erweiterung rechtfertigt.
- PVG 1990, 102: Ein ausnahmsweiser Widerruf der Bewirtschaftungspflicht für ein Aparthotel kommt erst in Frage, wenn alle gesetzlichen Mittel zu ihrer Durchsetzung benützt worden sind.
- PVG 1989, 72: Verlauf des Grundwasserspiegels unmittelbar unter der Erdoberfläche als ausserordentlicher Umstand, der eine Überschreitung der Gebäudehöhe um 50 cm rechtfertigt.
  Das würde wohl im «Unterland» anders beurteilt!

2.4

- *PVG 1985, 60: Die Ausnahmebestimmung in einem Baugesetz ist nicht dazu bestimmt, ausserordentlichen Verhältnissen Rechnung zu tragen, die im Zusammenhang mit Gesetzesänderungen auftreten. Ihnen wird im Rahmen der Besitzstandsregelungen Rechnung getragen. Ausnahmsweise Bewilligung zum Höherbau innerhalb des durch die Gesetzesrevision verkleinerten Grenzabstandes deshalb abgelehnt.*

- *PVG 1982, 60: Ausnahme von den Abstandsvorschriften gewährt auf einem Grundstück in der Bauzone, das sonst gar nicht überbaubar wäre.*

SZ
- *EGV 1994, 23 ff: Früher rechtmässiger Grenzbau als Ausnahmesituation anerkannt, weil bei Anwendung der heutigen Vorschriften ohne Zustimmung des Nachbarn gar keine baulichen Veränderungen mehr zulässig wären. Keine Ausnahmesituation liegt vor bei veraltetem Zonenplan, langwierigen Planungsverfahren oder (in der entsprechenden Gemeinde häufig vorkommender) Hanglage.*

- *EGV 1993, 173: Ausnahmebewilligungen dürfen nicht generell, in einer Mehrzahl der Fälle und ohne konkrete Prüfung einer Ausnahmesituation erteilt werden. Damit würde die Behörde unbefugterweise das Gesetz ausser Kraft setzen.*

- *EGV 1986, 27: Zulässige Ausnahmebewilligung zur Abstandsunterschreitung zwecks Anbringen einer 11–12 cm dicken Aussenisolation.*

ZG
- *GVP 1989/90, 58: Die Schwierigkeit der Wohnraumbeschaffung für Asylanten stellt keine Ausnahmesituation dar, welche eine Ausnahmebewilligung für die Erstellung von Wohnbauten in der Industriezone rechtfertigt.*

- *GVP 1985/86, 50: Ausnahmesituation verneint bei etwas spezieller Hügelform einer Parzelle und mangels Nachweises, dass die Parzelle ohne die Ausnahmebewilligung nicht zweckmässig genützt werden könnte.*

ZH
- *RB 1981, 159: Gesetzlich umschriebene Ausnahmevoraussetzungen sind auch dann zu prüfen, wenn sie in einer Vielzahl von Fällen eintreten können. Dem Ausnahmecharakter kann mit entsprechend hohen Anforderungen an die Erfüllung der Voraussetzungen Rechnung getragen werden.*

Schranken für die Erteilung von Ausnahmebewilligungen sind zunächst dieselben wie für andere Verfügungen. Zusätzlich wird verlangt, die «Zielsetzung des Gesetzes» oder die «mit der generellen Regelung verfolgte Absicht» müsse respektiert werden (*Häfelin/Müller* Rz 1976, *Imboden/Rhinow/ Krähenmann* Nr. 37 B III c, vgl. auch BGE 116 Ib 417).

Bund
- *BGE 116 Ib 139: Die Ausnahmebewilligung darf nicht zur Umgehung gesetzlich vorgesehener Verfahren führen (betr. Art. 24 RPG).*

- *BGE 114 Ib 180: Ausnahmebewilligung, die die ganze raumplanerische Ordnung aus dem Gefüge gebracht hätte (umfangreiches Sportzentrum in einer Nichtbauzone).*

AG
- *AGVE 1992, 356: Die Ausnahmebewilligung darf nicht zwecks unzulässigen positiven Vorwirkens von noch nicht geltendem Recht missbraucht werden.*

GR
- *PVG 1988, 73: Unzulässigkeit der Ausnahmebewilligung für eine Deponie, wenn der Gesetzgeber bewusst und gewollt auf die Schaffung einer Deponiezone verzichtet hat.*

ZH
- *RB 1990, 103: Ein Parkhaus mit 940 Einstellplätzen kann nicht auf Grund einer Ausnahmebewilligung ausserhalb der Bauzonen erstellt werden, sondern verlangt entsprechende planungsrechtliche Festlegungen.*

- *RB 1985, 158: Die angerufenen besonderen Verhältnisse haben dem Zonenzweck zu entsprechen. Steht ein Gewerbebau in der Wohnzone, berechtigen die sich daraus ergebenden Erschwernisse nicht zu einer Ausnahme von den Bauvorschriften.*

Im weiteren kommt bei der Prüfung von Ausnahmebewilligungsgesuchen dem **Gleichbehandlungsgebot** erhebliches Gewicht zu (BGE 112 Ib 54).

Eine Ausnahmebewilligung berechtigt grundsätzlich nicht nach Treu und Glauben zu weiteren (BGE 112 Ib 277). Die Behörde kann diesbezügliche Probleme vermeiden, indem sie in jeder Bewilligung den Ausnahmecharakter betont (AGVE 1988, 154).

2.4.3.3 Anspruch auf eine Ausnahmebewilligung?

Aus dem oben Gesagten erhellt, dass ein Anspruch auf Erteilung einer Ausnahmebewilligung im gleichen Ausmass gegeben oder nicht gegeben ist wie bei anderen konstitutiven Bewilligungen, deren Erteilung oder Nichterteilung die Auslegung unbestimmter Rechtsbegriffe und eine Ermessensbetätigung erfordert. Der Anspruch geht auf richtige Auslegung des unbestimmten

Rechtsbegriffs und Ermessensbetätigung innerhalb der gesetzlichen und verfassungsmässigen Schranken.

Bund • *BGE 114 Ib 244: Beispiel für die Auslegung verbunden mit einer Interessenabwägung betr. Ausnahme von der Versicherungsaufsicht.*

• *BGE 111 Ia 214 betr. Wohnsitzpflicht: Der Grundsatz der Verhältnismässigkeit kann die Zulassung von Ausnahmen gebieten. Mit dieser Begründung bewilligte das Bundesgericht einem Hochschulprofessor einen Wohnsitz ausserhalb des Kantons GE entgegen dem klaren Gesetzeswortlaut (Übersetzung in ZBl 1986, 214).*

2.4.4 Feststellungsverfügungen

Solche können nötigenfalls erlassen werden, wenn eine Leistungs-, Verbots- oder andere vollstreckbare Verfügung (momentan) nicht möglich ist, und wenn nicht schon eine andere (zuständige) Behörde in der Angelegenheit entschieden hat (BGE 112 V 81). Gegenstand einer Feststellungsverfügung können nur konkrete verwaltungsrechtliche Rechte und Pflichten einzelner Personen sein, nicht aber abstrakte Rechtsfragen.

Bund • *BGE 110 Ib 145: Waldfeststellungsverfügung.*

• *VPB 1992, 315: Auf Feststellungsbegehren muss nur eingetreten werden, wenn der Gesuchsteller seine Interessen nicht ebensogut mit einem Begehren um Erlass einer Gestaltungs- oder Leistungsverfügung wahrnehmen kann (vgl. auch BGE 112 V 84, 108 Ib 546).*

• *VPB 1992, 36: Anspruch auf eine Feststellungsverfügung bei Vorliegen eines schützenswerten Interessens. Ein Brief, in welchem ein Feststellungsbegehren **abgewiesen** wird, ist eine Verfügung.*

SZ • *EGV 1993, 62: Kein Eintreten auf ein Begehren, eine künftig möglicherweise eintretende Rechtslage zu beurteilen (Entschädigungspflicht im Falle einer Auszonung).*

Ein Anspruch auf eine Feststellungsverfügung besteht nur, wenn ein schutzwürdiges Interesse nachgewiesen wird.

Bund • *BGE 114 V 202: Als schutzwürdig gilt ein rechtlich geschütztes oder auch nur «tatsächliches», besonderes, unmittelbares und aktuelles Interesse.*

• *BGE 107 Ib 250: Kein schutzwürdiges Interesse des Eigentümers, unabhängig von einem konkreten Pachtverhältnis den höchstmög-*

lichen Pachtzins nach den Bestimmungen des Bundesgesetzes über die Kontrolle der landwirtschaftlichen Pachtzinse von der Behörde bestimmen zu lassen.

2.4.5 Strafverfügungen, Verfügungen im Bereich des Straf- und Massnahmenvollzugs und solche mit strafähnlichem Charakter

Diese Arbeit klammert die Verfügungen im Bereich des Straf- und Strafvollzugsrechts aus, weil sie teilweise **wesentlich anderen (strengeren) Regeln unterliegen,** die sich aus Grundsätzen des Straf- und Strafprozessrechts herleiten. Nun kommt es aber immer häufiger vor, dass am Ende von Gesetzen und Verordnungen aller Stufen allgemein gehaltene Strafnormen erlassen werden. Diese Entwicklung ist m.E. nicht befriedigend, gibt es doch mit Art. 292 des Strafgesetzbuches ein Institut, das es der Verwaltungsbehörde erlaubt, eine Strafbarkeit herbeizuführen, wenn es wirklich nötig ist. Der Rechtsunterworfene wird nach dem dort vorgesehenen Verfahren ausdrücklich gewarnt und sieht sich nicht plötzlich unerwartet als Delinquent.

Umsomehr muss hier betont werden, dass sich **Strafverfügungen bezüglich Verfahren und Inhalt ganz erheblich von anderen Verfügungen unterscheiden.** Es ist unabdingbar, dass sich jede Behörde mit einer Strafbefugnis mindestens je ein Standardwerk des allgemeinen Strafrechtes und des allgemeinen Strafprozessrechtes zu Gemüte führt und sich mit den Besonderheiten des durch sie anzuwendenden Verwaltungsstraf- und Strafverfahrensrechtes vertraut macht. Es wird daher hier bewusst darauf verzichtet, irgendeine Zusammenfassung der entsprechenden Regeln und Grundsätze zu versuchen. Stattdessen werden nachstehend einige empfehlenswerte Werke aufgelistet (jeweils neuste Auflagen verwenden):

a) Allgemeines Strafrecht
– *Noll Peter/Trechsel Stefan,* Schweizerisches Strafrecht, Allgemeiner Teil I, Zürich
– *Rehberg Jörg,* Strafrecht, Bände I und II, Zürich
– *Stratenwerth Günter*, Schweizerisches Strafrecht, Allgemeiner Teil, Bern

b) Allgemeines Strafprozessrecht
– *Schmid Niklaus,* Strafprozessrecht, Einführung, Zürich
– *Hauser Robert,* Kurzlehrbuch des schweizerischen Strafprozessrechts, Basel und Stuttgart

c) Verwaltungsstraf- und Strafprozessrecht
- Studium der anwendbaren Gesetzgebung, z.B. im Bund SR 313

In Bereichen, wo die Verfügungen **strafähnlichen Charakter** haben, können gewisse Grundsätze des Straf- und Strafprozessrechts sinngemäss anwendbar sein.

Bund
- *BGE 113 Ib 56 betr. Führerausweisentzug/Art. 68 StGB.*
- *BGE 108 Ib 69: Keine vorbehaltlose Geltung des strafrechtlichen Territorialitätsprinzips im Verwaltungsrecht: Der Führerausweis kann in der Schweiz auch wegen im Ausland begangener Verfehlungen entzogen werden.*

GR
- *PVG 1988, 93: Bussenverfügungen können nicht nach den allgemeinen Regeln widerrufen werden. Anwendbar ist das Verwaltungsstrafverfahrensrecht.*

OW
- *VVGE 1989 und 1990, 73: Unterscheidung zwischen Einstellung im Amt (Massnahme ohne Strafcharakter) und Einstellung im Besoldungsbezug (mit Strafcharakter).*

ZH
- *RB 1994, 74: Da die administrative Entlassung im Ergebnis gleichermassen schwer in die Rechtsstellung des Betroffenen eingreift wie eine disziplinarische, darf sie nur in einem Verfahren angeordnet werden, welches bezüglich der wichtigsten Verfahrensgarantien dem Disziplinarverfahren nachgebildet ist.*
- *RB 1994, 67: Im Disziplinarverfahren sind an die Anhörung des Betroffenen besonders hohe Anforderungen zu stellen. Der Entscheid beschreibt Einzelheiten.*
- *RB 1985, 51: Die Disziplinarbehörde darf sich nicht auf Auskünfte stützen, die sie in unrechtmässiger Weise erlangt hat.*

2.4.6 Allgemeinverfügungen

(vgl. dazu ausführlich *Jaag* § 13 und derselbe in ZBl 1984, 433 ff: Die Allgemeinverfügung im schweizerischen Recht)

Allgemeinverfügungen regeln einen Einzelfall für alle Personen, die davon betroffen sein können.

Ob es als «Zwischending» die Kategorie der «generell-konkreten» Allgemeinverfügung geben soll, hängt von der Betrachtungsweise ab und ist nicht unbestritten (dazu ausführlich *Jaag* 67 ff). Die meisten Autoren und die Gerichtspraxis arbeiten aber mit diesem Begriff, was mir auch sinnvoll erscheint. Ob es sich um eine spezielle Art Verfügung oder Erlass handelt, ist für die Praxis von geringer Bedeutung, da Spezialgesetze und Rechtsprechung die anzuwendenden Regeln weitgehend definiert haben. Die bekanntesten Beispiele sind:

- Verkehrsanordnungen (BGE 101 Ia 73, 113 IV 123)
- Tarife für bestimmte Leistungen (*Jaag* 188)
- Einschränkung und Erweiterung der Abgabeberechtigung für Medikamente (ZH RB 1984 43 = ZBl 1985, 64)
- weitere Beispiele s. *Rhinow/Krähenmann* Nr. 5 B II c, *Jaag* 190 ff

Die **Abgrenzung zum Erlass** kann schwierig sein. Wie «konkret» muss eine Anordnung sein, damit sie als Allgemeinverfügung gilt? Dazu sei die Lektüre des sehr ausführlich begründeten Entscheides ZH RB 1992, 5 empfohlen, wonach der Gebührentarif für die öffentlichen Parkplätze am Flughafen Zürich generell-abstrakter Natur ist.

Die auf Allgemeinverfügungen anwendbaren Regeln stehen zum Teil näher bei den für Verfügungen geltenden, zum Teil entsprechen sie eher denjenigen für Erlasse:

Die **Zuständigkeit** liegt in der Regel bei einer Verwaltungsbehörde, auch wenn diese zum Erlass generell-abstrakter Vorschriften nicht befugt ist (BGE 108 IV 58 betr. Verkehrsanordnungen).

Das **Verfahren** bis zum Erlass ist ähnlich wie bei Rechtssätzen (*Jaag* 195): Individuelle Anhörung vor Erlass wird in der Regel (Ausnahmen s. *Rhinow/ Krähenmann* Nr. 81 B I und VPB 1980, 92) nicht in Frage kommen (BGE 119 Ia 150, SOG 1993, 77). Dafür erfolgt eine Bekanntgabe im Amtsblatt o.ä. und allenfalls eine Aufnahme in die Gesetzessammlung (*Imboden/Rhinow* Nr. 5 B II c, Nr. 84 B I g).

ZH • *ZBl 1987, 420: Das Verbot des Mofafahrens auf dem Schulweg ist eine Allgemeinverfügung, die (mangels gesetzlicher Regelung) in einer dem konkreten Fall angemessenen Weise zu eröffnen ist. Die Bekanntmachung mittels Flugblättern, welche die Anordnung nicht im Wortlaut wiedergeben, ist ungenügend und die Allgemeinverfügung mangels genügender Eröffnung nichtig.*

Die **Anfechtung** erfolgt nach den für Verfügungen geltenden Regeln: es stehen üblicherweise die verwaltungsrechtlichen Rechtsmittelwege zur Verfügung (dazu kritisch *Jaag* 195 f, ZH RB 1984, 43). Zusätzlich können Allgemeinverfügungen nach einem Anwendungsakt vorfrageweise überprüft werden (*Rhinow/Krähenmann* Nr. 5 B II c, ZBl 1976, 353, 1987, 422).

Die **Durchsetzung** erfolgt direkt ohne weitere Konkretisierung (*Häfelin/ Müller* Rz 739, *Imboden/Rhinow* Nr. 5 B II c, VPB 1974, 83), d.h. wie bei Verfügungen. Nicht möglich ist nach *Imboden/Rhinow* Nr. 51 B III a und BGE 78 IV 307 und 238 aber eine Bestrafung gestützt auf Art. 292 StGB, wenn nicht eine an wenigstens «klar bestimmbare» Adressaten gerichtete Verfügung besteht (oder die Bestrafung, wie bei «Amtsbefehlen» im Besitzesschutzverfahren üblich, auf dem Hinweisschild angedroht wird).

Die vorstehenden allgemeinen Richtlinien gelten natürlich nur unter Vorbehalt der im Einzelfall massgeblichen gesetzlichen Regelungen. Solche werden in den meisten Fällen bestehen, namentlich bei den am häufigsten vorkommenden Allgemeinverfügungen, den Verkehrsanordnungen (vgl. dazu namentlich SVG Art. 3 und 4, SSV Art. 104 und 107).

2.5 Nebenbestimmungen in Verfügungen

(Vgl. *Schwarzenbach* Tafel 36)

2.5.1 Allgemeine Grundsätze

Unter Nebenbestimmungen werden hier begünstigende oder belastende Anordnungen in einer Verfügung verstanden, die nicht unmittelbar die Hauptsache regeln, sondern den Entscheid in der Hauptsache einschränken oder ergänzen. Sie sind sehr häufig anzutreffen und vielfach unabdingbar. Inhaltlich entsprechende Bestimmungen können sich auch direkt aus dem Gesetz ergeben (z.B. Befristung von Baubewilligungen). Die nachfolgenden Ziffern enthalten auch einzelne Entscheide dazu.

Leider ist die Terminologie in der Verwaltungspraxis bezüglich Voraussetzungen, Bedingungen und Auflagen oft unbefriedigend. Wegen der für den Adressaten sehr unterschiedlichen Rechtsfolgen sollte sich die Rechtslehre um eine Klärung bemühen und die Praxis die Begriffe soweit möglich präzis verwenden!

Nebenbestimmungen sind zu **begründen** (LU LGVE 1993, 323). Sie haben grundsätzlich die gleiche **Wirksamkeit** wie der Hauptteil der Verfügung.

BE
- *BVR 1994, 116: Nebenbestimmungen einer Baubewilligung können, wenn sie nicht angefochten werden, nur noch auf Nichtigkeit überprüft oder bei Vorliegen der entsprechenden Voraussetzungen auf dem Revisionsweg abgeändert werden.*

GR • *PVG 1981, 42: Die nachträgliche Umwandlung einer Auflage in eine Bedingung ist nur unter den für den Widerruf von Verfügungen geltenden Voraussetzungen zulässig.*

Die Behörde hat die **Pflicht,** Nebenbestimmungen zu erlassen, wenn die Durchsetzung des Rechts dies verlangt.

OW • *VVGE 1989 und 1990, 57: Auflagen zur Vermeidung von Gewässerverunreinigungen in einer Kiesabbaubewilligung.*

ZH • *RB 1982, 148: Bei Bewilligung eines Tennisplatzes in der Wohnzone ist mit geeigneten Auflagen sicherzustellen, dass der Zonencharakter nicht verfälscht wird. Insbesondere sind ruhigere Zeiten über Mittag und abends zu erwirken.*

Die Behörde muss aber nicht mit den Modalitäten einer Bewilligung jeden möglichen Missbrauch vorausschauend verhindern oder sowieso anwendbare Vorschriften wiederholen.

BE • *BVR 1994, 401: Wenn seitens des Bewilligungsnehmers nichts auf beabsichtigten Missbrauch hindeutet, steht die (fast immer vorhandene) Möglichkeit solchen Missbrauchs der Bewilligungserteilung nicht im Weg.*

SH • *ZBl 1995, 130: Der Hinweis auf die Rechtslage als Nebenbestimmung einer Verfügung ist zulässig, auch wenn er nicht selbständig Inhalt einer Verfügung sein könnte.*

ZH • *RB 1986, 123: Feuerpolizeiliche Anforderungen an eine Baute sind auch dann einzuhalten, wenn in der Baubewilligung nicht ausdrücklich auf sie verwiesen wird.*

Mit Nebenbestimmungen soll nicht zur Umgehung der Pflicht zur genügenden Abklärung des Sachverhalts umgangen werden.

TI • *BR 1991/1 Nr. 42: Wenn Grund zur Annahme besteht, eine Anlage werde Emissionsgrenzwerte verletzen, darf sich die Behörde nicht damit begnügen, die Bewilligung unter der entsprechenden Bedingung zu erteilen. Sie hat vielmehr vorgängig die nötigen Anforderungen zu definieren.*

Die Aufnahme von Nebenbestimmungen kann **zugunsten des Betroffenen** geboten sein:

AR • *GVP 1991, 44: Unverhältnismässiger, da unbefristeter Bewilligungsentzug gegen einen Gastwirt wegen viermaligen Nichtbeachtens der Polizeistunde.*

GR • *PVG 1993, 126: Baubewilligung mit Auflage zur Sicherung des künftigen Rechts anstatt Unterstellung unter die Bausperre als mildere Massnahme zulässig.*

Andererseits können Text oder Sinn und Zweck des Gesetzes bestimmte Nebenbestimmungen ausschliessen.

Die **Anmerkung** von Nebenbestimmungen im **Grundbuch** ist nur möglich, wenn und soweit das kantonale Recht dies vorsieht (VPB 1986, 60).

2.5.2 Schranken

a) Das **Legalitätsprinzip** gilt in der Praxis, welcher die meisten Autoren widerspruchslos zu folgen scheinen, für Nebenbestimmungen nur in sehr abgeschwächter Form: Die «gesetzliche Grundlage» kann auch in dem vom Gesetz verfolgten Zweck oder in einem mit der Hauptanordnung in Sachzusammenhang stehenden öffentlichen Interesse liegen (BGE 117 Ib 176). Dieser Freipass für die Behörde mag in der Praxis zweckmässig und bequem sein, ist aber insbesondere im Bereich der Verfügungen, auf deren Erlass ein Rechtsanspruch besteht, höchst unbefriedigend. M.E. sollten hier nur Nebenbestimmungen zugelassen werden, die auf einer klaren ausdrücklichen Gesetzesbestimmung (im materiellen Sinn, d.h. Gesetz oder Verordnung) beruhen. Im weiteren dürfen natürlich die Nebenbestimmungen nicht dem Wortlaut oder Sinn und Geist des Gesetzes widersprechen.

AR • *GVP 1988, 147: Erteilung eines Wirtepatents unter Vorbehalt der Abstinenz unzulässig. Das Patent darf nur erteilt werden, wenn alle Voraussetzungen im Zeitpunkt der Erteilung erfüllt sind.*

GR • *PVG 1989, 137: Nichtigkeit der Anordnung zur unentgeltlichen Einräumung eines Baurechtes in einer Quartierplanbestimmung mangels ausdrücklicher gesetzlicher Grundlage.*

OW • *VVGE 1991 und 1992, 228: Unzulässigkeit des Vorbehalts späterer Erhebung einer Parkplatzabgabe, wenn die gesetzliche Grundlage dafür (noch) nicht besteht.*

SZ • *EGV 1993, 163: Die Auflage in einer Baubewilligung, einen Dienstbarkeitsvertrag mit dem Nachbarn abzuschliessen, ist unzulässig, da sie nicht in den Zuständigkeitsbereich der Verwaltungsbehörde fällt, und das Baugesetz keine Grundlage dafür bietet.*

b) Für **Eingriffe in die verfassungsmässigen Rechte** gelten die allgemeinen Voraussetzungen.

GR • *PVG 1984, 69: Die mit einer Baubewilligung verknüpfte Auflage, allfällige Immissionen aus der benachbarten Landwirtschaftszone zu dulden, ist mangels öffentlichen Interesses widerrechtlich.*

LU • *LGVE 1987, 417: Wirtschaftspolitische Auflagen verstossen gegen die Handels- und Gewerbefreiheit.*

c) Unabhängig davon müssen Nebenbestimmungen einen **sachlichen Zusammenhang** mit der Hauptverfügung aufweisen; sachfremde Nebenbestimmungen sind unzulässig (*Häfelin/Müller* Rz 733).

Bund • *BGE 117 Ib 176: Eine aus öffentlichem Interesse (Beendigung einer Quartierplanung) erteilte Rodungsbewilligung darf nicht unter der Bedingung erteilt werden, dass zuerst eine Baubewilligung vorliegen müsse.*

AG • *AGVE 1988, 381: Unzulässige Auflage betr. Erstellung/Erhaltung von Biotopen in der Bewilligung zur Auffüllung einer Kiesgrube mangels gesetzlicher Grundlage und zwingenden Sachzusammenhangs.*

AR • *GVP 1989, 3: Unzulässige Auflage in einer Baubewilligung, ein öffentliches Wegrecht zu gewähren.*

BE • *BVR 1990, 11: Unzulässige Auflage, ein vom Umbaubegehren nicht erfasstes Zimmer zu erhalten.*

GR • *PVG 1993, 79: Zulässigkeit der Auflage von Schliessungsmodalitäten (-zeiten) bei der Bewilligung eines Tores zur Absperrung eines öffentlichen Durchgangs.*

• *PVG 1988, 50: Kein sachlicher Zusammenhang zwischen der Bewilligung, ein Silo um zwei Meter zu erhöhen und der Auflage, eine neue Heubelüftung zu installieren und sie über Nacht abzustellen.*

• *PVG 1987, 75: Die «Auflage» **(recte: auflösende Bedingung)** in der Bewilligung für eine Stallkammer, diese gelte nur, solange der Gesuchsteller persönlich das Gut bewirtschafte, ist mangels sachlichen Zusammenhangs und wegen Unverhältnismässigkeit (bei Bewirtschafterwechsel müsste die Kammer abgebrochen oder jedesmal neu bewilligt werden!) unzulässig.*

• *PVG 1986, 67: Sachlicher Zusammenhang zwischen ausnahmsweiser AZ-Erhöhung und Vermietungsverbot bejaht, da die AZ der Beschränkung der Nutzungsdichte dient.*

- *RPR 1985/1986, 88: Die Auflage, eine Arkade, die grössere obere Geschosse ermöglicht, habe dem öffentlichen Fussgängerverkehr zu dienen, ist sachbezogen.*
- *PVG 1981, 40: Die Auflage einer Kautionsleistung bei der Bewilligung eines Aparthotels entbehrt des sachlichen Zusammenhangs und ist unverhältnismässig, da die Gemeinde aus einer allfälligen Verletzung der Pflicht, den Betrieb während 30 Jahren bestimmungsgemäss zu führen, keine finanziellen Forderungen herleiten könnte.*

OW
- *VVGE 1991 und 1992, 103: Zulässigkeit des Vorbehalts, eine Subvention werde erst bei Erfüllung einer damit sachlich zusammenhängenden Auflage ausbezahlt.*
- *VVGE 1989 und 1990, 35: Unzulässige Auflage in einer Baubewilligung, der Öffentlichkeit Land abzutreten oder zur Benutzung zu öffnen.*

ZH
- *RB 1993, 146: Unzulässigkeit der Auflage von Erschliessungskosten in der Baubewilligung mangels genügenden Zusammenhangs, wenn keine ausdrückliche gesetzliche Grundlage besteht.*
- *RB 1990, 103: Auflage in der Konzession für einen Brückenbau, auf der Brücke (beim Zürcher Hauptbahnhof) Parkplätze zu schaffen, für zulässig befunden.*
- *RB 1985, 182: Die Baubehörde kann nicht nur baurechtliche Nebenbestimmungen im engeren Sinn verfügen, sondern auch solche, die sich auf andere baubezogene Vorschriften stützen, für deren Anwendung sie zuständig ist.*
Leider wurde der Sachverhalt nicht veröffentlicht.

d) Zur Geltung des **Verhältnismässigkeitsprinzips** vgl. *Imboden/Rhinow/Krähenmann* Nr. 39 B III c, *Häfelin/Müller* Rz 735.

Bund
- *BGE 107 Ia 59: Auf Grund der herrschenden Spannungen zulässige Auflage, an einem folkloristischen Umzug in Moutier (Kt. BE) dürften keine Fahnen des Kt. Jura mitgetragen werden und keine jurassischen Regierungsmitglieder teilnehmen, nachdem es die Organisatoren abgelehnt hatten, die Namen der geladenen Gäste bekanntzugeben.*

BE
- *BVR 1987, 472: Widerrufsvorbehalt bei Parkplatzpflichtbefreiung in casu unverhältnismässig, da er nichts an der Baugestaltung ändert und auf Grund der örtlichen Verhältnisse sowieso nicht durchsetzbar wäre.*

GR • *PVG 1993, 108: Die Auflage eines Zweckänderungsverbots muss notwendig und verhältnismässig sein. Dem Bürger ist ein Vorschussvertrauen entgegenzubringen, weshalb sie nur zulässig ist, wenn eine Rechtsverletzung nicht nur möglich, sondern wahrscheinlich ist.*

TI • *BR 1991/1 Nr. 42: Wenn Grund zur Annahme besteht, eine Anlage werde Emissionsgrenzwerte verletzen, darf sich die Behörde nicht damit begnügen, die Bewilligung unter der entsprechenden Bedingung zu erteilen. Sie hat vielmehr vorgängig die nötigen Anforderungen zu definieren.*

ZH • *RB 1984, 190: Um das Verbot der Nutzung bestimmter Räume als Verkaufs- oder Arbeitsraum durchzusetzen, darf eine Ausstattung untersagt werden, welche die Voraussetzungen für die verbotene Nutzung schafft.*

Leider besagt der veröffentlichte Text nicht, ob es sich um eine Nebenbestimmung in der Baubewilligung oder um eine selbständige Verfügung handelt.

• *RB 1982, 190: Die Befristung der Baubewilligung einer Amateurfunkantenne aus Gründen der Einordnung und der Erhaltung des bewilligten Zustands ist nicht geeignet, diese Zwecke zu erreichen. Hingegen ist eine Befristung auf die Dauer der Funk(sende)konzession zulässig, da für reinen Empfang der Anschluss an die Gemeinschaftsantenne vorgeschrieben ist.*

e) Nebenbestimmungen in schriftlichen Verfügungen müssen ebenfalls **schriftlich** sein (AGVE 1989, 221).

f) Mit Nebenbestimmungen darf nicht die Pflicht zu **vorgängiger** sorgfältiger Abklärung des Sachverhalts umgangen werden (z.B. Abänderungsvorbehalt bei einem technischen Eingriff in ein Gewässer).

OW • *VVGE 1991 und 1992, 86: Die Einhaltung der Umweltvorschriften durch ein Bauprojekt sind konkret zu prüfen; eine Auflage, die «Umweltschutzgesetzgebung einzuhalten» genügt nicht.*

g) Nebenbestimmungen sollen durch den Betroffenen rechtlich und tatsächlich **erfüllbar** sein. Bei Nebenbestimmungen zu Vorentscheiden muss dies (noch) nicht der Fall sein (ZH RB 1993, 157).

ZH • *RB 1989, 147: Eine Nebenbestimmung zur Heilung eines baurechtlichen Mangels ist in die Baubewilligung nur dann aufzunehmen, wenn der Bauwillige zur Behebung des Mangels tatsächlich und rechtlich in der Lage ist.*

Es können folgende Hauptarten von Nebenbestimmungen unterschieden werden:

2.5.3 Die Bedingung

Lange nicht alles, was in der Praxis «Bedingung» genannt wird, ist eine solche im Rechtssinne. Diese liegt vor, wenn eine Rechtsfolge im Falle des Eintritts bzw. Nichteintritts eines **ungewissen** künftigen Ereignisses wirksam (Suspensivbedingung) oder aufgehoben wird (Resolutivbedingung). Der Eintritt von Bedingungen kann definitionsgemäss **nicht erzwungen** werden (*Imboden/Rhinow* Nr. 39 B II), auch wenn sie ein Verhalten des Adressaten zum Inhalt haben.

a) **Suspensivbedingungen**: Die Rechtswirksamkeit der Verfügung beginnt mit Eintritt der Bedingung.

Bund • *BGE 89 I 435: Erteilung einer Baubewilligung unter der aufschiebenden Bedingung, dass für das bestehende Gebäude eine Abbruchbewilligung erteilt wird.*

AG • *AGVE 1992, 303: Zulässiger «Vorbehalt» privatrechtlicher Regelung (Einräumung von Näherbaurechten durch die Nachbarn) vor Erteilung der Baubewilligung.*

SZ • *EGV 1994, 175: Die Erteilung einer Baubewilligung unter einer Bedingung kommt nur in Betracht, wenn der Bauherr die Erfüllung der Bedingung selbst herbeiführen kann (Beibringen eines Durchleitungsrechts für die Entwässerung einer geplanten Strasse).*

Eine in dieser allgemeinen Formulierung sicherlich unrichtige, ja dem Gedanken der Bedingung geradezu diametral entgegenlaufende Aussage! Abgesehen davon erscheint der Entscheid auch im konkreten Fall als reichlich streng.

b) **Resolutivbedingungen**: Die Verfügung fällt mit Eintritt der Bedingung dahin.

2.5.4 Die Befristung

Davon spricht man, wenn eine Verfügung mit Eintritt eines **sicheren** zukünftigen Ereignisses (z.B. Datum) beendet sein soll.

Bund • *BGE 112 Ib 133: Bei der Verlängerung einer «abgelaufenen» befristeten Bewilligung kann das Verfahren abgekürzt werden.*
Das Verfahren muss aber immerhin die Wahrung der Rechte Dritter ermöglichen!

AG • *AGVE 1989, 247: Bei der Verlängerung gesetzlicher Befristungen kann das Verfahren einfach sein. Eine Begründung des Gesuchs kann unterbleiben, es soll aber schriftlich gestellt werden.*

AR • *GVP 1990, 27: Ist die Baubewilligung zufolge Ablaufs der Befristung erloschen, kommt keine Verlängerung in Frage, sondern nur ein neues Bewilligungsverfahren.*

BL • *BLVGE 1986, 48: Bei ungenauen (auch gesetzlichen) Befristungen (in casu: «angemessene Bauzeit») ist das Dahinfallen der Bewilligung zuerst anzudrohen.*

2.5.5 Die Auflage

Mit einer Auflage wird der Verfügungsadressat (*Rhinow/Krähenmann* Nr. 39 B II) **erzwingbar** verpflichtet. Bei Nichteinhaltung ist die Auflage durchzusetzen. Ist dies nicht möglich, kommt auch der Widerruf der Verfügung in Frage (*Rhinow/Krähenmann* Nr. 39 B II b, *Gygi* 290).

Bund • *VPB 1986, 334: Auflage in einer Bergbahnkonzession, die alte Bahn abzubrechen.*

2.5.6 Der Revers

Namentlich im Baurecht üblich, verpflichtet der Revers den Bewilligungsempfänger, die auf Grund der Bewilligung getätigten Vorkehren bei Eintritt einer Bedingung entweder zu **beseitigen** oder gewisse **Nachteile in Kauf zu nehmen** und zwar ohne Entschädigung. Die Abgrenzung zur Resolutivbedingung liegt m.E. darin, dass beim Revers die ursprüngliche Verfügung nicht dahinfällt, sondern deren Resultat ganz oder teilweise beseitigt wird, was in der Regel mittels einer neuen Verfügung geschieht (ähnlich *Gygi* 293). Der Revers gilt als öffentlichrechtliche Eigentumsbeschränkung auch ohne Anmerkung im Grundbuch. Die Kantone können aber eine solche (deklaratorische) vorschreiben (ZBG Art. 962 Abs. 1, BGE 111 Ia 183).

Bund
- *BGE 117 Ib 190: Änderungsvorbehalt betr. Restwassermenge (in casu Vorbehalt unzulässig, weil damit die Pflicht zur vorgängigen Abklärung der Folgen der bewilligten Massnahme umgangen wurde).*

GR
- *PVG 1984, 67: Revers, wonach die Gemeinde berechtigt ist, die entschädigungslose Entfernung einer Hütte zu verfügen, wenn sie der Gemeinde «irgendwelche Inkonvenienzien» verursachen werde. Bewilligungswidrige Benützung ausserhalb der Jagdzeit als solche Inkonvenienz.*

  Die Zulässigkeit dieser Nebenbestimmung wurde vom Gericht (jedenfalls im veröffentlichten Teil) ohne Begründung vorausgesetzt.

- *RPR 1985/1986, 90: Gewährung eines Näherbaurechts an die Kantonsstrasse, Anmerkung einer Beseitigungsklausel im Grundbuch gemäss Bündner Strassengesetz.*

ZH
- *RB 1984, 133: Bewilligung von Parkplätzen innerhalb einer Baulinie mit dem Revers, dass sie bei Beanspruchung des Baulinienbereichs entschädigungslos aufzuheben oder zu verschieben sind.*

2.5.7 Entzug der aufschiebenden Wirkung

Diese Anordnung könnte man sprachschöpferisch als «nachsorgliche Massnahme» bezeichnen. Nach verschiedenen Verfahrensordnungen kann die erstinstanzliche Behörde die vom Gesetz gewährte aufschiebende Wirkung eines Rechtsmittels entziehen. Dies ist in der Verfügung ausdrücklich festzuhalten (BGE 109 V 232). Bei unmittelbar drohender, schwerer Polizeigüterverletzung kann der Entzug der aufschiebenden Wirkung auch ohne gesetzliche Grundlage erfolgen (AR GVP 1988, 60). Der Entscheid ist zu treffen auf Grund einer **Abwägung** zwischen den auf dem Spiel stehenden **Interessen.**

Bund
- *BGE 105 Ia 321: Bei Anfechtung des Entscheids, einen Schüler nicht in die nächsthöhere Klasse zu promovieren, hat die Behörde nach freiem Ermessen über die Gewährung der aufschiebenden Wirkung zu befinden und die für die Entwicklung des Schülers beste Lösung zu wählen.*

Die **Rechtswirkungen** der aufschiebenden Wirkung (und damit auch ihres Entzugs) sind nicht für alle Fälle einheitlich. Vielmehr ist in jedem einzelnen Falle zu untersuchen, welche Tragweite vernünftigerweise einer Verfügung betreffend aufschiebende Wirkung zuzuerkennen ist (BGE 106 Ia 159 mit Beispielen).

Bund
- *BGE 117 V 185, 116 Ib 350: Negative Verfügungen sind der aufschiebenden Wirkung nicht zugänglich. (Die Behörde kann sie also auch nicht entziehen, weil dies ohne Wirkung wäre.)*
- *BGE 115 Ib 158 (Führerausweisentzug): Bei Sicherungsentzügen ist die aufschiebende Wirkung grundsätzlich zu verweigern, bei Warnungsentzügen zu gewähren. Bei Vorliegen sachlicher Gründe kann davon abgewichen werden.*
- *VPB 1994, 64: Bei Baubewilligungen darf die aufschiebende Wirkung in der Regel nicht entzogen werden.*
- *VPB 1993, 308: Interessenabwägung beim Entzug im Asylbereich.*
- *VPB 1987, 250: Interessenabwägung bei Änderung des Krankenversicherungstarifs.*

JU
- *BR 1/94 Nr. 78: Die aufschiebende Wirkung bildet die Regel, von der nur bei Vorliegen ganz besonderer Gründe abgewichen werden soll.*

ZH
- *RB 1981, 35: Entzug der aufschiebenden Wirkung in einem Verfahren um nachträgliche Bewilligung um eine bereits erstellte Reklameanlage. Entzug (d.h. Anordnung der sofortigen Entfernung nach negativem erstinstanzlichem Entscheid) in casu zulässig, da der Aufwand zur Beseitigung sich in tragbaren Grenzen hält und der böswillige Ersteller mit diesen Umtrieben rechnen musste. Andernfalls würde die Bewilligungspflicht unterwandert, da die Werbewirksamkeit in vielen Fällen vornehmlich oder (z.B. bei der Werbung für einen Anlass) ausschliesslich am Anfang des Bestehens der Reklameeinrichtung besteht.*

2.5.8 Finanzielle Nebenregelungen

(Betr. **Gebühren** s. unten 4.2.7)

Parteientschädigungen, insbesondere für **Anwaltskosten,** sind im Verwaltungsverfahren nicht üblich, doch kann in Ausnahmefällen ein Anspruch darauf bestehen.

Bund
- *BGE 107 Ia 202: Willkürliche Verweigerung einer Entschädigung für die Anwaltskosten, nachdem ein Rentenanspruch über mehrere Instanzen mühsam erstritten werden musste und diese Rente während rund zweier Jahre für die Zahlung der Anwaltskosten hätte verwendet werden müssen.*

3. Das Verfahren bis zum Erlass

(Vgl. die Übersicht in *Schwarzenbach* Tafel 39)

3.1 Die Zuständigkeit

3.1.1 Zur Entscheidfällung

Bevor eine Verwaltungsbehörde auf die Behandlung einer Sache eintritt, hat sie von Amtes wegen ihre Zuständigkeit zu prüfen. Die **Zuständigkeitsbestimmungen** des öffentlichen Rechts sind in aller Regel **zwingender Natur**. Weder die Behörden noch die Parteien noch beide zusammen können daran etwas ändern, auch nicht durch Vereinbarung (*Kölz/Häner* Rz 97). Die Behörde kann insbesondere nicht ihre Entscheidbefugnis an eine über- oder untergeordnete Instanz delegieren, wenn dafür keine gesetzliche Grundlage besteht.

GR
- *PVG 1982, 20: Schiedsklauseln in öffentlichrechtlichen Verträgen können, wenn eine entsprechende gesetzliche Grundlage im kantonalen Recht vorhanden ist, allenfalls dort zulässig sein, wo die Parteien über die fraglichen Ansprüche frei verfügen können.*
  Somit wohl fast nie, da dies in öffentlichrechtlichen Verträgen die seltene Ausnahme ist.

- *PVG 1981, 31: Die Delegation eines Entscheides von der Baubehörde an die Gemeindeversammlung widerspricht dem Grundsatz der Gesetzmässigkeit der Verwaltung.*

ZH
- *ZBl 1986, 410: Vertrag über grössere Mengen Brauchwasser zur industriellen Nutzung privatrechtlicher Natur, da keine öffentliche Aufgabe und Abschluss beidseits freiwillig. Dass die Parteien für Streitigkeiten den öffentlichrechtlichen Weg vorsehen, ist wegen der zwingenden Natur der Zuständigkeitsvorschriften unbeachtlich.*

Hält sich eine Behörde für unzuständig, hat sie die Angelegenheit an die zuständige Instanz **weiterzuleiten,** bei Gesuchen und ähnlichem normalerweise unter Benachrichtigung des Absenders. Nicht zulässig ist es, einfach einen Nichteintretensentscheid zu fällen (*Kölz/Häner* Rz 98, BGE 108 Ib 139) und die Kosten dem Gesuchsteller aufzuerlegen (VPB 1991, 257).

Ausnahmen:

Bund • *BGE 111 Ib 283: Auf Begehren, die gemäss gesetzlicher Regelung nicht die erstinstanzliche Behörde, sondern die Einspracheinstanz zu behandeln hat, braucht nicht materiell eingegangen zu werden, und eine Weiterleitungspflicht besteht auch nicht.*

• *BGE 108 Ib 543: Wenn der Private die Zuständigkeit der Behörde **behauptet** und keinen Antrag stellt, andernfalls sei seine Eingabe an die zuständige Behörde weiterzuleiten, liegt eine Kompetenzstreitigkeit zwischen der Behörde und dem Privaten vor, die bei fehlender Zuständigkeit mittels einer Nichteintretensverfügung zu entscheiden ist.*

Bei Erlass einer Verfügung durch die unzuständige Behörde kann Anfechtbarkeit oder Nichtigkeit eintreten (vgl. dazu *Kölz/Häner* Rz 97 und unten 10.).

Für die Einhaltung von Fristen ist der Zeitpunkt der Einreichung bei der unzuständigen Behörde massgebend (*Kölz/Häner* Rz 98 und unten 3.10.c):

Wenn privatrechtlich organisierte Körperschaften zum Erlass von Verfügungen zuständig sind, unterliegen sie den gleichen Regeln wie die öffentliche Verwaltung (VPB 1994, 117).

Die Zuständigkeit bleibt in der Regel bestehen, wenn eine ihrer Voraussetzungen während des Verfahrens wegfällt (*Kölz/Häner* Rz 97).

Bund • *BGE 108 Ib 139: Für den administrativen Führerausweisentzug bleibt die Behörde am Wohnort des Fehlbaren bei Eröffnungs des Verfahrens zuständig, wenn dieser umzieht.*

Man unterscheidet zwischen sachlicher, funktioneller und örtlicher Zuständigkeit. Ist eine davon nicht gegeben, so ist die Behörde unzuständig.

Die **sachliche Zuständigkeit** bestimmt, welches Amt in einem bestimmten Sachgebiet (z.B. Forstwesen, Fischerei, Bau etc.) tätig ist und ergibt sich aus den einschlägigen Erlassen.

Die **örtliche Zuständigkeit** ergibt sich in der Regel direkt aus dem formellen oder materiellen Gesetzesrecht. Ist dies nicht der Fall, so gilt:

– Die Zuständigkeit der Behörde am Ort der gelegenen Sache. Sie ist dann gegeben, wenn ortsgebundene Rechtsverhältnisse zu regeln sind, z.B. über Grundstücke, Bauten usw.

– Die Zuständigkeit der Behörde am Ort des massgeblichen Vorgangs, z.B. Bewilligung für einen Strassenmusikanten.

– Subsidiär die Zuständigkeit der Behörde am Wohnsitz des Verfügungsadressaten. Sie gilt nur, wenn keine der oben genannten Zuständigkeiten gegeben ist.

Die **funktionelle Zuständigkeit** betrifft die Zuweisung der Geschäfte an die verschiedenen Behörden und Amtsstellen innerhalb der Verwaltungshierarchie. Bsp.: Zürcher Planungs- und Baugesetz § 2 regelt die funktionellen Zuständigkeiten von Regierungsrat, Baudirektion und Gemeinden im Planungs- und Baurecht.

ZH
- *RB 1994, 202: Wenn die Baubehörde nicht zuständig ist für Erlass und Änderung eines Gestaltungsplans, kann sie diesen auch nicht mit zusätzlichen grundeigentümerverbindlichen Regelungen ergänzen.*

3.1.2 Zur Beurteilung von Vorfragen

(Vgl. *Imboden/Rhinow/Krähenmann* Nr. 142)

Die Verwaltungsbehörden sind zuständig zum Entscheid von Rechtsfragen in dem durch sie betreuten Sachgebiet. Es kommt aber immer wieder vor, dass für das Fällen eines Entscheids nicht nur solche, sondern auch **Rechtsfragen aus anderen Gebieten** zu entscheiden sind. Sie werden als Vorfragen bezeichnet.

Was die (die Zuständigkeit begründende) Hauptfrage und was die vorfrageweise zu prüfende «Nebenfrage» ist, bestimmt sich auf Grund des Rechtsbegehrens (BLVGE 1991, 130) oder, wenn die Behörde von Amtes wegen tätig wird, auf Grund des verfolgten öffentlichen Interessens.

Ein wichtiger Anwendungsfall ist die Frage, ob und inwieweit eine Behörde das Recht und die Pflicht hat, zu prüfen, ob die Verordnungen und Gesetze, auf die sie ihre Verfügung stützen will, dem übergeordneten Recht entsprechen (s. unten 4.3). Abgesehen von dieser Fallgruppe wird es sich in der Regel um Rechtsfragen handeln, für deren Prüfung eigentlich ausdrücklich eine andere Behörde vorgesehen ist, beispielsweise eine andere Verwaltungsabteilung, ein Zivilgericht, ein Strafgericht usw. Hier gilt folgendes:

a) **Grundsatz**: Die Verwaltungsbehörde **ist befugt**, solche Vorfragen **selbständig zu entscheiden**.

Bund
- *BGE 119 Ib 417: Vorliegen einer (nichtigen) Scheinehe als Vorfrage bei der Aufenthaltsbewilligung.*

AG
- *AGVE 1992, 305: Die Baubehörde hat nötigenfalls privatrechtliche Vorfragen zu prüfen.*

BE
- *BVR 1991, 46: Genügende Erschliessung bejaht auf Grund der (weder vom Zivilrichter festgestellten noch im Grundbuch eingetragenen!) ausserordentlichen Ersitzung einer Dienstbarkeit.*
- *BVR 1988, 172: Ebenso im Falle, dass eine «vorfrageweise summarische Prüfung» ergibt, dass «der Baugesuchsteller den Nachbarn auf dem Zivilprozessweg zwingen könnte, ein dingliches Zufahrtsrecht einzuräumen».*

BL
- *BLVGE 1989, 78: Die Baubehörde hat die zivilrechtliche Befugnis des Gesuchstellers nur summarisch zu prüfen. Fehlt sie nicht offensichtlich, ist die Bewilligung zu erteilen.*

GR
- *PVG 1990, 72: Nichteintreten auf ein Baugesuch ist nur zulässig, wenn die (privatrechtliche) Bauberechtigung offensichtlich fehlt. Im Zweifel ist das Gesuch zu behandeln.*

LU
- *LGVE 1989, 138: Führt die summarische Prüfung zivilrechtlicher Vorfragen zu keinem Ergebnis, kann die Baubehörde das Erfordernis der genügenden Zufahrt als erfüllt erachten.*

OW
- *VVGE 1991 und 1992, 59: Abweisung eines Baugesuchs, weil die Erschliessung die Verlegung einer fremden Hauszufahrt und die Aufhebung von drei fremden Parkplätzen nötig machen würde, selbst wenn der Nachbar die Erschliessung über sein Land grundsätzlich dulden muss.*
- *VVGE 1991 und 1992, 55: Zulässige Abweisung des Gesuchs auf Erteilung eines Näherbaurechts, weil offensichtlich auch die (nicht gewährte) Zustimmung des Nachbars nötig wäre.*

ZH
- *ZBl 1985, 121: Die Baubehörden haben sich auf die Prüfung der Frage zu beschränken, ob ein Vorhaben **offenkundig** Eigentumsrechte Dritter verletzen könnte; es ist nicht Aufgabe der Baubehörden, die Eigentumsverhältnisse – gleich wie der Zivilrichter – im einzelnen und endgültig aufzuklären. Im Zweifel ist die Zulässigkeit des Bauvorhabens zu bejahen.*

Das Gesetz kann die Befugnis zur Beurteilung bestimmter Vorfragen ausschliessen.

AG
- *AGVE 1991, 143: Anordnung der Fristansetzung zur Klage bei der zuständigen Instanz im Vermarkungsverfahren.*

3.1

OW • *VVGE 1989 und 1990, 85: Zählt das Gesetz die Voraussetzungen, unter denen die Zustimmung zu einem Vertragsschluss zu verweigern ist, abschliessend auf, kann die Behörde sie nicht deshalb verweigern, weil sie Zweifel an der Handlungsfähigkeit einer Partei hegt.*

Im weiteren beschränkt sich natürlich die Zuständigkeit der Behörde auf die Beurteilung von Vorfragen, deren Beantwortung wirklich **notwendig** ist für den Hauptentscheid.

GR • *PVG 1987, 47: Keine Berechtigung der Baubehörde, über für den Entscheid nicht massgebliche privatrechtliche Rechtsverhältnisse zwischen dem Gesuchsteller und seinem Nachbarn zu befinden.*

b) **Einschränkungen:**

Falls die **zuständige Behörde** über dieselbe Frage **bereits entschieden** hat, ist die verfügende Behörde an diesen Entscheid **gebunden**.

Zu beachten ist, dass dies natürlich nur gilt bei **Entscheiden** (Stellungnahmen anderer Behörden sind nicht verbindlich, BGE 118 V 56, 118 Ib 599 betr. Umweltfachstelle, ebensowenig gerichtliche Vergleiche, ZH RB 1993, 90) **zu gleichen Sachverhalten und gleichen Rechtsfragen**. Entscheide anderer Instanzen müssen also genau geprüft und analysiert werden, bevor die Behörde sie für ihren Entscheid als bindend anerkennt.

Bund • *BGE 117 V 205: Bindung der Ausgleichskasse an die Invaliditätsbemessung durch die IV bei der Bemessung von Ergänzungsleistungen.*

• *BGE 87 I 253, AGVE 1991, 145: Die Behörde ist an eine klare Praxis der in der Sache zuständigen Behörde gebunden.*

AG • *ZBl 1994, 487: Die fremdenpolizeiliche Ausweisung ist möglich, auch wenn die aus dem gleichen Grund ausgesprochene strafrechtliche Landesverweisung bedingt aufgeschoben wurde. Die beiden Institute haben unterschiedliche Zielsetzungen und Voraussetzungen.*

NW • *NGVP 1986/1987, 129: Die Baubewilligung für einen Weg über ein fremdes Grundstück, für den der Zivilrichter ein Notwegrecht gewährt hat, ist zu gewähren, falls nicht offenkundig über das vom Zivilrichter Zugesprochene hinausgegangen wird.*

SZ • *EGV 1994, 86: Die Ausgleichskasse ist an die Mitteilung und Qualifikation eines Grundstückgewinnes durch die Steuerbehörde grundsätzlich gebunden.*

Zurückhaltung bei der Entscheidung von Vorfragen ist auch geboten, wenn es sich um **komplexe Rechtsfragen** aus einem für die Behörde **fremden Rechtsgebiet** handelt.

ZH
- *RB 1994, 237: Bauverweigerung aus strafrechtlichen Gründen für ein Gassenzimmer unzulässig, weil die Strafrechtswidrigkeit nicht offensichtlich, sondern kontrovers ist.*
- *RB 1989, 150: Öffentliche oder private Natur einer Quelle.*

SZ
- *EGV 1994, 175: Vorfrageweiser Entscheid der Baubehörde über Bestehen oder Nichtbestehen eines Durchleitungsrechts nicht zugelassen, da sie die Frage nicht eindeutig beantworten kann. Die Bewilligung kann allenfalls unter dem «Vorbehalt des Durchleitungsrechtes...» erteilt werden.*

In gewissen Fällen kann es geboten sein mit der Verfügung **zuzuwarten** bis ein Entscheid der für die Beurteilung der Vorfrage zuständigen Behörde vorliegt.

Bund
- *BGE 106 Ib 398: Ist das Begehen einer strafbaren Handlung Voraussetzung einer Verfügung (beispielsweise beim Führerausweisentzug nach Art. 16 Abs.3 lit. f SVG) hat die Behörde die Begehung des Delikts nachzuweisen und kann verfügen, ohne den Entscheid des Strafrichters abzuwarten. Ein Zuwarten ist jedoch angezeigt, wenn die strafrechtliche Beurteilung unsicher ist.*

Andererseits ist auch der Richter an Entscheide der zuständigen Verwaltungsbehörde grundsätzlich gebunden (BGE 108 II 460).

Von der Entscheidung einer Vorfrage zu **unterscheiden** ist die **«Anlehnung»** an die parallele Beurteilung durch eine Gerichtsbehörde.

Bund
- *BGE 119 Ib 158: Bindung (und Ausnahmen davon) der Verwaltungsbehörde an Strafurteile, Zuwarten mit Entscheid (Führerausweisentzug).*

GR
- *RPR 1989/90, 153: Die Administrativbehörde soll beim Führerausweisentzug nicht ohne Not von der Beurteilung des Sachverhalts durch den Strafrichter abweichen.*

SZ
- *EGV 1988, 30 betr. Führerausweisentzug: Die Administrativbehörde soll nicht ohne triftige Gründe von der Tatsachenwürdigung des Strafrichters abweichen.*

ZH • *RB 1981, 187: Auf den Abbruch eines widerrechtlich erstellten Gebäudes kann auf Grund des Verhältnismässigkeitsprinzips auch dann verzichtet werden, wenn der Betroffene dafür bestraft wurde.*

3.2 Die Zulässigkeit des Verfügungswegs

Nach dem Entscheid über die Zuständigkeit hat die Behörde zu prüfen, ob die Angelegenheit auf dem Verfügungsweg oder anderswie zu regeln ist. Namentlich sind in **privatrechtlichen** Angelegenheiten die Instrumente des Privatrechts zu verwenden bzw. ist der Weg über die Zivilgerichte zu beschreiten (zur Abgrenzung Privatrecht – öffentliches Recht vgl. *Schwarzenbach* Tafel 10). Aber auch für die Durchsetzung öffentlichrechtlicher *vertraglicher* Ansprüche des Gemeinwesens wird in der Regel der (verwaltungsgerichtliche) **Klageweg** vorgeschrieben (anders auf Bundesebene Art. 2 i.V.m. mit Art. 1 Buchstabe b der Verordnung über Vorinstanzen des Bundesgerichts und des Eidgenössischen Versicherungsgerichts vom 3. Februar 1993, SR 173.51, wonach die sachlich zuständige Bundesverwaltungsbehörde über Leistungen aus öffentlichrechtlichen Verträgen des Bundes (...) zu entscheiden hat), während der **Verfügungsweg** der Durchsetzung *gesetzlicher* Ansprüche dient.

Der Verfügungsweg kann auch wegen der Notwendigkeit der Regelung in einem **Erlass** unzulässig sein.

AG • *ZBl 1985, 218: «Öffentliche» Interessen sind solche, welche die Allgemeinheit und den Einzelnen als deren Glied, unabhängig von seiner Individualität, berühren. Dies ist beim Schutz vor Lärm innerhalb eines Gebäudes, der nicht übermässig nach aussen dringt, nicht der Fall (Alphornblasen in den eigenen vier Wänden). Es kann daher nicht auf dem Verfügungswege eingeschritten werden; vielmehr hat sich der Gestörte der privatrechtlichen Behelfe zu bedienen.*

BE • *BVR 1993, 215: Bei Lärmeinwirkungen einer ortsfesten Anlage auf ein grösseres Gebiet ist die Zuordnung der Lärmempfindlichkeitsstufen nicht einzelfallweise, sondern im Planerlassverfahren vorzunehmen.*

GR • *PVG 1986, 51: Keine Zuständigkeit der Verwaltungsbehörde, privatrechtliche Schadenersatzansprüche zwischen Privaten zu verfügen.*

- *PVG 1983, 27: Privatrechtliche Schadenersatzansprüche der Gemeinde können nicht auf dem Verfügungsweg durchgesetzt werden.*
- *PVG 1982, 33: Glaubt die Gemeinde (Verpächterin), Gründe für die Aufhebung oder Abänderung eines privatrechtlichen Pachtvertrages zu haben, kann sie dazu nicht auf dem Verfügungswege vorgehen, sondern hat sich an die Rechtsbehelfe und Instanzen des Privatrechts zu halten.*

OW
- *ZBl 1993, 309: Eine an sich im Klageverfahren geltend zu machende Forderung kann ausnahmsweise auf dem Verfügungsweg durchgesetzt werden, wenn sie mit einer Verfügung in engem Sachzusammenhang steht.*

ZH
- *ZBl 1986, 41: Nach dem Zürcher Planungs- und Baugesetz müssen Schutzanordnungen, die ein grösseres Gebiet, eine Zone oder eine Mehrzahl von Grundstücken betreffen, als Verordnung erlassen werden.*

3.3 Adressat und Vertreter

Der Adressatenkreis hat alle Personen einzeln zu enthalten, deren Rechte oder Pflichten von der Verfügung geregelt werden.

Wer überhaupt Adressat sein kann («**Parteifähigkeit**») und wer im Verfahren auftreten kann («**Prozessfähigkeit**») bestimmt sich gemäss den Regeln des Zivilrechts (Art. 11 ff ZGB). Adressaten einer Verfügung können demgemäss sein (vgl. *Kölz/Häner* Rz 107 ff):

- alle natürlichen Personen (Verfügungen an Unmündige und andere nicht Handlungsfähige sind an ihren gesetzlichen Vertreter zuzustellen, SG GVP 1987, 99; ausgenommen im Bereich der höchstpersönlichen Rechte, wo auch Handlungsunfähige persönlich zum Verfahren zuzulassen sind BGE 116 II 387, LGVE 1992, 316)
- alle juristischen Personen, handlungsfähig durch ihre Organe
- Kommandit- und Kollektivgesellschaften
- Stockwerkeigentümergesellschaften im Rahmen der ihnen obliegenden Verwaltungstätigkeit (vgl. dazu die Kommentare zu Art. 712a ff ZGB). Zur Entgegennahme der Verfügung ist in solchen Fällen der Verwalter befugt (BE BVR 1987, 358).

3.3

Nicht Adressat einer Verfügung können namentlich die **einfache Gesellschaft** und die **Erbengemeinschaft** sein. Die Verfügung hat hier als Adressaten jeden Beteiligten einzeln zu nennen und muss (falls nicht Vollmachten erteilt wurden) an jeden einzelnen versandt werden.

Bund • *BGE 116 Ib 449 betr. Einreichung eines Rechtsmittels durch eine Erbengemeinschaft.*

AG • *AGVE 1992, 407: Eine Verfügung, die eine Erbengemeinschaft verpflichtet, muss jedem Miterben separat und einzeln eröffnet werden; Zustellung an einen von mehreren Erben genügt nicht, ausser die Erbengemeinschaft hat ihn zu ihrem gemeinsamen Vertreter bestellt.*

SG • *GVP 1989, 101: Bei Eröffnung an nur einen Erben ist die Verfügung aufzuheben.*

Zu beachten ist, dass das «Vergessen» eines Adressaten dessen Anfechtungsmöglichkeiten nicht beeinträchtigt, im Gegenteil: Jeder, der

– durch die Verfügung **berührt** ist und ein **schutzwürdiges Interesse** an ihrer Aufhebung oder Änderung hat (sog. «tatsächliches» im Unterschied zum «rechtlich geschützten» Interesse, wobei sich bereits letzteres allein schon auf Grund der Belastung als solcher ergibt: «Das Interesse des Einzelnen, nicht mit neuen Verboten und Verhaltensvorschriften belastet zu werden, gilt von verfassungswegen als rechtlich geschützt.», ZBl 1995, 510) **oder**

– **gesetzlich** zur Beschwerde **berechtigt** ist (z.B. Umweltschutzverbände gemäss NHG)

kann diese anfechten (VwVG Art. 48 und zahlreiche kantonale Gesetze) und auch rügen, dass ihm im Verfahren vor Erlass die Parteirechte nicht gewährt wurden (*Kölz/Häner* Rz 109). Die Behörde kann dann nochmals von vorn beginnen. Es empfiehlt sich deshalb, immer **vor Verfahrensbeginn den Kreis möglicher Rechtmittelberechtigter abzuklären** und alle am Verfahren zu beteiligen und als Adressaten in die Verfügung aufzunehmen (soweit nicht das Gesetz oder die Gerichtspraxis Vereinfachungen vorsehen wie namentlich betreffend die nur auf Grund gesetzlicher Bestimmungen rechtsmittelberechtigten Vereinigungen, s. unten).

Bund • *BGE 120 Ib 351: Der Besitz von Anteilscheinen verschafft für sich allein dem Inhaber keine Parteistellung in einem Verfahren vor der Eidg. Bankenkommission betr. den Anlagefonds.*

- *BGE 108 Ia 284: Die Verfügung, eine falsche Farbgebung eines Gebäudes zu ersetzen, trifft den für den Fehler allenfalls gegenüber dem Bauherrn und Verfügungsadressaten zivilrechtlich haftbaren Handwerker nicht in seinen rechtlich geschützten Interessen.*
- *BGE 108 Ib 93: Beim Vollzug von Bundesverwaltungsrecht bestimmt Art. 48 lit. a OG den Kreis der Rechtsmittelberechtigten und damit der Verfügungsadressaten.*
  Wobei das kantonale Recht dieser Parteistellung jedenfalls in Bausachen auch mitttels Publikation und öffentlicher Auflage Rechnung tragen kann.
- *VPB 1994, 538: Eltern eines minderjährigen Adressaten.*

TG
- *TVR 1991, 144: Durch Auflage beschwerter Dritter.*

ZH
- *RB 1983, 95: Eine nur einem Miteigentümer eröffnete Pfandrechtsverfügung gilt als nicht eröffnet und entfaltet keinerlei Rechtswirkungen.*

In Rechtsgebieten, wo regelmässig eine Vielzahl betroffener Rechtsmittelberechtigter existieren, sieht das Gesetz besondere Verfahren mit **Veröffentlichung** statt Einzeladressierung vor. Dies ist namentlich im öffentlichen Baurecht der Fall (vgl. dazu z.B. BGE 110 Ib 99, wonach gegen die Bewilligung für einen Schiessplatz alle zur Einsprache legitimiert sind, «die in der Nähe der Schiessanlage wohnen, den Schiesslärm deutlich wahrnehmen und dadurch in ihrer Ruhe gestört werden»). Auch lässt das VwVG in Art. 36 lit.c die Veröffentlichung und im neuen Art. 11a die Bestimmung eines oder mehrerer Vertreter für das Verfahren bis zum Erlass zu in Fällen, in denen sich die Adressaten nur mit unverhältnismässigem Aufwand vollständig identifizieren liessen oder sehr zahlreich sind.

Verfügungen zur Aufhebung rechtswidriger Zustände haben sich alternativ oder kummulativ an den oder die **«Störer»** zu richten. Als solcher gilt der Tätige (Verhaltensstörer), aber auch der Untätige, aber rechtliche oder tatsächliche Gewalt Innehabende (Zustandsstörer).

Bund
- *BGE 107 Ia 24: Die Behörde kann die Verfügung zum Abbruch widerrechtlich erstellter Bauteile an den Ersteller (Verhaltensstörer) oder den heutigen Eigentümer (Zustandsstörer) richten. Im Zweifelsfall ist der Verhaltensstörer ins Recht zu nehmen.*

BE
- *BVR 1987, 357: Der Behörde steht die «Störerauswahl» zu, gegen denjenigen Störer vorzugehen, den sie dazu als geeignet erachtet.*

GR • *PVG 1993, 84: Der Adressat muss der Verfügung nachkommen können bzw. rechtlich dürfen. Wenn ein Störer nicht allein verfügungsberechtigt über die fragliche Sache ist, muss daher die Verfügung auch an die übrigen Berechtigten ergehen (in casu Miteigentümer).*

  • *PVG 1983, 56: Zur Beseitigung eines gesetzwidrigen Zustandes können alternativ oder kumulativ alle Verhaltens- oder Zustandsstörer herangezogen werden. Richtet sich die Verfügung gegen den Ersteller als Verhaltensstörer und ist dieser heute nicht mehr Eigentümer, ist zusätzlich gegen den heutigen Eigentümer (Zustandsstörer) eine Duldungspflicht zu verfügen.*

Wenn eine begünstigende Verfügung ausschliesslich auf sachlichen Umständen basiert und unabhängig ist von den persönlichen Umständen des Adressaten, kann dieser unter Umständen **ersetzt werden,** ohne dass ein neues Verfahren durchzuführen ist.

GR • *PVG 1982, 46: Die Baubewilligung haftet am Grundstück und kann auf dessen Erwerber übertragen werden.*

Von der Frage des Adressaten und Störers zu trennen ist diejenige, welches **Objekt** von der Verfügung betroffen zu sein hat (GR PVG 1993, 90: Widerrechtliche Zustände in einer Stockwerkeinheit sind durch Verfügung von Änderungen an dieser, nicht an einem rechtmässigen Gebäudeteil, zu beheben).

Grundsätzlich können sich die Betroffenen bei ihren Handlungen **vertreten** lassen, sofern dies nicht vom Gesetz ausgeschlossen wird oder es um die Ausübung höchstpersönlicher Rechte geht (z.B. heiraten). Ist ein Vertreter eingesetzt worden, hat die Behörde grundsätzlich mit ihm zu verkehren.

3.4 Der Ausstand

Die neuere Rechtsprechung zur Ausstandsfrage ist sehr streng: Bereits die auf Grund der Umstände gegebene Möglichkeit, der **objektiv begründete «Anschein»** der Befangenheit oder Voreingenommenheit muss dazu führen, dass die entsprechende Person (nicht die ganze Behörde, BE BVR 1988, 468) nicht am Verfahren teilnehmen darf. Jedes Behördenmitglied tut gut daran, es damit sehr genau zu nehmen und besser einmal zuviel als einmal zuwenig in den Ausstand treten. Dadurch kann es sehr unschöne Diskussionen und persönliche Ärgernisse vermeiden.

Ausstandsbegehren sind nur gegen einzelne **natürliche Personen** möglich, nicht gegen Behörden als solche (VPB 1994, 301). Über Ausstandsbegehren entscheidet in der Regel die Behörde selbst unter Ausschluss der betroffenen Mitglieder. Wird gegen alle Mitglieder einer Behörde ein Ausstandsbegehren erhoben, entscheidet darüber die vorgesetzte Behörde (AR GVP 1993, 2). Besteht keine solche, kann beispielsweise eine Ersatzbehörde berufen werden (SG GVP 1989, 153).

Die Verletzung der Ausstandspflicht hat die **Aufhebung** der Verfügung zur Folge, unabhängig davon, ob sie einen Einfluss auf die Entscheidung hatte (GR PVG 1989, 202). Ist sie verbunden mit unredlicher Selbstbevorteilung, kann sie sogar zur Strafbarkeit nach Art. 314 StGB führen (BGE 109 IV 168).

Die einzelnen **Ausstandsgründe** sind in der Regel im anwendbaren Verfahrensrecht geregelt. Heute dürfte aber die beschriebene strenge Rechtsprechung im Vordergrund stehen, da sie in der Regel die gesetzlich festgelegten Fälle der Ausstandspflicht umfasst, aber nicht auf diese beschränkt ist.(Vgl. zur Ausstandsspflicht ausführlich mit vielen Beispielen *Imboden/Rhinow/ Krähenmann* Nr. 90.)

Viele der nachstehenden Beispiele betreffen kontradiktorische Verfahren, sollten aber auch von erstinstanzlichen Verwaltungsbehörden beachtet werden, um unliebsame Überraschungen vor höheren Instanzen zu vermeiden.

Bund
- *BGE 117 Ia 410: Aus Art. 4 BV ergibt sich für Verwaltungsangelegenheiten derselbe Anspruch auf eine unabhängige Entscheidinstanz wie aus Art. 58 BV und Art. 6 Ziff. 1 EMRK. Demnach muss ein Behördenmitglied in den Ausstand treten, wenn objektive Gründe für den Anschein oder die Gefahr einer Befangenheit vorliegen.*

- *BGE 117 Ia 171: Unzulässigkeit der Teilnahme eines Schwagers.*

- *BGE 116 Ia 30: Wird ein Entscheid aufgehoben, dürfen (unter Vorbehalt besonderer Umstände) die gleichen Personen neu entscheiden.*

- *BGE 115 Ia 404: Auch besonders krasse oder wiederholte Irrtümer, die als schwere Pflichtverletzung betrachtet werden müssen, können eine Ausstandspflicht begründen.*

- *BGE 115 Ia 181: Die konkreten Umstände des Einzelfalls sind daraufhin zu überprüfen, ob sie bei einer Partei nach objektiver Betrachtungsweise den Eindruck der Befangenheit erwecken können. Der Entscheid erwähnt mehrere weitere Beispiele aus der Bundesgerichtspraxis.*

- *BGE 115 Ia 172: Schreiben eines Artikels über das erstinstanzliche Verfahren und öffentliche Äusserungen dazu als Ausstandsgrund.*
- *BGE 114 Ia 278: Die Fällung eines Entscheides gegen den Betroffenen macht den Beamten für spätere Verfahren nicht befangen. Die Ablehnung ist unverzüglich zu äussern, ansonsten das Recht auf spätere Rügen verwirkt.*
- *BGE 114 Ia 156: Wird von einer Partei ein Ausstandsgrund geltend gemacht, hat der betroffene Beamte beim Entscheid darüber natürlich nicht mitzuwirken.*
  Für Einzelbehörden dürfte es ratsam sein, diesen Entscheid der vorgesetzten Stelle zu überlassen
- *BGE 114 V 297: Zugehörigkeit zu den Verbandsorganen einer Partei, Beratertätigkeit und Lieferung von Beweismitteln lassen den Eindruck der Befangenheit entstehen.*
- *BGE 112 Ia 339: Ausstandsbegehren sind zu Beginn des Verfahrens vorzubringen, ansonsten verwirken sie.*
  Besser: Sobald der Betroffene vom Ausstandsgrund Kenntnis erhält, so auch SH AOG 1993, 139. Vgl. dazu LGVE 1991, 305, wonach das Nichtstellen des Ausstandsbegehrens innert angesetzter Frist nicht zur Verwirkung führt.
- *VPB 1993, 252: Die Herkunft (Sprachregion, Kanton) stellen für sich allein keinen Umstand dar, der den Anschein der Befangenheit oder Voreingenommenheit zu begründen vermag.*

AR
- *GVP 1988, 41: Architekt, der ein Bauprojekt ausgearbeitet hat, darf auch nach Niederlegung dieses Auftrags nicht als Behördenmitglied am Bewilligungsentscheid über dieses Projekt mitwirken.*

BE
- *BVR 1992, 218: Die Erteilung einer vorläufigen Auskunft bewirkt keine Ausstandspflicht beim späteren verbindlichen Entscheid über die Angelegenheit.*
- *BVR 1988, 190: Auch Zuschauer, auf welche Ausstandsgründe zutreffen, haben den Raum zu verlassen, um Beeinflussungen zu verhindern.*
  Eine vor allem in ländlichen Verhältnissen an sich richtige, aber wohl unrealistische Forderung!

BL
- *BLVGE 1991, 70: Die Mitarbeit eines Beamten bei der Erstellung und Einreichung eines Gesuchs bildet einen Ausstandsgrund.*

3.4

GR
- *PVG 1987, 174:* Eine Behörde, die einem Beamten vor Durchführung der Disziplinaruntersuchung öffentlich unwahre Aussagen und ungebührliches Verhalten vorwirft, und so den Eindruck der Vorverurteilung erweckt, muss im Disziplinarverfahren in den Ausstand treten.

- *RPR 1991/1992, 163:* Die Regierung ist der Meinung, dass die Ausstandsvorschriften (der Gemeindeverfassung, die eine Ausstandspflicht für persönlich interessierte Stimmberechtigte vorsieht) für Gemeindeversammlungen, in denen über Nutzungsplanungen beraten und beschlossen wird, keine Gültigkeit haben. Andernfalls würden insbesondere in kleinen Gemeinden die Abstimmungen im Planungswesen, bei denen oft ein Grossteil der Stimmberechtigten persönlich interessiert ist, übermässig behindert.

- *RPR 1985/1986, 13:* Der Bauberater einer Gemeinde, die Grundeigentümerin im Meliorationsgebiet ist, soll nicht der Schätzungskommission angehören.

OW
- *VVGE 1991 und 1992, 16:* Vorbefassung im Rahmen einer Stellungnahme zur materiellen Rechtslage ist ein Ausstandsgrund, Äusserungen lediglich zu Verfahrensfragen nicht.

- *VVGE 1985 und 1986:* Kein Ausstand nötig, wenn der Entscheid auf den Sohn eines Behördenmitglieds indirekt finanzielle Auswirkungen haben könnte.

SZ
- *EGV 1992, 6:* Wiederholung eines Verfahrens wegen Gehörsverweigerung führt nicht zur Ausstandspflicht.

TG
- *TVR 1989, 165:* Behördenmitglieder, die einem Verein mit dem Zweck «Unterstützung aller Bemühungen für einen Golfplatz» angehören, sind bei der Behandlung von Einsprachen gegen den Golfplatz als befangen anzusehen.

- *TVR 1988, 77:* Ausstandspflicht von zwei Beamten, die an einer Petition gegen das von der Verfügung betroffene Vorhaben massgeblich beteiligt waren.

ZG
- *GVP 1987/88, 7:* Ausstandspflicht verneint in Abwägung
  - der nur indirekten Interessen von zwei Schwägern des betroffenen Beamten (als Vertreter der Bauherrschaft bzw. als Architekt)
  - des «relativ allgemeinen Charakters des Geschäfts» (Erhaltung eines Hauses)
  - des Erfordernisses einer ordnungsgemässen Verwaltung.

Ein Entscheid, der m.E. vor den strengen Anforderungen von Art. 4 BV nicht standhält, insbesondere darf dem letztgenannten Erfordernis kein entscheidendes Gewicht zukommen und ist die Beurteilung der Erhaltung eines bestimmten einzelnen Hauses als «relativ allgemeinen Charakters» nicht überzeugend.

ZH
- *RB 1990, 47: Kein Ausstandsgrund ist die Beteiligung an einem früheren, für den gleichen Betroffenen ungünstig ausgegangenen Verfahren.*

3.5 Verfahrenseinleitung und Festlegung des Verfahrensgegenstandes (Offizialmaxime)

3.5.1 Von Amtes wegen

Im nichtstreitigen Verwaltungsverfahren gilt grundsätzlich die Offizialmaxime, d.h. die Behörde leitet von Amtes wegen ein Verfahren über einen von ihr bestimmten Gegenstand ein, wenn die gesetzlichen Voraussetzungen gegeben sind. Einleitung des Verfahrens und Entscheid sind unabhängig von Parteianträgen *(Kölz/Häner* Rz 46, *Häfelin/Müller* Rz 1278, *Rhinow/Krähenmann* Nr. 88 B; andere Bedeutungen für den Begriff «Offizialmaxime» verwenden *Knapp* Nr. 2035 und auch noch *Imboden/Rhinow* Nr. 88 B).

Die Einleitung des Verfahrens ist den Betroffenen **anzuzeigen;** vor dieser Anzeige ergangene Verfahrensschritte können nichtig sein (ZH RB 1987, 90 betr. Untersuchungshandlungen und Beweismittel im Nach- und Strafsteuerverfahren).

3.5.2 Auf Antrag

In der Praxis wird der Grundsatz der Verfahrenseinleitung von Amtes wegen allerdings stark relativiert:
- Viele Verfügungen wie Bewilligungen, Subventionsgewährungen etc. sind **«mitwirkungsbedürftig»,** d.h. hier gilt für die Verfahrenseinleitung und teilweise auch für den Entscheid die Dispositionsmaxime: Der Adressat veranlasst Beginn und Inhalt des Verfahrens, und im Entscheid wird ihm in der Regel nicht mehr zugesprochen, als er verlangt hat.

- Auch in anderen Bereichen finden sehr oft **informelle Kontakte** zwischen Behörde und Adressat statt, die den Gang des Verfahrens und den Inhalt des Entscheids beeinflussen. Von Missbräuchen abgesehen ist dagegen nichts einzuwenden: Die Offizialmaxime ist nur ein Grundsatz, von dem Gesetzgebung und Praxis oft abweichen, und sie beschränkt nur das Recht des Adressaten auf Einwirkung auf das Verfahren, nicht aber die Möglichkeit der Behörde, im Einzelfall seinen Anliegen zu folgen, wo dies in ihrem Ermessensbereich liegt.

- Soweit ein schutzwürdiges Interesse glaubhaft gemacht wird, trifft die Behörde eine **Pflicht,** auf Anträge von Privaten **einzutreten** (vgl. unten 5.1). Betr. Wiederholung von Anträgen in der gleichen Sache s. unten 9.3.

Wird während des Verfahrens der Verfahrensgegenstand geändert, sind nötigenfalls Teile des Verfahrens zu wiederholen.

FR • *BR 1991/1 Nr 55: Werden während des Bewilligungsverfahrens die Pläne geändert, ist ein neues Verfahren zu beginnen, wenn es sich nicht nur um untergeordnete Änderungen handelt. Auch dann ist aber den Einsprechern Gelegenheit zur Stellungnahme zu geben, es sei denn, mit der Änderung werde allen ihren Einwänden Rechnung getragen.*

Die Gelegenheit zur Äusserung sollte nicht nur den Einsprechern gewährt werden, sondern allen Einspracheberechtigten, die durch die Planänderung berührt sein könnten.

NE • *BR 1990/1 Nr. 5: Veränderte Pläne müssen neu öffentlich aufgelegt werden, damit an den Änderungen nicht beteiligte Einspracheberechtigte ihre Rechte wahren können.*

(Es handelte sich um bedeutende, von aussen sichtbare Änderungen.)

3.6 Verfahrenskoordination und Teilung von Verfahren

Aus diversen Verfassungsbestimmungen leitet das Bundesgericht die Pflicht der Behörden her, mehrere Bewilligungsverfahren in der gleichen Sache so zu **koordinieren,** dass alle massgebenden Gesetzgebungen «gleichzeitig und vollumfänglich» zum Zuge kommen (BGE 118 Ib 398 betr. Melioration). Die notwendigen Bewilligungen und Massnahmen müssen grundsätzlich **gleichzeitig** erteilt bzw. angeordnet werden (VPB 1988, 38). Nach Möglichkeit sollen die Zuständigkeitsvorschriften so ausgelegt werden, dass das Verfahren **vor** *einer* **Behörde** stattfinden kann (Grundsatz der Einheit des Verfahrens, VPB 1995, 78). Die Verletzung dieser Koordinationspflichten kann zur Nichtigkeit einer Verfügung führen (BE BVR 1991, 27).

In bestimmten Fällen lässt es das Bundesgericht genügen, wenn die Koordination spätestens im kantonalen Rechtsmittelverfahren erfolgt (vgl. die Zusammenfassung der Rechtsprechung in ZBl 1995, 526).

Bund
- *BGE 120 Ib 409: Koordinationspflicht bei der Rodungsbewilligung für eine Abfalldeponie.*
- *BGE 118 Ia 504: Einbezug aller Fragen, die nach dem anwendbaren Recht zu berücksichtigen sind, in die Interessenabwägung.*
- *BGE 118 Ib 433: Waldfeststellung, keine Koordinationspflicht.*
- *BGE 117 Ib 328: Rodungsbewilligung, Koordinationspflicht bejaht. Eine umfassende Interessenabwägung durch eine («die nämliche») Behörde hat stattzufinden.*
- *BGE 117 Ib 192: Koordination der planungsrechtlichen und gewässer-/naturschutzrechtlichen Interessen ist bei der Bewilligung eines technisches Eingriffs in ein Gewässer unabdingbar.*
- *BGE 117 Ib 42: Koordinationspflicht bei Forststrassen zwischen verschiedenen Rechtsgebieten und verschiedenen Gemeinwesen (Gemeinde-Kanton-Bund). Bei Verletzung der Koordinationspflicht wird nicht das Verfahren sistiert, sondern der Entscheid aufgehoben.*
- *BGE 117 Ib 39: Keine Koordinationspflicht Projektgenehmigungsverfahren-Kreditbewilligungsverfahren.*
- *BGE 117 Ib 28: Koordination nötig zwischen raumplanerischer Interessenabwägung und Umweltschutzgesetz. Grundsätzlich sind zuerst die Emissionsgrenzwerte zu beachten, wenn sie eingehalten werden die Immissionsvorschriften.*
- *BGE 116 Ib 321: Koordinationspflicht bei Rodung zwecks Kiesabbau.*
- *BGE 116 Ib 50: Verfahrenskoordination ist nötig bei der Planung und Bewilligung einer Abfalldeponie.*

GR
- *PVG 1991, 82: Bei mehreren sachlichen Zuständigkeiten ist eine Leitbehörde zu bestimmen, die den Entscheid in Anwendung aller anwendbaren Regeln und Interessen fällt.*

ZH • *RB 1994, 218: Beim Entscheid über die Abbruchbewilligung in einer Kernzone hat die Behörde auch zu prüfen, ob durch einen ersatzlosen Abbruch eine das Ortsbild beeinträchtigende Baulücke entstünde. Falls dem so ist, darf sie den Abbruch nur bewilligen, wenn die Erstellung eines Ersatzbaus gesichert ist.*

Es versteht sich, dass, wenn **verschiedene Rechtsgebiete bzw. Normen** Bewilligungen verlangen für ein Vorhaben, alle eingeholt werden müssen.

Bund • *BGE 112 Ib 256: Die Rodungsbewilligung enthält nicht auch eine Bewilligung zum Bauen ausserhalb der Bauzone nach RPG 24.*

JU • *BR 1/92 Nr. 17: Verlangt das Gesetz das **Vorliegen** einer Bewilligung als Voraussetzung der Erteilung einer anderen Bewilligung, so darf diese andere Bewilligung nicht unter Vorbehalt der nachträglichen Erteilung der ersten Bewilligung erteilt werden. Diese hat vielmehr zuerst vorzuliegen.*

Sind **mehrere Personen** auf Grund des gleichen Sachverhalts von der gleichen Rechtsfolge betroffen, ist *eine* Verfügung zu erlassen und an alle zu richten.

ZH • *RB 1989, 72: Ehegatten bilden im Steuerverfahren eine notwendige Streitgenossenschaft und müssen wegen der Unteilbarkeit des gemeinsamen Steuerobjekts durch einen einzigen Entscheid veranlagt werden.*

Umgekehrt kann ein Verfahren unter Umständen in mehrere **getrennt** werden.

Bund • *Die Fischereirechtliche Bewilligung darf wie die Baubewilligung nicht derart aufgespalten werden, dass sie erteilt und die Festlegung der erforderlichen Auflagen, Bedingungen etc. einem späteren Verfahren vorbehalten wird.*

ZH • *RB 1989, 144: Die Regelung von Nebenpunkten (Materialien für Dach und Fassaden, Fassadenfarben, Putzstrukturen), die für die Bewilligungsfähigkeit nicht ausschlaggebend sind, darf in ein späteres Verfahren verwiesen werden.*

3.7 Entscheide vor und während dem Hauptverfahren

3.7.1 Vorsorgliche Massnahmen

3.7.1.1 Vorsorgliche Massnahmen i.e.S.

Die meisten Verfahrensgesetze sehen die Möglichkeit vor, in dringlichen Fällen vorsorgliche Massnahmen zu verfügen. Auch ohne solche Regelungen ist aber die für den Hauptentscheid zuständige Behörde zur Anordnung von vorsorglichen Massnahmen befugt, weil ohne diese Möglichkeit das materielle Recht oft nicht durchgesetzt werden könnte (*Kölz/Häner* Rz 146).

Ergeht keine vorsorgliche oder Schutzverfügung, ist der Bürger frei, nicht bewilligungspflichtige Massnahmen vorzunehmen, auch wenn sie allenfalls von der Behörde verboten werden könnten.

ZH
- *RB 1994, 228: Rechtmässigkeit des (nicht bewilligungspflichtigen) Fällens von Bäumen, auch wenn das Gesetz der Behörde die Möglichkeit gibt, anlässlich eines Baubewilligungsverfahrens oder auch ausserhalb eines solchen die Fällung zu verbieten.*

Naturgemäss kann vor Erlass einer vorsorglichen Verfügung nicht das ganze für Endentscheide vorgegebene Verfahren durchgeführt werden. Im Gegenzug darf eine vorsorgliche Massnahme **nicht auf Dauer ausgerichtet** sein, sondern es ist unverzüglich ein ordentliches Verfahren einzuleiten (falls ein solches noch nicht im Gang ist).

Bund
- *BGE 113 Ib 327: Aufhebung eines Wegrechts über ein Bahngeleise durch die SBB aus polizeilichen Gründen zulässig, aber der «polizeilichen Sofortmassnahme» (Verbot der Benützung) hat auf gütlichem oder Enteignungsweg eine Aufhebung des Wegrechts gegen Entschädigung zu folgen.*

ZG
- *GVP 1987/88, 17: Der vorsorglichen Unterschutzstellung in einem (abweisenden) Abbruchbewilligungsentscheid hat ohne Verzug ein ordentliches Unterschutzstellungsverfahren zu folgen.*

In der Regel ist auf Grund der Akten zu entscheiden (LGVE 1994, 142). Mindestens ist aber die **betroffene Partei anzuhören,** andernfalls handelt es sich um eine superprovisorische Massnahme (s. unten 3.7.1.2).

Vorsorgliche Massnahmen sind dann zulässig, wenn einer Partei bzw. der Öffentlichkeit ein **nicht leicht wiedergutzumachender Nachteil** droht, wenn mit der Verfügung bis zum Ende des Verfahrens zugewartet wird.

Bund
- *BGE 116 Ia 446: Der Begriff des Nachteils als Voraussetzung vorsorglicher Massnahmen betrifft die materielle Rechtsstellung des Betroffenen. Er ist nicht zu verwechseln mit demjenigen des Nachteils als Voraussetzung von Rechtsmitteln (z.B. Art. 87 OG), welcher die Anfechtbarkeit einer Massnahme betrifft.*
- *BGE 114 II 388: Nachteil bei immateriellen Interessen.*
- *BGE 114 II 436: Selbstverständlich muss der Nachteil durch das Hauptverfahren vermeidbar sein, d.h. der Interessierte muss sich wenigstens auf einen entsprechenden materiellen Rechtsanspruch berufen. Liegt ein solcher klarerweise nicht vor, können auch keine «vorsorglichen» Massnahmen verfügt werden.*

Um das Gebot der Verhältnismässigkeit zu wahren, hat in aller Regel eine **Interessenabwägung** stattzufinden, die häufig zugunsten der vorläufigen Erhaltung des bestehenden Zustands ausgeht. Dies ist jedenfalls dann nicht willkürlich (und führt nicht zur Schadenersatzpflicht der Behörde), wenn die entsprechende Rechtsposition nicht aussichtslos ist und komplizierte Verhältnisse bestehen (VPB 1986, 205).

ZH
- *RB 1994, 28: Bei Erlass einer vorsorglichen Massnahme hat eine summarische materielle Prüfung stattzufinden. In der Regel sind vorsorgliche Massnahmen dann zu treffen, wenn überwiegende öffentliche oder private Rechte zu wahren sind und der Endentscheid nicht sofort getroffen werden kann.*

In Bezug auf den **Zweck** unterscheidet die Praxis folgende Fallgruppen, in denen vorsorgliche Massnahmen zulässig sein können:

a) **Aufrechterhaltung** des bestehenden Zustands

b) **Beseitigung** eines polizeiwidrigen Zustands

c) **Gewährleistung** des späteren **Vollzugs** oder eines ordnungsgemässen Verfahrens

LU
- *LGVE 1989, 366: Baueinstellungsverfügung zulässig, um die vorgängige Kontrolle oder Mitsprache zu ermöglichen.*

Inhaltlich kommen grundsätzlich alle geeigneten Massnahmen in Frage, doch muss für Eingriffe in die verfassungsmässigen Rechte eine Grundlage auf Gesetzesstufe bestehen.

3.7

a) Amtliche **Befehle** und **Verbote**

BE • *BVR 1994, 303: Verbot der Benützung einer widerrechtlich erstellten Baute, Interessenabwägung.*

• *BVR 1993, 226: Unverhältnismässigkeit der Anordnung, eine sanierungsbedürftige Holzfeuerungsanlage sofort stillzulegen, wenn die Emissionen gering sind und die angeordnete Sanierung rasch erfolgen kann.*

• *BVR 1986, 188: Gegenbeispiel: Verhältnismässigkeit der verfügten sofortigen vorläufigen Stillegung eines Betriebs wegen akuter Gewässerverschmutzung und wiederholter Verzögerung der längst verfügten Sanierung.*

GR • *PVG 1984, 70: Der Erlass eines Baustops ist bei Abweichen von den bewilligten Plänen im Hinblick auf ein nachträgliches Bewilligungsverfahren auch dann zulässig, wenn keine materielle Baurechtsverletzung vorliegt.*

ZH • *RB 1987, 170: Befugnis der Baubehörde, vorsorglich die Einstellung der Bauarbeiten zu verfügen, wenn vor Bewilligungserteilung oder entgegen gesetzlichen Vorschriften oder genehmigten Plänen gebaut wird.*

b) **Beschlagnahme**

c) Vorsorglicher **Entzug** von Bewilligungen

d) **Registersperren** (wofür in der Regel eine gesetzliche Grundlage in den Erlassen, die das Register regeln, nötig ist).

Für die **Form** der vorsorglichen Verfügung sind grundsätzlich die unter 6. beschriebenen Regeln anwendbar. Eine vorgängige **Androhung** sollte die Regel sein, kann aber bei unmittelbarer Gefahr für Rechtsgüter weggelassen werden (GR PVG 1982, 63).

Die vorsorgliche Verfügung **fällt** automatisch **dahin,** wenn die definitve Verfügung rechtskräftig wird.

3.7.1.2 Superprovisorische Massnahmen

Von einer superprovisorischen Massnahme spricht man, wenn eine vorsorgliche Massnahme **ohne vorherige Anhörung** der betroffenen Partei verfügt wird. Solche Anordnungen sind zulässig, wenn der nicht leicht wiedergutzumachende Nachteil nur auf diesem Weg zu vermeiden ist. Nach Erlass ist die betroffene Partei unverzüglich anzuhören, und die superprovisorische Massnahme ist durch eine vorsorgliche Massnahme im engeren Sinn zu ersetzen.

3.7.2 Vorentscheide

Darunter werden Entscheide verstanden, in denen sich eine Behörde über gewisse grundsätzliche Aspekte eines später zu bewilligenden Vorhabens äussert. Der Betroffene kann sich so unnötigen Aufwand ersparen oder gewisse Einschränkungen, Auflagen etc. bereits frühzeitig berücksichtigen.

Das Gesetz (z.B. Art. 32 Abs. 2 des Berner Baugesetzes betr. «generelle Baubewilligung», vgl. BE BVR 1995, 62) oder die Praxis gewähren in bestimmten Fällen Anspruch auf einen Vorentscheid oder wenigstens eine Auskunftserteilung:

Bund
- *BGE 117 Ia 288: Abgrenzung zwischen (gesetzlich geregeltem) Vorentscheid und behördlicher Auskunft. Zulässigkeit einer kantonalen Regelung, wonach Vorentscheide nur unter Vorbehalt der Rechte Dritter bindend sind, sofern diesen nicht eine Einsprachemöglichkeit gewährt wird.*
Die Behörde sollte bei Erlass des Vorentscheides auf diesen Umstand hinweisen.

AR
- *GVP 1988, 76: Auskünfte bzw. Vorentscheide können nur von der in der Sache und zur Entscheidfällung zuständigen Behörde verlangt werden.*

GR
- *PVG 1986, 72: Auch wenn eine (Gemeinde-) Bauordnung das Institut des Vorentscheids nicht kennt, besteht grundsätzlich ein Anspruch darauf.*
- *PVG 1985, 70: Rechtswirkung eines positiven Vorentscheides nur im Rahmen der Bindung an Auskünfte gemäss dem Grundsatz von Treu und Glauben. Keine Wirkung gegenüber Dritten, die ihre Rechte nicht wahren konnten.*

OW
- *VVGE 1985 und 1986: Kein Anspruch auf einen Vorentscheid, wenn mit wenig Aufwand ein definitives Gesuch ausgearbeitet werden kann.*

SZ
- *EGV 1988, 122: Ergeht ein Vorentscheid ohne Anhörung der rechtsmittelbefugten Dritten, so hat er diesen gegenüber keine Verbindlichkeit.*
Es ist ratsam, dies im Vorentscheid hervorzuheben!

Vorentscheide sind für die Behörde bindend im Rahmen der für Revision und Widerruf geltenden Regeln (ZH RB 1982, 191).

ZH • *ZBl 1983, 140: Auch ein Vorentscheid kann von der Behörde nur unter den für den Widerruf von Verfügungen geltenden Voraussetzungen rückgängig gemacht werden.*

In allerneusten Entscheiden wird die **Zulässigkeit** von nicht drittverbindlichen Vorentscheiden unter der Anwendbarkeit von Art. 33 Abs. 3 RPG **in Frage gestellt.** Vgl. zum Stand der Diskussion ZBL 1994, 66 ff und 72 ff, BGE 120 Ib 48, ZH RB 1994, 239, insbesondere S. 241 betr. Geltungsbereich dieser Einschränkung.

3.7.3 Zwischenentscheide

Als Zwischenentscheide werden Entscheide formeller, d.h. verfahrensleitender Natur (s. dazu oben 2.4.2) bezeichnet, die das Verfahren nicht abschliessen, beispielsweise

– Art. 22 Abs. 2 VwVG (Fristerstreckung, vgl. dazu VPB 1944, 62)

– VPB 1994, 494: Entscheid betr. Akteneinsicht

– Beweisverfügung (s. unten 3.8.1).

Der Entscheid, mit dem eine Angelegenheit zur Neubeurteilung an die Vorinstanz zurückgewiesen wird, ist ein Zwischenentscheid, auch wenn darin ein bestimmter strittiger Punkt abschliessend beurteilt wird (BGE 106 Ia 226).

Zwischenentscheide können in der Regel nur dann separat angefochten werden, wenn sie einen nicht wiedergutzumachenden Nachteil zur Folge haben.

ZH • *RB 1994, 131: Entscheid über Nichtgewährung der Akteneinsicht in einem Steuerhinterziehungsverfahren nicht nach § 19 Abs. 1 VRG ZH anfechtbar, da der Betroffene im aktuellen Verfahrensstadium noch gar keine Verfahrenspflichten hat und alle Mängel später gerügt werden können.*

Materielle Entscheide, d.h. solche zur Sache selbst sind dagegen entweder Teil- oder Endentscheide.

Bund • *BGE 118 Ib 510: Verfügung über Vorbereitungshandlungen als materieller Endentscheid (Aussteckungen für Bahntrassee).*

3.7.4 Teilentscheide

Im Unterschied zu einem Zwischenentscheid, der einen Verfahrensschritt regelt, befindet ein Teilentscheid über einen Teil der materiellen Hauptfrage, er nimmt einen Teil der Endverfügung vorweg (vgl. BGE 115 Ib 168). Dies kann zum Zeitgewinn sinnvoll sein, wenn ein Teil der Verfügung entscheidungsreif ist, ein anderer aber noch nicht oder wenn für diesen eine andere Amtsstelle zuständig ist, beispielsweise bei grundsätzlicher Feststellung der Haftbarkeit und Delegation der Festlegung der Höhe des Betrages an eine untergeordnete Amtsstelle.

OW • *VVGE 1987/1988, 127: Teilentscheide (**im Urteil «Vorentscheid» genannt**) unterliegen demselben Verfahren wie der restliche Hauptentscheid, insbesondere betr. Veröffentlichung, wenn Rechte Dritter berührt werden.*

3.8 Die Feststellung des Sachverhalts

3.8.1 Feststellung von Amtes wegen (Untersuchungsmaxime), Mitwirkungsrechte und -pflichten

Die Verwaltungsbehörde untersucht den Sachverhalt von Amtes wegen. Sachverhaltsdarstellungen des Adressaten sind für die Behörde nicht bindend, und sie kann auch nicht beantragte Untersuchungshandlungen vornehmen (*Imboden/Rhinow/Krähenmann* Nr. 88 B I, *Kölz/Häner* Rz 48, *Häfelin/Müller* Rz 1283). Hingegen hat der Adressat im Rahmen seines Anspruchs auf rechtliches Gehör (s. dazu unten 3.9) weitgehende Rechte auf Beachtung seiner Beweisanträge.

Bund • *BGE 116 V 26: Der Untersuchungsgrundsatz besagt, dass die Verwaltung von sich aus für die richtige und vollständige Abklärung des rechtserheblichen Sachverhalts zu sorgen hat.*

• *BGE 106 Ib 199: Insbesondere bei Vorliegen begründeter Zweifel an der Sachverhaltsdarstellung eines Bewilligungsanwärters hat die Behörde die Pflicht zu näheren Abklärungen.*

• *VPB 1991, 297: Bei Vorliegen eines schutzwürdigen Interessens hat die Behörde auf Anträge betr. Strassensignalisation einzutreten und die nötigen Abklärungen auf eigene Rechnung vorzunehmen.*

GR   • *RPR 1991/1992, 60: Auch von allen Beteiligten zum vornherein unbestrittene Behauptungen sind von Amtes wegen auf ihre Richtigkeit hin zu überprüfen.*
   Ein namentlich im Bereich der Leistungsverwaltung wichtiger Grundsatz!

Abzuklären ist nur der **rechtserhebliche** Sachverhalt.

GR   • *RPR 1987/88, 89: Ist ein Gesuch um eine Jahresaufenthaltsbewilligung schon aus fremdenpolizeilichen Gründen eindeutig abzuweisen, kann auf die Einholung einer Stellungnahme der Arbeitsmarktbehörde verzichtet werden.*

Auch bei Geltung der Untersuchungsmaxime können die Beteiligten Adressaten zur **Mitwirkung** bei der Sachverhaltsermittlung verpflichtet werden. M.E. zu Recht verlangen *Kölz/Häner* Rz 48, dass sich eine solche Mitwirkungspflicht aus dem Gesetz oder aus dem Grundsatz von Treu und Glauben ergeben müsse (vgl. dazu auch etwas weitergehend *Imboden/Rhinow/Krähenmann* Nr. 88 B II).

Bund • *BGE 119 Ib 389: Bei der Ermittlung von Lärmemissionen und solchen aus Feuerungsanlagen darf die Behörde auf die Werte vergleichbarer Anlagen abstellen. Es ist dann am Betreiber, die Einhaltung der Grenzwerte nachzuweisen.*

BE   • *BVR 1985, 306: Erscheint der von der Behörde zu beweisende Sachverhalt als sehr wahrscheinlich (steuerpflichtbegründender Wohnsitz bei Konkubinat), kann dem Steuerpflichtigen der Gegenbeweis überbunden werden.*
   M.E. geht dieser Entscheid zu weit: Annahme einer Mitwirkungspflicht und Würdigung allfälliger Nichtmitwirkung statt Umkehr der Beweislast hätte genügt.

GR   • *PVG 1988, 118: Die Baubehörde kann vom Gesuchsteller eine Immissionsprognose mit detaillierten Angaben verlangen, wenn erhebliche Immissionen zu erwarten sind.*

Das anwendbare Verfahrensrecht bestimmt, was zu geschehen hat, wenn die **Mitwirkung verweigert** wird:

– In Frage kommt zunächst das Beschaffen weiterer Beweismittel auf Kosten des renitenten Adressaten *(Rhinow/Krähenmann* Nr. 88 B II mit Bsp., *Häfelin/Müller* Rz 1333) und die Berücksichtigung der Weigerung bei der Beweiswürdigung *(Rhinow/Krähenmann* a.a.O.).

- Es können, wenn eine ausdrückliche gesetzliche Grundlage dies vorsieht, Zwangsmassnahmen ergriffen werden (z.B. Androhung der Ungehorsamsstrafe).

- Werden die notwendigen und zumutbaren Mitwirkungshandlungen vom Verfügungsadressaten verweigert, und können die Beweismittel nicht mit zumutbarem Aufwand anderswie beschafft werden, kann das Verfahrensrecht Nichteintreten (VPB 1994, 446 betr. Asylverfahren), oder sogar materielle Entscheidung zu Lasten des Säumigen vorsehen.

Bund
- *BGE 108 V 229: Sieht das Verfahrensrecht sowohl die Möglichkeit des Nichteintretens wie auch die Befugnis zum materiellen Entscheid zu Lasten der säumigen Partei vor (was im Geltungsbereich des VwVG der Fall ist), ist auf Grund der Umstände des Einzelfalles zu entscheiden, welche Variante angemessen ist. Zu berücksichtigen sind namentlich die Möglichkeiten, einen Teil der Beweise von Amtes wegen zu besorgen, Interessen Dritter am Entscheid und die Möglichkeit, wenigstens über einen Teil der Angelegenheit auf gesicherter Grundlage zu entscheiden. Im Zweifelsfall ist die für den Betroffenen günstigere Variante zu wählen.*

- *BGE 107 Ia 59: Auf Grund der herrschenden Spannungen zulässige Auflage, an einem folkloristischen Umzug in Moutier (Kt. BE) dürften keine Fahnen des Kt. Jura mitgetragen werden und keine jurassischen Regierungsmitglieder teilnehmen, nachdem es die Organisatoren abgelehnt hatten, die Namen der geladenen Gäste bekanntzugeben.*

- *VPB 1994, 40: Abweisung einer Schadenersatzforderung gegen das Militär wegen Leitungsschäden zufolge Panzerfahrten, weil überhaupt keine Unterlagen eingereicht wurden, die eine Abklärung des Kausalzusammenhangs und der Höhe der Schäden ermöglicht hätten.*

GE
- *BR 1/93 Nr. 82: Zulässigkeit des Nichteintretens auf die Eingabe eines Vereins, nachdem dieser der zweimaligen Aufforderung, Statuten, Mitgliederliste und Beschlussprotokoll für die fragliche Eingabe einzureichen, nur teilweise nachgekommen war.*
Der Entscheid betrifft eine Beschwerdeeingabe ans Verwaltungsgericht, dürfte aber auch für andere Eingaben gelten.

GR
- *PVG 1986, 114: Ausländische Beherrschung einer Immobiliengesellschaft angenommen mangels Lieferung von Angaben.*

- *PVG 1983, 30: Verweigerung der Alimentenbevorschussung wegen fehlender Angaben der Mutter zu Aufenthaltsort und Lebensumständen des Kindes. Das Bestreben der Mutter, ihren (offenbar drogenabhängigen) Sohn dem Massnahmenvollzug zu entziehen, vermag ihr Verhalten nicht zu rechtfertigen.*

Die Behörde kann nötigenfalls auch (wie ein Zivilrichter) **Beweisverfügungen** erlassen (BGE 113 Ib 94), was aber im Verwaltungsverfahren die Ausnahme bildet. Es ist dann zu empfehlen, wenn die vorgesehene Beweismassnahme ausnahmsweise «nicht leicht wiedergutzumachende Nachteile» zur Folge hat und deshalb selbständig angefochten werden kann.

SZ
- *EGV 1991, 167: Verneint bei Einholung eines schulpsychologischen Gutachtens.*

3.8.2 Ausmass und Intensität der Sachverhaltsfeststellung

Bund
- *BGE 117 Ib 187: In Fällen, wo verschiedene Interessen gegeneinander abzuwägen sind, stellt das Bundesgericht hohe Anforderungen an die Sachverhaltsabklärung. Alle Folgen einer Massnahme (in casu technischer Eingriff in ein Gewässer) sind **vorgängig** (S. 190) sorgfältig abzuklären.*

- *BGE 117 Ib 131: Die mangelnde Leistungsfähigkeit der Verwaltung und Praktikabilitätsgründe dürfen nur (aber immerhin!) «im Rahmen der gesetzlichen Ordnung» berücksichtigt werden.*
  Das bedeutet wohl, dass aus solchen Gründen die Minimalanforderungen an eine rechtsgemässe Sachverhaltsfeststellung nicht unterschritten werden dürfen.

- *BGE 117 Ib 101: Unzureichende Sachverhaltsfeststellung führt zur Aufhebung einer Verfügung.*

- *BGE 108 Ia 153: Die Frage des Bedürfnisses nach einem Gastgewerbebetrieb ist konkret im Hinblick auf den geplanten Betrieb zu prüfen. Innerhalb einer Kategorie von Betrieben sind Unterkategorien zu bilden, wenn separate Bedürfnisse bestehen.*

BE
- *BR 3/95 Nr. 208: Im Umweltschutzrecht muss auf Grund des Vorsorgeprinzips die Notwendigkeit einer Massnahme nicht strikte nachgewiesen werden; eine abstrakte Umweltgefährdung genügt.*

SG
- *GVP 1988: Das alleinige Abstellen auf den «Eindruck» der Behörde von einer Partei verletzt die Pflicht zur Abklärung des Sachverhalts.*

TG • *TVR 1988, 116: Das Ausmass der geforderten Sachverhaltsfeststellung hängt auch vom Inhalt der Verfügung ab. Für eine blosse Verwarnung sind die Anforderungen weniger streng als für eine strengere Sanktion.*

ZG • *GVP 1989/90, 71: Insbesondere bei schweren Eingriffen in die Rechtsstellung des Betroffenen (finanzielle Beeinträchtigung von ca. Fr. 1,5 Mio durch Unterschutzstellung eines Hauses) sind die wesentlichen Sachverhaltselemente, namentlich Mass der Schutzwürdigkeit, Möglichkeit und Kosten der Erhaltung, detailliert abzuklären und gestützt darauf die Interessen abzuwägen.*

ZH • *RB 1990, 153: Vor dem Entscheid über eine möglicherweise stark störende Betriebserweiterung sind konkrete Abklärungen über die zu erwartenden Immissionen vorzunehmen (genaue Art der Arbeiten, Fenster offen oder geschlossen, Häufigkeit und Dauer der störenden Arbeiten etc.).*

• *RB 1983, 46: Der Bürger muss sich auf behördliche Angaben über Tatsachen, die seinem Wahrnehmungsbereich weitgehend entzogen sind, verlassen können. Sind sie unrichtig, darf ihm im Revisionsverfahren kein Mangel an Umsicht vorgeworfen werden.*

• *RB 1981, 193: Wird die Schlussstunde eines Spielsalons mangels gesetzlicher Regelung auf Grund polizeilicher Erwägungen festgelegt, sind die massgebenden Umstände genau abzuklären.*

3.8.3 Beweislast

Auf den ersten Blick könnte man meinen, im Verwaltungsverfahren erübrige sich die Zuteilung einer «Beweislast», da ja die Verwaltung die Untersuchung und damit den Beweis von Amtes wegen führt. Dem ist aber nicht so, denn «Zuteilung der Beweislast» bedeutet, festzulegen, wer die **Folgen der Beweislosigkeit** zu tragen hat. Dies wird teilweise durch das materielle Verwaltungsrecht bestimmt (z.B. «der Gesuchsteller hat nachzuweisen, dass, ...»). Ist das nicht der Fall, gilt subsidiär Art. 8 ZGB, wonach bei Beweislosigkeit zu Lasten desjenigen entschieden wird, der aus dem unbewiesen gebliebenen Sachverhalt Rechte ableiten wollte (*Häfelin/Müller* Rz 1283). Ganz grob lässt sich somit sagen: Sachverhalte, die zu einer Belastung des Adressaten führen, oder die die Gewährung eines ihm zustehenden Rechtes verhindern, sind von der Behörde zu beweisen. Der Adressat hat bei ihn begünstigenden Verfügungen das Vorliegen der gesetzlichen Voraussetzungen nachzuweisen. Dies gilt insbesondere auch im Asylwesen (VPB 1994, 225), wobei teilweise

Glaubhaftmachung (z.B. Art. 12a Asylgesetz) oder, wo kein strikter Beweis möglich ist, der Indizienbeweis genügt (z.b. bei Bürgerrechtsehen, BGE 98 II 1).

Bund • *BGE 111 Ia 104: Wer um eine Bewilligung nachsucht, hat das Vorhandensein der entsprechenden Voraussetzungen nachzuweisen.*

Hingegen kann m.e. der Beweis von entlastenden Sachverhalten bei für den Adressaten nachteiligen Verfügungen nicht generell diesem auferlegt werden. Die Behörde sollte alle Umstände, auf die der Betroffene in guten Treuen hinweist, von Amtes wegen abklären, wobei diesen eine erhöhte Mitwirkungspflicht trifft.

Bund • *BGE 117 V 263 betr. Sozialversicherungsrecht, aber mit allgemeingültiger Erläuterung der Begriffe und Zusammenhänge.*

• *BGE 112 Ib 280, 111 Ia 188: Pflicht zu vollständiger Abklärung des erheblichen Sachverhalts, Inhalt dieser Pflicht.*

BE • *BVR 1985, 306: Erscheint der von der Behörde zu beweisende Sachverhalt als sehr wahrscheinlich (steuerpflichtbegründender Wohnsitz bei Konkubinat), kann dem Steuerpflichtigen der Gegenbeweis überbunden werden.*

M.E. geht dieser Entscheid zu weit: Annahme einer Mitwirkungspflicht und Würdigung allfälliger Nichtmitwirkung statt Umkehr der Beweislast hätte genügt.

Ausnahmen von den genannten Grundsätzen ergeben sich namentlich auf Grund gesetzlicher **Vermutungen:** Sie führen zur Annahme eines bestimmten Sachverhalts, die so lange gilt bis das Gegenteil nachgewiesen wird.

Bund • *BGE 119 Ib 389: Bei der Ermittlung von Lärmemissionen und solchen aus Feuerungsanlagen darf die Behörde auf die Werte vergleichbarer Anlagen abstellen. Es ist dann am Betreiber, die Einhaltung der Grenzwerte nachzuweisen.*

• *BGE 116 Ib 35: Gesetzliche Vermutungen befreien die Behörde nicht davon, eine Interessenabwägung vorzunehmen.*

• *VPB 1994, 150: Gesetzliche Vermutung der Richtigkeit der PTT-Telefontaxzahlung und VPB 1994, 156 betr. Widerlegung.*

ZH • *RB 1993, 62: Der von der gesetzlichen Vermutung, bei Wohnsitz in der Gemeinde (Vermutungsbasis) übe ein Fahrzeughalter nächtliches Dauerparkieren aus (Vermutungsfolge) Betroffene unterliegt der dafür bestehenden Gebührenpflicht nicht, wenn*

– *der Gemeinde der Nachweis der Vermutungsbasis (Wohnsitz) nicht gelingt oder*
– *er mit dem im Erlass vorgesehenen Nachweis privater Parkmöglichkeit den Beweis des Nichtbestehens der Vermutungsfolge (nächtliches Dauerparkieren) erbringen kann.*
– *Von Verfassungs wegen hat er aber auch das Recht, das Nichtbestehen der Vermutungsfolge anderweitig nachzuweisen, beispielsweise durch den Beweis, dass er das Fahrzeug ausserhalb der Gemeinde lagert.*

In allen Fällen ist nach Treu und Glauben vorzugehen: **Die Behörde hat den Privaten auf seine Beweislast aufmerksam zu machen** und ihm genau anzugeben, was er nachzuweisen hat (*Kölz/Häner* Rz 114, BGE 112 Ib 65).

3.8.4 Beweismittel

Der Kreis der zulässigen Beweismittel ist grundsätzlich offen (*Kölz/Häner* Rz 116). Für die Auferlegung von Zwang gegenüber Adressaten oder Dritten ist aber eine ausdrückliche gesetzliche Grundlage nötig. Es ist deshalb zweckmässig, die Beweismittel in zwei Gruppen einzuteilen:

a) Beweismittel, bei deren Erhebung **keine hoheitliche Gewalt** benützt wird und für die keine ausdrückliche gesetzliche Grundlage bestehen muss. Dazu gehören:

– **Formlose Befragung** von Parteien und Dritten

Bund • *BGE 117 V 284: Formlose (d.h. mündliche, ev. in einer Notiz festgehaltene) Auskünfte können nur für «Nebenpunkte» als Beweismittel dienen. Zu «wesentlichen» Punkten sind schriftliche Auskünfte oder Zeugenaussagen einzuholen.*

• *VPB 1988, 44: Unterscheidung zwischen dem Einholen von Berichten anderer Amtsstellen und Sachverständigengutachten: Bei ersteren genügt nachträgliche Gelegenheit zur Stellungnahme; bei letzteren muss den Betroffenen vorgängig Gelegenheit zu Einwendungen gegen die Person des Experten gegeben werden.*

ZH • *RB 1983, 93: Die persönliche **Befragung** nach ZH Steuergesetz steht «dem Beweismittel nahe» und hat auf Verlangen des Adressaten zu erfolgen, auch wenn kein Anspruch auf mündliche **Verhandlung** besteht.*

– **Augenschein**

- Einholung von **Gutachten.** In der Regel können verwaltungsinterne Experten oder fachkundige Ämter beigezogen werden.

Bund • *VPB 1988, 45: Den Betroffenen ist vor Einholung Gelegenheit zur Stellungnahme zur Person des Experten zu geben.*

SG • *GVP 1986, 85: Der Strafandrohung nach Art. 307 StGB unterliegt nur der freiwillige Gutachter.*

- Entgegennahme von freiwillig eingereichten **Urkunden** und anderen Beweisgegenständen

b) Beweismittel, deren Erhebung unter **Anwendung oder Androhung von hoheitlicher Gewalt** erfolgen und daher einer ausdrücklichen gesetzlichen Grundlage bedarf:

- **Zeugeneinvernahme**
- **Aktenedition**
- **Beschlagnahme**
- **Hausdurchsuchung**
- **Parteiverhör** mit Strafandrohung

Eine Sonderstellung nimmt die Mitwirkung der am Verfahren direkt Beteiligten (der Adressaten) ein. Sie trifft zum einen eine «Obliegenheit» zur Mitwirkung auf Grund der Beweislastregeln: Wenn die für sie günstigen Tatsachen nicht nachgewiesen werden, kann zu ihren Ungunsten entschieden werden *(Imboden/Rhinow/Krähenmann* Nr. 88 B II). Zum anderen können sie bei entsprechender gesetzlicher Grundlage auch echte Mitwirkungspflichten haben, z.B. Aktenedition, Duldung von Augenscheinen, Beweisbefragung etc.

Ob und wie die an sich zulässigen Beweismittel erhoben und verwendet werden dürfen, hängt von weiteren Gesichtspunkten und Regelungen ab, die an anderer Stelle behandelt werden. Zu beachten sind namentlich der Anspruch auf rechtliches Gehör und der Grundsatz der Verhältnismässigkeit.

Eine heikle Frage ist, inwieweit **rechtswidrig erlangte Beweismittel** Verwendung finden dürfen. Die aus dem Strafrecht stammende Faustregel, wonach die Verwendung nur zulässig ist, wenn das fragliche Beweismittel auch rechtmässig hätte beschafft werden können, ist für das Verwaltungsrecht nicht befriedigend. Vielmehr ist immer eine umfassende **Interessenabwägung** vorzunehmen (*Kölz/Häner* Rz 123), in der zu berücksichtigen sind:

- das öffentliche Interesse an der Wahrheitsfindung, d.h. am richtigen Ausgang des Verfahrens

- Art und Intensität des widerrechtlichen Eingriffs in die Rechte des Privaten

– weitere Umstände wie namentlich Verletzungen von Treu und Glauben durch die Verwaltung oder den Adressaten.

Es darf nicht vorkommen, dass die Verwaltung durch Täuschungen oder widerrechtlichen Zwang erlangte Beweismittel verwendet, um irgend eine dem Adressaten nachteilige Formalität durchzusetzen, an der eigentlich niemand ein konkretes Interesse hat. Andererseits sollten dort, wo es z.B. eine grosse Gefährdung des Lebens oder der Gesundheit zu beseitigen oder verhindern gilt, grundsätzlich alle Beweismittel Verwendung finden. Ein gegenteiliges Begehren des Adressaten dürfte in solchen Fällen auch rechtsmissbräuchlich sein. In den zwischen diesen Extremfällen liegenden Situationen auf Grund von Treu und Glauben und des gesunden Menschenverstandes eine befriedigende Interessenabwägung vorzunehmen, ist eine sehr schwierige Aufgabe, die sich aber in der Praxis hoffentlich nicht allzu oft stellen sollte.

ZH • *RB 1987, 90 betr. Untersuchungshandlungen und Beweismittel im Nach- und Strafsteuerverfahren: Die Einleitung des Verfahrens ist den Betroffenen anzuzeigen; vor dieser Anzeige erhobene Beweismittel dürfen grundsätzlich nicht verwertet werden.*

Gutachten oder Experten-Einvernahmeprotokolle aus anderen Verfahren mit abstrakt-wissenschaftlichem Inhalt können einer Äusserung im wissenschaftlichen Schrifttum gleichgestellt werden und gelten dann nicht als Beweismittel (BGE 107 Ia 212 betr. Gefährlichkeit des Kokains).

3.8.5 Beweiswürdigung

Auch im Verwaltungsrecht gilt der Grundsatz der **freien Beweiswürdigung** (*Kölz/Häner* Rz 124). Er ist heute weitgehend selbstverständlich und bedeutet, dass die Ergebnisse der Beweiserhebungen von der Behörde nach sachlichen Kriterien zu würdigen und abzuwägen sind; d.h. es bestehen keine festen Regeln bezüglich Geltungskraft, Rangfolge etc. der Beweismittel wie z.B. «ein Zeuge ist kein Zeuge» usw.

GR • *PVG 1991, 52: Es steht im Ermessen der Behörde, auf welche von mehreren gut begründeten Expertisen sie abstellen will.*

LU • *LGVE 1987, 373: Die Behörde ist an die Folgerungen in einem Gutachten nicht gebunden, sondern muss es selbständig würdigen.*

Der Grundsatz der freien Beweiswürdigung gibt der Behörde auch die Möglichkeit zur sog. **antizipierten Beweiswürdigung.** Sie braucht keine Beweise zu erheben, die (unabhängig vom Ergebnis) nicht zur Entscheidungsfindung beitragen können:

Bund
- *BGE 115 Ia 101: Der Anspruch auf rechtliches Gehör wird nicht verletzt, wenn die Behörde Fotos und Zeugen nicht beizieht, die nichts am Beweisergebnis ändern würden.*
- *BGE 112 Ia 199: Die Behörde ist berechtigt, in sog. antizipierter Beweiswürdigung auf die Beibringung eines Beweismittels zu verzichten, das am Ergebnis nichts ändern könnte.*

SZ
- *EGV 1990, 198: Keine Pflicht zu weiteren Abklärungen, wenn auf Grund von Erfahrungswerten feststeht, dass eine Anlage die Grenzwerte bei weitem einhalten wird.*

ZH
- *RB 1988, 30: Die freie Beweiswürdigung befreit nicht von einer umfassenden Sachverhaltsabklärung.*

Der Grundsatz der freien Beweiswürdigung hat aber auch **Schranken und Ausnahmen:**

Bund
- *BGE 102 Ib 200: Öffentliche Urkunden sind als richtig anzusehen, solange nicht das Gegenteil nachgewiesen ist (Aufzeichnungen der PTT über Telefongespräche).*
  Auskünfte sachkundiger Amtsstellen haben in der Praxis ebenfalls die Vermutung der Richtigkeit für sich (vgl. *Kölz/Häner* Rz 124).
- *VPB 1995, 67: Art. 32 Abs. 4 SVG schreibt vor, dass abweichende Höchstgeschwindigkeiten nur auf Grund eines Gutachtens verfügt werden dürfen. Falls ein schutzwürdiges Interesse des Gesuchstellers vorliegt, gilt dies auch für die Ablehnung eines Gesuchs um eine solche Abweichung.*

GR
- *RPR 1991/1992, 60: Der Gesetzgeber kann die freie Beweiswürdigung einschränken. Eine Bestimmung, wonach die krankheitsbedingte Arbeitsunfähigkeit von Lehrern zwingend mit einem Arztzeugnis nachzuweisen ist, ist daher zulässig.*

3.9 Die Gewährung des rechtlichen Gehörs

(Vgl. *Jörg Paul Müller*, Die Grundrechte der schweizerischen Bundesverfassung, Bern 1991, 267 ff)

Der Anspruch auf rechtliches Gehör durchdringt das ganze Verwaltungsverfahrensrecht. Im vorliegenden Kapitel werden diejenigen Fragen im Zusammenhang mit dem rechtlichen Gehör erörtert, die für das Verfahren bis zum Erlass der Verfügung von Bedeutung sind. Weitere Teilinhalte des Anspruchs auf rechtliches Gehör betreffen beispielsweise den Inhalt und die Form der Verfügung, den Widerruf etc. und werden dort behandelt.

Der Anspruch auf rechtliches Gehör wurde vom Bundesgericht aus Art. 4 BV abgeleitet und wird in der Gesetzgebung und Rechtsprechung konkretisiert (oder: Er wird vom Gesetzesrecht gewährt, das Bundesgericht definiert aber gestützt auf Art. 4 BV einen Mindeststandard). In der Praxis ist zuerst zu prüfen, ob die **einschlägigen Verfahrens- oder materiellen Gesetze und Verordnungen** die Rechte des Adressaten, im Verfahren angehört zu werden, beschreiben. Geben sie auf eine Frage keine Antwort, ist die Rechtsprechung beizuziehen. (Natürlich gehen die von der BV gewährten Rechte einer allenfalls verfassungswidrigen kantonalen Norm vor. Die erstinstanzliche Verwaltungsbehörde kann und muss sich aber an das kantonale Recht halten, solange es nicht von einer Rechtsmittelinstanz für verfassungswidrig erklärt wurde, vgl. dazu oben 3.1.2, unten 4.3 und BGE 119 Ib 149, 118 Ia 108).

Die Gewährung des rechtlichen Gehörs ist einerseits eine Pflicht der Behörde im Rahmen der Untersuchungsmaxime (damit die Abklärung des Sachverhalts vollständig ist, muss sich der Adressat in aller Regel äussern können), andererseits ein verfassungsmässiges Persönlichkeitsrecht des Betroffenen *(Häfelin/Müller Rz 1307)*.

Auch **Gemeinden** kommt, wenn es um ihre Autonomie geht, ein Anspruch auf rechtliches Gehör zu (BGE 116 Ia 54).

In verschiedenen Rechtsgebieten bestehen Vorschriften, die über den von Art. 4 BV allgemein verlangten Minimalstandard hinausgehen, z.B. im Vormundschaftsrecht.

3.9.1 Inhalt des Anspruchs auf rechtliches Gehör

3.9.1.1 Allgemeines

Die Tragweite des Anspruchs bestimmt sich nach der konkreten Interessenlage im Einzelfall (BGE 111 Ia 274).

Grundsätzlich gilt, dass vor jedem Entscheid, der zu einer Schlechterstellung des Betroffenen führt, dieser anzuhören ist (BGE 118 Ia 109).

Bund • *BGE 117 Ia 500: Unter Umständen kann nachherige Anhörung und Einsprachemöglichkeit (zweite Planauflage ohne Anhörung eines Betroffenen) genügen.*

M.E. ist dem höchstens dann zuzustimmen, wenn die Einsprache als formloser Antrag auf ein ausführlicheres Verfahren ausgestaltet ist und insbesondere vor der Einsprachebehörde keine Ermessensbeschränkung stattfindet.

- *BGE 117 V 158: Auch bei Anwendung gesetzlicher Vermutungen hat die Behörde dem von einer Schlechterstellung Bedrohten Gelegenheit zu geben, sich vorgängig zu äussern, damit er die Vermutung allenfalls umstossen kann.*
- *BGE 116 V 38: Auch im Ausland wohnenden Betroffenen ist nach Möglichkeit Gelegenheit zur Äusserung zu geben.*
  Vor dem Versand von Aufforderungen oder gar Verfügungen ins Ausland ist aber das Staatsvertragsrecht zu konsultieren, vgl. dazu ausführlich *Stadelwieser* 195!
- *VPB 1990, 22: Der Betroffene muss sich «frei und möglichst leicht ausdrücken können, gegebenenfalls in seiner Muttersprache» (betr. Asylverfahren).*
- *ZBl 1987, 165: Anspruch auf einen Dolmetscher in einer Sprache, die der Betroffene versteht.*

Das rechtliche Gehör ist nur denjenigen zu gewähren, deren **rechtlich geschützte Interessen** beeinträchtigt werden könnten (welche sich nach neuster Rechtsprechung offenbar allein schon auf Grund der Belastung als solcher ergeben: «Das Interesse des Einzelnen, nicht mit neuen Verboten und Verhaltensvorschriften belastet zu werden, gilt von verfassungswegen als rechtlich geschützt.», ZBl 1995, 510) **oder** denen das anwendbare Verfahrensrecht Parteistellung oder andere **Rechte im Verfahren** einräumt (BGE 110 Ia 75). Dies ist beispielsweise nicht der Fall bei der Nichtwiederwahl eines Beamten, wenn auf Wiederwahl kein Anspruch besteht (BGE 107 Ia 182). Bestehen Zweifel, ob Rechtsmittelberechtigte existieren, ist das rechtliche Gehör zu gewähren, damit sie sich über ihre allfällige Legitimation äussern können (BGE 120 Ib 385).

3.9.1.2 Teilgehalte

Die Gerichts- und Verwaltungspraxis hat dem Anspruch auf rechtliches Gehör folgende Teilgehalte zuerkannt (vgl. im einzelnen *Imboden/Rhinow/Krähenmann* Nr. 82):

a) **Kenntnisgabe von der Einleitung** eines Verfahrens

b) **Orientierung über den Anspruch auf rechtliches Gehör und seinen Inhalt**

c) Recht, sich **vertreten** oder verbeiständen zu lassen (*Kölz/Häner* Rz 52)

d) **Annahme von Beweismitteln**

Bund • *BGE 117 Ia 268 betr. Expertise zur Überprüfung eines Besoldungsgefüges.*

• *BGE 106 Ia 161: Die Fällung eines Entscheides vor Eingang einer bereits veranlassten Expertise ist nur dann zulässig, wenn die Expertise auf Grund vertiefter Überlegung der Behörde, wegen inzwischen eingegangener anderer Beweise oder neuer Gerichtsentscheide etc. als überflüssig erscheint. Trifft dies aber zu, kann die Behörde auch auf die Abnahme eines bereits angeordneten Beweismittels verzichten ohne gegen das Verbot widersprüchlichen Verhaltens zu verstossen.*

e) Rechtzeitige und formgerechte **Vorladung** *(Imboden/Rhinow/Krähenmann Nr. 82 B IV b)*

Bund • *BGE 112 Ia 5: Eine Vorladung am Morgen des Vortages ist zu spät. Das rechtliche Gehör könnte aber auch nachträglich noch gewährt werden.*
M.E. ungenügend, da die nachträgliche Äusserung die Teilnahme am Augenschein nicht vollwertig ersetzen kann!

f) **Teilnahme an Augenscheinen** (BGE 117 V 283, 113 Ia 82) oder ausnahmsweise die Möglichkeit, sich später dazu zu äussern (BGE 116 Ia 100)

Unangemeldete (Lärm-)Messungen können zulässig sein, wenn sie sonst verfälscht werden könnten. Den Parteien ist nachträglich Einsicht zu gewähren (AGVE 1986, 339, TVR 1992, 36 betr. Feststellung von Hundegebell). Ebenso AR GVP 1988, 239 betr. Hygieneinspektionen.

g) Teilnahme an **Zeugeneinvernahmen** (BGE 117 V 283, 92 I 260)

h) Äusserung zur Person des **Experten** vor dessen Einsetzung (VPB 1988, 45). Allfällige Einwände oder «Negativlisten» (VPB 1988, 335) der Parteien binden die Behörden nicht, sie hat aber davon betroffene Kandidaten besonders kritisch zu prüfen (und, wird ein solcher ausgewählt, den Entscheid unter Berücksichtigung der Einwände zu begründen)

i) Äusserung zu **Expertisen** (BGE 117 V 283, 101 Ia 311)

j) Recht auf **Protokollierung** von Beweiserhebungen:

Bund • *BGE 106 Ia 74: Bei Vorliegen besonderer Umstände (in casu: erhebliche Beschwer aus den Ergebnissen des Augenscheins, kein ordentliches Rechtsmittel, Teilnahme keines Mitglieds der Entscheidenden Behörde am Augenschein, sondern nur des instruierenden Departements) besteht ein Recht des Betroffenen darauf, dass die Ergebnisse des Augenscheins in einem Protokoll oder Aktenvermerk festgehalten oder zumindest im Entscheid klar zum Ausdruck gebracht werden.*

Im übrigen sollte ein Augenschein sowieso nie ohne ein Mitglied der entscheidenden Behörde abgehalten werden!

k) Recht auf **Einsicht** in die und **Stellungnahme** zu den **Akten**

Bund • *BGE 117 Ia 96, VPB 1987, 64, BGE 101 Ia 310: Kein Recht auf Einsicht in interne Berichte oder Stellungnahmen von Fachkommissionen oder anderen Amtsstellen, da nicht beweiserheblich; auch kein Recht auf Teilnahme am Augenschein einer amtlichen Fachkommission (BE BVR 1994, 20).*

M.E. ist dies eine unverständliche (aber offenbar in der Literatur akzeptierte, vgl. BGE 113 Ia 9) Praxis, da solche Berichte oder Stellungnahmen wie Gutachten kaum je «nicht beweiserheblich», sondern in der Regel von grösster Bedeutung für den Entscheid sein dürften und andererseits schützenswerte Interessen an der Geheimhaltung in den meisten Fällen fehlen. Die vom Bundesgericht in BGE 113 Ia 9 angeführte Begründung besagt, es solle «verhindert werden, dass die ganze Meinungsbildung der Verwaltung über die entscheidenden Aktenstücke und die getroffenen, begründeten Verfügungen hinaus vollständig vor der Öffentlichkeit ausgebreitet wird». Abgesehen davon, dass Akteneinsicht des Betroffenen nicht mit «vor der Öffentlichkeit ausbreiten» gleichgesetzt werden kann: Wieso soll eigentlich nicht der ganze Meinungsbildungsprozess transparent sein? Die zitierten Erwägungen sind nicht mehr zeitgemäss und sollten auf wenige heikle Bereiche wie etwa den Staatsschutz und die Bekämpfung des organisierten Verbrechens beschränkt werden. (Gleicher Meinung offenbar *Jörg Paul Müller,* Die Grundrechte der schweizerischen Bundesverfassung, Bern 1991, 282).

Wie die nachstehenden Fälle zeigen, haben denn auch die kantonale Praxis wie auch das Bundesgericht selbst in vielen Fällen, auch gestützt auf Art. 4 BV, einen Anspruch auf Stellungnahme zu verwaltungsinternen Auskünften etc. gewährt.

• *BGE 117 Ia 494: Vorgehen bei grossen Mengen von Akten.*

• *BGE 115 V 302: Dem Betroffenen müssen grundsätzlich alle beweiserheblichen Akten gezeigt werden, sofern in der Verfügung darauf abgestellt wird.*

3.9

Der Vorbehalt ist m.E. unhaltbar; der Betroffene muss auch geltend machen können, es sei auf bestimmte Akten zu Unrecht **nicht** abgestellt worden. Es ist ihm deshalb grundsätzlich in alle Akten Einsicht zu gewähren, die etwas mit der betroffenen Sache zu tun haben könnten oder von denen er dies behauptet (natürlich unter Abwägung mit allenfalls entgegenstehenden Geheimhaltungsinteressen insbesondere Dritter).

- *BGE 113 Ia 9: Recht auf Einsicht in einen Registereintrag über eine routinemässige Identitätsprüfung, da es sich nicht um ein «verwaltungsinternes Aktenstück» handelt.*

AG
- *AGVE 1990, 312: Anspruch auf Einsicht in einen beim Gemeinderat der Wohnsitzgemeinde eingeholten Bericht über die persönlichen Verhältnisse des Betroffenen.*

BE
- *BVR 1990, 470: Der Betroffene muss zu den Ausführungen des amtlichen Denkmalpflegers Stellung nehmen können und zu diesem Zweck zu dem mit ihm durchgeführten Augenschein eingeladen werden.*

BS
- *BJM 1990, 128: Recht auf Stellungnahme zu einer von der Behörde beim Bundesgericht eingeholten amtlichen Auskunft.*

GR
- *PVG 1991, 112: Anspruch auf Einsicht in Vergleichszahlen im Schätzungsverfahren. Die Geheimhaltungsinteressen Dritter können durch geeignete Massnahmen (Abdecken etc.) geschützt werden. Eine vollständige Einsichtsverweigerung ist daher unverhältnismässig.*

- *RPR 1993/94, 135: Zulässige Verweigerung der Akteneinsicht wegen eines parallel laufenden Strafverfahrens. Stattdessen Herstellung und Herausgabe einer Zusammenfassung eines Teils der Akten.*

SG
- *GVP 1986, 1: Kein Anspruch auf Anhörung durch die angefragte bzw. stellungnehmende Drittbehörde.*

ZH
- *RB 1982, 28: Die von der Gemeinde der Baurekurskommission auf Anfrage abgegebene schriftliche Erklärung, als Grundeigentümerin ihre Zustimmung zu einer Reklametafel zu verweigern, hätte als Beweisergebnis dem Gesuchsteller zur Stellungnahme vorgelegt werden sollen.*

- *ZBl 1995, 332: Recht auf Einsicht in den Bericht eines Sachbearbeiters über den durch Befragung zahlreicher Personen ermittelten rechtserheblichen Sachverhalt.*

- ZBl 1988, 465: *Verletzung des rechtlichen Gehörs durch den (kantonalen) Steuerkommissär durch Verschweigen von «Informationsberichten» des kommunalen Steueramts über die persönliche und berufliche Situation des Steuerpflichtigen. Der Steuerkommissär hätte ihn auf diese aufmerksam machen müssen.*

l) Das Recht, von den Akten **Kopien** zu erstellen

Bund
- BGE 117 Ia 429: *Das Recht auf Akteneinsicht umfasst auch Recht, von den Akten (bei der Administration und gegen Gebühr) Kopien anzufertigen, soweit der Verwaltung dadurch keine übermässige Belastung erwächst.*

- BGE 116 Ia 328: *Die Verweigerung des Rechts auf Erstellung von Kopien ist zulässig, wenn der Betroffene «auch ohne Kopien bereits genügend orientiert» ist. Es ist ihm zuzumuten, geringfügige Änderungen in Plänen, die er schon hat, einzutragen.*

- BGE 108 Ia 7: *Kein Recht auf Erstellung grossformatiger Plankopien durch die Behörde.*

m) Recht auf **Aushändigung** der Akten?

Bund
- BGE 108 Ia 7: *Kein Anspruch, die Akten mit nach Hause zu nehmen. Keine rechtsungleiche Behandlung durch die Praxis, die Akten nur Anwälten herauszugeben.*

n) Exkurs: Recht auf **Akteneinsicht ausserhalb eines Verfahrens**

Bund
- BGE 113 Ia 1: *Das Recht auf Akteneinsicht ausserhalb eines Verfahrens ist gestützt auf Art. 4 BV zu gewähren, wenn der Antragsteller ein schutzwürdiges Interesse nachweisen kann. Es hat aber eine Abwägung mit allfälligen privaten oder öffentlichen Geheimhaltungsinteressen stattzufinden. Vgl. heute auch das Datenschutzgesetz.*

- BGE 112 Ia 97: *Interessenabwägung betr. Einsicht in die Akten eines abgeschlossenen Verfahrens.*

- BGE 110 Ia 83: *Die Behörde darf ein Gesuch nicht von vornherein ohne solche Interessenabwägung ablehnen.*

- VPB 1987, 415: *Keine Akteneinsicht zwecks Verwendung in einem ausländischen Verfahren. Dazu ist der Rechtshilfeweg zu beschreiten.*

GR
- *PVG 1991, 17: Bei einem Gesuch um nachträgliche Akteneinsicht in ein Gemeindevorstandsprotokoll zur Einleitung eines Verfahrens zum Schutz der Persönlichkeit sind alle involvierten Interessen gegeneinander abzuwägen. In casu überwog das Interesse an freier Diskussion und Entscheidfindung dasjenige des nicht intensiv betroffenen Gesuchstellers.*

- *PVG 1990, 214: Das Interesse am sozialen Frieden in der Gemeinde überwiegt dasjenige des Gesuchstellers an Akteneinsicht zwecks Eruierung des Anzeigeerstatters, wegen dem er (vor zwei Jahren) mit Fr. 100.– gebüsst wurde.*

SZ
- *EGV 1993, 143: Ein Bauherr besitzt in der Regel ein ausreichendes Interesse, in die Bauakten der Nachbarliegenschaft Einsicht zu nehmen.*

o) Äusserung zum **Beweisergebnis**

Bund
- *BGE 114 Ia 97: Werden neue Beweismittel beigezogen, ist der Betroffene darauf aufmerksam zu machen und ihm Gelegenheit zur Stellungnahme zu geben.*

- *BGE 114 Ia 16: Der Betroffene muss sich in Kenntnis der konkreten Umstände des Einzelfalles äussern können.*

- *BGE 112 Ia 199: Die Behörde darf, ohne die Betroffenen ausdrücklich darauf hinzuweisen, zu ihrem Entschluss Akten beiziehen, die allgemein zugänglich sind.*

- *BGE 107 Ia 212: Gutachten oder Experten-Einvernahmeprotokolle aus anderen Verfahren mit abstrakt-wissenschaftlichem Inhalt (in casu betr. Gefährlichkeit des Kokains) können einer Äusserung im wissenschaftlichen Schrifttum gleichgestellt werden und gelten dann nicht als Beweismittel.*

- *BR 1/93 Nr. 78: Art. 4 BV gibt keinen Anspruch auf mündliche Anhörung.*

TG
- *TVR 1990, 130: Recht auf Stellungnahme zur telefonisch beim Grundbuchamt eingeholten Auskunft.*

p) Äusserung zur **Rechtslage**?

Bund
- *BGE 108 Ia 295: Kein Anspruch auf Anhörung zur rechtlichen Würdigung des Sachverhalts.*
  Vgl. aber unten s).

q) Äusserung zu den **Äusserungen anderer Verfahrensbeteiligter** *(Imboden/Rhinow* Nr. 82 B III b)

r) **Anhörung zu jeder Schlechterstellung im Verfahren** *(Imboden/Rhinow/Krähenmann* Nr. 82 B III a) und zu Änderungen des Verfahrensgegenstandes

Bund
- *BGE 115 Ia 101: Der Anspruch auf rechtliches Gehör wird nicht verletzt, wenn die Behörde nach Rückweisung eines Entscheids über Kosten und Entschädigung den Neuentscheid ohne erneute Anhörung der Parteien fällt, falls sich diese schon im ersten Verfahren in aller Ausführlichkeit äussern konnten.*

- *BGE 105 Ia 285: Die Baubehörde verweigert den Einspracheberechtigten das rechtliche Gehör, wenn sie die Ausführung von Bauten oder Anlagen bewilligt, die nicht Gegenstand der öffentlichen Ausschreibung waren.*

FR
- *BR 1991/1 Nr 55: Werden während des Bewilligungsverfahrens die Pläne geändert, ist ein neues Verfahren zu beginnen, wenn es sich nicht nur um untergeordnete Änderungen handelt. Auch dann ist aber den Einsprechern Gelegenheit zur Stellungnahme zu geben, es sei denn, mit der Änderung werde allen ihren Einwänden Rechnung getragen.*

Die Gelegenheit zur Äusserung sollte nicht nur den Einsprechern gewährt werden, sondern allen Einspracheberechtigten, die durch die Planänderung berührt sein könnten.

s) Anhörung bei **unerwarteten rechtlichen Begründungen** *(Häfelin/Müller* Rz 1288, BGE 115 Ia 95, 114 Ia 97)

t) Anhörung vor einer **Erweiterung des Verfahrensgegenstandes** durch die Behörde (AR GVP 1991, 2)

u) Recht auf eine **Nachfrist** zur Wahrnehmung des Gehörsanspruchs bei rechtzeitig gestelltem Gesuch (SOGP 1990, 141)

v) Sachgemässe **Beweiswürdigung** *(Imboden/Rhinow/Krähenmann* Nr. 82 B III d)

w) **Sprache** *(Rhinow/Krähenmann* Nr. 82 VII)

Bund
- *BGE 106 Ia 217 : Kein Anspruch auf Unentgeltlichkeit des amtlichen Dolmetschers.*

S. dazu im einzelnen unten 6.4.

x) Richtige **Zusammensetzung** der entscheidenen Behörde (*Kölz/Häner* Rz 52), insbesondere Beachtung der Ausstandsvorschriften (s. oben 3.4)

ZH • *RB 1994, 31: Kein Anspruch auf Teilnahme aller am Entscheid beteiligten Behördenmitglieder an Beweisabnahmen und Verhandlungen, wenn sie darüber anhand von Protokollen Kenntnis erhalten.*

y) Kenntnis von den **Namen** der am Entscheid mitwirkenden Personen (s. unten 6.2)

z) Exkurs: Recht auf **Aktenrückgabe** nach dem Verfahren? Diese Frage wurde von der Praxis bisher nicht schlüssig beantwortet, vgl. BGE 108 Ia 7, 113 Ia 1 und verneinend BLVGE 1991, 137 (entschieden nach freiem Ermessen, da Anspruch vom Bundesgericht noch nicht eindeutig gewährt).

3.9.2 Schranken

Die Entscheide zum Inhalt des Anspruchs äussern sich vielfach auch zu den entsprechenden Schranken. Allgemein können sich diese insbesondere ergeben bei **Dringlichkeit** und auf Grund von Abwägungen mit **Interessen Dritter** oder des Staates *(Häfelin/Müller Rz 1311).*

Bund • *BGE 114 Ia 238: In der Raumplanung genügt in der Regel die Auflage der definitiven Pläne verbunden mit der Rechtsmittelfrist. Entwürfe brauchen vorher nicht aufgelegt zu werden.*

• *BGE 113 Ia 288: Bei Prüfungen ist eine Anhörung vor dem Entscheid über die Notenerteilung nicht nötig.*

• *BGE 113 Ia 9: Verwaltungsinterne Akten fallen nicht unter das Akteneinsichtsrecht.*
   M.E. kann dies nur gelten, wenn sie nicht als Beweismittel verwendet werden oder hätten verwendet werden sollen, s. oben k)!

• *BGE 106 Ia 6:Ob bei Dringlichkeit, Vereitelungsgefahr etc. ein Anspruch auf Anhörung vor Erlass einer Verfügung besteht, ist im Einzelfall durch Abwägung der einander gegenüberstehenden Interessen zu ermitteln.*

BE • *BVR 1993, 207: Im Verwaltungsverfahren genügt entweder mündliche oder schriftliche Anhörung.*

GR • *PVG 1990, 63: Bei Dringlichkeit kann der Anspruch auf rechtliches Gehör entfallen.*

ZH • *RB 1994, 205: Das rechtliche Gehör wird im Quartierplanverfahren durch die Möglichkeit der Teilnahme und Äusserung an den Grundeigentümerversammlungen gewährt. Weitere Anhörungen sind in der Regel nicht nötig.*

3.9.3 Folgen bei Verletzung

Der Anspruch auf rechtliches Gehör ist nach bundesgerichtlicher Rechtsprechung in aller Regel «formeller Natur», d.h. bei Verletzung wird der **Entscheid unabhängig von der materiellen Rechtslage aufgehoben** (BGE 119 Ia 138, 121 Ib 383). Dieser Grundsatz wird allerdings in der Literatur angezweifelt und in der Praxis dadurch **relativiert,** dass

– ihn nicht alle kantonalen Verwaltungsgerichte in voller Strenge anwenden und

– unter bestimmten Voraussetzungen die «Heilung» einer Gehörsverweigerung vor der Rechtsmittelinstanz möglich ist, wenn diese mit voller Kognition entscheiden kann.

Die Verwaltungsbehörde sollte sich davon aber nicht zu einer zu restriktiven Haltung bei der Gewährung des rechtlichen Gehörs verleiten lassen. Dies gilt insbesondere bei komplizierten Verhältnissen, bei schweren Eingriffen in die Rechte der Betroffenen und bei Fehlen einer verwaltungsinternen Rechtsmittelinstanz. Im übrigen darf die Behörde aber durchaus auch bei der (Nicht-) Gewährung des rechtlichen Gehörs den **gesunden Menschenverstand** walten lassen und auf Anhörungen verzichten, wenn dem Betroffenen dadurch kein Nachteil erwachsen kann oder er sich bereits zu allen (aus seiner Sicht) wesentlichen Punkten in Kenntnis des aktuellen Wissensstandes äussern konnte (vgl. dazu auch die Beispiele unter 3.9.2 sowie etwas ältere Entscheide des Bundesgerichts, zusammengefasst in BGE 105 Ia 195).

Bund • *SZ EGV 1994, 11: Nichtaufhebung eines Entscheids trotz Gehörsverweigerung, weil auch bei nachträglicher Gewährung kein anderer Entscheid ergehen könnte und der Betroffene somit kein schützenswertes Interesse an der Aufhebung hat.*

In gewissen Verfahren wird zur Vermeidung übermässiger Kosten in einem einseitigen Verfahren ohne (volle) Gewährung des rechtlichen Gehörs ein Entscheid gefällt. Dieser kann dann mit einfacher Einsprache beseitigt werden, worauf das ordentliche Verfahren oder ein solches vor einer zweiten Instanz mit voller Überprüfungsbefugnis stattfindet. Klassische Beispiele sind das Ordnungsbussenverfahren, das Baubewilligungsverfahren und gewisse Entscheide im Versicherungsrecht.

3.10 Das Verbot formeller Rechtsverweigerung

Ebenfalls aus Art. 4 der Bundesverfassung leitet das Bundesgericht ab, der Staat dürfe dem Bürger nicht «das Recht verweigern». Dabei wird unterschieden zwischen materieller und formeller Rechtsverweigerung. Erstere liegt vor, wenn eine Verfügung inhaltlich qualifiziert fehlerhaft ist, namentlich bei Willkür (vgl. unten 4.4.3), oder bei Verletzung gewisser verfassungsrechtlicher Grundsätze. Formelle Rechtsverweigerung liegt vor, wenn nicht im Inhalt der Verfügung, sondern beim Zustandekommen derselben gewisse qualifizierte Fehler begangen werden (vgl. *Imboden/Rhinow/Krähenmann* Nr. 80, *Häfelin/Müller* Rz 433 ff). Eine solche formelle Rechtsverweigerung, die zur Aufhebung der Verfügung führt, liegt im Zusammenhang mit dem Verfahren bis zum Erlass der Verfügung namentlich in folgenden Fällen vor:

a) **Pflichtwidriges Nichthandeln oder Verzögern**, besonders bei Gesuchen. Der Betroffene kann dagegen Aufsichtsbeschwerde führen oder das Rechtsmittel ergreifen, das gegen den verweigerten Entscheid zulässig wäre.

BL
- *BLVGE 1992, 155: Sistierung eines Verfahrens, um einen Entscheid (in einem hängigen Verfahren) von präjudizieller Bedeutung abzuwarten, zulässig.*

GR
- *PVG 1994, 48: Keine Rechtsverweigerung durch Sistierung eines Baubewilligungsverfahrens bis zum Vorliegen einer Waldfeststellungsverfügung.*

- *RPR 1991/1992, 33: In casu keine Rechtsverzögerung, obwohl über ein Gesuch um Einleitung eines Quartierplanverfahrens nach 14 Monaten noch nicht entschieden worden war, weil das Gesuch anhandgenommen, der Entscheid aber durch die nötigen Abklärungen verzögert wurde.*

- *RPR 1989/90, 39: Kein Untätigsein liegt vor, wenn sich die Gemeinde in einem Schreiben, das als Verfügung zu qualifizieren ist, geäussert hat.*

- *RPR 1985/1986, 11: Noch keine Rechtsverzögerung nach 15 Monaten bei komplexer Steuerveranlagung. Die Behörde soll aber auf Anfragen des Betroffenen reagieren und auf die Verzögerung der Behandlung hinweisen.*

ZH • *RB 1991, 28: Die Weigerung einer Behörde, trotz vorhandenen Rechtsschutzinteressens dem Gesuch um Erlass einer Verfügung keine Folge zu leisten, kann mit Rekurs angefochten werden.*

Ausserdem kann eine **Schadenersatzpflicht** des Gemeinwesens entstehen.

Bund • *BGE 120 Ib 248: Schadenersatz zugesprochen wegen um drei Wochen verzögerter Mitteilung eines Konkurserkenntnisses.*

SO • *SOG 1991, 110: Krasser (fast unglaublicher) Fall von Verfahrensverzögerung wegen Überlastung. Ausstellung gefälschter Bewilligungen, Unterdrückung von amtlichen Schreiben und mehr dergleichen durch einen Beamten führt zur Staatshaftung wegen der dadurch eingetretenen Verzögerungen.*

b) Erlass eines Entscheids entgegen der vorsorglichen Massnahme einer Rechtsmittelinstanz (BGE 115 Ia 323).

c) **Überspitzter Formalismus:** Formelle Regeln sollen nicht als blosser Selbstzweck die Durchsetzung des materiellen Rechts hindern. Dies gilt namentlich bei Formvorschriften für Gesuche und ähnliches. Wenn möglich soll eine Nachfrist zur Behebung des Mangels gesetzt werden. Formvorschriften dürfen nicht mit übertriebener Schärfe gehandhabt werden.

Bund • *BGE 118 Ia 241: Rechtsmittel sind als rechtzeitig eingereicht zu betrachten, wenn sie vor Ablauf der Frist bei einer unzuständigen Behörde eingereicht wurden.*

Diese auf den neuen Art 32 Abs. 4 gestützte und daher für Rechtsmittel geltende Praxis dürfte bald auch auf andere Fristen Anwendung finden. M.E. ist diese Entwicklung zwar aus Sicht des Rechtsschutzinteresses zu begrüssen, aber in ihren praktischen Auswirkungen doch nicht ganz unproblematisch. Jedenfalls sind alle Behörden aufgerufen, Eingaben, für deren Behandlung sie nicht zuständig sind, **unverzüglich** an die zuständige Behörde weiterzuleiten oder dem Einreicher zurückzusenden.

• *BGE 117 Ia 126: An eine Eingabe dürfen gewisse Mindestanforderungen gestellt werden; die Anforderung, eine Beschwerde müsse die deutliche Absicht zeigen, die Aufhebung oder Änderung eines Entscheides zu verlangen, ist nicht überspitzt formalistisch.*

• *BGE 116 V 353: Nichteintreten wegen fehlender Einreichung des der Amtsstelle bereits bekannten angefochtenen Entscheids ist überspitzt formalistisch.*

• *BGE 114 Ia 20: Bei fehlender Unterzeichnung einer Eingabe ist Gelegenheit zur Behebung des Mangels zu geben, soweit allfällige gesetzliche Fristen noch eingehalten werden können.*

- *BGE 114 V 204: Es ist überspitzt formalistisch, die Beglaubigung der Unterschrift auf einer Vollmacht zu verlangen, wenn sich die Behörde mit der unbeglaubigten Unterschrift auf der Eingabe selbst begnügt hätte.*
- *BGE 113 Ia 94: Die bei einer anderen Abteilung der Behörde eingereichte Urkunde ist als bei der Behörde eingetroffen anzusehen.*
- *BGE 111 V 406: Fristen sind als gewahrt zu betrachten, wenn die Eingabe, Zahlung etc. rechtzeitig an irgendeine falsche Behörde des Bundes, Kantons oder der Gemeinde gerichtet wird, egal ob sie mit der Sache etwas zu tun hat.*
  Das eidgenössische Versicherungsgericht ist hier etwas gar grosszügig!
- *BGE 108 Ia 209: Keine Nachfrist nötig, wenn eine Eingabe bewusst unvollständig eingereicht wurde, um eine zusätzliche Frist für die Begründung zu erlangen.*
- *VPB 1990, 140: Das Verhalten einer Hilfsperson (z.B. Bank) ist der Partei zuzurechnen. Zahlt diese zu spät, ist es nicht überspitzt formalistisch, die Frist als verpasst anzusehen.*

BE
- *BVR 1984, 166: Das Verbot des überspitzten Formalismus gibt kein generelles Recht auf Berichtigung von rechtsirrtümlich erfolgten Parteihandlungen. Keine nachträgliche Fristverlängerung zugunsten einer Gemeinde, wenn bewusst auf ein rechtzeitiges Verlängerungsgesuch verzichtet wurde in der irrigen Meinung, die Frist laufe noch nicht ab.*

VD
- *BR 3/92 Nr. 145: Es genügt nach VD Recht die Originalunterschrift auf einem Planset eines Baugesuchs; die Rückweisung der kopierten Unterschriften auf den übrigen Plansets ist überspitzt formalistisch.*

Falls trotz Nachfristansetzung der formelle Mangel nicht behoben wird, ist auf die Eingabe nicht einzutreten.

BE
- *BVR 1989, 406: Abweisung statt Nichteintreten ist unzulässig.*

d) Verletzung des rechtlichen Gehörs (s. oben 3.9)

e) Anspruch auf **richtige Zusammensetzung** der entscheidenden Behörde: Selbstverständlich muss der Entscheid durch die gemäss Gesetz zuständige Behörde und durch auf rechtmässige Weise in dieses Amt eingesetzte Personen erfolgen. Darüber hinaus muss aber auch Gewähr bestehen, dass diese Amtsträger nicht in irgendeiner Weise befangen oder voreingenommen sind (vgl. dazu oben 3.4).

3.11 Unentgeltliche Rechtspflege und Verbeiständung

Die Frage, ob auch im nichtstreitigen Verwaltungsverfahren auf Grund von Art. 4 BV ein Anspruch auf Kostenerlass und insbesondere auf einen unentgeltlichen (recte: vom Staat in der Regel zu einem reduzierten Tarif bezahlten) Rechtsbeistand bestehe, hat das Bundesgericht im neusten Entscheid bisher ausdrücklich offengelassen (BGE 117 Ia 279), eigentlich (und früher in BGE 112 Ia 18) aber bejaht. Es gewährte den Anspruch nämlich in bestimmten Sozialversicherungsverfahren (BGE 114 V 234) und abgeleitet davon in einem Verfahren betr. Rückversetzung in den Massnahmenvollzug (BGE 117 Ia 280). Die Erwägungen des letztgenannten Entscheids lassen darauf schliessen, dass das Bundesgericht ihn in allen Fällen gewähren wird, wo «heikle Rechts- und Tatfragen oder schwierige Verfahrenssituationen denkbar sind» und schwerwiegend in die Rechtsstellung des Betroffenen eingegriffen wird. Diese strengen Voraussetzungen dürften im Bereich von Verwaltungsverfahren allerdings selten erfüllt sein (denkbar ausser im Massnahmenvollzug z.B. im Vormundschaftswesen, in Psychiatrie- und medizinischen Angelegenheiten und ähnlichen Bereichen). Gemäss BGE 107 Ia 8 (betr. Zivilprozess, wo sie vom Gesetz ausdrücklich zugesprochen wird) ist die unentgeltliche Rechtspflege und Verbeiständung aber grundsätzlich auch dann zu gewähren, wenn es lediglich um finanzielle Interessen geht. Dies dürfte im Verwaltungsverfahren nur ausnahmsweise gelten (bei Bedrohung der wirtschaftlichen Existenzgrundlagen).

Das kantonale Recht hat neben diesem bundesrechtlichen Anspruch noch eine selbständige Bedeutung, wenn und soweit es für den Betroffenen günstiger ist, d.h. weniger strenge Anforderungen stellt oder weitergehende Rechte gewährt (ZH RB 1994, 29).

Bei der **Wahl des Vertreters** soll den Wünschen des zu Verbeiständenden Rechnung getragen werden, einen Anspruch auf einen Anwalt seiner Wahl hat er aber nicht (BGE 105 Ia 301).

Der Anspruch steht auch einem im Ausland lebenden **Ausländer** zu, wenn er wegen seiner heimischen Gesetzgebung kein Geld in die Schweiz transferieren darf und hier über keine Mittel verfügt. **Juristischen Personen** wird bisher trotz Kritik in der Literatur kein Recht auf unentgeltliche Rechtspflege oder Verbeiständung gewährt (BGE 119 II 11).

Den genannten BGE 117 Ia 281 und 112 Ia 18 sind auch die **Voraussetzungen** des Anspruchs auf Kostenbefreiung und unentgeltliche Verbeiständung im Einzelfall zu entnehmen (vgl. im übrigen die kantonale Rechtsprechung insbesondere zum Zivilprozessrecht):

a) **Bedürftigkeit**

Bund • *VPB 1991, 143: Massgebend sind die konkreten Umstände des Einzelfalls, Berechnungsweise.*

SZ • *EGV 1989, 19: Keine unentgeltliche Rechtspflege, wenn das Einkommen das betreibungsrechtliche Existenzminimum erheblich übersteigt.*

b) **Notwendigkeit**

Bund • *BGE 111 Ia 5: Laut diesem Entscheid darf die Gewährung eines unentgeltlichen Rechtsbeistands verweigert werden, wenn noch eine zweite Instanz mit voller Kognition entscheidet und dort der Anspruch auf unentgeltliche Verbeiständung besteht.*

SZ • *EGV 1990, 22: Notwendigkeit bejaht, weil eine Frage von erheblicher Bedeutung (Entzug der elterlichen Gewalt) ansteht und die Partei «etwas unbeholfen und gegenüber dem eher resoluten Beschwerdeführer verängstigt» wirkt.*

c) **Nicht** zum vornherein **aussichtslose** oder prozessual **unzulässige** Begehren

SZ • *EGV 1992, 120: Verweigerung der unentgeltlichen Rechtspflege wegen (wenigstens für den Anwalt) leicht erkennbarer Aussichtslosigkeit.*

3.12 Die Entscheidfällung

Im Unterschied zum Zivilprozessrecht und insbesondere zum Strafverfahren ist im Verwaltungsverfahren der Vorgang des Entscheidens kaum ein Thema. Dies dürfte daran liegen, dass viele Entscheide von einer Einzelperson getroffen werden und die Entscheidfällung somit ein innerer, letztlich gar nicht regelbarer Vorgang ist. Vor Kollegialbehörden gilt in aller Regel das Prinzip der einfachen Mehrheit der Anwesenden, wobei immerhin meist ein Minimum von Anwesenden zur Beschlussfähigkeit verlangt wird.

Es sei hier deshalb lediglich auf folgendes hingewiesen:

– Die **Ausstandspflichten** (oben 3.4) sind insbesondere (aber nicht nur!) bei der Entscheidfällung zu beachten.

3.12

- Das Recht des Vorsitzenden auf den **Stichentscheid** bei Stimmengleichheit besteht grundsätzlich nur dort, wo er gesetzlich vorgesehen ist.

- Aus der EMRK kann sich ein Anspruch auf Abhaltung einer **öffentlichen mündlichen Verhandlung** ergeben. In der neueren Literatur wird daher teilweise gefordert, der Adressat müsse, wo ein solcher Anspruch besteht, auf ihn hingewiesen werden und darauf, dass das Nichtstellen eines entsprechenden Antrags als Verzicht gilt (vgl. *Ruth Herzog,* Art. 6 EMRK und kantonale Verwaltungsrechtspflege, Bern 1995, S. 405). M.E. kann und soll davon aber abgesehen werden solange nicht der Gesetzgeber entsprechende Vorschriften erlassen hat. Nur schon der Aufwand zur Klärung der Frage, in welchen Verfahren ein solcher Anspruch überhaupt besteht, aber auch die mit einem solchen Hinweis ausgelösten administrativen Umtriebe sind mit einer allfälligen geringfügigen Besserstellung des Adressaten nicht zu rechtfertigen. Wird aber ein Antrag auf öffentliche Verhandlung gestellt, ist die Rechtslage abzuklären und darüber zu entscheiden. Vgl. dazu die neusten BGE 119 V 375, 121 Ia 30, 121 V 109 sowie U 97/94 vom 5.2.96, besprochen in NZZ 1996 Nr. 49 S. 15.

- Der Adressat muss Kenntnis von den **Namen** der am Entscheid mitwirkenden Personen erhalten (s. unten 6.2).

- Es ist ein **Protokoll** zu führen, und der Text der Verfügung hat sich selbstverständlich in Dispositiv und Begründung genau daran zu halten.

4. Die Rechtmässigkeit des Inhalts

4.1 Rechtsanwendung von Amtes wegen

In erstinstanzlichen, nichtstreitigen Verwaltungsverfahren ist die Behörde verpflichtet, auf den festgestellten Sachverhalt den richtigen Rechtssatz anzuwenden, auch wenn er vom Adressaten nicht angerufen wird *(Häfelin/ Müller* Rz 1286, *Kölz/Häner* Rz 51).

Bund
- *BGE 116 Ib 239: Rechtsfragen sind zu prüfen und unabhängig von den Parteimeinungen zu entscheiden, selbst wenn diese übereinstimmen.*
- *BGE 116 V 26 betr. IV-Verfahren, aber mit allg. Geltung.*

Im Rahmen der Gewährung des rechtlichen Gehörs sollen allerdings rechtliche Parteivorbringen grundsätzlich angehört werden und kann bei der Anwendung von Rechtsnormen, mit denen die Parteien nicht rechnen mussten, die Pflicht zur vorgängigen Information und Anhörung bestehen (vgl. oben 3.9.1). Selbstverständlich gilt der Grundsatz auch und insbesondere für Rechtssätze, welche den Adressaten begünstigen und für solche, die nicht mit den Absichten der Behörde übereinstimmen.

4.2 Die gesetzliche Grundlage

4.2.1 Grundsatz

Die Behörde darf Verfügungen nur erlassen, wenn ein Rechtssatz ihr die Befugnis dazu gibt. Dies gilt sowohl für **belastende** Verfügungen wie auch für solche, die den Betroffenen **ausschliesslich Vorteile** bringen *(Imboden/ Rhinow* Nr. 59 B II a, BGE 118 Ia 61). Die gesetzliche Grundlage muss **im Zeitpunkt des Erlasses** vorhanden sein; fehlt sie, kann dieser Mangel nicht durch nachträgliche Schaffung geheilt werden (ZH RB 1987, 25 betr. Erlass einer Verwaltungsverordnung). Bei an sich strafbaren Handlungen, zu denen die Behörde berechtigt und verpflichtet ist, bildet die gesetzliche Grundlage den **Rechtfertigungsgrund**.

Bund
- *BGE 108 IV 96: Ehrenrührige Auskünfte können gemäss Art. 32 StGB durch die amtliche Informationspflicht gerechtfertigt sein.*

4.2

- *BGE 106 IV 179: Wer in amtlicher Funktion ehrenrührige Fakten erwähnen und persönliche Eigenschaften und Motive werten muss, ist durch Art. 32 StGB gedeckt, sofern er nicht über das Notwendige hinausgeht oder wider besseres Wissen handelt. Die Bemerkung in einem Bussentscheid, der Angeschuldigte habe «aus reiner Profitgier gehandelt», war durch die Amtspflicht zur Begründung von Entscheiden gedeckt, auch wenn später die Rechtsmittelinstanzen das Vorliegen von Gewinnsucht verneinten.*

GR
- *PVG 1944, 83: Die Inkraftsetzung eines neuen Miet- und Bewirtschaftungsvertrages durch die Grundbuchbehörde ist mangels gesetzlicher Grundlage unzulässig.*

Verweist ein Erlass auf einen anderen, beispielsweise das Gemeindesteuergesetz auf das kantonale, gilt die bei Erlass des Gemeindegesetzes geltende Fassung des kantonalen Rechts, ausser jenes verweise ausdrücklich auf die jeweils geltende Fassung (GR PVG 1988, 141). Dies ist aber nur zulässig, soweit nicht Eingriffe in Freiheit und Eigentum im Spiele stehen (*Imboden/Rhinow* Nr. 61 B II a).

4.2.1.1 Inhaltliche Tauglichkeit

Die gesetzliche Grundlage muss sich aus dem **öffentlichen Recht** ergeben.

Bund
- *BGE 106 Ib 48: Art 699 ZGB ist eine sog. Doppelnorm, die sowohl öffentlichrechtliche wie privatrechtliche Vorschriften enthält. Auf Grund des öffentlichrechtlichen Inhalts ist die Behörde befugt, von Amtes wegen über den freien Zutritt zu Wald und Weide zu wachen und beispielsweise eine Einzäunung zu verbieten.*

AR
- *GVP 1988, 184: Die Baubehörde ist nicht befugt, Grenzabstände gestützt auf das EG zum ZGB zu verfügen.*

BE
- *BVR 1994, 244: Die Behörde kann nicht auf dem Verfügungsweg den privatrechtlichen Abwehranspruch eines Grundeigentümers gegen übermässige Einwirkungen auf sein Grundstück durchsetzen. Solche allfälligen Privatrechtsverletzungen hindern die Erteilung von Bewilligungen nicht.*

Die Tauglichkeit einer gesetzlichen Grundlage beschränkt sich im übrigen auf das durch sie verfolgte öffentliche Interesse, d.h. auf ihren **Zweck.** (Ausnahme: Wenn das Gesetz eine Interessenabwägung «unter Würdigung der gesamten Umstände» vorschreibt, BE BVR 1991, 358.) Vgl. auch unten 4.4.6 d).

4.2

Bund • *ZBl 1986, 29: Der Kanton kann nicht eine Atomanlage verbieten unter Geltendmachung öffentlicher Interessen, deren Behandlung vom Bundesrecht abschliessend geregelt wird.*

BE • *BVR 1994, 172: Die Bauordnung der Stadt Bern dient nicht dem Schutz erhaltenswerter Innenräume. Ein von aussen nicht sichtbarer Innenumbau darf daher nicht zwecks seiner Erhaltung gestützt auf die Bauordnung verboten werden.*

BL • *BLVGE 1990, 77: Das Wirtepatent wird im Kanton BL auf Grund persönlicher Voraussetzungen erteilt. Es darf daher nicht aus standortbedingten Gründen entzogen werden. Diese sind allenfalls durch einen Entzug der Betriebsbewilligung zu berücksichtigen. Dasselbe gilt analog bei der Bewilligungserteilung (BLVGE 1986, 57).*

GR • *PVG 1989, 118: Eine dem Polizeigüterschutz dienende Bestimmung bietet keine gesetzliche Grundlage für die Auflage in der Betriebsbewilligung für ein Nachtlokal, es dürften ab 2400 Uhr nur noch kalte Speisen serviert werden, da diese einzig dem Konkurrenzschutz der Speiselokale dient.*

• *PVG 1986, 121: Mit der Quartierplanung dürfen nur die im Gesetz umschriebenen Zielsetzungen verfolgt werden.*

• *RPR 1991/1992, 94 betr. Umzonung.*
Der Autor versteht diesen interessanten, aber (soweit veröffentlicht) logisch und terminologisch unbefriedigend begründeten Entscheid wie folgt: Die Zonenvorschriften dienen der Bereitstellung günstiger Rahmenbedingungen. Sie sind keine genügende Grundlage für die aktive Unterstützung eines Projekts für einen Dorfladen durch Umzonung eines Grundstücks in die Zone für öffentliche Baute und Anlagen, um es enteignen und dem Ladenbetreiber zur Verfügung stellen zu können.

LU • *LGVE 1991, 145: Die Verweigerung einer Baubewilligung kann sich nur auf Vorschriften stützen, die raumordnungsrelevante Anforderungen an Bauvorhaben enthalten. Dies trifft auf Art. 19 und 19a des Betäubungsmittelgesetzes nicht zu.*

SZ • *EGV 1988, 111: Art. 699 ZGB ist eine sog. Doppelnorm mit privat- und öffentlichrechtlichem Charakter (BGE 96 I 98). Die Verwaltungsbehörde kann ihn daher unabhängig von allfälligen Zivilverfahren auf dem Verfügungsweg durchsetzen.*

TG • *TVR 1986, 100: Schulgesetzgebung mit umfassendem Erziehungszweck als geeignete gesetzliche Grundlage für den Erlass eines «Töffliverbots» auf dem Schulweg.*

4.2

ZH
- *RB 1992, 108: Die landwirtschaftliche Güterzusammenlegung ist keine planungsrechtliche Festlegung im Sinne des Planungs- und Baugesetzes. Eine Baubewilligung kann daher nicht mit der Begründung verweigert werden, die geplante landwirtschaftliche Baute werde die laufende Güterzusammenlegung nachteilig beeinflussen.*
- *RB 1985, 162: Es ist unverhältnismässig und willkürlich, ein zonenkonformes Kino nur deshalb nicht zu bewilligen, weil dort allenfalls auch Sexfilme gezeigt werden könnten.*

Die gesetzliche Grundlage kann nicht durch das Einverständnis des Betroffenen ersetzt werden *(Imboden/Rhinow* Nr. 64).

4.2.1.2 Genauigkeit

Der Rechtssatz muss «genügend bestimmt» *(Häfelin/Müller* Rz 309) sein und in gewissen Fällen eine qualifizierte Stufe in der Rangordnung der Erlasse (Verfassung-Gesetz-Verordnung) einnehmen. Die Literatur zu dieser Problematik ist umfangreich und kann daher naturgemäss hier nicht im Detail ausgeleuchtet werden (vgl. die Literaturzusammenstellung von *Häfelin/ Müller* S. 70 f). Das Thema ist aber für die Praxis der Behörden aller Stufen von grosser Bedeutung. Sie sind darauf angewiesen, sich an einfachen, klaren Richtlinien orientieren zu können, da es natürlich nicht möglich ist, bei jeder Verfügung vertieft auf die Problematik einzugehen. Nachstehend werden deshalb die von Lehre und Praxis anerkannten Grundsätze zusammengefasst und anhand von Beispielen konkretisiert.

Die gesetzliche Grundlage muss so genau sein, dass der Rechtsunterworfene das Handeln der Behörde «mit einem den Umständen entsprechenden Grad der Gewissheit» (BGE 109 Ia 283) vorhersehen kann.

Aus Sicht der verfügenden Behörde bedeutet dies, dass sie auf Grund einer gegebenen Bestimmung das verfügen darf, was deren Text erwarten lässt. Sie hat sich also zu fragen: **«Hat der Leser dieser Bestimmung zu erwarten, dass wir unter den gegebenen Umständen so verfügen?»**

Dieser Grundsatz ist noch immer sehr allgemein, aber er lässt sich nicht weiter konkretisieren. Wie genau im Einzelfall der Gesetzestext die Verfügung abzudecken hat, muss sich aus den Umständen dieses Einzelfalls ergeben, namentlich aus:

a) der **Schwere des Eingriffs** (je schwerer der Eingriff, desto enger muss die Verfügung vom Text des Erlasses gedeckt sein)

Bund • *BGE 121 Ia 22: Unzulässige Einführung eines Numerus clausus für die Universität Zürich nur gestützt auf die allgemeine Vollzugskompetenz. Ein so gewichtiger Einbruch in die bisherige Zulassungspraxis kann nicht gestützt auf die polizeiliche Generalklausel erfolgen. Die Frage ist vom Gesetzgeber zu regeln.*

AG • *AGVE 1992, 292: Ein Abbruchverbot kann nicht gestützt auf einen «Ästhetikparagraphen» verfügt werden.*

GR • *PVG 1993, 72: Gibt das Baugesetz ohne Beschränkung das Recht auf Nutzungstransfer, kann die Behörde diesen nicht quantitativ einschränken.*

b) der **Auslegung** des Erlasses (namentlich: was ist Sinn und Zweck der Bestimmung, wollte der Gesetz-/Verordnungsgeber der Verwaltung einen Spielraum gewähren oder nicht? etc.)

Bund • *BGE 108 Ia 35: In der umfassenden Kompetenz, das Baugebiet abzugrenzen, ist auch ohne ausdrückliche Bestimmung die weniger weit gehende Befugnis enthalten, das Baugebiet zeitlich zu etappieren.*

GR • *PVG 1982, 47: Allgemeine Vorschriften des Ortsbildschutzes berechtigen die Gemeinde nicht, ohne spezielle gesetzliche Grundlage bei einer Gebäudesanierung die Wiederverwendung der alten Materialien (Dachbalken) zu verlangen, wenn kein entscheidender Unterschied sichtbar ist.*

NE • *BR 3/93 Nr. 149: Sieht ein kommunales Baureglement den Ortsbildschutz als Prinzip vor, so kann die Aufstockung eines Gebäudes allein aus Gründen der Ästhetik verweigert werden.*

c) der **Möglichkeit und Praktibilität genauerer Regelung** (wenn eine strengere Regelung möglich gewesen wäre, aber vom Gesetzgeber unterlassen wurde, ist Zurückhaltung geboten)

Bund • *BGE 118 Ia 62 betr. Verteilung von Lotteriegeldern: Eine zu genaue Regelung wäre nicht zweckmässig.*

  • *BGE 117 Ia 33: «Zielnorm» betr. Einweisung in eine Sonderklasse, in casu genügend bestimmt.*

  • *BGE 117 Ib 409: Eine allgemein gehaltene Kompetenznorm genügt als gesetzliche Grundlage für die Aufhebung der 3-stelligen Telefonnummer eines Taxibetriebs.*

d) der Möglichkeit und dem tatsächlichen Bestehen einer **verfassungskonformen Behördenpraxis**

AG • *AGVE 1992, 334: Zulässigkeit einer der Gemeindebehörde sehr viel Ermessen einräumenden Bauordnung.*

Gelegentlich verlangt die Praxis eine **«ausdrückliche»** gesetzliche Grundlage, beispielsweise für die Auferlegung von Zwang gegenüber Adressaten oder Dritten bei der Beweisbeschaffung. Dies dürfte bedeuten, dass sich die Zulässigkeit der Verfügung direkt und zwingend aus dem Wortlaut der Bestimmung ergeben muss.

GR • *PVG 1989, 137: Nichtigkeit der Anordnung zur unentgeltlichen Einräumung eines Baurechts in einer Quartierplanbestimmung mangels ausdrücklicher gesetzlicher Grundlage.*

ZH • *RB 1993, 146: Unzulässigkeit der Auflage von Erschliessungskosten in der Baubewilligung mangels genügenden Zusammenhangs, wenn keine ausdrückliche gesetzliche Grundlage besteht.*

4.2.1.3 Stufe des Erlasses

Die Behörde hat jeden in ihre Zuständigkeit fallenden Erlass anzuwenden, der dem Bürger **direkt Verhaltenspflichten auferlegt.** Dies kann eine Verordnung, aber auch ein Gesetz oder sogar die Verfassung oder ein Staatsvertrag sein.

Bund • *BGE 118 Ib 425: Anwendung eines Bundesgesetzes trotz Fehlens der kantonalen Ausführungsbestimmungen, da entsprechende Verfahren dem kantonalen Recht bereits seit langem bekannt sind.*

• *BGE 113 Ib 62 betr. USG: Dieses wurde auch in einem Bereich direkt angewandt, wo noch eine Verordnung des Bundesrats fehlte (vgl. auch BGE 113 Ib 383 betr. Liste für der Umweltverträglichkeitsprüfung unterliegende Anlagen).*

ZH • *RB 1984, 129: Die Bestimmung eines Landstrichs in der Richtplanung als «Landschaftsgebiet mit erhöhter Erholungsattraktivität» ist direkt wirksam, ohne dass es einer Umsetzung in der Nutzungsplanung bedürfte.*

In gewissen Fällen betont die Praxis das Erfordernis der Grundlage in einem **generell-abstrakten Erlass.** Damit dürfte in der Regel eine gesetzliche Grundlage im materiellen Sinn, d.h. irgend einer Stufe (Gesetz oder Verordnung) gemeint sein.

AG • *AGVE 1991, 381: Neue Zuständigkeiten und Bewilligungspflichten können nur durch einen Rechtssatz eingeführt werden, nicht ohne Einhaltung des Rechtssetzungsverfahrens durch die Verwaltungsbehörde aus verfahrensökonomischen Gründen.*

Für bestimmte Handlungsformen oder -inhalte verlangen die Verfassung, das Gesetz oder die Praxis eine qualifizierte rechtssatzmässige Grundlage, d.h. eine solche auf **Verfassungs-** (namentlich neue Bundeskompetenzen, vgl. VPB 1986, 259) oder **Gesetzesstufe**. Schwere Eingriffe in die verfassungsmässigen Rechte (s. unten 4.5.1) bedürfen einer Grundlage in einem Gesetz im formellen Sinn.

Bund • *BGE 118 Ia 323: Öffentliche Abgaben bedürfen einer formell-gesetzlichen Grundlage, es gibt aber Ausnahmen. Das Gesetz im formellen Sinn muss die Grundzüge der Tarifgestaltung enthalten.*

• *BGE 111 Ia 231: Bestimmungen, die dem Staat Eingriffe in einen Leichnam ermöglichen, bedürfen einer formell-gesetzlichen Grundlage.*

• *VPB 1990, 231 und 1988, 32: Die Übertragung staatlicher Aufgaben auf Private oder gemischtwirtschaftliche Unternehmen sowie die Beteiligung daran bedarf einer formell-gesetzlichen Grundlage.*
Der Entscheid enthält ausführliche Erörterungen und eine systematische Darstellung der möglichen Formen.

• *VPB 1990, 47: Im Bereich der administrativen Hilfstätigkeit entfällt das Erfordernis der formell-gesetzlichen Grundlage für die Beteiligung an einer Aktiengesellschaft (betr. Entsorgungszentrum für radioaktive Abfälle).*

AG • *AGVE 1989, 105: Disziplinarmassnahmen.*

GR • *PVG 1991, 38: Leistungen des Gemeinwesens an Private bedürfen der Regelung grundlegender Kriterien in einem formellen Gesetz.*

• *PVG 1986, 170: Die Befugnis einer privaten Aktiengesellschaft, für die Erbringung der ihr übertragenen öffentlichen Dienste (Elektrizitätsversorgung) Gebühren zu erheben, kann sich auch aus einem Vertrag ergeben, wenn dieser im Gesetzgebungsverfahren beschlossen wurde, nicht aber aus den Statuten der AG, welche dieses Verfahren nicht durchliefen. Der Vertrag hat anstelle des Gesetzes die grundlegenden Bemessungskriterien zu nennen.*

Verwaltungsinterne Dienstanweisungen, Erläuterungen etc. genügen nicht als gesetzliche Grundlage. Wohl aber können sie Hinweis auf eine Praxis

4.2

sein, mit der die Behörde die (allgemein gehaltene) gesetzliche Grundlage konkretisiert (z.B. Merkblätter, Rundschreiben der eidgenössischen Steuerverwaltung). Die Behörde hat sich natürlich daran zu halten, muss sich aber beim Erlass und bei der Anwendung solcher Richtlinien bewusst sein, dass der Betroffene eine darauf gestützte Verfügung auch mit dem Argument anfechten kann, das Gesetz sei anders auszulegen als dies in der Richtlinie geschehen ist.

Bund
- *BGE 106 Ib 252: Die Richtlinien der Chefs der kantonalen Motorfahrzeugkontrollen sind keine Rechtssätze. Sie werden aber auch vom Richter insofern beachtet, als sie der Behörde eine rechtsgleiche und sachlich begründete Praxis ermöglichen sollen. Selbstverständlich dürfen sie nicht über den vom Gesetz vorgegebenen Rahmen hinausgehen, und in der Praxis sind sie nicht allzu schematisch anzuwenden.*

- *ZBl 1984, 538: Als «Weisung» bezeichnete Gebührenordnung mit unmittelbarer Wirkung für den Bürger: Es ist auf den Inhalt, nicht auf die unrichtige Bezeichnung abzustellen. Die Gebührenordnung war in dem für Verordnungen geltenden Verfahren von der zuständigen Behörde erlassen worden, und der Rechtsschutz wurde nicht geschmälert. Sie taugt deshalb als gesetzliche Grundlage für die Gebührenerhebung.*

In gewissen Gesetzen (z.B. USG) werden von Fachstellen zu «erlassende» Richtlinien angeordnet. Diese können gewisse administrative oder andere Hilfsfunktionen haben, aber nicht selbständige gesetzliche Grundlage für staatliches Handeln sein.

Bund
- *BGE 117 V 284: Richtlinien des Bundesamts für Sozialversicherung betr. Zulässigkeit und Beweistauglichkeit mündlich eingeholter Auskünfte sind für den Sozialversicherungsrichter nicht bindend.*

- *BGE 115 Ib 344: Die Richtlinien zur Erstellung eines Umweltverträglichkeitsberichts gemäss Art. 9 USG müssen nicht in Erlassform ergehen.*

AG
- *AGVE 1989, 140 betr. interkantonale Richtlinien über die Administrativmassnahmen im Strassenverkehr: Das Gericht hält sich daran, «soweit sie gesetzlich und sachlich überzeugend sind und auf diese Weise eine rechtsgleiche und rechtssichere Praxis herbeigeführt werden kann».*

GR
- *PVG 1993, 141: Dienstanweisungen sind für den Richter nicht bindend, wohl aber für die Verwaltungsbehörde.*

4.2.2 Der unbestimmte Rechtsbegriff

(Vgl. *Schwarzenbach* Tafel 20 und 21)

Darunter sind auslegungsbedürftige Begriffe, z.B. «Zumutbarkeit», «Bedürfnis», «Eignung», «übermässig» usw. zu verstehen. Der Verwaltungsbehörde steht hier **kein Ermessen** zu, sondern sie hat den Begriff richtig auszulegen. Dabei wird ihr aber von den Gerichten ein **«Beurteilungsspielraum»** zugestanden, der im Ergebnis der Gewährung von Ermessen nahe kommt. Die Unterscheidung zwischen unbestimmtem Rechtsbegriff und Ermessen (vgl. dazu *Schwarzenbach* Tafel 24) kommt daher vor allem im Rechtsmittelverfahren noch zum Tragen, wenn der Richter nicht die Ermessensausübung, aber die Auslegung unbestimmter Rechtsbegriffe frei überprüfen kann. Für die verfügende Behörde ist sie nicht von entscheidender Bedeutung, da sie in beiden Fällen eine konstante, sachlich begründete Praxis zu verfolgen hat (zum Stand der Diskussion s. *Häfelin/Müller* Rz 361 ff). Es ist trotzdem nicht ganz befriedigend, dass die Begriffe wie in den nachstehenden Beispielen auch von Gerichten **öfters verwechselt oder unpräzis verwendet** werden:

GR • *PVG 1988, 48: Bestimmung der «Hauptfassade» eines Gebäudes als Ermessensausübung bezeichnet, wenngleich es wohl eher um die Auslegung eines unbestimmten Rechtsbegriffs geht.*

ZH • *RB 1987, 118: «Ermessen» (richtiger wohl: Beurteilungsspielraum) bei der Zuordnung von Betrieben in die vom kantonalen Recht festgelegten Kategorien «nicht störend», «mässig störend» und «stark störend» durch die Gemeindebehörde.*

• *RB 1981, 46: «Wesentliche Schonung» ist ein unbestimmter Rechtsbegriff, dessen Anwendung eine «Ermessensbetätigung» erlaubt.*

Der **Übergang vom unbestimmten zum «bestimmten» Rechtsbegriff** ist fliessend (vgl. z.B. BGE 112 Ib 377 betr. «Kellerraum»). Je unbestimmter der Begriff, desto grösser der Spielraum der Behörde, den die Rechtsmittelinstanzen respektieren. Falls Normen mit höherem Bestimmtheitsgrad denselben Gegenstand regeln, gehen diese vor (z.B. Bauhöhengrenzen dem «Ästhetikparagraphen», AGVE 1993, 380; anders für Stockwerkbegrenzungen BR 3/93 Nr. 149 (NE): Sieht ein kommunales Baureglement den Ortsbildschutz als Prinzip vor, so kann die Aufstockung eines Gebäudes allein aus Gründen der Ästhetik verweigert werden.)

Nachfolgend einige Beispiele unbestimmter Rechtsbegriffe:

Bund • *BGE 119 Ib 226, BGE 118 Ib 51: Bauten und Anlagen (Art. 22/24 RPG).*

4.2

- *BGE 117 Ia 20: Auslegung des Begriffs «Grossbauten» auf Grund von Wortlaut, Vorgeschichte und Verhältnis zum höherrangigen Recht einer Bestimmung.*
- *BGE 117 Ib 387: «Öffentliche Luftfahrt».*
- *BGE 116 Ib 305: «Führungskräfte», «Spezialisten».*
- *BGE 116 Ib 273 und 285: Wirtschaftliche «Unentbehrlichkeit», «Berufsüblichkeit» (Nacht- und Sonntagsarbeit).*
- *BGE 115 Ib 30: «zweckmässig», «zumutbar».*
- *BGE 114 Ia 25: Unklare Bestimmungen sind gemäss dem Grundsatz von Treu und Glauben so auszulegen, wie sie vernünftigerweise vom Rechtsuchenden verstanden werden dürfen.*
- *BGE 113 Ib 7: «ausschliesslich gemeinnützige Zwecke».*
- *BGE 106 Ia 163: Zulässigkeit der Auslegung, dass die Sätze «Die Behördenmitglieder leisten dem Staat Beiträge. Ihre Ansprüche aus der Pensionsordnung gelten als wohlerworbene Rechte», nur den Pensionsanspruch als solchen vor Gesetzesänderungen schützen, nicht aber die Höhe der Leistungen.*
- *VPB 1992, 190: «Zubringerdienst».*

Unbestimmte Rechtsbegriffe **müssen einzelfallbezogen ausgelegt und angewendet** werden. Die Behörde darf dies nicht vermeiden durch eine generelle, dem vom Gesetzgeber gewährten Spielraum keine Rechnung tragende Praxis.

AR
- *GVP 1993, 18: Ob eine Strassenreklame «verkehrsgefährdend» ist, muss anhand des Einzelfalls geprüft werden. Eine Praxis, die ohne Rücksicht auf den Einzelfall z.B. alle quergestellten Plakate verbietet ist daher unzulässig.*

  Das selbe dürfte gelten für die Praxis, ohne Rücksicht auf die konkrete Gefahrensituation alle Plakate im Bereich von Verzweigungen nicht zu bewilligen.

GR
- *PVG 1987, 45: «Strengegrade» der Ästhetikvorschriften. Die Anforderungen an ein Gebäude richten sich nach dem jeweiligen Wortlaut, beispielsweise «nicht beeinträchtigend» oder «positive Einordnung ins Ortsbild».*

Die **gleichen Begriffe können** in verschiedenen Rechtsgebieten, ja sogar in verschiedenen Artikeln des gleichen Gesetzes **verschieden ausgelegt** werden. Klassisches Beispiel: «Schweizer» heisst in Art. 4 BV (Alle Schweizer sind vor dem Gesetze gleich) bei weitem nicht dasselbe wie in Art. 18 BV (Jeder Schweizer ist wehrpflichtig).

Bund • *BGE 111 V 87:«Erwerbstätigkeit» und «Erwerbseinkommen» als AHV-rechtliche Begriffe, für deren Umschreibung die privat- und steuerrechtliche Betrachtungsweise nicht ohne weiteres massgebend sein kann.*

GR • *RPR 1989/90, 181: Die unterschiedliche Auslegung des Begriffs «Betrieb» durch Subventionsbehörden einerseits und Steuerbehörden, Ausgleichskasse, Gemeindeverwaltung und diverse Genossenschaften andererseits ist zulässig.*

• *PVG 1983, 43: Die Gemeinden sind befugt, den Begriff der «geschlossenen Bauweise» in ihrer Bauordnung anders zu umschreiben als dies in Lehre und Rechtsprechung geschieht.*

ZH • *RB 1987, 147: Der Begriff der Reklameanlage im Sinn kommunaler Bestimmungen über die Benützung des öffentlichen Grunds braucht nicht mit demjenigen der Reklameanlage im Sinn der eidgenössischen Verordnung über die Strassensignalisation übereinzustimmen.*

Andererseits können auch verschiedene Begriffe das gleiche heissen.

ZH • *RB 1994, 223: «Gebäudebreite» heisst im neuen Gesetz das gleiche wie im alten Gesetz «Gebäudetiefe».*

4.2.3 Ermessen

(Vgl. *Schwarzenbach* Tafel 20 und 22)

Ermessen ist die der Verwaltung in einem Erlass übertragene Befugnis zu entscheiden, ob und wie eine Rechtsfolge mittels Verfügung herbeigeführt werden soll (ähnlich *Häfelin/Müller* Rz 346). Die Verwaltung hat hier einen Bereich eigener «Rechtsetzung» innerhalb dessen ihre Entscheidung in der Regel von der vorgesetzten Behörde, nicht aber vom Richter überprüft werden kann. Die Befugnis zum Ermessen muss sich aus dem Gesetz ergeben, oft aus einer «Kann-» oder «Sollvorschrift».

Insbesondere beim sog. **«Auswahlermessen»,** wo die Behörde unter verschiedenen gleichwertigen Varianten (z.B. Bewerbern, Standorten etc.) zu entscheiden hat, muss sie eine Abwägung aller auf dem Spiele stehender Interessen vornehmen.

4.2

Bund • *BGE 115 Ia 344: Auswahlermessen bei der Einzonung.*

AG • *ZBl 1987, 266: Wird die Einrichtung einer unentgeltlichen Rechtsauskunftsstelle von der Gemeinde vertraglich an Anwälte vergeben, ist allen geeigneten Anwälten Gelegenheit zur Beteiligung zu geben. Mit der **Organisation** der Stelle darf ein einzelnes Anwaltsbüro betraut werden.*

GR • *RPR 1989/90, 42: Bei der Veräusserung einer Liegenschaft darf die Behörde neben der Höhe des Angebots auch andere Kriterien berücksichtigen, z.B. Wohnort des Käufers, Vermeidung der Spekulation etc.*

Falsche Ausübung des Ermessens kommt in folgenden Formen vor:

(Vgl. *Schwarzenbach* Tafel 23)

a) **Unzweckmässige** Ermessensausübung:

Unzweckmässige Ermessensausübung, die nicht das Ausmass des Ermessensmissbrauchs (s. unten) erreicht, stellt **keine Rechtsverletzung** dar. Sie kann in der Regel nur von der übergeordneten Verwaltungsbehörde, nicht aber vom Richter korrigiert werden.

b) **Rechtswidrige** Ermessenausübung:

Ermessensüberschreitung: Die Verwaltung übt Ermessen aus, wo ihr keines zusteht. Es liegt eine Verletzung des Gebots der gesetzlichen Grundlage vor.

Bund • *BGE 114 Ia 212: Ermessensausübung entgegen dem Gesetzeswortlaut.*

• *BGE 108 Ib 4: Überschreitung des Ermessens durch Widerruf einer Lex F. – Bewilligung wegen Auflagenverletzung (Abweichen von den bewilligten Plänen), wenn auch das abgeänderte Projekt bei ordnungsgemässer Gesuchstellung bewilligt worden wäre.*

Ermessensunterschreitung: Die Verwaltung unterlässt die differenzierte Behandlung einer Frage, obwohl ihr der Gesetzgeber Ermessen einräumt. Auch die Ermessensunterschreitung ist eine Rechtsverletzung (*Häfelin/Müller* Rz 383), d.h. der Betroffene hat einen Anspruch darauf, dass die Behörde, wenn ihr Ermessen zukommt, die Umstände des Einzelfalls berücksichtigt und nicht sich als gebunden erachtet oder z.B. das Los entscheiden lässt *(Imboden/Rhinow* Nr. 67 B II c).

Bund • *BGE 114 Ia 115: Unterlassen der nötigen umfassenden Überprüfung eines Enteignungs- und Bauvorhabens (Schiessplatz).*

- *BGE 114 Ib 190: Zulässig ist die Bekanntgabe von Richtlinien für die künftige Praxis. Diese befreien aber nicht von einer umfassenden Interessenabwägung im Einzelfall.*
- *BGE 110 Ib 382: Pauschalierende Richtlinien (in casu zur Waldfeststellung) dürfen nicht «allzu schematisch» angewandt werden ohne Würdigung der Besonderheiten des Einzelfalls.*

GR
- *PVG 1991, 90: Umschreibt das Gesetz die Voraussetzungen für die Erteilung einer Berufsausübungsbewilligung nur allgemein, hat die Behörde die Eignung des Bewerbers auf Grund aller konkreten Umstände zu prüfen und darf nicht lediglich auf das (Nicht-)Vorhandensein eines bestimmten Diploms abstellen.*

Ermessensmissbrauch: Hier handelt die Behörde im Rahmen des ihr vom Gesetz zugestandenen Ermessens, aber sie entscheidet nach unsachlichen Kriterien, «nach Laune» oder «unter Ansehen der Person» (BGE 61 I 108). Damit verletzt sie verfassungsmässige Rechte oder allgemeine Rechtsprinzipien («principes généraux du droit», BGE 98 V 131) wie namentlich das Gebot rechtsgleicher und willkürfreier Behandlung, von Treu und Glauben etc. *(Imboden/Rhinow/Krähenmann* Nr. 67 B II)

Bund
- *BGE 115 Ib 163: Verfügung eines Mehrfachen der minimalen Entzugsdauer obwohl alle Faktoren für den Betroffenen sprechen.*
- *VPB 1988, 270: Ungenügende Sachverhaltsabklärung als Ermessensmissbrauch.*

Zur Verdeutlichung lassen sich die verschiedenen Arten fehlerhafter Ermessensausübung wie folgt grafisch darstellen:

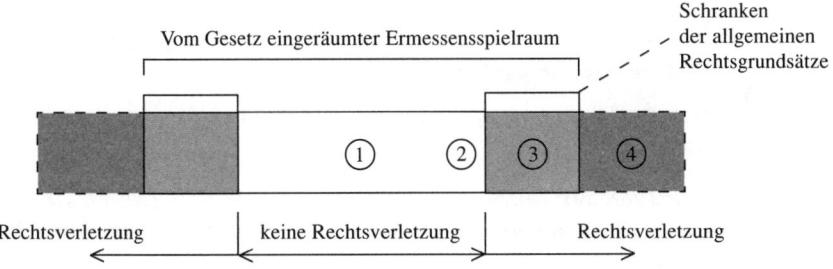

① «Richtiger» Entscheid
② Unzweckmässige Ermessensausübung
③ Ermessensmissbrauch
④ Ermessensüberschreitung

4.2.4 Die polizeiliche Generalklausel

(Vgl. *Schwarzenbach* Tafel 53)

Die polizeiliche Generalklausel (auch «allgemeine Polizeiklausel» genannt) ist in der Bundesverfassung, wo sie inhaltlich hingehörte, nicht zu finden, sondern ergibt sich aus der Gerichtspraxis (zuletzt in BGE 111 Ia 247). Sie berechtigt die Behörden, zur Aufrechterhaltung der öffentlichen Ordnung ohne gesetzliche Grundlage Verfügungen und Verordnungen zu erlassen *(Imboden/Rhinow* Nr. 134, *Häfelin/Müller* Rz 1913 ff). Dazu sind folgende Voraussetzungen nötig:

- **schwere, direkte und unmittelbare Störung oder Gefährdung der öffentlichen Ordnung**
- **Dringlichkeit**
- Die Verfügung muss sich soweit möglich an den **Störer** richten (dazu *Schwarzenbach* Tafel 54).
- Die Verfügung muss **verhältnismässig** sein (vgl. unten 4.4.7 und 4.5.3), insbesondere darf sich das Ziel nicht auf weniger einschneidende Weise erreichen lassen.

Ist eine dieser Voraussetzungen nicht erfüllt, so ist die Verfügung rechtswidrig, weil sie dem Gebot der gesetzlichen Grundlage widerspricht.

Bund
- *BGE 121 Ia 22: Unzulässige Einführung eines Numerus clausus für die Universität Zürich nur gestützt auf die allgemeine Vollzugskompetenz. Ein so gewichtiger Einbruch in die bisherige Zulassungspraxis darf nicht gestützt auf die polizeiliche Generalklausel erfolgen. Die Frage ist vom Gesetzgeber zu regeln.*
- *BGE 115 Ib 444: Vorzeitiger Baubeginn bei einem öffentlichen Werk, in casu abgelehnt (Vereinatunnel).*
- *BGE 111 Ia 246: Zulässige «Notstandskompetenzen» der Regierung.*

AR
- *GVP 1988, 60: Entzug der aufschiebenden Wirkung durch die untere Instanz ohne gesetzliche Grundlage gestützt auf die polizeiliche Generalklausel zulässig.*

BE
- *BVR 1994, 221: Die allgemeine Polizeiklausel kommt im Baurecht äusserst selten zur Anwendung, da die Regelungen üblicherweise sehr detailliert sind.*

GR
- *PVG 1989, 124: Die polizeiliche Generalklausel kann auch die Verweigerung von Polizeibewilligungen rechtfertigen.*

- *PVG 1989, 116: Die Entfernung eines rechtswidrigen, Wanderer, Skifahrer, Wildtiere etc. gefährdenden Stacheldrahtzauns ist auch ohne ausdrückliche gesetzliche Grundlage zulässig.*
- *RPR 1989/90, 199: Die polizeiliche Generalklausel berechtigt nicht zur Einführung einer Bewilligungspflicht für ausgebildete Tierheilpraktiker.*

SZ
- *EGV 1991, 82: Gestützt auf Dringlichkeitsrecht darf nur das zur Gefahrenbeseitigung Nötige angeordnet werden, ohne die spätere Erledigung nicht dringender Fragen (z.B. Haftpflicht) zu präjudizieren.*

(Weitere Beispiele bei *Imboden/Rhinow* Nr. 134 B IV)

Die polizeiliche Generalklausel **verpflichtet** im übrigen die Behörde, überall dort einzuschreiten, wo sog. Polizeigüter (namentlich Leib und Leben, Gesundheit, öffentliche Ordnung etc.) gefährdet sind (vgl. dazu die Ausführungen zur Pflicht zum Erlass einer Verfügung, unten 5.).

4.2.5 Lückenfüllung

Die Frage, ob, unter welchen Voraussetzungen und mit welchen Folgen die Verwaltung Lücken im Gesetze annehmen und ausfüllen darf, ist von *Imboden/Rhinow/Krähenmann* Nr. 23 einlässlich untersucht worden. Zusammenfassend gilt folgendes:

Vor Annahme einer Lücke ist durch gründliche Auslegung, insbesondere auch anhand der Gesetzesmaterialien zu prüfen, ob das Gesetz zu diesem Fall wirklich nichts aussagt und ob es etwas aussagen müsste (**echte Lücke**) oder seine Anwendung zu einem krass unhaltbaren Ergebnis führen würde (**unechte Lücke**). Lückenfüllungen, mit denen schwere Eingriffe in die Rechtsstellung des Betroffenen verbunden sind, sind unzulässig (z.B. in den Bereichen persönliche Freiheit, Enteignung, Steuern etc.). Die Ausfüllung der Lücke kann durch analoge Anwendung **in erster Linie** vergleichbarer **öffentlichrechtlicher,** in zweiter Linie privatrechtlicher Regelungen erfolgen. Bestehen keine dafür geeigneten Vorschriften, ist nach Art. 1 Abs. 2 und 3 ZGB vorzugehen, d.h. es ist die **generell-abstrakte** Regel zu formulieren, welche die Behörde erlassen würde, wenn sie Gesetzgeber wäre. Anhand dieser Regel ist dann zu entscheiden.

4.2

Bund
- *BGE 112 Ia 260: Bei Fehlen von Verjährungsvorschriften in einem Gebührenerlass sind in erster Linie verwandte Regelungen des **öffentlichen Rechts**, bei deren Fehlen allgemeine Grundsätze beizuziehen.*

- *BGE 98 Ia 40: Die analoge Anwendung eines Verwaltungsrechtssatzes auf einen ähnlichen Sachverhalt ist nicht willkürlich. (GR RPR 1989/90, 199: Sie ist aber nur dann zulässig, wenn es sich um eng verwandte Tatbestände handelt, die nach einer rechtsgleichen Behandlung rufen. Die für Human-Naturheilpraktiker geltenden Vorschriften können nicht analog auf Tier-Naturheilpraktiker angewendet werden).*

- *ZBl 1983, 360: Die Tatsache, dass ein Gemeindereglement keine Bestimmungen über den Geschäftssitz der zuzulassenden Hausinstallateure enthält, ist weder eine Lücke noch konnte Gemeindegewohnheitsrecht entstehen, da das kantonale Recht die Genehmigung der entsprechenden Regeln durch den Regierungsrat vorschreibt und Gewohnheitsrecht sowieso nur dort zulässig wäre, wo es eine Lücke ausfüllen könnte.*

AG
- *AGVE 1993, 374: Bestimmung, die in einer Ortsbild-Schutzzone beim Wiederaufbau die Beibehaltung der bisherigen Höhenmasse, nicht aber der Grenzabstände erlaubt, ist lückenhaft. Müssten die Grenzabstände eingehalten werden, bliebe sie wegen der oft engen Verhältnisse weitgehend toter Buchstabe.*

- *AGVE 1993, 333: In diesem Entscheid hat das Gericht zugunsten des Betroffenen eine Lücke im Gewässerschutzgesetz angenommen betr. Anschlusspflicht für Grundstücke, die noch keiner Zone zugeteilt sind.*

- *ZBl 1987, 552: Das erstinstanzliche Verwaltungsverfahren ist nach aargauischem Recht unentgeltlich. Lücke angenommen bezüglich des Falles, dass die Kosten wider Treu und Glauben verursacht wurden. Füllung der Lücke durch die Regel, dass in solchen Fällen Kosten auferlegt werden dürfen.*

AR
- *GVP 1990, 12: Eine fehlende Verjährungsbestimmung im Steuergesetz ist mittels Lückenfüllung festzulegen.*

BE
- *BVR 1984, 197: Besteht eine Vorschrift, wonach bei nachträglicher Aussenisolation das bisherige Rohmauerwerk für die Messung der Bauabstände massgebend bleibt, aber ohne ersichtlichen Grund keine entsprechende Regel für die Gebäudehöhe, liegt eine Lücke vor. Sie ist durch analoge Anwendung der für Abstände geltenden Vorschrift zu füllen.*

- *BVR 1984, 188: Fehlende Regelung der Voraussetzungen für die Zulassung zur Ausübung des Arztberufs als Lücke im kantonalen Recht, das eine Bewilligungspflicht und die Zuständigkeit zur Erteilung statuiert.*

GR
- *PVG 1989, 170: Zulässige Lückenfüllung betr. (Auf-)Rundung des Berechnungsergebnisses für die Parkplatzerstellungspflicht auf den nächsten ganzen Parkplatz.*

- *PVG 1984, 101: Das Fehlen der Möglichkeit in der Gastwirtschaftsgesetzgebung, «Show- und Stripteaseveranstaltungen» pauschal (d.h. für mehr als jeweils einen Einzelanlass) zu bewilligen, ist keine Lücke, sondern qualifiziertes Schweigen des Gesetzgebers. Dieser wusste sehr wohl von der Möglichkeit pauschaler Bewilligungen, hat sie aber für Veranstaltungen der fraglichen Art wegen deren besonderer Problematik bewusst nicht gewähren wollen.*
  Das Gericht kommt zu diesem Schluss offenbar ausschliesslich auf Grund der veröffentlichten allgemeinen Erwägungen. Man vermisst Nachforschungen in den Materialien danach, ob es denn wirklich so war, wie sie nahelegen.

- *RPR 1989/90, 202: Unechte Lücken sind nur anzunehmen und gegen den Gesetzeswortlaut zu füllen, wenn eine extreme Ausnahmesituation vorliegt. Dies ist nicht der Fall, wenn sich die Ausverkaufsvorschriften in einem Bezirk negativer auswirken als in den übrigen.*

- *PVG 1981, 32: Lücke angenommen bei Fehlen von Höhenvorschriften in der Sport- und Skischutzzone, Füllung durch analoge Anwendung der Vorschriften einer Zone mit ähnlicher Zweckbestimmung (Zone für öffentliche Gebäude).*

SZ
- *EGV 1991, 200: Unvollständigkeit einer Ausnahmeregelung, Annahme und Füllung einer Lücke, weil für bestimmte Fälle ungerechtfertigterweise und ohne bewussten Entscheid des Gesetzgebers keine Ausnahmemöglickeit vorgesehen war.*

LU
- *LGVE 1993, 103: Lückenfüllung kommt in der Regel nur in Frage, wenn die Rechtsanwendung ohne sie gar nicht möglich ist.*

ZH
- *RB 1992, 51: Keine Lücke im stadtzürcherischen Personalrecht wegen Fehlens einer Entschädigungspflicht bei missbräuchlicher Kündigung.*

4.2.6 Gewohnheitsrecht

Die Praxis anerkennt auch Gewohnheitsrecht als «gesetzliche» Grundlage, **wo nicht ein Gesetz im formellen Sinn nötig ist und soweit es nicht dem geschriebenen Recht widerspricht** (AR GVP 1990, 16). Voraussetzungen zur Bildung von Gewohnheitsrecht sind:

– **Lücke** im geschriebenen Recht und **Notwendigkeit,** diese zu füllen,

– **lange einheitliche Praxis** und

– gemeinsame **Rechtsüberzeugung** der Behörde und der in Frage kommenden Adressaten.

Diese Voraussetzungen sind wiederum sehr konkretisierungsbedürftig. Als Leitlinie gilt: Je mehr die entstehende Regel in schutzwürdige Interessen eingreift, desto höher sind die Anforderungen an die Dauer der Praxis und die Rechtsüberzeugung anzusetzen. Ausgehend von der im Verwaltungsrecht (vgl. *Imboden/Rhinow/Krähenmann* Nr. 7), und insbesondere im Zivilrecht (vgl. die Kommentare und Rechtsprechung zu Art. 1 Abs. 2 ZGB) reichlich vorhandenen Judikatur wird es in den meisten Fällen möglich sein, zu entscheiden und zu begründen, ob Gewohnheitsrecht angenommen werden kann oder nicht.

Bund • *ZBl 1983, 360: Die Tatsache, dass ein Gemeindereglement keine Bestimmungen über den Geschäftssitz der zuzulassenden Hausinstallateure enthält, ist weder eine Lücke noch konnte Gemeindegewohnheitsrecht entstehen, da das kantonale Recht die Genehmigung der entsprechenden Regeln durch den Regierungsrat vorschreibt und Gewohnheitsrecht sowieso nur dort zulässig wäre, wo es eine Lücke ausfüllen könnte.*

BE • *BVR 1984, 188: Fehlende Regelung der Voraussetzungen für die Zulassung zur Ausübung des Arztberufs als Lücke im kantonalen Recht. Gewohnheitsrecht angenommen bezüglich einer im wesentlichen (d.h. abgesehen von begründbaren Ausnahmen) seit Jahrzehnten verfolgten Praxis, das eidgenössische Arztdiplom vorauszusetzen.*

4.2.7 Gebühren

Gebühren sind das Entgelt für Amtshandlungen (Verwaltungsgebühr) oder für die Benutzung einer öffentlichen Einrichtung (Benutzungsgebühr) und sollen die dem Gemeinwesen dadurch entstehenden Kosten decken *(Häfelin/ Müller* Rz 2041 ff, *Schwarzenbach* Tafel 71).

4.2

Laut der neueren bundesgerichtlichen Rechtsprechung können Abgaben ausnahmsweise **ohne Grundlage in einem Gesetz im formellen Sinn** erhoben werden, wenn dem Bürger die Überprüfung anhand von verfassungsrechtlichen Prinzipien, insbesondere des **Kostendeckungs- und Äquivalenzprinzips,** ohne weiteres möglich ist (BGE 118 Ia 321). Dies ist in der Regel bei sog. «Kanzleigebühren» der Fall, wozu in den meisten Fällen diejenigen für den Erlass einer Verfügung gehören (BGE 106 Ia 249 betr. Gerichtsgebühren). Die Behörde kann somit hiefür eine Gebühr erheben, wenn irgendein Erlass (Gesetz, Verordnung) sie dazu ermächtigt, hat sich aber streng nach den genannten Prinzipien zu richten.

AG
- *AGVE 1992, 310: Kriterien bei der Festlegung von Baubewilligungsgebühren:*
  - *objektiver Wert der Leistung*
  - *«vernünftige» Grenzen*
  - *die sich mit der betreffenden amtlichen Handlung verbindende Verantwortung*
  - *das Interesse des Privaten an der gebührenpflichtigen Handlung*
  - *die wirtschaftliche Leistungsfähigkeit des Gebührenpflichtigen.*

GR
- *RPR 1989/90, 158: Art. 3 Abs. 4 SVG bildet eine genügende gesetzliche Grundlage für die Erhebung von Parkgebühren.*

a) **Äquivalenzprinzip**

Die Gebühr muss zum objektiven Wert der Leistung in einem vernünftigen Verhältnis stehen.

Bund
- *BGE 118 Ib 349, 107 Ia 29: Bei Massenanfertigung von Fotokopien verstösst der Ansatz von zwei Franken pro Seite gegen das Äquivalenzprinzip.*
- *BGE 118 Ib 54: Kausalabgaben (wozu Gebüren für Verfügungen gehören) dürfen auch bei Bundesstellen erhoben werden (SBB).*

SG
- *GVP 1994, 5: Bei Erteilung mehrerer gleichartiger Bewilligungen für gleichartige Sachverhalte darf nicht der für eine Bewilligung geltende Ansatz mit der Zahl der Bewilligungen multipliziert werden (Bewilligungen für die Veräusserungen mehrerer gleichartiger Stockwerkeigentumsanteile). Die Arbeitseinsparung, die sich ergibt, ist zu berücksichtigen.*

ZH
- *RB 1994, 76: Erhebung der Gebühr («Miete») für die Wohnung eines Abwarts ohne gesetzliche Grundlage bezüglich der Höhe dieser Gebühr (Entscheid über die Höhe an die Schulpflege delegiert)*

zulässig. Die Gebühr ist durch Vergleich mit anderen Wohnungsmieten überprüfbar. Erhöhungen sind mangels gesetzlicher Grundlage im Umfang des nach dem Mietrecht Möglichen zulässig.

b) **Kostendeckungsprinzip**

Bei den Verwaltungsgebühren, zum Teil auch bei den Benutzungsgebühren (vgl. *Häfelin/Haller* Rz 2052), darf der Gesamtbetrag der Gebühren die **gesamten Kosten des betr. Verwaltungszweigs** nicht übersteigen (*Häfelin/Haller* Rz 2050).

Gewisse **Pauschalierungen** aus Praktikabilitätsgründen sind zulässig (BGE 106 Ia 244). Zur Begründung reicht daher in der Regel ein Hinweis auf die miteinbezogenen, geschätzten Kosten (TG TVR 1990, 114).

Gebühren können grundsätzlich nur von denjenigen erhoben werden, denen im Verfahren **Parteistellung** zukommt. Dies ist nicht der Fall beim Anzeiger in einem Beschwerdeverfahren (ZG GVP 1991/92, 202).

4.3 Die Gesetzes- und Verfassungsmässigkeit im allgemeinen

Jeder Verwaltungsakt muss nicht nur eine gesetzliche Grundlage haben, sondern er darf grundsätzlich auch keinem Erlass widersprechen («**Vorrang des Gesetzes**»). Grundsätzlich bedeutet dies:

a) Die Behörde hat sich an Verordnungs-, Gesetzes-, und Verfassungsrecht **aller Körperschaften** zu halten, auch der untergeordneten. Bund und Kanton haben sich an das kantonale und kommunale Baurecht zu halten (BGE 112 Ia 272, LGVE 1991, 335) und ein Regierungsrat an die Verordnungen seiner untergeordneten Amtsstellen (*Knapp* 463, *Imboden/Rhinow/Krähenmann* Nr. 59 B I a). Wenn etwas anderes gelten soll, muss das ausdrücklich so geregelt sein (vgl. BGE 111 Ib 6 betr. Steuerbefreiung des Bundes). Ausnahme: Wenn das untergeordnete Recht die Anwendung oder Durchsetzung des übergeordneten vereitelt, muss von ihm abgewichen werden. Damit befasst sich namentlich die reichhaltige Rechtsprechung des Bundesgerichts zum kantonalen Verfahrensrecht, die an mancher Stelle dieses Leitfadens zitiert wird.

b) Wird ein Rechtsgebiet von Normen verschiedener Stufe geregelt, ist **in erster Linie das höherrangige Recht** anzuwenden, dann das allfällige ergänzende niedrigrangige (vgl. AR GVP 1990, 31 betr. Bundes- und kantonale Immissionsvorschriften, ebenso GR PVG 1989, 145). Wenn das niedrigrangige zulässigerweise strenger ist, kann aus verfahrensökonomischen Gründen das umgekehrte Verfahren zweckmässiger sein (LGVE 1992, 162).

c) Eine Verwaltungsbehörde, die zum Erlass von Verordnungen befugt ist, darf **nicht im Einzelfall** auf dem Verfügungswege von ihrer eigenen Verordnung **abweichen**, sondern nur durch Änderung der Verordnung selbst (*Imboden/Rhinow/Krähenmann* Nr. 62, *Gygi* 77, *Knapp* Nr. 464).

d) Die Auslegung untergeordneter Rechtssätze hat möglichst **in Übereinstimmung mit übergeordneten Normen** zu erfolgen.

Bund • *BGE 116 Ia 409: Bei verschiedenen möglichen Auslegungen eines Erlasses ist diejenige zu wählen, welche nicht in verfassungsmässige Rechte eingreift. Ein klarer Gesetzestext ist aber nur dann gegen seinen Wortlaut auszulegen, wenn sachliche Gründe für die Annahme sprechen, dieser gebe nicht den wahren Sinn der Bestimmung wieder (BGE 115 Ia 134, 111 Ia 296).*

e) Rechtswidriges Verfügen kann in schweren Fällen sogar **strafrechtliche Folgen** haben (BGE 111 IV 83 betr. Verschaffen eines unrechtmässigen – nicht notwendigerweise finanziellen! – Vorteils durch die Erteilung einer Baubewilligung ausserhalb der Bauzone).

Die Anwendung dieser Grundsätze ist einfach, solange eine Lösung möglich ist, die mit allen Erlassen im Einklang steht und sei es auch der Verzicht auf den Erlass einer Verfügung. Was gilt aber, wenn die Behörde zum Schluss kommt, bei Anwendung des einen Erlasses müsse sie auf bestimmte Weise verfügen, bei Anwendung eines anderen aber anders oder gar nicht?

Bekanntlich gibt es eine **Rangfolge der Erlasse** (Verordnung der unteren Behörde – Verordnung der oberen Behörde – Gesetz – Verfassung, vgl. dazu *Schwarzenbach*, Tafel 7) und übergelagert die **Rangordnung der Gebietskörperschaften** (Bundesrecht bricht kantonales Recht, kantonales Recht in der Regel Gemeinderecht). Aber darf eine Behörde einen Rechtssatz nicht anwenden (d.h. gegen dessen Bestimmungen verstossen) mit dem Argument, er stehe im Widerspruch zu einer höhern Norm (sog. akzessorische Überprüfung)?

Die Frage ist höchst komplex und die Antwort darauf nicht einheitlich. Wer sich in das Problem vertiefen möchte, kann dies bei *Imboden/Rhinow/Krähenmann* Nr. 143 tun, wo auch zahlreiche Beispiele zu finden sind. Zentrale

4.3

Fragen sind aber ungelöst, umstritten oder werden einzelfallweise beantwortet. Nachstehend sei versucht, für den Behördenalltag brauchbare Grundsätze zu formulieren:

f) Führen zwei Erlasse eindeutig und **unzweifelhaft** zu verschiedenen Ergebnissen, ist **der höherrangige** anzuwenden (s. auch oben 3.1.2).

Sind die Erlasse gleichrangig, ist durch Auslegung und allenfalls Interessenabwägung zu entscheiden, welcher anzuwenden ist.

Bund • *BGE 108 Ib 548: Frage, ob die Verwaltungsbehörden zur akzessorischen Normenkontrolle befugt sind, offengelassen. Die Verwaltungsbehörde wird nur bei offensichtlicher Rechtswidrigkeit einer Norm die Anwendung versagen und im Zweifelsfall die Weisung der vorgesetzten Stelle einholen.*

GR • *PVG 1992, 114: Die sich aus Art. 4 BV ergebenden Mindestanforderungen an die Begründung gelten auch, wenn untergeordnetes Recht ausdrücklich ein Verfügen ohne Begründung vorsieht.*

• *RPR 1989/90, 201: Die Verwaltungsbehörden sind befugt und verpflichtet, auf entsprechende Rüge hin vorfrageweise das kantonale Recht auf seine Übereinstimmung mit der Bundesverfassung zu prüfen.*

LU • *LGVE 1990, 117: Die Gemeindeordnung geht dem Personal- und Besoldungsreglement vor, insbesondere weil erstere eine Art «Verfassung» der Gemeinde ist und dem obligatorischen Referendum sowie kantonaler Genehmigung unterliegt.*

Dass dieser Grunsatz auch vom Richter bisweilen mit grosser Zurückhaltung angewendet wird, zeigt die Rechtsprechung zu Art. 4 Abs. 3 BV (Gleichbehandlung der Geschlechter): Während längerer Zeit sahen die Gerichte davon ab, Erlasse nicht mehr anzuwenden, die dieser Bestimmung zuwiderliefen, weil es Sache des Gesetzgebers sei, Abhilfe zu schaffen (vgl. z.B. ZH RB 1988, 25).

g) Gibt ein Erlass A eine klare Antwort, ist aber **zweifelhaft**, ob diese Antwort oder der Erlass A selber einem höherrangigen Erlass B widersprechen, ist in der Regel Erlass A anzuwenden.

AG • *AGVE 1987, 348 und 1986, 242: Das Gesetz kann die Überprüfung niederrangiger Erlasse durch Verwaltungsbehörden vorsehen, z.B. § 2 Abs. 2 des aargauischen Verwaltungsrechtspflegegesetzes.*

GR • *RPR 1991/1992, 144: Die Regierung hebt einen Erlass nur auf, wenn er sich jeder verfassungskonformen Auslegung entzieht.*

h) Die **Bundesverfassung** und **Bundesgesetze** (Art. 113 Abs. 3 BV) dürfen nicht auf die Übereinstimmung mit höherrangigen Erlassen überprüft werden. Für alle Verwaltungsbehörden, sicherlich aber für kantonale und kommunale gilt dasselbe für Kantonsverfassungen (wenn auch der Kritik von *Imboden/Rhinow/Krähenmann,* Nr. 143 B III b, an der entsprechenden bundesgerichtlichen Rechtsprechung, zuletzt bestätigt in BGE 118 Ia 126, grundsätzlich zuzustimmen ist).

i) Aus naheliegenden Gründen empfiehlt es sich nicht, Erlasse der vorgesetzten Behörde nicht anzuwenden. Stattdessen soll bei dieser eine Änderung des Erlasses beantragt werden (BGE 104 Ib 418, *Kölz/Häner* Rz 271).

4.4 Wichtige verfassungsmässige Rechte und Grundsätze

(Vgl. *Jörg Paul Müller,* Die Grundrechte der schweizerischen Bundesverfassung, Bern 1991, 267 ff und *Schwarzenbach* Tafel 11)

Die soeben beschriebene Situation, dass sich zwei Erlasse widersprechen, bildet die Ausnahme. In aller Regel gibt der anwendbare Spezialerlass der Behörde die Möglichkeit, in verschiedener Weise (oder gar nicht) zu verfügen. Sie hat dies so zu tun, dass dadurch nicht andere Erlasse verletzt werden. Von Bedeutung sind insbesondere die aus der Bundesverfassung und der dazu reichlich vorhandenen bundesgerichtlichen Rechtsprechung sich ergebenden rechtsstaatlichen Grundsätze und Individualrechte des Einzelnen gegenüber dem Staat. Sie sollen hauptsächlich den Rechtsunterworfenen vor übermässigen Eingriffen des Gemeinwesens schützen, gewähren aber teilweise auch das Recht auf staatliches Handeln, z.B. auf rechtsgleiche Behandlung, auf Vornahme einer zugesicherten Handlung nach dem Gebot von Treu und Glauben etc.

4.4.1 Geltungsbereich

4.4.1.1 Bei staatlichen Leistungen

Die verfassungsmässigen Rechte und Grundsätze sind auch im Bereich der Leistungsverwaltung zu beachten, d.h. es kann sich aus ihnen auch ein Anspruch auf **gesetzlich vorgesehene** oder **regelmässig gewährte** staatliche Leistungen ergeben. Letzteres gilt in erster Linie für das Gleichheitsgebot und die daraus abgeleiteten Grundsätze, aber nur sehr eingeschränkt für die klassischen Freiheitsrechte, die als Abwehrrechte konzipiert sind (vgl. zum

Stand der Diskussion *Häfelin/Haller* Rz 1085 ff). Beispielsweise darf die Behörde bei der Vergabe öffentlicher Gebäude für Veranstaltungen verschiedene Gesuchsteller nicht ohne sachliche Gründe ungleich behandeln.

AG • *ZBl 1985, 368: Gibt eine Gemeinde Stimmregisterauszüge an Interessengruppen heraus (wozu sie in casu berechtigt, nicht aber verpflichtet ist), so hat sie dabei den Grundsatz der Rechtsgleichheit und das Willkürverbot zu beachten und den Empfängerkreis nach sachlichen Kriterien zu bestimmen.*

GR • *PVG 1987, 36: Das Verhältnismässigkeitsprinzip ist auch bei der Organisation der Kehrichtabfuhr zu beachten.*

Hingegen kann in aller Regel aus diesen Rechten und Grundsätzen **allein** (d.h. ohne besondere gesetzliche Grundlage oder Behördenpraxis) kein Anspruch auf staatliche Leistungen entstehen.

Bund • *BGE 117 Ib 394: Nach konstanter Rechtsprechung des Bundesgerichts begründet die Handels- und Gewerbefreiheit grundsätzlich keinen Anspruch auf staatliche Leistungen, beispielsweise auf die Benützung einer Anstalt (Flughafen). Die Gewährung des sog. gesteigerten Gemeingebrauchs gilt in der Regel nicht als staatliche Leistung, weshalb darauf ein Anspruch auf Grund der Grundrechte bestehen kann. Generelle Verbote von grundrechtsgeschützten Tätigkeiten auf öffentlichem Grund sind daher nicht zulässig.*
Vgl. dazu *Jürg Martin,* Der gesteigerte Gemeingebrauch, Diss. Winterthur 1987.

TG • *TVR 1988, 43: Kein Anspruch auf einen Schulbus aus dem Grundsatz der Verhältnismässigkeit.*

4.4.1.2 Für Ausländer

Bund • *BGE 116 Ia 238: Grundsätzlich können sich auch Ausländer auf die verfassungsmässigen Rechte und Grundsätze berufen, wobei auf Grund gewisser ausländerspezifischer Regelungen besondere Einschränkungen zulässig sein können.*
Vgl. dazu auch BGE 116 Ib 1, wonach ein Flüchtling keinen Anspruch auf Kantonswechsel hat.

• *BGE 114 Ia 8: Unzulässige Ungleichbehandlung von niedergelassenen Ausländern durch höhere Gebühren für Jagdpatente.*

BS • *BJM 1989, 52: Zulässige Schlechterstellung von nicht niedergelassenen Ausländern bei der Zulassung zur Universität, weil diese von den Eltern der Ansässigen finanziell mitgetragen wird.*

4.4.1.3 Für juristische Personen

Die verfassungsmässigen Rechte und Grundsätze gelten grösstenteils auch für juristische Personen. Ausnahmen ergeben sich nur dort, wo ein Recht auf die natürliche Person zugeschnitten und eine Anwendung auf juristische Personen gar nicht denkbar ist wie beispielsweise bei der Religionsfreiheit soweit die juristische Person nicht religiöse Zwecke verfolgt, BGE 97 I 221.

Bund • *BGE 116 Ia 346: Bei Grundrechten, die ihrer Natur nach nur für natürliche Personen gelten, ist, wenn eine juristische Person betroffen ist, zu prüfen, ob die hinter dieser stehenden natürlichen Personen in dem Grundrecht verletzt sind (betr. Sprachenfreiheit).*

4.4.1.4 Bei privatrechtlichem Handeln der Behörde

Nach neuerer Rechtsprechung hat sich die Behörde auch bei privatrechtlichem Handeln an die Grundrechte zu halten (*Häfelin/Müller* Rz 236).

Bund • *BGE 109 Ib 155: Die Nationalbank hat auch dort, wo sie als Aktiengesellschaft privatrechtlich handelt, die verfassungsmässigen Grundrechte zu beachten und darf insbesondere nicht Subjekte des Privatrechts willkürlich behandeln.*

Der Bereich, in dem dies die grösste Bedeutung haben könnte, nämlich bei der **Beschaffung** von Gütern und Dienstleistungen durch das Gemeinwesen, ist es allerdings insbesondere bezüglich Rechtsgleichheit noch lange nicht so weit: Die Submissionsgesetze erlauben oder fördern sogar die (rechtsungleiche) Bevorteilung lokaler Anbieter und versagen den Mitbewerbern den Rechtsschutz weitgehend. Das in Entstehung begriffene Binnenmarktgesetz soll hier für eine stärkere Beachtung des Gleichbehandlungsgebots sorgen.

Bund • *BGE 119 Ia 426: Gemäss konstanter bundesgerichtlicher Praxis handelt es sich beim Zuschlag oder Nichtzuschlag eines öffentlichen Auftrags nicht um eine Verfügung, sondern «auch wenn das Verfahren und die Voraussetzungen des Zuschlags öffentlichrechtlich geordnet sind, um eine auf den Abschluss eines privatrechtlichen Vertrags ausgerichtete Erklärung», die nicht mit der Verwaltungsgerichtsbeschwerde beim Bundesgericht angefochten werden kann. Die staatsrechtliche Beschwerde wird zugelassen, wenn der*

Beschwerdeführer im kantonalen Verfahren Parteistellung hatte; allerdings kann er keine materiellen Rügen vorbringen, und auch verfahrensrechtliche Rügen zum Submissionsverfahren nur eingeschränkt (beispielsweise Verletzung der Ausstandsvorschriften, nicht aber der «üblichen Parteirechte»).

4.4.1.5 Unter Privaten

Nach dem klassischen Verständnis regeln die verfassungsmässigen Rechte und Grundsätze nur das Verhältnis zwischen dem Staat und dem Rechtsunterworfenen, d.h. dieser hat einen Anspruch darauf, dass die Behörde sie ihm gegenüber nicht verletzt. Hingegen hat die Verwaltung z.B. nicht dafür zu sorgen, bestehende tatsächliche Ungleichheiten auszugleichen (*Knapp* Nr. 487).

In seiner neueren Rechtsprechung hat das Bundesgericht aber auch eine Pflicht des Staats zum Einschreiten angenommen in Fällen, in denen Private in ihren verfassungsmässigen Rechten durch andere Private beeinträchtigt wurden. Die Möglichkeit, die verfassungsmässigen Rechte auszuüben, bilde nämlich einen Bestandteil der öffentlichen Ordnung. Es liegt auf der Hand, dass diese Betrachtungsweise der Staatstätigkeit nicht nur Tür und Tor öffnen, sondern die umgebenden Wände gleich mitabreissen könnte. Das Bundesgericht hat dies selbst verhindert, indem es weiter ausführt, die Pflicht (und, so sollte man ergänzen: das Recht) zum Eingreifen hänge von der Schwere der Verletzung und den gesamten Umständen ab, was wohl dahingehend interpretiert werden kann, dass tatsächlich die «öffentliche Ordnung», d.h. ein weiterer Kreis von Betroffenen beeinträchtigt oder gefährdet sein muss (vgl. dazu den BGE in ZBl 1993, 379 betr. Behinderung in der Ausübung der Eigentumsrechte durch Hausbesetzer sowie GR PVG 1994, 24 betr. Hundegebell).

Die Verwaltung sollte sich daher m.E. nach wie vor an das klassische Grundrechtsverständnis halten und **nur dort regulierend und ausgleichend eingreifen, wo dies der Gesetzgeber oder die polizeiliche Generalklausel vorschreibt.** Dies ist auch durch den Grundsatz der Gesetzmässigkeit der Verwaltung (Erfordernis der gesetzlichen Grundlage, vgl. oben 4.2) geboten.

Laut VPB 1986, 539 enthält die EMRK Grundsätze mit Drittwirkung, z.B. die Verpflichtung zum Schutz des Privat- und Familienlebens. Dies betrifft aber kaum die Verwaltungsbehörde, sondern den Gesetzgeber oder das Bundesgericht (s. unten 4.6).

Der **Inhalt der verfassungsmässigen Rechte** ist hier nicht im einzelnen zu behandeln. Dazu sei auf die einschlägige Literatur verwiesen (*Aubert, Häfe-*

lin/Haller). Vielmehr soll dem Praktiker anhand der nachstehenden Beispiele ein Einblick und das Gefühl dafür vermittelt werden, dass und auf welche Weise die verfassungsmässigen Rechte beim Erlass von Verfügungen von Bedeutung sind.

4.4.2 Die Rechtsgleichheit

(Vgl. *Schwarzenbach* Tafel 14)

Der Anspruch auf rechtsgleiche Behandlung ist verankert in Art. 4 Abs. 1 der Bundesverfassung: «Alle Schweizer sind vor dem Gesetze gleich. Es gibt in der Schweiz keine Untertanenverhältnisse, keine Vorrechte des Orts, der Geburt, der Familien oder Personen». Die folgenden Grundsätze und Beispiele zeigen, was das für den Erlass von Verfügungen konkret bedeutet. Näheres dazu und zahlreiche weitere Beispiele sind zu finden bei *Imboden/ Rhinow/Krähenmann* Nr. 69 ff.

a) Da natürlich eine Gleichbehandlung nur bei gleichen Umständen verlangt werden kann, gilt gemäss BGE 90 I 162: Es ist «**Gleiches nach Massgabe seiner Gleichheit gleich und Ungleiches nach Massgabe seiner Ungleichheit ungleich**» zu behandeln. Eine Verletzung dieses Grundsatzes liegt nicht nur vor, wenn ein Bürger rechtsungleich benachteiligt wird, sondern auch, wenn ihm Vorteile gewährt werden, die anderen nicht zukommen sollen (BGE 116 Ia 454, 112 Ib 50).

Bund
- *BGE 113 Ia 116: Umstände, die eine ungleiche Entlöhnung von Mann und Frau rechtfertigen.*
- *BGE 112 Ia 193: Zwei Sachverhalte sind gleich zu behandeln, auch wenn sie nicht in allen Details, aber in den wesentlichen Elementen gleich sind.*
- *BGE 112 Ib 381: Für eine Ungleichbehandlung der Händler von historischen Wertpapieren mit den Briefmarkenhändlern bezüglich WUST bestehen keine sachlichen Gründe.*
- *BGE 106 Ia 241: Es ist grundsätzlich mit sachlichen Gründen vertretbar, Altliegenschaften gegenüber Neubauten bei der Bemessung der Kanalisationsanschlussgebühren zu bevorzugen.*
- *BGE 100 Ia 402: Die Behörde darf nicht die Durchführung gleichartiger Demonstrationen im einen Fall bewilligen und in anderen verbieten, ohne dass stichhaltige sachliche Gründe die Ungleichbehandlung rechtfertigen. Nicht massgeblich sein darf der Inhalt der Meinungsäusserung, doch dürfen ausser polizeilichen auch wei-*

tere öffentliche Interessen berücksichtigt werden wie die zweckmässige Nutzung des öffentlichen Grundes im Interesse der Allgemeinheit und der Anwohner.

- *BGE 98 Ib 340: Die Ungleichbehandlung von Fremdreklamen mit Eigenreklamen (die auf das im entsprechenden Gebäude betriebene Gewerbe hinweisen) ist sachlich gerechtfertigt, da letztere auch im Interesse eines reibungslosen Verkehrsablaufs liegen.*

- *VPB 1995, 325: Die «Vermietung» oder Reservation (LGVE 1991, 345) von Parkfeldern durch die Gemeinde auf öffentlichem, dem Gemeindegebrauch gewidmetem Grund ist unzulässig, weil dadurch die Nicht- «Mieter» rechtsungleich behandelt werden.*

AG
- *AGVE 1989, 134: Gewährung längerer Öffnungszeiten für ein Einkaufszentrum als für die Konkurrenzgeschäfte auf dem übrigen Gemeindegebiet in casu unzulässig.*

GR
- *PVG 1987, 105: Die unterschiedliche Behandlung von Einheimischen und Ferienhausbesitzern bezüglich Zufahrtsrecht zu ihrer Liegenschaft ist nur aus sachlich vertretbaren verkehrspolizeilichen oder verkehrstechnischen Gründen zulässig.*

- *PVG 1984, 59: Die Ästhetikvorschriften sind für Wohn- und Gewerbebauten gleich auszulegen.*

SZ
- *EGV 1991, 176: Lektionenpläne dürfen nicht so gestaltet sein, dass gewisse Fächer nur durch ein Geschlecht besucht werden können.*

b) Das Gleichheitsgebot hat dort seine grösste Bedeutung, wo **Ermessen** ausgeübt wird. Zur Ermessensausübung muss eine feste Praxis bestehen, welche die Beachtung des Gleichheitsgebots sichert. Dies insbesondere auch bei sog. **Auswahlermessen**, wo die Behörde unter an sich gleichwertigen Varianten/Bewerbern etc. auszuwählen hat (s. auch oben 4.2.3).

Bund
- *BGE 108 Ia 139: Beschränkt erteilbare Bewilligungen dürfen nicht immer den Gleichen zugute kommen. Neubewerber sind ebenfalls zu berücksichtigen, wobei den Bisherigen eine angemessene Amortisationsdauer für ihre Investitionen zuzugestehen ist (Taxibewilligungen).*

BE
- *BVR 1985, 46: Verweigerung einer Wasserentnahmekonzession für einen Fischteich wegen der Häufung solcher Gesuche und Gefährdung der Umwelt zulässig, obwohl erst kürzlich einem Anderen eine vergleichbare Konzession erteilt worden war.*

OW • *VVGE 1985 und 1986, 38: Das Kriterium des Wohnorts im Kanton bei der Zuteilung von Schiffsstandplätzen verletzt das Gleichbehandlungsgebot nicht.*

c) Auch dort, wo die Verwaltung **ohne Ermessensausübung** nach Rechtssätzen handelt, ist das Gleichheitsgebot zu beachten, namentlich bei der Anwendung unbestimmter Rechtsbegriffe, der verfahrensmässigen Behandlung etc.

OW • *VVGE 1985 und 1986, 75: Zur Bemessung von Perimeterbeiträgen darf nicht auf amtliche Schatzungen abgestellt werden, die nach unterschiedlichen Methoden erstellt wurden.*

d) Der Grundsatz der Gesetzmässigkeit geht dem Gleichheitsgebot vor, d.h. es kann niemand daraus, dass einem anderen ein unrechtmässiger Vorteil gewährt wurde, einen Anspruch ableiten. Wenn die Behörde allerdings eine eigentliche widerrechtliche Praxis verfolgt und es ablehnt, sie aufzugeben, kann ein **Anspruch auf unrechtsgleiche Behandlung** entstehen, falls keine gewichtigen öffentlichen oder privaten (BGE 108 Ia 214) Interessen entgegenstehen (Vgl. *Knapp* Nr. 491 ff, *Häfelin/Müller* Rz 412 ff mit Bsp.).

Bund • *BGE 117 Ib 425: Allfälliges rechtswidriges Gewährenlassen von Betrieben in anderen Kantonen beim Vollzug der Umweltschutzgesetzgebung gibt keinen Anspruch auf Gleichbehandlung im Unrecht (betr. Qualifikation von Kabelresten als Sonderabfall).*

• *BGE 116 Ib 234: Nichtbeachtung einer allfälligen rechtswidrigen kantonalen Praxis zu einer wichtigen Vorschrift durch das Bundesgericht (nämlich dass ausserhalb der Bauzonen grundsätzlich nicht gebaut werden darf).*

• *BGE 113 Ia 456: Die Rechtsgleichheit gibt keinen Anspruch auf bundesrechtswidrige Planung.*

• *BGE 113 Ib 331: Kein Anspruch auf Gleichbehandlung im Unrecht hinsichtlich der Duldung polizeiwidriger Zustände wie beispielsweise der Weiterbenützung eines gefährlichen Bahnübergangs.*

• *BGE 112 Ib 387: Kein Anrecht auf Gleichbehandlung im Unrecht, wenn «nicht auszuschliessen» ist, dass die Behörde ihre Praxis ändert.*

• *BGE 108 Ia 313: Bei Bestehen eines Anspruchs auf unrechtsgleiche Behandlung hat eine Abwägung mit allenfalls entgegenstehenden Interessen Dritter stattzufinden. In casu wog das Interesse an*

> *der (durch eine konstante gesetzwidrige Praxis sanktionierte) Erstellung eines Geschosses mehr als es das Gesetz zulässt, weniger schwer als dasjenige des Nachbarn, der sich gegen die Beeinträchtigung durch den Höherbau wehrte.*
>
> - *VPB 1993, 427: Einzelne gegenteilige Entscheide berechtigen nicht zur Gleichbehandlung im Unrecht.*
> - *VPB 1992, 84: Das EJPD ist nicht an eine allfällige rechtswidrige Praxis der kantonalen Behörden gebunden, insbesondere, wenn es selber nie entsprechend entschieden hat.*

GR
> - *PVG 1993, 83: Eine widerrechtliche Praxis, die Anrecht auf eine Gleichbehandlung im Unrecht gibt, liegt nicht vor, wenn die angeführten Fälle «grösstenteils nicht vergleichbar» (in casu offenbar gar nicht widerrechtlich) sind.*

e) Gelten in verschiedenen Gemeinden oder Kantonen **gleichlautende** kommunale bzw. kantonale **Erlasse**, so müssen sie nicht gleich gehandhabt werden (BLVGE 1991, 155). **Übergeordnete Erlasse** sollten (müssen aber gemäss bundesgerichtlicher Rechtsprechung nicht, s. unten) jedoch im ganzen Geltungsgebiet gleich ausgelegt werden. Bsp.: Eine Verfügung der Bauverwaltung Winterthur, die sich auf eine Norm der städtischen Bauordnung stützt, die in der Bauordnung der Stadt Zürich ebenfalls enthalten ist, muss nicht mit der Praxis der Stadtzürcher Behörden zu dieser Norm übereinstimmen. Stützt sich die Verfügung aber auf eine Norm des kantonalen Planungs- und Baugesetzes, soll die Praxis des Verwaltungsgerichts oder wenn nötig diejenige unterer Instanzen beachtet werden, sofern nicht sachliche Gründe eine ungleiche Anwendung gebieten (z.B. örtliche Verhältnisse).

Bund
> - *BGE 120 Ib 337: Keine Berufung auf Ungleichbehandlung wegen anderer Anwendung eines Bundesgesetzes in anderen Kantonen.*
> - *BGE 117 Ib 425: Allfälliges rechtswidriges Gewährenlassen von Betrieben in anderen Kantonen beim Vollzug der Umweltschutzgesetzgebung gibt keinen Anspruch auf Gleichbehandlung im Unrecht (betr. Qualifikation von Kabelresten als Sonderabfall).*

ZH
> - *RB 1987, 109: Sind in anderen Gemeinden über gleichartige Sachverhalte dem Gesetz nicht entsprechende Grundsteuer-Veranlagungen getroffen worden, so gibt dies dem Steuerpflichtigen gegenüber jener Gemeinde, die gesetzmässig entscheiden will, keinen Anspruch auf Gleichbehandlung.*

f) Bei **Planungsmassnahmen** hat das Gleichheitsgebot nur eine abgeschwächte Bedeutung. Dies liegt in der Natur der Raumplanung, z.B. bei der

Zonenbildung. Die getroffene Lösung muss aber durch vernünftige planerische Gründe gerechtfertigt sein.

Bund • *BGE 115 Ia 389: Umzonung von der Bauzone in die Reservezone. Ungleichbehandlung mit vergleichbarer Parzelle zulässig wegen schlechterer Erschliessungslage bezüglich Kanalisation, bisheriger teilweiser Zugehörigkeit zu einer Nichtbauzone und besonderer Gründe für eine Einzonung im verglichenen Fall.*

• *BGE 115 Ia 349: Entfernung zu den öffentlichen Verkehrsmitteln als Kriterium bei der Zuteilung eines Grundstücks zur Reservezone.*

ZH • *RB 1985, 140: Bei der Verteilung von Erschliessungskosten ist ein schematisches Vorgehen mit einem verhältnismässig groben Raster zulässig, beispielsweise nach Massstäben wie Anstosslängen, Bautiefen, Ausnützbarkeit von erschlossenen Flächen.*

g) «Ernsthafte Gründe» können auch die Ungleichbehandlung von Angehörigen anderer Gebietskörperschaften (Ausländer, Ausserkantonale, nicht in der Gemeinde wohnende) rechtfertigen (vgl. dazu oben 4.4.1.2).

h) **Praxisänderungen** (vgl. dazu *Eugen Wettstein*, Die Praxisänderung im Verwaltungsrecht, Diss. Zürich 1983) sind zulässig, wenn sie namentlich:

– **qualifiziert begründet** sind

Bund • *BGE 100 Ib 71: Sprechen keine entscheidenden Gründe zugunsten einer Praxisänderung, ist die bisherige Praxis beizubehalten. Gegenüber dem Postulat der Rechtssicherheit lässt sich eine Praxisänderung grundsätzlich nur begründen, wenn die neue Lösung besserer Erkenntnis der ratio legis, veränderten äusseren Verhältnissen oder gewandelten Rechtsanschauungen entspricht.*

• *BGE 107 Ia 235: Willkürliche Verweigerung der Einsicht ins Steuerregister entgegen klarer gesetzlicher Grundlage. Die von der Behörde zur Begründung der Praxisänderung angeführte geänderte Auffassung widerspricht einer hundert Jahre alten, vom Gesetzgeber wiederholt sanktionierten Rechtslage, ist nicht allgemein anerkannt und nicht von verfassungswegen nötig. Die Änderung könnte nur vom Gesetzgeber veranlasst werden.*

• *VPB 1987, 107: Es müssen neue tatsächliche Voraussetzungen oder rechtliche Argumente eine andere Beurteilung rechtfertigen.*

BE • *BVR 1987, 467: Gesetzesänderung als genügender Grund für eine Praxisänderung.*

SZ • *EGV 1987, 39: Praxisänderung betr. Anforderungen an die Erschliessung. Reduktion der nötigen Breite zufolge gewandelter Auffassungen.*

– das Gebot der **Rechtssicherheit** beachten (vgl. den oben zitierten BGE 100 Ib 71).

– **grundsätzlich und ernsthaft** erfolgen

Bund • *BGE 108 Ia 124: Hat die Behörde eine Praxisänderung vorgenommen, ist die neue Praxis sofort und überall anzuwenden.*

ZH • *RB 1984, 178: Die Behörde kann auf Grund gewandelter Ansichten strengere Massstäbe anlegen als früher, doch muss es sich um eine ernsthafte, durchgreifende, für alle gleichartigen Sachverhalte angewandte Neuausrichtung handeln, ansonsten die Rechtsgleichheit verletzt ist.*

– den Grundsatz von **Treu und Glauben** (s. unten 4.4.4) nicht verletzen

Praxisänderungen müssen in der Regel nicht angekündigt werden (AGVE 1991, 285, *Imboden/Rhinow/Krähenmann* Nr. 72 B I e). Gegenbeispiel: BE BVR 1993, 31: Verzögerte Inkraftsetzung einer neuen Praxis betr. Verjährung, um Gelegenheit zur Geltendmachung der nach neuer Praxis verjährenden Forderungen zu geben.

4.4.3 Das Willkürverbot

(Vgl *Schwarzenbach* Tafel 17)

Die in der vorangehenden Ziffer erwähnten Grundsätze betreffen die Gleichbehandlung verschiedener gleichgelagerter Fälle bzw. verschiedener Personen in vergleichbarer Situation. Das Bundesgericht hat den Inhalt von Art. 4 Abs. 1 BV aber dahingehend ausgeweitet, dass er auch gewisse qualifizierte Unzulänglichkeiten einer Verfügung (und staatlichen Handelns überhaupt) verbietet, unabhängig von einem Vergleich mit anderen Fällen. Zu diesem Inhalt der Bestimmung gehört das **Willkürverbot** (*Häfelin/Müller* Rz 426 ff, *Imboden/Rhinow/Krähenmann* Nr. 73). Ob eine Verfügung willkürlich ist, kann vom Richter frei überprüft werden, auch innerhalb des der Behörde vom Gesetz zuerkannten Ermessens; Willkür kann Ermessensmissbrauch oder Ermessensüberschreitung sein. Das Bundesgericht hebt einen Entscheid wegen Willkür nur auf, wenn nicht nur die Begründung, sondern auch das **Ergebnis** willkürlich ist (BGE 117 Ia 139).

Willkür wurde von der Praxis in folgenden Fällen angenommen:

a) **Krasse Verletzung** des **Gesetzes** oder eines **unumstrittenen Rechtsgrundsatzes**

Bund
- *BGE 119 Ia 28: Die Behörden haben die Pflicht, Gerichtsurteile zu vollstrecken. Es ist willkürlich, die Vollstreckung eines Urteils von einer Bedingung abhängig zu machen, die im Urteil nicht vorgesehen ist.*
- *BGE 115 Ia 120: Auslegung gegen den klaren Wortlaut.*
- *BGE 113 Ia 177: Es ist willkürlich, die (zwangsweise!) «Unterbringung» in einer Zelle nicht als Haft anzusehen.*
- *BGE 107 Ia 235: Willkürliche Verweigerung der Einsicht ins Steuerregister entgegen klarer gesetzlicher Grundlage. Die von der Behörde zur Begründung der Praxisänderung angeführte geänderte Auffassung widerspricht einer hundert Jahre alten, vom Gesetzgeber wiederholt sanktionierten Rechtslage, ist nicht allgemein anerkannt und nicht von verfassungswegen nötig. Die Änderung könnte nur vom Gesetzgeber veranlasst werden.*

GR
- *PVG 1982, 80: Die Behörde darf nicht mittels interner Richtlinien im Gesetz nicht vorgesehene, rechtsungleiche Beschränkungen auferlegen. Die Richtlinie, wonach für die Wohnbedürfnisse der landwirtschaftlichen Bevölkerung in Bauten in der Landwirtschaftszone 150 m^2 zu genügen haben, ist deshalb willkürlich.*

ZH
- *RB 1985, 162: Es ist unverhältnismässig und willkürlich, ein zonenkonformes Kino nur deshalb nicht zu bewilligen, weil dort allenfalls auch Sexfilme gezeigt werden könnten.*

b) Gesetzesmissachtung mit **«stossendem Ergebnis»**, das dem Gerechtigkeitsgedanken krass widerspricht

Bund
- *BGE 107 Ia 202: Willkürliche Verweigerung einer Entschädigung für die Anwaltskosten, nachdem ein Rentenanspruch über mehrere Instanzen mühsam erstritten werden musste und diese Rente während rund zweier Jahre für die Zahlung der Anwaltskosten hätte verwendet werden müssen.*

BE
- *BVR 1986, 223: Krass sachwidrige Kostenverteilung, 100 % höher als angemessen.*

GR
- *RPR 1987/88, 92: Keine Willkür bei der Verweigerung der Arbeitsbewilligung für einen Ausländer, der auf den Verdienst angewiesen*

ist, um zur Unterstützung und zeitweisen Pflege seiner todkranken Ehefrau hier verbleiben zu können.

Den für nicht willkürlich befundenen Entscheid empfindet der Autor nach wie vor als «kleinlich»; jedenfalls wäre auch die gegenteilige Lösung nicht willkürlich gewesen.

c) Missachtung tragender Gedanken oder von **Sinn und Geist eines Gesetzes** (Beispiel: Eine an sich im Kindesrecht vorgeschriebene Massnahme läuft im konkreten Fall dem Wohl des Kindes krass zuwider).

Bund
- *BGE 116 Ia 426: Die Auslegung des Begriffs «Einkaufszentrum» nach Kriterien, die ohne weiteres ändern können (Art der Betriebe), ist willkürlich.*
- *BGE 115 Ia 114 und 363: Die faktische Abänderung der Zonenvorschriften durch Ästhetikauflagen ist willkürlich. Abschwächend BGE 115 Ia 377, wonach nur eine **generelle** (d.h. «für ein ganzes Quartier oder Baugeviert» geltende) Ausserkraftsetzung der Zonenordnung unzulässig ist.*

  Die «Wahrheit» dürfte m.E. etwa in der Mitte liegen bzw. (wie es das Bundesgericht auch getan hat) anhand der Umstände des Einzelfalls zu finden sein.

GR
- *RPR 1991/1992, 99: Willkürliche Zonengrenze, die auf Grund eines Zeichnungsfehlers so gelegt wurde, dass zwischen der Bauzone und einem Strässchen ein Streifen Landwirtschaftszone verblieb.*

  Man fragt sich, warum es zur Korrektur dieses Irrtums eines Rekursentscheids der Regierung bedurfte.

d) In sich oder mit zusammenhängendem behördlichem Handeln **widersprüchliche** Verfügungen

Bund
- *BGE 116 Ib 117: Das Bundesgericht hatte sich hier nicht zur Frage der Willkür zu äussern, doch wäre diese zweifelsohne zu bejahen: Verweigerung einer Jahresaufenthaltsbewilligung aus Gründen eines angeblich überwiegenden Fernhalteinteressens, aber gleichzeitig erneute Zulassung als Saisonnier.*
- *BGE 113 II 394: Entscheid, der die (geschuldete) Entschädigung eines Vertreters vom Verzicht (durch den Bevormundeten!) auf Verantwortlichkeitsansprüche gegen den Vormund abhängig macht, ist «choquante» und willkürlich.*
- *BGE 110 Ia 94: Der Einbezug von Waldfläche bei der Berechnung der AZ ist planerisch widersprüchlich und insofern willkürlich.*

- *BGE 106 Ia 338: Verstoss gegen Art. 4 BV, wenn in den Erwägungen ein bestimmtes gemäss Gesetz beim fraglichen Entscheid zu wählendesVorgehen beschrieben wird, die weitere Begründung des Entscheides aber zeigt, dass eben gerade nicht dieses Vorgehen befolgt wurde.*

e) **Uneinheitliche Rechtsanwendung,** z.B. Ermessensausübung oder Gesetzesauslegung ohne konstante Praxis oder besondere Begründung

Bund • *BGE 117 Ia 135: Auslegung eines Begriffs entgegen herrschender Lehre und Praxis ohne Begründung.*

f) Klarer **Widerspruch zur tatsächlichen Situation**

Willkür ist ein rein objektiver Tatbestand, der sich aus der Analyse des Ergebnisses der Verfügung ergibt und hat **nichts mit dem Motiv der Behörde zu tun.** Es kann also auch ein Entscheid willkürlich sein, der in den besten Absichten getroffen wurde, sich aber im Ergebnis als wie oben beschrieben qualifiziert fehlerhaft erweist. Andererseits muss nicht jeder Entscheid, den die Behörde aus persönlichen, unlauteren oder sonst sachwidrigen Motiven getroffen hat, im Rechtssinne willkürlich sein. (Natürlich wäre solches Verhalten aber auf Grund des Gebots von Treu und Glauben, der strafrechtlichen Amtsmissbrauchstatbestände etc. widerrechtlich.)

Auch ein Entscheid zugunsten eines Bürgers kann willkürlich sein (BGE 113 Ia 332).

Willkür kann zu Schadenersatzfolgen führen (BGE 112 II 231).

4.4.4 Treu und Glauben

(Vgl. *Imboden/Rhinow/Krähenmann* Nr. 79 ff, *Häfelin/Müller* § 11 sowie *B. Weber-Dürler,* Vertrauensschutz im öffentlichen Recht, Basel 1983, *Schwarzenbach* Tafel 15)

Nach Bundesgericht ist der (in der Bundesverfassung nicht ausdrücklich enthaltene) Grundsatz von Treu und Glauben ein elementares Prinzip der gesamten Rechtsordnung, **ein «Leitstern der Gesetzesanwendung».** Der Grundsatz gilt sowohl für die Behörde wie auch für den Bürger. Er ist ein Gebot redlichen, vertrauenswürdigen und rücksichtsvollen Verhaltens und für die Behörden in verschiedener Hinsicht von Bedeutung. Ob ein Verstoss gegen Treu und Glauben vorliegt, wird nach **objektiven Massstäben** bestimmt. Eine Verfügung kann also auch Treu und Glauben widersprechen, **ohne dass die Behörde ein Verschulden** trifft.

Der Vertrauensschutz ist aber kein allgemeiner, vielmehr muss eine der von der Rechtsprechung definierten Situationen gegeben sein, damit sich ein Betroffener auf ihn berufen kann.

Bund • *ZBl 1991, 23: Mangels vertrauensbegründenden behördlichen Verhaltens kein Schutz des guten Glaubens eines Grundstückkäufers in die Rechtmässigkeit einer noch vom Verkäufer vorgenommenen Rodung.*

4.4.4.1 Bei der Auslegung

Bei der Gesetzesauslegung ist der Grundsatz von Treu und Glauben zu beachten. Ist eine Norm missverständlich, kann ausnahmsweise ihre Anwendung gemäss dem vom Betroffenen in guten Treuen verstandenen Sinn geboten sein, auch wenn der Gesetzgeber eine andere Lösung wollte. Von verschiedenen möglichen Auslegungsvarianten ist diejenige zu wählen, welche kein erwecktes Vertrauen verletzt.

GR • *PVG 1992, 37: Vorschriften sind so auszulegen, wie sie vernünftigerweise vom Rechtsuchenden verstanden werden dürfen.*

4.4.4.2 Schutz- und Aufklärungspflicht

Die Behörde hat eine Schutz- und Aufklärungspflicht. Sie darf sich Unwissenheit oder Irrtum des Betroffenen nicht zunutze machen, sondern muss ihn über seine Rechte aufklären.

Bund • *BGE 119 Ia 19: Bei unklarem Verfahrenslauf soll die Behörde den Betroffenen frühzeitig über das geplante Vorgehen informieren. Verletzung dieser Pflicht in casu verneint, weil die Behörde selbst im Zweifel und der Betroffene anwaltlich vertreten war.*

• *BGE 119 Ia 10: Trägt die Praxis der Behörde die Gefahr eines Rechtsverlusts in sich, trifft diese eine Aufklärungspflicht.*

• *BGE 114 Ia 20: Die Behörde, bei der eine nicht unterzeichnete Eingabe eintrifft, hat den Verfasser auf den Fehler aufmerksam zu machen, wenn dieser sofort erkennbar ist und die Zeit zur Verbesserung noch ausreicht.*

BE • *BVR 1991, 210: Kein Vertrauensschutz bei (nachteiliger) falscher Steuererklärung durch einen des Steuerrechts kundigen Angestellten einer Treuhandgesellschaft.*

SZ • *EGV 1989, 70: Organisatorische Schwächen und interne Kompetenzüberschreitungen sind von der Behörde zu verteten. Vertrauensschutz in eine Kostengutsprache wegen mangelnder Beratung und Aufklärung des hilfebedürftigen Betroffenen gewährt.*

ZH • *RB 1994, 255: Die Gebäudeversicherung hat den Versicherten bei der Gebäudeschätzung auf allenfalls verwendete minderwertige Baustoffe hinzuweisen. Versichert sie das Gebäude ohne einen solchen Hinweis und bringt den Einwand erst im Schadenfall vor, verletzt sie das Verbot widersprüchlichen Verhaltens.*

• *RB 1985, 89: Sendet der Vertreter eine Verfügung unter Niederlegung des Mandats und mit der Bitte um direkte Zustellung an die Behörde zurück, hat die Behörde nach Treu und Glauben entweder diesem Begehren zu entsprechen oder dem Pflichtigen die Ablehnung mitzuteilen.*

4.4.4.3 Bindung an Auskünfte und anderes vertrauenerweckendes Verhalten

(Vgl. *B. Weber-Dürler,* Falsche Auskünfte von Behörden, in ZBl 1991, 1 ff)

Eine (selbst unrichtige) Auskunft oder Zusicherung der Behörde kann für diese dann verbindlich sein, wenn kumulativ folgende Voraussetzungen erfüllt sind (vgl. BGE 115 Ia 18, 116 V 298):

a) Die Auskunft ist in einer **konkreten Angelegenheit** an **bestimmte Personen** erteilt worden.

ZH • *RB 1984, 80: Es ist zweifelhaft, ob die Wegleitung zur Steuererklärung einen Anspruch auf Vertrauensschutz begründen kann.*

b) Sie muss zur Vertrauensbegründung **«geeignet»** sein, d. h. sie muss vorbehaltlos (VPB 1992, 296, VPB 1994, 364) sein, sich an den Betroffenen selber richten (BGE 109 V 55: nicht der Fall bei Merkblättern etc, Gegenbeispiel: BGE 111 V 65 betr. Broschüre) und eine konkrete (AGVE 1990, 170), ihn berührende Angelegenheit betreffen. Sie kann mündlich, schriftlich oder als konkludentes Handeln erfolgen.

FR • *BR 1991 Nr. 142: Vertrauen eines Verfügungsadressaten geschützt in die unrichtige Auskunft der verfügenden Behörde über eine gesetzliche Rechtsmittelfrist.*

ZH • *RB 1992, 123: Wenn (wie meist im Baurecht) die Einholung von verbindlichen Vorentscheiden möglich ist, sind in anderer Form erteilte Auskünfte in der Regel nicht verbindlich.*

- *RB 1983, 96: Vertrauen des Erwerbers einer Liegenschaft in eine dem Veräusserer erteilte Auskunft, wonach keine Grundstückgewinnsteuer geschuldet sei, geschützt, weil dem auskunftgebenden Beamten klar sein musste, dass die Auskunft in erster Linie zu Handen des Erwerbers verlangt wurde. Unzulässigkeit einer Pfandbelastung des erworbenen Grundstücks.*

c) Der Betroffene muss **gutgläubig** sein, was u.a. dann nicht der Fall ist, wenn er die Unrichtigkeit der Auskunft ohne weiteres hätte erkennen können, oder wenn die Behörde Vorbehalte anbrachte.

Bund
- *BGE 116 Ib 145: Fristansetzung zur Akteneinsicht berechtigt nicht zur Annahme, damit sei auch die Einsprachefrist verlängert.*

NW
- *NGVP 1988-1992, 28: Der Bürger darf sich in der Regel darauf verlassen, dass die Behörden die Vorschriften einhalten und z.B. ein Baugesuch korrekt überprüfen. Ist dies (zu seinen Gunsten) nicht der Fall, kann daraus nicht ohne weiteres auf Bösgläubigkeit geschlossen werden.*

d) Der Betroffene muss in guten Treuen annehmen können, die Behörde sei zur Erteilung der Auskunft **zuständig**.

Bund
- *BGE 114 Ia 214: Vertrauensschutz gewährt in den Vorentscheid einer zum Hauptentscheid nicht zuständigen unteren Behörde, weil der zweite (das Vertrauen verletzende) Entscheid der oberen (zuständigen) Behörde auf Antrag und ausschliesslich unter Übernahme der Begründung der unteren Instanz erfolgte.*
- *BR 1/94 Nr. 10: Die Bewilligung einer Gemeinde für ein Bauvorhaben ausserhalb der Bauzone ohne vorherige kantonale Zustimmung ist nichtig. Die Abbruchverfügung verstösst nicht gegen Treu und Glauben, weil das Erfordernis einer kantonalen Zustimmung seit zehn Jahren existiert und eine breite Publizität erfahren hat.*

BE
- *BVR 1986, 187: Kein Vertrauensschutz, weil die betroffene Firma die Behördenpraxis zur Zuständigkeit und den Voraussetzungen einer Bewilligungserteilung kannte.*

GR
- *PVG 1988, 203: Kein Vertrauensschutz bezüglich der Auskunft des Wassermeisters über die (von der Kollegialbehörde festzulegende) Höhe des Wasserzinses.*
- *RPR 1987/1988, 125: Der Gemeindevorstand kann keine verbindliche Zusicherung über den Verbleib in der Bauzone abgeben, weil für deren Erlass und Änderung (bekanntermassen) die Gemeindeversammlung zuständig ist.*

4.4

- *RPR 1985/1986, 61: Vertrauensschutz gewährt in die Auskunft eines (unzuständigen) Schuldirektors betr. Möglichkeit der Einschulung in seiner Schule.*

OW
- *VVGE 1991 und 1992, 4: Vertrauensschutz trotz Nichtzuständigkeit gewährt, weil die verbindlich gemeinte Auskunftserteilung durch die unzuständige Behörde einer konstanten Praxis entsprach.*

SZ
- *EGV 1994, 150: Kein Vertrauensschutz bei Zusicherung der Aufbesserung einer Note durch den Chefexperten, wenn für die Benotung nicht er allein zuständig ist.*

ZH
- *RB 1987, 107: Kein Schutz in das Vertrauen auf die unrichtige Auskunft eines kantonalen Steuerbeamten über eine Gemeindesteuer.*

- *RB 1986, 141: Die für die Erteilung einer Landanlagekonzession zuständige (kantonale) Behörde kann nicht die Zulässigkeit der Erstellung von Bauten auf dem gewonnenen Land zusichern; dafür ist die kommunale Baubewilligungsbehörde zuständig.*

- *RB 1981, 86: Vertrauensschutz gewährt in die vorbehaltlos erteilte Auskunft eines für die Einschätzung selbst nicht zuständigen, aber mit mannigfaltigen Funktionen im Veranlagungsverfahren ausgestatteten Gemeindesteuersekretärs.*

e) Der Betroffene hat eine ihm nachteilige, nicht ohne Schaden rückgängig zu machende **Disposition** getroffen, für welche die Auskunft **kausal** war.

Bund
- *BGE 107 Ia 193: Bindung einer kantonalen Pensionskasse an ihre falsche Auskunft über die Höhe einer Rente, nachdem der Berechtigte gestützt darauf seine Erwerbstätigkeit vorzeitig beendet hatte.*

GR
- *RPR 1985/1986, 61: Vertrauensschutz gewährt, nachdem der Betroffene zufolge der Auskunft seinen Wohnort nicht wechselte und eine Offerte für sein Haus, die 10–15% über dem Verkehrswert lag, ausschlug.*

SG
- *GVP 1989, 2: Kein Vertrauensschutz u.a. weil der Betroffene die Dispositionen sowieso getroffen hätte.*

Das Vorliegen der genannten Voraussetzungen ist vom Betroffenen zu beweisen.

AR
- *GVP 1988, 75: Wenn eine behauptete Auskunft dem Gesetz klar widerspricht, sind strenge Anforderungen an den Nachweis zu stellen.*

Auch **anderes vertrauenerweckendes Verhalten** kann unter den genannten Voraussetzungen den Schutz des Betroffenen in seinem Vertrauen nach sich ziehen.

Bund
- *BGE 116 Ib 398: Keine Verwirkung von Ansprüchen aus Enteignung wegen verspäteter Anmeldung, währenddem der Enteigner über die betroffenen Grundstücke Verträge mit dem Betroffenen abschliesst und somit über dessen Rechte an den Grundstücken Bescheid weiss.*

- *BGE 108 Ib 378: Vertrauensschutz gewährt in die (wegen fehlender Voraussetzungen für eine Rodungsbewilligung an sich nicht gegebene) Überbaubarkeit einer Parzelle zufolge diverser Zusicherungen und anderer vertrauenserweckender Umstände.*

- *BGE 103 Ia 514: Eigentliche widerrechtliche Abgabevergünstigungsverträge sind ungültig, ev. sogar nichtig. Hingegen kann der Vertrauensgrundsatz die Bindung an eine an sich widerrechtliche Gebührenvereinbarung gebieten, die im Rahmen eines grösseren Vertragswerks abgeschlossen wurde, von der beide Parteien annahmen, sie sei rechtlich zulässig und die Bestandteil der Standortwahl eines Unternehmens war.*

- *VPB 1994, 303: Ausnahmsweise Verlängerung der Beschwerdefrist zugunsten eines Nichtjuristen, nachdem die Behörde durch Fortsetzung eines Briefwechsels den Eindruck erweckt hatte, die Frist laufe noch.*

- *ZBl 1984, 127: Eine auf Grund fehlerhafter Pläne erteilte Baubewilligung kann, wenn der Mangel für die Behörde erkennbar war, nur unter den für den Widerruf geltenden Voraussetzungen aufgehoben werden.*

AG
- *ZBl 1986, 137: Verbindlichkeit eines durch die unzuständige Instanz abgeschlossenen Vertrags.*

GR
- *PVG 1992, 39: Im Vertrauen auf falsche Grundbuchvermessung zu nah an der Grenze erstelltes Gebäude als ausserordentliche Situation, welche die Erteilung einer Ausnahmebewilligung für eine Erweiterung rechtfertigt.*

4.4.4.4 Verbot widerspruchsvollen Verhaltens

Bund
- *BGE 111 V 87: Laut diesem Entscheid sollen zwei widersprüchliche Verfügungen verschiedener Behörden nicht gegen das Verbot*

widersprüchlichen Verhaltens verstossen, weil dieses nur greife, wenn das widersprüchliche Verhalten von ein und derselben Behörde ausgehe.
M.E. eine für den Betroffenen unzumutbare und auch unrichtige Ansicht: Das Gebot des Handelns nach Treu und Glauben gilt für den Staat und nicht für einzelne Behörden, und es ist Aufgabe der Ämter, sich zu koordinieren; so auch *Weber-Dürler,* 106, BGE 101 Ia 120, AGVE 1987, 437. In casu wäre das Ergebnis aber gleich geblieben, weil der fragliche Begriff im Rechtsgebiet der einen Behörde anders ausgelegt werden kann als im Bereich der andern.

- *BGE 106 Ia 161: Die Fällung eines Entscheides vor Eingang einer bereits veranlassten Expertise ist nur dann zulässig, wenn die Expertise auf Grund vertiefter Überlegung der Behörde, wegen inzwischen eingegangenen anderen Beweisen oder neuen Gerichtsentscheiden etc. als überflüssig erscheint. Trifft dies aber zu, kann die Behörde auch auf die Abnahme eines bereits angeordneten Beweismittels verzichten ohne gegen das Verbot widersprüchlichen Verhaltens zu verstossen.*

- *BGE 89 I 435: Erteilung einer Baubewilligung unter der aufschiebenden Bedingung, dass für das bestehende Gebäude eine Abbruchbewilligung erteilt wird. Verweigerung derselben auf Grund eines nach Erteilung der Baubewilligung erlassenen Gesetzes. Es liegt kein Widerruf und kein willkürliches widersprüchliches Verhalten der Behörde vor. Unter Berücksichtigung der Gebote von Treu und Glauben und der Rechtssicherheit kann die Behörde während hängiger Bedingung deren Nichterfüllung feststellen.*

BE
- *BVR 1985, 161: Die Gemeinde kann im Rechtsmittelverfahren nicht einwenden, eine Ausgabe sei gebunden, nachdem sie sie vorher ausdrücklich dem nur für neue Ausgaben vorgesehenen fakultativen Finanzreferendum unterstellt hat.*

GR
- *PVG 1990, 51: Eine Abbruchverfügung verstösst gegen Treu und Glauben, wenn die Behörde den Bau «bewusst geduldet», nicht aber, wenn sie sich «bloss nicht um die Entstehung der rechtswidrigen Baute gekümmert» hat.*

- *PVG 1988, 143: Verwendet das Gesetz (oder die Behördenpraxis) im Steuerrecht die wirtschaftliche Betrachtungsweise, so hat dies auch dann zu geschehen, wenn es sich zugunsten des Steuerpflichtigen auswirkt.*

ZH
- *RB 1994, 255: Die Gebäudeversicherung hat den Versicherten bei der Gebäudeschätzung auf allenfalls verwendete minderwertige*

Baustoffe hinzuweisen. Versichert sie das Gebäude ohne einen solchen Hinweis und bringt den Einwand erst im Schadenfall vor, verletzt sie das Verbot widersprüchlichen Verhaltens.

4.4.4.5 Das Verbot des Rechtsmissbrauchs

Das Verbot des Rechtsmissbrauchs ist vor allem aus dem Zivilrecht bekannt, **gilt** aber **auch im öffentlichen Recht sowohl für die Behörde wie auch für den Verfügungsadressaten.** Für die verfügende Behörde besagt es namentlich, dass zur Erreichung eines Ziels nicht verfügt werden darf gestützt auf eine Rechtsnorm, die gar nicht dieses Ziel erreichen will (z.B. Verweigerung einer Baubewilligung gestützt auf einen «Ästhetikparagraphen» weil die Behörde der Ansicht ist, das Grundstück sollte besser anders genutzt werden als es der Bauherr will). Das Rechtsmissbrauchsverbot gibt aber auch der Behörde die Möglichkeit, gewisse Machenschaften der Bürger zu unterbinden, bzw. nicht zu beachten, z.B. Steuerumgehung, Erschleichen von Leistungen, Missbrauch von Verfahrensrechten etc.

Bund
- *BGE 107 Ia 114: Es ist nicht willkürlich, den Betrieb eines Nachtclubs unter extensiver Auslegung oder analoger Anwendung des Wirtschaftsgesetzes der Bewilligungspflicht zu unterwerfen, wenn der Betreiber den Gästen weitgehend die Annehmlichkeiten eines Nachtlokals bietet, aber sein Verhalten so einrichtet, dass der gesetzliche Tatbestand (eines bewilligungspflichtigen Lokals) nicht erfüllt, aber das wirtschaftliche Ziel doch erreicht wird.*

- *ZBl 1995, 182: Während einer Bausperre werden Baugesuche in der Regel nach neuem Recht beurteilt, ausser die Behörde habe ein vor Erlass derselben eingereichtes Baugesuch in unzulässiger Weise verschleppt.*

GR
- *RPR 1989/90, 35: Rechtsmissbräuchliches Verhalten eines Grundeigentümers, der ständig Massnahmen gegen den Schiesslärm verlangt, dann aber gegen eine Schallschutzmauer Einsprache erhebt.*

SZ
- *EGV 1986, 125: Jahrelang verspätetes Geltendmachen von Mängeln einer Verfügung unter Berufung auf Nichtigkeit, obwohl diese Mängel vorher nie gerügt wurden, als Rechtsmissbrauch.*

ZH
- *RB 1994, 207: Auch wenn keine gesetzlichen Fristen bestehen, kann ein Revisionsgesuch nicht beliebig lange nach dem Entscheid gestellt werden. Der Grundsatz von Treu und Glauben kann es verbieten, Umstände vorzubringen, die schon mehrere Jahre zurückliegen.*

4.4.4.6 Schranken

Auch wenn die Voraussetzungen für den Vertrauensschutz an sich gegeben sind, hat eine **Interessenabwägung** stattzufinden (BGE 116 Ib 187), und es kann und muss unter bestimmten Umständen gegen das erweckte Vertrauen verfügt werden:

a) Hat seit der Auskunftserteilung das **Gesetz geändert**, muss die Behörde auch gegen erwecktes Vertrauen nach dem neuen Gesetz entscheiden, es sei denn, das alte Gesetz selber habe das Vertrauen erweckt.

Bund
- *BGE 118 Ia 253: Eine behördliche Auskunft steht immer unter dem Vorbehalt einer allfälligen späteren Rechtsänderung. Die Anrechnung von weniger Dienstjahren als in einer Auskunft zugesagt ist gestützt auf eine seither geänderte Besoldungsordnung zulässig.*
- *BGE 117 Ia 418: Neuer Quartierplan nach Erlass eines neuen Erschliessungsplans. Dieser gilt als Rechtsänderung.*

SG
- *GVP 1991, 128: Vertrauen trotz seitheriger Rechtsänderung geschützt, da diese bei Auskunftserteilung unmittelbar bevorgestanden hatte und keine öffentlichen Interessen entgegenstanden.*

b) Die **Rechte unbeteiligter Dritter** (z.B. Rechtsmittelberechtigter im Baubewilligungsverfahren) gehen dem Vertrauensschutz in der Regel vor (BE BVR 1986, 82).

c) Das **öffentliche Interesse** kann den Anspruch auf Vertrauensschutz überwiegen.

Bund
- *VPB 1991, 283: Militärdienstpflicht entgegen falscher Auskunft eines Schweizer Konsuls.*

BE
- *BVR 1991, 506: Vertrauensschutz gewährt trotz erheblicher Beeinträchtigung öffentlicher und privater (der Rechtsmittelberechtigten) Interessen in eine Auskunft, es sei kein Bewilligungsverfahren nötig.*

d) Das kantonale Recht kann den Vertrauensschutz für bestimmte Bereiche «**schematisieren**» und damit unter besonderen Umständen die Bindungswirkung von Auskünften abschwächen.

Bund
- *BGE 117 Ia 289: Zulässigkeit einer kantonalen Regelung, wonach Vorentscheide nur unter Vorbehalt der Rechte Dritter bindend sind, sofern diesen nicht eine Einsprachemöglichkeit gewährt wird. Die Behörde sollte bei Erlass des Vorentscheids auf diesen Umstand hinweisen.*

e) **Zeitablauf** kann den Vertrauensschutz erlöschen lassen, namentlich wenn sich die massgeblichen Umstände seither geändert haben.

Bund
- *BGE 119 Ib 145: Berufung auf eine Zusicherung betr. Überbaubarkeit nach fünfzehn Jahren nicht mehr möglich.*
- *BGE 116 Ib 188: Die Neufestlegung einer Waldgrenze entgegen einem vor 14 Jahren bewilligten Quartierplan und der in diesem Zusammenhang vom Oberförster erteilten Zusicherung ist (insbesondere auch in Anbetracht des vom Bundesgericht verwendeten dynamischen Waldbegriffs) zulässig.*

f) Unter bestimmten Voraussetzungen kann die **Duldung eines rechtswidrigen Zustands oder Tuns** die spätere Wiederherstellung der Rechtmässigkeit hindern, z.B. wenn die Baubehörden in voller Kenntnis eine Bauerrichtung dulden und erst nachher den Abbruch verfügen wollen.

BE
- *BVR 1988, 204: Unzulässiger Befehl zur Wegräumung einer rechtswidrig gewordenen, aber auch danach noch jahrelang geduldeten Reklame kurz nach ihrer Renovierung.*

OW
- *VVGE 1987 und 1988, 152: Die blosse Duldung eines rechtswidrigen Schiffstegs während 20 Jahren gibt keinen Anspruch auf Beibehaltung.*

g) Der Vertrauensschutz bleibt demjenigen vorbehalten, der sich seinerseits nach Treu und Glauben verhalten hat.

GR
- *PVG 1987, 81: Wer eine Bewilligung durch falsche Angaben erwirkt hat, kann sich gegen deren Widerruf nicht auf Treu und Glauben berufen.*

  Ein Entscheid, der die Behörde nicht dazu verleiten soll, treuwidriges Verhalten ebenso zu entgegnen!

Bei **gerechtfertigter** Verweigerung des Vertrauensschutzes kann ein Anspruch des Betroffenen auf **Schadenersatz** entstehen (BGE 113 Ia 332), auch wenn sich die Behörde korrekt verhalten hat (AGVE 1991, 132).

Die beschriebenen, von der Rechtsprechung entwickelten Grundsätze stellen Leitlinien dar, welche von der Rechtsprechung laufend präzisiert und ergänzt werden und im Einzelfall von der Behörde im Rahmen einer Interessenabwägung zu gewichten sind. In der Praxis ist in solchen Fällen zu empfehlen, sich mit den Betroffenen an einen Tisch zu setzen, die Angelegenheit sachlich und ohne gegenseitigen Groll zu analysieren und dann eine Lösung zu finden, die soweit möglich im gesetzlichen Rahmen bleibt und andererseits den Schaden beim Auskunftsempfänger grossteils behebt. Um sich nicht dem Vorwurf eines «Kuhhandels» auszusetzen, tut die Behörde gut daran, auch die Interessen Dritter und des Steuerzahlers zu berücksichtigen und allenfalls die übergeordnete Behörde miteinzubeziehen.

4.4.5 Exkurs: Wohlerworbene Rechte

So werden Rechte bezeichnet, die auch bei Rechtsänderungen Bestand haben sollen.

4.4.5.1 Voraussetzungen

Wohlerworbene Rechte des Bürgers gegenüber dem Gemeinwesen entstehen (*Häfelin/Müller* Rz 815) in folgenden Fällen:

- Rechte aus **vertraglichen Vereinbarungen,** namentlich Konzessionen (*Häfelin/Müller* Rz 2010, BGE 113 Ia 360 betr. die Aufhebung von Gräbern)
- Rechte aus **«unvordenklicher Zeit»,** sog. ehehafte Rechte (BGE 109 Ib 276 und GR PVG 1986, 103 betr. ehehafte Wasserrechte). Es handelt sich dabei in der Regel um Rechte, die heute mittels Konzession vergeben werden oder gar nicht mehr begründet werden können (z.B. ehehafte Tavernenrechte, Eigentum an einzelnen Bäumen etc.) und deren Weiterbestand bei Erlass der neuen Gesetzgebung garantiert wurde.
- Rechte, die das Gesetz selbst als «unentziehbar» oder «unabänderlich» gewährt.

Bund
- *BGE 100 Ia 318, ZH RB 1981, 53: Besoldungsansprüche von Beamten sind in der Regel keine wohlerworbenen Rechte; sie werden durch die jeweilige Gesetzgebung bestimmt, ausser das Gesetz selber gewähre die Ansprüche als unentziehbar und unabänderlich (BGE 118 Ia 256) oder es seien individuelle Zusicherungen abgegeben worden.*

- *BGE 108 V 119: Die 9. AHV-Revision darf auch auf bestehende Rentenverhältnisse angewendet werden, woraus in casu eine Rückstufung von einer Vollrente zu einer Teilrente resultierte. Die Einstufung als Vollrentner begründet mangels entsprechender gesetzlicher Zusicherung kein wohlerworbenes Recht, das der Anwendung neuen Rechts entgegenstünde.*

- *BGE 107 Ib 140: Kraft ausdrücklicher gesetzlicher Bestimmung vor Gesetzesänderungen geschützte Wasserrechte.*

- *BGE 106 Ia 163: Zulässigkeit der Auslegung dass die Sätze «Die Behördenmitglieder leisten dem Staat Beiträge. Ihre Ansprüche aus der Pensionsordnung gelten als wohlerworbene Rechte.» nur den Pensionsanspruch als solchen vor Gesetzesänderungen schützen, nicht aber die Höhe der Leistungen.*

Kein wohlerworbenes Recht besteht beispielsweise auf die **Wiedererteilung oder Weitergeltung einer Polizeibewilligung,** auch wenn die massgeblichen Verhältnisse nicht geändert haben, d.h. die Behörde kann ohne Berücksichtigung der privaten Interessen an der «Aufrechterhaltung» auf Grund einer Praxisänderung die Wiedererteilung verweigern

Bund
- *BGE 108 Ia 139: Bei der Erteilung von Taxibewilligungen ist den Bisherigen eine angemessene Amortisationsdauer für ihre Investitionen zuzugestehen.*

- *BGE 106 Ib 255: Kollektivfahrzeugausweise sind zu entziehen, wenn die Voraussetzungen zu deren Erteilung nicht mehr gegeben sind. Dies kann auch bei Einführung einer strengeren Praxis der Fall sein. Da die Bewilligungserteilung keine wohlerworbenen Rechte begründet und dem Widerruf keine besonderen Gründe oder überwiegenden Interessen entgegenstehen, darf eine solche Praxisänderung auch gegenüber den bestehenden Bewilligungsinhabern angewendet werden ohne dass sich in den tatsächlichen Verhältnissen etwas geändert hat.*

FR
- *BR 1990/3 Nr. 87: Die Verweigerung der (gemäss Art. 177 des Freiburger Planungs- und Baugesetzes im Ermessen der Behörde stehenden) Verlängerung einer noch nicht benützten Baubewilligung ist nur zulässig, wenn inzwischen das Recht oder wichtige tatsächliche Verhältnisse geändert haben. Eine Änderung in den «psychologischen» Bedingungen (gewandelte Auffassungen zufolge inzwischen eingetretener Ereignisse) genügt nicht.*

ZH
- *RB 1990, 59 betr. Waffentragschein.*

Dasselbe gilt für ein zweites Bewilligungsgesuch nach unbenutztem Ablauf einer ersten gewährten Bewilligung (ZH RB 1988, 139).

Einzelne spezielle Regelungen haben eigene Definitionen des Begriffs des wohlerworbenen Rechts, vgl. z.B. BGE 117 V 226 und 229 betr. Art. 91 BVG und 331b Abs. 1 OR.

4.4.5.2 Rechtswirkungen

«Eingriffe in wohlerworbene Rechte können sowohl das Prinzip des **Vertrauensschutzes** wie die **Eigentumsgarantie** verletzen. Je nachdem, ob beim betreffenden wohlerworbenen Recht die sachenrechtliche Fixierung oder die vertrauensbildende Beziehung zwischen Bürger und Staat im Vordergrund steht, ist entweder primär die Eigentumsgarantie oder eher das Prinzip des Vertrauensschutzes als Anknüpfungspunkt zu behandeln ...» (BGE 118 Ia 255). Das bedeutet, dass in solche Rechte nur unter den für die Einschränkung dieser Grundrechte geltenden Voraussetzungen eingegriffen werden darf, und der Betroffene in der Regel zu entschädigen ist.

Erläuterungen und Beispiele zu den wohlerworbenen Rechten sind somit unter «Treu und Glauben» (s. oben 4.4.4) oder unter «Eigentumsgarantie» (s. unten 4.4.9) zu finden. Einzelne Entscheide treffen keine Unterscheidung oder stützen sich ohne nähere Differenzierung auf beide Grundsätze und werden deshalb hier aufgeführt:

Bund
- *BGE 117 Ia 39: Wenn gar keine öffentlichen Interessen an der Beschränkung ehehafter Weiderechte ersichtlich sind, ist sie unzulässig.*

- *BGE 113 Ib 327: Aufhebung eines Wegrechts über ein Bahngeleise durch die SBB aus polizeilichen Gründen zulässig, aber der «polizeilichen Sofortmassnahme» (Verbot der Benützung) hat auf gütlichem oder Enteignungsweg eine Aufhebung des Wegrechts gegen Entschädigung zu folgen.*

ZG
- *GVP 1985/86, 204: Der Schutz der Eigentumsgarantie bezieht sich nur auf den Kerngehalt des wohlerworbenen Rechts (im Falle einer Grabkonzession: das Recht, Familienangehörige in einem Familiengrab beizusetzen), nicht auf ein «marginales Akzessorium» wie das Recht, die Konzession auf Dritte zu übertragen. Dieses kann daher durch eine Rechtsänderung entschädigungslos aufgehoben werden.*

4.4.6 Das öffentliche Interesse

Der Grundsatz, dass die Behörden «im öffentlichen Interesse» zu handeln haben, lässt sich wie folgt konkretisieren:

a) **Einschränkungen verfassungsmässiger Rechte** dürfen nur bei Vorliegen eines positiven öffentlichen Interessens erfolgen, das blosse Fehlen entgegenstehender öffentlicher Interessen genügt nicht (BGE 37 I 524, 98 Ia

401). Hier liegt die Hauptbedeutung des Grundsatzes, weshalb er unten 4.5.2 ausführlich dargestellt wird.

b) Dasselbe Erfordernis muss gelten beim **Aufbau der Strukturen der öffentlichen Verwaltung**, dem Erteilen von Befugnissen und Zuständigkeiten etc.

c) Auf der Stufe der **Verfügung** und im Alltag des Beamten hingegen sind **Tätigkeiten im Interesse von Privaten durchaus zulässig und üblich**. Hier geht es darum, diese und die öffentlichen Interessen in Einklang zu bringen oder, wo dies nicht möglich ist, gegeneinander abzuwägen. So erfolgt z.B. die Tätigkeit der Behörde im einzelnen Baubewilligungsverfahren auf Antrag und im Interesse des Gesuchstellers. Auch ist gegen kleine Gefälligkeiten und Dienstleistungen an Private (z.B. Aushängen einer Anzeige in einer öffentlichen Bibliothek) nichts einzuwenden, solange die übrigen Grundsätze staatlichen Handelns, insbesondere das Gleichbehandlungsgebot, beachtet werden. Selbstverständlich sind kostendeckende Gebühren einzufordern. Es ist deshalb m.E. unrichtig, zu verlangen, es dürfe «mangels eines öffentlichen Interessens z.B. ... keine Ausnahmebewilligung erteilt werden» (*Imboden/Rhinow* Nr. 57 B I c). Es muss genügen, wenn kein überwiegendes öffentliches Interesse der ausschliesslich im privaten Interesse beantragten Bewilligung entgegensteht.

Was als öffentliches Interesse gilt (*Schwarzenbach* Tafel 1) und **wie** die verschiedenen öffentlichen Interessen gegeneinander **abzuwägen** sind *(Rhinow/Krähenmann* Nr. 57 B I c), entscheidet im Grundsatz der Gesetzgeber. Die Verwaltungsbehörde hat im Zweifelsfall zu ergründen, welche öffentlichen Interessen ein Gesetz fördern will (z.B. anhand der Botschaft, von Parlamentsprotokollen, Gerichtsentscheiden und Lehrbüchern), und dann ihre Entscheidung am Ergebnis auszurichten *(Knapp* Nr. 135, 543 f). Bei älteren Gesetzen ist allerdings der Wert der Materialien aus der Entstehungszeit eingeschränkt wegen geänderter tatsächlicher Verhältnisse und Wertvorstellungen (vgl. *Rhinow/Krähenmann* Nr. 57 B II). Vom klaren Wortlaut darf aber nur bei Vorliegen einer sog. unechten Lücke abgewichen werden, vgl. dazu oben 4.2.5. Natürlich verbleibt der Verwaltung viel Spielraum, das öffentliche Interesse zu konkretisieren, insbesondere dort, wo sie Ermessen ausüben kann, bei unbestimmten Rechtsbegriffen und, wie soeben erwähnt, bei der Anwendung veralteter Gesetze. Auch werden oft verschiedene öffentliche und private Interessen aufeinanderstossen, und dem Gesetz lässt sich nicht entnehmen, wie sie in der konkreten Situation zu gewichten sind. Wichtig ist dann, dass der Entscheid der Behörde auf **sachbezogenen Überlegungen** beruht und eine **konstante Praxis** verfolgt wird. **Finanzielle Interessen**, insbesondere die Einsparung staatlicher Gelder, gelten grundsätzlich ebenfalls als öffentliche Interessen, nicht aber das Einnehmen von mehr Gebühren als für die Abgeltung der Kosten (inkl. Gemeinkostenanteil der betroffenen Verwaltungsabteilung) nötig ist *(Knapp* Nr. 542, *Imboden/Rhinow* Nr. 57 B II b). Bei der Eischränkung verfassungsmässiger Rechte sind finanzielle Interessen des Gemeinwesens in aller Regel unbeachtlich (vgl. unten 4.5.2).

Bund
- *BGE 114 Ia 341: Kein öffentliches Interesse an einer Zufahrtsstrasse, die nur zwei Parzellen erschliesst.*

- *ZBl 1995, 514: Abwehrmassnahmen gegen regelmässige Stauungen, welche die Lebensqualität für Anwohner und Touristen massiv beeinträchtigen, liegen im öffentlichen Interesse.*

AG
- *ZBl 1985, 218: «Öffentliche» Interessen sind solche, welche die Allgemeinheit und den Einzelnen als deren Glied, unabhängig von seiner Individualität, berühren. Dies ist beim Schutz vor Lärm innerhalb eines Gebäudes, der nicht übermässig nach aussen dringt, nicht der Fall (Alphornblasen in den eigenen vier Wänden).*

GR
- *PVG 1994, 85: Der Begriff des öffentlichen Interesses ist zeitlich wandelbar und kann örtlich verschieden interpretiert werden.*

- *RPR 1991/1992, 27: «Volkswirtschaftliche Auswirkungen» (Arbeit für das einheimische Gewerbe, Auslastung der touristischen Anlagen) im öffentlichen Interesse.*

- *RPR 1989/90, 158: Die gleichmässige und geregelte Benützbarkeit von öffentlichen Parkplätzen und somit die Erhebung von Parkgebühren liegen im öffentlichen Interesse.*

JU
- *BR 1/92 Nr. 17: Werke in öffentlichem Interesse können nicht nur solche sein, die der Öffentlichkeit gehören, sondern auch solche, die ihr (und nicht nur einem beschränkten Kreis)* **dienen.**

d) Das öffentliche Interesse, mit dem eine Handlung der Behörde begründet wird, muss dasjenige (bzw. eines derjenigen) sein, das die das Handeln stützende gesetzliche Grundlage schützen will.

Bund
- *BGE 113 Ib 144: Die Höchstgeschwindigkeiten 80/120 wurden im wesentlichen aus Umweltschutzgründen eingeführt. Bei Überschreitung darf trotzdem ein Führerausweisentzug wegen Verkehrsgefährdung ausgesprochen werden, weil die Herabsetzung der Limiten gleichzeitig auch im Interesse der Verkehrssicherheit liegt und der entsprechende Erlass auch gestützt auf das SVG erging.*

GR • *PVG 1994, 54: Gestützt auf Ästethikparagraphen sind nur ortsgestalterisch motivierte Beschränkungen zulässig, nicht funktionelle wie die verbesserte Kenntlichmachung öffentlicher Gebäude.*

(Weitere Beispiele vgl. oben 4.2.1.1)

e) Andererseits **muss** die Behörde dem öffentlichen Interesse zum Durchbruch verhelfen, wenn es überwiegt.

Bund • *BGE 118 Ia 454: Die Bewilligung einer überdimensionierten Solaranlage in einem schützenswerten Dorfbild verletzt das kantonale Raumplanungsgesetz und Gemeindebaugesetz.*

4.4.7 Verhältnismässigkeit

(Vgl. *Schwarzenbach* Tafel 16)

Auch dieser Grundsatz hat seine Haupt- (oder einzige vgl. *Rhinow/Krähenmann* Nr. 58 B III) Bedeutung als Voraussetzung der Einschränkung verfassungsmässiger Rechte und kommt deshalb dort ausführlicher zur Sprache. Er gilt aber nach heute wohl vorherrschender Ansicht als allgemeiner verfassungsrechtlicher Grundsatz für die gesamte Verwaltungstätigkeit *(Häfelin/ Haller* Rz 486 ff). Der Grundsatz der Verhältnismässigkeit ist **immer** zu beachten. Unrichtig ist daher m.E. eine Rechtsprechung, wonach er in bestimmten Fällen, z.B. beim Entscheid über die Erneuerung einer Saisonbewilligung (GR RPR 1993/94, 39) nicht Anwendung findet. Der Umstand, dass mit der Nichterneuerung keine Wegweisung verbunden ist, kann nicht zur Zulässigkeit unverhältnismässiger Verfügungen berechtigen. Vielmehr führt er nur (aber immerhin) dazu, dass die Nichterneuerung als verhältnismässig zu beurteilen ist, was zum gleichen Ergebnis führt.

Für einmal ungeachtet juristischer Definitionen: Das Verhältnismässigkeitsprinzip sollte als Leit- und Kontrollgedanke jedes behördliche Handeln begleiten. Der Beamte soll sich gelegentlich zurücklehnen, die Sache «von oben» oder aus der Sicht des Betroffenen anschauen und nur mit dem **gesunden Menschenverstand** z.B fragen:

– Macht das Sinn, was ich da tue?
– Wie sieht das aus der Sicht des Betroffenen aus?
– Was kostet es ihn?
– Ist das Resultat, das ich erhoffe, den Aufwand oder die Einschränkung wert?
– Könnte ich es auch anders erreichen?
– Hätte ich als Betroffener Verständnis für den Entscheid?

Nachstehend einige Entscheide zum Verhältnismässigkeitsprinzip in Fällen ohne Eingriff in verfassungsmässige Rechte:

4.4.7.1 Eignung

Bund
- *BGE 116 Ib 474: Die zu berücksichtigenden Interessen müssen aktuell sein. Dies ist nicht der Fall, wenn sie noch von politischen Beschlüssen abhängen oder weggefallen sind.*
- *VPB 1995, 326: Zulässigkeit kurzfristiger Massnahmen gegen den Wintersmog.*
- *VPB 1993, 364: Unzulässigkeit kurzfristiger (tageweiser) Fahrverbote zur Luftreinhaltung, da der Sommersmog nur mit langfristigen Massnahmen bekämpft werden kann.*

ZH
- *RB 1989, 127: Denkmalschützerische Anordnungen müssen auf Verlangen des Betroffenen mit denkmalpflegerischen Massnahmen verbunden werden, wenn ohne solche der Schutzzweck nicht erreicht werden kann.*

4.4.7.2 Erforderlichkeit

AR
- *GVP 1988, 150: Behördliches Abtun eines bösartigen Hundes in casu zulässig.*

BE
- *BR 3/95 Nr. 208: Im Umweltschutzrecht muss auf Grund des Vorsorgeprinzips die Notwendigkeit einer Massnahme nicht strikte nachgewiesen werden; eine abstrakte Umweltgefährdung genügt.*

GR
- *PVG 1991, 112: Anspruch auf Einsicht in Vergleichszahlen im Schätzungsverfahren. Die Geheimhaltungsinteressen Dritter können durch geeignete Massnahmen (Abdecken etc.) geschützt werden. Eine vollständige Einsichtsverweigerung ist daher unverhältnismässig.*
- *PVG 1991, 96: Eine Abbruchverfügung wegen Verletzung einer gestützt auf eine Bausperre erlassenen Auflage ist erst nach Inkrafttreten des neuen Rechts mit Sicherheit notwendig und deshalb vorher unverhältnismässig.*
- *PVG 1984, 71: Bei der Wiederherstellung des rechtmässigen Zustands ist die mildeste Methode zu wählen, die zu diesem Ziel führt. Kann die Einhaltung der gesetzlichen Vorschriften durch Einzie-*

hen einer Blinddecke erreicht werden, darf nicht der Abbruch oder das teure Absenken der ganzen Dachkonstruktion verfügt werden. Ein Entscheid, der besonders krass die Sinnlosigkeit gewisser Bauvorschriften bzw. ihre schlechte Koordination in vielen Gesetzen aufzeigt: Obwohl die äusseren Masse und sogar die Ausnützungsziffer eingehalten sind, muss umbauter Raum künstlich unbrauchbar gemacht werden! Ein in jeder Beziehung widersinniges Resultat.

LU
- *LGVE 1988, 333: Unzulässige Verfügung, einen Veloparkplatz direkt vor einem Hauseingang zu erstellen. Der Zweck (Vermeiden des Parkierens auf dem Trottoir) kann auch weniger störend durch ein Parkverbot oder einen Parkplatz an geeigneter Stelle erreicht werden.*

SG
- *GVP 1987, 179: Unzulässige Weisung, einen gegen andere Hunde angriffigen Hund wegzugeben, da eine Weisung, ihn anzuleinen, genügt.*

SZ
- *EGV 1993, 201: Generelles Tierhalteverbot in casu wegen wiederholter schwerer Verfehlung und Unverbesserlichkeit verhältnismässig.*

- *EGV 1991, 214: Anordnung von Gasrückführungen an Tankstellen zur Erreichung der Ziele der Luftreinhalteverordnung notwendig.*

ZH
- *RB 1985, 162: Es ist unverhältnismässig und willkürlich, ein zonenkonformes Kino nur deshalb nicht zu bewilligen, weil dort allenfalls auch Sexfilme gezeigt werden könnten.*

- *ZBl 1987, 423: Das Verbot des Mofafahrens auf dem Schulweg geht über den Zweck der Schule hinaus und ist daher unverhältnismässig.*

4.4.7.3 Verhältnismässigkeit i.e.S.

Bund
- *BGE 119 Ib 1: Interessenabwägung gemäss Art. 11 Abs. 3 ANAG betr. Ausweisung.*

- *BGE 118 Ib 530: Nachtflugbewilligungen gegen Lärmschutz.*

- *BGE 118 Ib 23: Bauvorhaben gegen Tierschutz, Umweltschutz, Raumplanung.*

- *BGE 117 Ib 477: Abwägung verschiedener öffentlicher Interessen beim Bau eines Rohrkanals (Fischerei, Naturschutz gegen diverse Praktikabilitätserwägungen).*

- *BGE 117 Ib 328: Eine umfassende Interessenabwägung von **einer** («der nämlichen») Behörde hat stattzufinden.*
- *BGE 117 Ib 187: Eine vollständige Abwägung der rechtserheblichen Interessen setzt umfassende Sachverhaltsabklärungen voraus (Auswirkungen von technischen Eingriffen in Gewässer).*
- *BGE 117 Ib 103: Die Behörde hat **selbst** eine Interessenabwägung durchzuführen. Sie darf Naturschutzinteressen nicht einfach übergehen, weil die kantonale Naturschutzkommission der Verfügung zugestimmt hat.*
- *BGE 116 Ib 309: Forstliche gegen Heimatschutzanliegen.*
- *BGE 116 Ib 268: Art. 11 Abs. 2 des USG statuiert eine Art Verhältnismässigkeitsprinzip zugunsten der Umwelt: Von verschiedenen möglichen Lösungen ist diejenige zu wählen, die am wenigsten Umweltbelastungen verursacht («Vorsorgeprinzip»).*
- *BGE 115 Ib 416: NAGRA-Handlungen in Friedhof und botanischem Garten zugelassen.*
- *BGE 115 Ib 353 und 358: Allgemeine Grundsätze zur Interessenabwägung bei der Erfüllung raumplanerischer Aufgaben.*
- *BGE 115 Ib 131: Leistungsauftrag der PTT gegen Landschaftsschutz (Richtstrahlantenne).*
- *BGE 115 Ib 4: Humanitäre Gründe können dem Interesse an einer restriktiven Einwanderungspolitik vorgehen.*
- *BGE 113 Ib 403: Güterregulierung gegen Landschaftsschutz (vgl. auch VPB 1991, 217).*
- *BGE 113 Ib 340: Landschaftsschutz gegen Wasserversorgung.*
- *BGE 113 Ib 329, VPB 1995, 84: Schliessung eines Bahnübergangs.*
- *BGE 113 Ib 292: Erhalt existenzfähiger landwirtschaftlicher Gewerbe gegen Verbleiben im lebenslang bewohnten Haus.*
- *BGE 112 Ib 26: Kiesabbau gegen Landschafts- und Umweltschutz.*
- *BGE 111 Ib 213: Interessenabwägung bei Abbruchverfügung betr. rechtswidrig erstellter Baute.*
- *VPB 1993, 116: Abwägung, Verbesserungen und Verschlechterungen der Situation durch eine neue Verkehrsanordnung.*
- *VPB 1992, 190: Verkehrssicherheit gegen Erschwerung der Zufahrt.*

- *VPB 1992, 85: Verkehrssicherheit, Umweltschutz gegen «rein finanzielle» Interessen eines Privaten.*
- *VPB 1991, 45: Heimatschutz gegen Leistungsauftrag SBB.*
- *VPB 1990, 266: «Streifen» eines durch ein Bundesinventar geschützten Gebietes mit einer Baute in casu zulässig.*
- *ZBl 1993, 133: Der verfassungsrechtliche Schutz des Rätoromanischen überwiegt das ebenfalls verfassungsrechtlich geschützte Interesse an einer allein in Deutsch gehaltenen Reklametafel der Zürich Versicherungen.*

AR
- *GVP 1988, 192: Gemäss der neueren Rechtsprechung (namentlich zur Frage des Abbruchs widerrechtlich erstellter Bauten) kann sich auch der Bösgläubige auf den Grundsatz der Verhältnismässigkeit berufen, doch wird seine Bösgläubigkeit bei der Interessenabwägung berücksichtigt.*

GR
- *PVG 1987, 101: Sicherheits-, verkehrs-, und sittenpolizeiliche Überlegungen überwiegen das Bedürfnis einer kleinen Personengruppe, sich zwischen 2400 Uhr und 0600 Uhr in einem Restaurant verpflegen zu können.*
- *PVG 1987, 90: Das Verbot eines Orientierungslaufs mit ca. 1000 Teilnehmern zum Schutz des Hirschwilds während der Brunftzeit ist verhältnismässig.*
- *PVG 1987, 87: Das Verbot eines Orientierungslaufs mit nur 50 Teilnehmern zum Schutz von Fauna und Flora ist unverhältnismässig.*
- *PVG 1987, 36: Die Rationalisierung der Kehrichtabfuhr, so dass die Säcke ca. 100 Meter weit getragen werden müssen, ist verhältnismässig.*

TG
- *TVR 1990, 161: Unzulässigkeit einer Baumfällanordnung zufolge krassen Missverhältnisses der Interessen (kein öffentlicher Nutzen aus der Anordnung ersichtlich).*

ZH
- *BR 1/92 Nr. 21: Eine (vorübergehende, wenn auch mehrjährige) Verletzung der Zonenvorschriften kann durch die Bewältigung dringender öffentlicher Aufgaben aufgewogen werden (Asylbewerberunterkünfte).*

4.4.8 Religionsfreiheit

(Hier als Sammelbegriff für die Teilrechte wie Glaubens- und Gewissensfreiheit, Kultfreiheit etc. verwendet.)

Bund
- *BGE 119 Ia 178: Verweigerung des Dispenses islamischer Kinder vom gemischtgeschlechtlichen Schwimmen in casu unzulässig.*
- *BGE 118 Ia 58: Die staatlichen Behörden sind zu einer gewissen Neutralität verpflichtet. Die finanzielle Unterstützung des Vereins Info Secta, der keine eigene religiöse Lehre vermittelt, verletzt dieses Neutralitätsgebot nicht.*
- *BGE 117 Ia 317: Nichtdispensierung am religiösen Ruhetag ist ein Eingriff in die Religionsfreiheit; Zulässigkeit offengelassen.*
- *BGE 116 Ia 261: Das Aufhängen eines Kruzifixes im Schulzimmer verletzt die Religionsfreiheit.*
- *BGE 108 Ia 41: Innerhalb der durch Art. 50 Abs. 1 und 2 gesetzten Grenzen dürfen Prozessionen auf öffentlichem Grund nicht generell untersagt werden, sondern es hat eine Interessenabwägung auf Grund der konkreten Gegebenheiten zu erfolgen.*

BE
- *BVR 1992, 166: Die Religionsfreiheit gibt keinen Anspruch auf Erstellung einer zonenwidrigen Baute.*

SZ
- *EGV 1992, 99: Keine Verletzung der Religionsfreiheit durch Verpflichtung der Lehrer zur Überwachung und damit Teilnahme an christlichen, konfessionell neutralen Schulgottesdiensten, da das kantonale Recht die Orientierung der Schule u.a. an christlichen Werten vorsieht und die Lehrer dies mit der Annahme der Stelle akzeptiert haben.*

TG
- *TVR 1993, 150: Keine Verletzung der Religionsfreiheit durch Verpflichtung der Schüler zur Teilnahme an mehrtägigen Schulreisen und obligatorischen Klassenlagern.*

4.4.9 Eigentumsgarantie

Bund
- *BGE 113 Ia 119: Aus Art. 22ter BV ergibt sich auch die sog. Besitzstandsgarantie, wonach neue, Eigentumsbeschränkungen in wichtigem öffentlichem Interesse und verhältnismässig sein müssen, um auf bestehende Zustände angewandt werden zu können.*

Im wichtigsten Anwendungsbereich, dem Baurecht, ist die Besitzstandsgarantie in der Regel gesetzlich geregelt und allenfalls erweitert, vgl. AR GVP 1989, 21, wonach das AR EG zum RPG den auf den Schutz des status quo beschränkten Inhalt der verfassungsrechtlichen Besitzstandsgarantie «ein wenig ausgedehnt» hat und auch gewisse Zweckänderungen und Umbauten zulässt.
Vgl. dazu W. Schmid-Lenz, Zur Besitzstandsgarantie baurechtswidriger Gebäude in Bauzonen in BR 1990/3 S. 60 ff.

- *BGE 112 Ia 278: Durch Konzession wohlerworbene Rechte sind durch die Eigentumsgarantie geschützt und können unter den gleichen Voraussetzungen wie diese eingeschränkt werden.*
- *VPB 1987, 431: Die Besitzstandsgarantie gewährt kein Recht zum Wiederaufbau.*

Von der Besitzstandsgarantie zu unterscheiden ist das sog. **Hofstattrecht**, mit welchem das kantonale Recht bestimmte, nach heutigem Recht nicht mehr zulässige Vorkehren gestattet, namentlich den Wiederaufbau zerstörter Gebäude.

GR
- *PVG 1993, 81: Das Hofstattrecht setzt eine gesetzliche Grundlage voraus. Besteht keine solche, ist das geltende Recht anzuwenden.*

4.4.10 Handels- und Gewerbefreiheit

Die Handels- und Gewerbefreiheit ist verankert in Art. 31 BV. Sie gewährt Abwehrrechte gegenüber Eingriffen des Gemeinwesens in wirtschaftliche Aktivitäten und enthält insbesondere auch den Grundsatz der Gleichbehandlung der Gewerbegenossen, wonach staatliche Eingriffe wettbewerbsneutral sein sollen *(Häfelin/Haller* Rz 1435).

Bund
- *ZBl 1984, 176: Es verletzt den Grundsatz der Verhältnismässigkeit und die Handels- und Gewerbefreiheit, die Bewilligung für ein Wandergewerbe ausschliesslich deshalb zu verweigern, weil der Gesuchsteller früher einer Organisation angehört hatte, die bei der Ausübung dieses Gewerbes negativ in Erscheinung getreten ist und deren Exponenten teilweise straffällig wurden. Da der Gesuchsteller damit nichts zu tun hatte und über einen einwandfreien Leumund verfügt, hätte die Bewilligung erteilt (und nötigenfalls nachher wieder entzogen) werden müssen.*

GR
- *PVG 1993, 111: Wesentlich einschränkendere Öffnungszeiten für ein Nachtlokal als die dem direkten Konkurrenten gewährten ohne besondere Gründe unzulässig.*

- *RPR 1985/1986, 97: Bei der Vergabe von Schneeräumungsarbeiten ist es gerechtfertigt, Bauunternehmen gegenüber Transportunternehmen zu benachteiligen, denn «Schneeräumungsarbeiten sind typische Arbeiten des Transportgewerbes und sollen folglich wenn immer möglich auch durch das Transportgewerbe ausgeführt werden».*
  Eine verfassungsrechtlich bedenkliche, von Dirigismus geprägte Erwägung, die m.E. klar das Gebot der Gleichbehandlung der Gewerbegenossen verletzt.

4.4.11 Meinungsäusserungs- und Versammlungsfreiheit, Petitionsrecht

Bund
- *BGE 107 Ia 64: Die Anordnung einer kantonalen Behörde, jeweils vier Wochen vor Wahlen und Abstimmungen dürften bei politischen Veranstaltungen im Freien **generell** keine Lautsprecher verwendet werden, verletzt die Meinungsäusserungs- und Versammlungsfreiheit.*

- *VPB 1995, 230: Das Petitionsrecht gewährt nur einen Anspruch auf Kenntnisnahme durch die Behörde, nicht auf Erlass einer Verfügung. Nach neuerer Auffassung sollten Petitionen aber in der Regel beantwortet werden.*

AR
- *GVP 1988, 36: Der Entscheid, Petitionen einer unliebsamen Gruppe nicht mehr zu **«behandeln»** verstösst nicht gegen die Petitionsfreiheit, weil er das Recht, solche **einzureichen**, nicht beschränkt.*
  Ein etwas zynisches Urteil aus dem Jahr 1966, das heute wohl anders ausfallen (oder begründet) würde.

BE
- *ZBl 1992, 40: Die Ankündigung von Gegenkundgebungen genügt nicht, um einer friedlichen Versammlung (auf öffentlichem Grund) die Bewilligung zu versagen.*

GR
- *RPR 1987/88, 28: Das Petitionsrecht gewährt keinen Anspruch auf Erlass einer Verfügung.*

4.4.12 Persönliche Freiheit

Bund • *BGE 108 Ia 60: Die persönliche Freiheit schützt die Bewegungsfreiheit, die körperliche Integrität und alle Freiheiten, die elementare Erscheinungen der Persönlichkeitsentfaltung des Menschen darstellen. Sie wird durch ein Fahrverbot für Schiffe in gewissen Schutzzonen eines Sees nicht berührt.*

4.5 Die Voraussetzungen für die Einschränkung verfassungsmässiger Rechte

(Vgl. *Häfelin/Haller* Rz 2227 ff, *Aubert* Rz 1729 ff)

Vgl. als weitere Beispiele auch viele der vorstehend zum Inhalt der verfassungsmässigen Rechte angeführten Fälle, namentlich BGE 119 Ia 187.

Die Voraussetzungen, welche das Bundesgericht für die Einschränkung verfassungsmässiger Rechte definiert hat, sind dieselben, welche für die Verwaltungstätigkeit allgemein zu beachten sind, doch gelten sie in akzentuierter Form. Es sind deshalb auch alle in den Ziff. 4.2, 4.4.6 und 4.4.7 genannten Grundsätze und Beispiele massgeblich. Die nachfolgenden Ausführungen und Beispiele betreffen die erhöhten Anforderungen bei Grundrechtsbeschränkungen.

4.5.1 Gesetzliche Grundlage

Für die weitere Vertiefung in dieses Gebiet sei die sehr interessante Schrift «Die Verfassung und das Erfordernis der gesetzlichen Grundlage» von Thomas Cottier (Diss. Diessenhofen 1983) wärmstens empfohlen.

Grundsätzlich bedürfen Eingriffe in verfassungsmässige Rechte einer Grundlage mindestens in einem Gesetz im materiellen Sinn (Verordnung), bei sogenannten schweren Eingriffen in einem Erlass der Gesetzesstufe im formellen Sinn. Fehlt diese, ist der Eingriff unzulässig.

GR • *PVG 1989, 124: Gestattet das Gesetz Öffnungszeiten von 1400 bis 0200 Uhr, fehlt der Behörde die Befugnis, einem Betrieb die Öffnung erst ab 1945 Uhr zu gestatten.*

Wie oben 4.2.1 beschrieben, sind die Anforderungen an Stufe und Konkretheit der gesetzlichen Grundlage desto strenger, je einschneidender der Eingriff in die Rechtsstellung des Betroffenen ist. Konkret bedeutet dies:

a) Bei **Ermessensbetätigung** und der Auslegung von **unbestimmten Rechtsbegriffen** ist im Bereich der Einschränkung verfassungsmässiger Rechte grosse Zurückhaltung zu üben. Sie dürfen nur eingeschränkt werden, wenn der Betroffene aus dem Rechtssatz diese Folge erkennen kann.

Bund • *BGE 117 Ia 480: Der Begriff der «Unkenntlichmachung» in einer Norm, die das Vermummungsverbot an Demonstrationen statuiert, ist genügend bestimmt.*

b) **«Schwere» Eingriffe in die verfassungsmässigen Rechte** bedürfen einer Grundlage in einem Gesetz im formellen Sinn, d.h. einen Erlass auf Gesetzesstufe, der im dafür vorgesehenen Verfahren entstanden ist (Parlament, Referendum).

Bund • *BGE 118 Ia 387: Ausschluss von Nutzungsänderungen und Unterhaltspflicht aus Denkmalschutzgründen als schwerer Eingriff in die Eigentumsgarantie.*

c) Gestützt auf die **polizeiliche Generalklausel** dürfen auch die verfassungsmässigen Rechte eingeschränkt werden. Dem Grundsatz der Verhältnismässigkeit kommt dann höchste Bedeutung zu (BGE 103 Ia 310 betr. Versammlungsverbot in einer jurassischen Gemeinde).

4.5.2 Öffentliches Interesse

Wurde bei der Behandlung der allgemeinen Voraussetzungen staatlichen Verfügens noch vertreten, auch private Interessen könnten als Anlass einer Verfügung genügen (s. oben 4.4.6), so gilt dies bei der Einschränkung verfassungsmässiger Rechte nicht mehr. Wollen Private solche Rechte anderer Privater einschränken, haben sie sich des Privatrechts zu bedienen. Ein **öffentliches** Interesse im nachstehend beschriebenen Sinn muss die Einschränkung gebieten.

Bund • *BGE 118 Ia 515: Das «öffentliche Interesse» kann sich wandeln. Es wird jedoch nur zurückhaltend zu gewichten sein, wenn es sich aus politischen Vorstellungen der gegenwärtigen Behörden ergibt und wenige Jahre vorher noch ausdrücklich als nicht vorhanden bezeichnet worden war.*

4.5

- *BGE 116 Ia 113: Das öffentliche Interesse muss im konkreten Falle die Einschränkung gebieten. An der Offenhaltungspflicht über Mittag für Restaurants mit Alkoholausschank im Falle einer Bar, die keine warmen Speisen anbietet, besteht kein öffentliches Interesse.*

- *BGE 113 Ia 463: Das öffentliche Interesse kann sich auch aus einem konkreten, wahrscheinlichen künftigen Ereignis ergeben.*

Im weiteren **genügt nicht jedes öffentliche Interesse** zur Einschränkung jeden verfassungsmässigen Rechts. Vielmehr haben teils die Verfassung selbst, vor allem aber die Rechtsprechung **zu jedem dieser Rechte eigene Regeln** entwickelt, welche öffentlichen Interessen und damit welche Zwecke zu einer Einschränkung führen dürfen. (Die nachstehend aufgeführten Entscheide betreffen zum Teil nicht Verfügungen, sondern Erlasse, sind aber als Beispiele für das hier zu Zeigende trotzdem geeignet.)

a) **Rechtsgleichheit**: Wie oben 4.4.2 dargestellt genügt grundsätzlich jede Abweichung in den relevanten Umständen für eine Ungleichbehandlung (und verpflichtet in der Regel auch dazu!).

b) **Persönliche Freiheit**

Bund • *BGE 118 Ia 433: Volksgesundheit, Behandlungspflicht beim Schulzahnarzt.*

- *BGE 117 Ia 27: Grundschulpflicht.*

c) **Eigentumsgarantie**

Bund • *BGE 119 Ia 309, 118 Ia 387, 117 Ib 264: Schutz von Baudenkmälern.*

Vgl. dazu AGVE 1987, 302, wonach «das denkmalpflegerische Fachurteil für den Durchschnittsbürger vertretbar und verständlich» sein muss! Ähnlich AR GVP 1991, 24 und BGE 82 I 108: Der Massstab muss in Anschauungen von einer gewissen Verbreitung und Allgemeingültigkeit gefunden werden, nicht im Denken und Fühlen einzelner Personen von besonderer ästhetischer Empfindlichkeit und besonderer Geschmacksrichtung. Neustens auch GR PVG 1994, 53: «Was ästhetisch tragbar ist, entscheidet sich nicht nach dem Geschmack der Baubehörde, sondern ist nach allgemein gültigen architektonischen und objektivierbaren Kriterien zu beurteilen.»

- *BGE 118 Ia 513: Nutzungsvielfalt, Wohnanteil.*

- *BGE 118 Ib 485: Biotopschutz.*

- *BGE 118 Ib 427: Landumlegung, Schaffung von Wohnraum, Denkmalschutz.*
- *BGE 117 Ia 420: Quartierplan.*
- *BGE 117 Ia 43: Siedlungspolitik, Einschränkung des Zweitwohnungsbaus.*
- *BGE 117 Ib 246: Naturschutz, Moore.*
- *BGE 115 Ia 373: Erhaltung einer Altstadtsilhouette.*

BE
- *BVR 1985, 406: Die Ästhetikvorschriften sind nicht geeignet, einen einheitlichen Strassenabstand durchzusetzen.*
- *BVR 1985, 37: Die Ufer zu schützen und den öffentlichen Zugang dazu freizuhalten, liegt im öffentlichen Interesse.*

GR
- *PVG 1991, 53: Katalog von Kriterien zur Beurteilung der Schutzwürdigkeit von Bauten.*
- *PVG 1984, 124: Auch die Erhaltung von nur privat genutzter alter Bausubstanz steht im öffentlichen Interesse: «Es kann nämlich schon morgen Allgemeingut sein, was heute noch der Allgemeinheit verschlossen ist.» (!)*
- *RPR 1989/90, 115: Das Privatinteresse an immissionsfreiem Eigentum hat vor einem erheblichen öffentlichen Interesse an einer Wegverbindung zurückzutreten.*
- *RPR 1989/90, 29: Gegenüber dem öffentlichen Interesse, in der Kernzone Land für die Schaffung eines Dorfplatzes zu sichern, hat das Privateigentum grundsätzlich zurückzutreten.*

NE
- *BR 3/93 Nr. 149: Sieht ein kommunales Baureglement den Ortsbildschutz als Prinzip vor, so kann die Aufstockung eines Gebäudes allein aus Gründen der Ästhetik verweigert werden.*

d) **Niederlassungsfreiheit**

Bund
- *BGE 118 Ia 410: Einschränkung zu Lasten eines Beamten nicht allgemein oder aus bloss fiskalischen Gründen zulässig, sondern nur, wenn zwingende Gründe des Dienstes (...) es verlangen.*

e) **Handels- und Gewerbefreiheit**

Bund
- *BGE 117 Ia 445: Die Handels- und Gewerbefreiheit darf nicht aus wirtschafts- oder standespolitischen Gründen, d.h. um gewisse Teile der Wirtschaft zu schützen, beschränkt werden. (Ausgenommen sind*

die von der BV selbst vorgesehenen Fälle.) Einschränkungen aus gesundheitspolitischen Gründen wären zulässig.

- *BGE 116 Ia 345: Die HGF darf aus Gründen der Spracherhaltung (romanisch) eingeschränkt werden.*
- *BGE 113 Ib 97: Einschränkung auf Grund Kultur- und allgemeiner staatspolitischer Interessen (Bewilligung von Kinobetrieben)*
- *BGE 106 Ia 267: Zulässiges Verbot einer «Peep-Show» («Stützlisex») zum Schutze der öffentlichen Sittlichkeit.*
- *VPB 1993, 138: Zulässige Einschränkung aus staatspolitischen Gründen (Irak-Embargo) vgl. auch VPB 1991, 353 ff.*

GR
- *PVG 1989, 118: Die Auflage in der Betriebsbewilligung für ein Nachtlokal, es dürften ab 2400 Uhr nur noch kalte Speisen serviert werden, dient einzig dem Konkurrenzschutz der Speiselokale und ist daher unzulässig (in casu bereits mangels gesetzlicher Grundlage).*
- *RPR 1989/90, 175: Die Einschränkung des Hotelbusverkehrs in einer Kurortsgemeinde liegt im öffentlichen Interesse.*

OW
- *VVGE 1989/1990, 200: Die Erteilung einer Betriebsbewilligung darf nicht deshalb verweigert werden, weil durch die neu geschaffenen Arbeitsplätze «das Kontingent zusätzlich belastet» würde.*

SZ
- *EGV 1992, 145: Die Praxis, wonach die einheimischen Marktfahrer am Siebner Märt nur Produkte aus ihrer Branche anbieten dürfen, verletzt mangels genügenden öffentlichen Interesses die Handels- und Gewerbefreiheit.*

f) Meinungsäusserungs- und Versammlungsfreiheit, Empfangsfreiheit und Petitionsrecht

Bund
- *BGE 111 Ia 322: Die Meinungsäusserungs- und Versammlungsfreiheit darf durch Verbot einer Kundgebung nur eingeschränkt werden, wenn «mit Sicherheit oder hoher Wahrscheinlichkeit» Ausschreitungen vorauszusehen sind.*
- *BGE 108 Ia 300: Eine Versammlung darf nicht einzig wegen der an ihr zu erwartenden Meinungsäusserungen verboten werden, darf diese aber berücksichtigen, wenn in engem Zusammenhang mit ihnen Unruhen zu befürchten sind.*
- *BGE 107 Ia 59: Auf Grund der herrschenden Spannungen zulässige Auflage, an einem folkloristischen Umzug in Moutier (Kt. BE)*

dürften keine Fahnen des Kt. Jura mitgetragen werden und keine jurassischen Regierungsmitglieder teilnehmen, nachdem es die Organisatoren abgelehnt hatten, die Namen der geladenen Gäste bekanntzugeben.

- *BGE 100 Ia 402: Die Behörde darf nicht die Durchführung gleichartiger Demonstrationen im einen Fall bewilligen und in anderen verbieten, ohne dass stichhaltige sachliche Gründe die Ungleichbehandlung rechtfertigen. Nicht massgeblich sein darf der Inhalt der Meinungsäusserung, doch dürfen ausser polizeilichen auch weitere öffentliche Interessen berücksichtigt werden wie die zweckmässige Nutzung des öffentlichen Grunds im Interesse der Allgemeinheit und der Anwohner.*

- *VPB 1994, 434: Die Rütliwiese ist eine öffentliche Sache im Gemeingebrauch. Politische Demonstrationen dürfen daher dort nur unter den für die Einschränkung der Meinungsäusserungs- und Versammlungsfreiheit geltenden Voraussetzungen verboten werden, wobei aber der besonderen Funktion des Orts als historische Gedenkstätte Rechnung zu tragen ist.*

GR
- *PVG 1994, 43: Die Bewilligung von Aussenantennen richtet sich seit dem 1. April 1992 ausschliesslich nach dem Bundesgesetz über Radio und Fernsehen, das in Art. 52 f die Empfangsfreiheit und deren Einschränkung regelt.*

- *PVG 1986, 27: Die Bewilligung von gesteigertem Gemeingebrauch, welcher der Meinungsäusserung dient, kann aus polizeilichen oder anderen, beispielsweise straf- oder zivilrechtlichen Motiven verweigert werden, nicht aber auf Grund des bloss übertrieben kritischen Textes einer Petition.*

g) **Religionsfreiheit**

AG
- *AGVE 1988, 327: Verbot des Kirchengeläuts um 0600 Uhr sowie Auflage, Schallschutzfolien einzubauen, als im (durch das USG geschützten) öffentlichen Interesse an Emissionsbegrenzungen liegende Einschränkungen der Religionsfreiheit.*

4.5.3 Verhältnismässigkeit

Dieser Grundsatz lässt sich in drei Teilgehalte aufgliedern *(Häfelin/Haller* Rz 1141 ff, BGE 117 Ia 446).

4.5.3.1 Eignung

Bund • *BGE 116 Ia 355: Domizilerfordernis.*

• *BGE 108 II 94: Auch ein zu schwacher Eingriff kann unverhältnismässig sein: wenn mit ihm das Ziel gar nicht zu erreichen ist.*

AG • *AGVE 1993, 310: Der fürsorgerische Freiheitsentzug ist unverhältnismässig, wenn keine* **geeignete** *Anstalt gefunden werden kann, selbst wenn die Anstaltsunterbringung an sich gerechtfertigt und angezeigt wäre.*

BE • *BVR 1990, 412: Verfügung der Beseitigung eines Mäuerchens unzulässig, wenn das als Begründung angegebene Bestreben, die Schneeräumung zu erleichtern, durch die Beseitigung gar nicht erreicht werden kann, weil hinter dem Mäuerchen eine steile Böschung ist.*

GR • *PVG 1981, 40: Die Auflage einer Kautionsleistung bei der Bewilligung eines Aparthotels entbehrt des sachlichen Zusammenhangs und ist unverhältnismässig, da die Gemeinde aus einer allfälligen Verletzung der Pflicht, den Betrieb während 30 Jahren bestimmungsgemäss zu führen, keine finanziellen Forderungen herleiten könnte.*

• *PVG 1981, 70: Die Anordnung der Rückgängigmachung eines Baurechtsvertrages stellt mangels Durchsetzbarkeit kein taugliches Mittel zur Wiederherstellung des gesetzmässigen Zustandes dar.*

ZH • *RB 1994, 209: Dient eine Denkmalschutzbestimmung der Erhaltung und Sanierung des Bestehenden, kann gestützt auf sie keine Pflicht auferlegt werden, den früheren Zustand einer inzwischen völlig veränderten Parkanlage nach Originalplänen wiederherzustellen. Da gar nichts «Bestehendes» mehr da ist, ist eine Rekonstruktion nicht geeignet, den gesetzlichen Zweck zu erreichen.*

4.5.3.2 Erforderlichkeit

Bund • *BGE 118 Ia 400 und 406: Weitergehendere Eingriffe ins Eigentum durch Baulinien als es für das konkrete Projekt nötig ist, sind nicht zulässig.*

• *BGE 117 Ia 318: Nichtdispensation von Kindern einer Religion mit dem Samstag als Ruhetag als möglicherweise unnötiger Eingriff in die Religionsfreiheit.*

- *BGE 112 Ia 331: Übermässige Anforderungen an eine Berufsausübungsbewilligung.*
- *BGE 108 Ia 218: Das Gebot der Verhältnismässigkeit kann es gebieten, den rechtmässigen Abbruchbefehl für eine nicht bewilligte, materiell teilweise rechtswidrige Baute vorerst nicht zu vollstrekken, um dem Betroffenen Gelegenheit zur Einreichung eines Baugesuchs für den rechtmässigen Teil der Baute zu geben.*
- *VPB 1992, 169: Übermässige Beobachtung in einem Parkhaus mit Kameras und Speicherung der Vorgänge.*
- *ZBl 1984, 176: Es verletzt den Grundsatz der Verhältnismässigkeit und die Handels- und Gewerbefreiheit, die Bewilligung für ein Wandergewerbe ausschliesslich deshalb zu verweigern, weil der Gesuchsteller früher einer Organisation angehört hatte, die bei der Ausübung dieses Gewerbes negativ in Erscheinung getreten ist und deren Exponenten teilweise straffällig wurden. Da der Gesuchsteller damit nichts zu tun hatte und über einen einwandfreien Leumund verfügt, hätte die Bewilligung erteilt (und nötigenfalls nachher wieder entzogen) werden müssen.*
- *ZBl 1984, 123: Verletzung der Handels- und Gewerbefreiheit durch Verweigerung der Bewilligungserteilung an einen Sanitär-Installateur. Die Verweigerung erfolgte gestützt auf Vorschriften, welche zur Sicherstellung eines reibungslosen Reparaturdienstes das Domizil in der Gemeinde verlangen. Die Bewilligung muss erteilt werden, obwohl das Domizil sich in einer 40 km entfernten Gemeinde befindet, da der Gesuchsteller nach Übernahme der Aktiven eines anderen Unternehmens in der Nähe über die nötige Infrastruktur zur Sicherstellung des Reparaturdienstes verfügt.*

AR
- *GVP 1991, 24: Verbot einer Parabolantenne («Schüssel») gestützt auf den «Ästhetikparagraphen» in casu unverhältnismässig, weil das Ortsbild durch Tiefersetzung, Verschiebung und Einfärbung genügend geschont werden kann.*
  (Heute sind Antennenverbote nur noch zum Schutz bedeutender Orts- und Landschaftsbilder, von geschichtlichen Stätten oder von Natur- und Kunstdenkmälern zulässig, Art. 53 des Radio- und Fernsehgesetzes, BGE 120 Ib 64.)

GR
- *RPR 1989/90, 105: Bei der Ausscheidung einer Zone für öffentliche Bauten auf privatem Grund ist das entsprechende Landbedürfnis möglichst genau zu konkretisieren, damit nur wirklich benötigtes Land erfasst wird.*

- *PVG 1983, 87: Der Entzug einer gewerbepolizeilichen Bewilligung wegen wiederholter Verstösse ist vorgängig förmlich anzudrohen und nur verhältnismässig, wenn nicht zu erwarten ist, dass eine mildere Massnahme zum Ziel führt.*

4.5.3.3 Verhältnismässigkeit i.e.S.

Auch eine Anordnung, die geeignet und nötig ist, um das angestrebte öffentliche Interesse zu verwirklichen kann unverhältnismässig sein, nämlich dann, wenn **der Nutzen für das öffentliche Interesse zu gering ist, um den damit verbundenen Eingriff beim Betroffenen zu rechtfertigen.** Es muss somit immer, quasi als letzter «Vernunftstest», eine Interessenabwägung i.e.S. vorgenommen werden.

Bund
- *BGE 118 Ia 388: Denkmalschutz gegen Eigentum.*
- *BGE 117 Ia 302: Einzonung.*
- *BGE 117 Ia 472: Vermummungsverbot zulässig, Abwägung zwischen öffentlichem Interesse am öffentlichen Frieden und Möglichkeit der Verfolgung von Straftaten einerseits und der Meinungsäusserungs- und Versammlungsfreiheit und diversen anderen angerufenen Grundsätzen andererseits.*
- *BGE 117 Ia 449: Freie Berufsausübung gegen diverse Praktikabilitätsüberlegungen, die nicht genügten, jene einzuschränken.*
- *BGE 116 Ia 383: Wohnsitzpflicht bei Gefängniswärter.*
- *BGE 115 Ia 31: Abbruchverbot während hängiger Planung verhältnismässig, weil vorderhand sowieso keine andere Nutzung möglich wäre.*
- *BGE 111 Ia 214 betr. Wohnsitzpflicht: Der Grundsatz der Verhältnismässigkeit kann die Zulassung von Ausnahmen gebieten. Mit dieser Begründung bewilligte das Bundesgericht einem Hochschulprofessor einen Wohnsitz ausserhalb des Kantons GE entgegen dem klaren Gesetzeswortlaut (Übersetzung in ZBl 1986, 214).*
- *VPB 1994, 565: Videoaufzeichnungen zur Grenzüberwachung zulässig.*
- *ZBl 1983, 181: Auch ein bösgläubiger Bauherr kann sich gegenüber dem Abbruchbefehl auf den Grundsatz der Verhältnismässigkeit berufen. Ist **von Grund auf** zu prüfen, ob ein reduziertes Projekt bewilligungsfähig wäre, ist es am Bauherrn, ein entsprechen-*

des Gesuch einzureichen. Tut er dies nicht, kann der Abbruch verfügt werden.

GR • *PVG 1989, 114: Beseitigung eines als Kunstwerk bezeichneten Autowracks ab einem privaten Grundstück; Überwiegen der Gewässer- und Landschaftsschutzinteressen über die Kunstfreiheit.*

4.6 Die EMRK und andere Staatsverträge

(Vgl. *D. Thürer,* Europäische Menschenrechtskonvention und schweizerisches Verwaltungsverfahren, in ZBl 1986, 241 ff sowie *Ruth Herzog,* Art. 6 EMRK und kantonale Verwaltungsrechtspflege, Bern 1995)

Staatsverträge lassen sich unterteilen in solche, die «self-executing» sind und von der Behörde direkt angewandt werden müssen und anderen, die der Umsetzung ins innerstaatliche Recht auf Gesetzesstufe bedürfen (vgl. dazu ausführlich VPB 1995, 213). Leider ist die Abgrenzung nicht einfach: Nach der Rechtsprechung ist eine völkerrechtliche Norm dann «self-executing», wenn sie «justiziabel» ist, d.h. wenn sie Rechte und Pflichten des Einzelnen zum Inhalt hat und inhaltlich genügend klar und bestimmt ist, um als Grundlage eines Rechtsanwendungsakts dienen zu können. Ist dies der Fall, hat die Behörde sie ab Inkrafttreten von Amtes wegen zu vollziehen.

Die europäische Menschenrechtskonvention braucht den Beamten im erstinstanzlichen, nichtstreitigen Verwaltungsverfahren kaum zu kümmern. Zwar enthält sie durchaus etliche Bestimmungen, die sich auf Erlass und Inhalt von Verfügungen auswirken, aber diese sind (wie die meisten Artikel in unserer Bundesverfassung auch) so allgemein gehalten, dass sie der Konkretisierung durch die Gerichtspraxis oder den Gesetzgeber bedürfen. Das kann die Verwaltungsbehörde getrost diesem bzw. dem Bundesgericht überlassen. Viele der in diesem Leitfaden angeführten Entscheide sind durch die EMRK beeinflusst, oder sie stützten sich gar direkt auf sie. Die Anforderungen der Konvention finden also auf diesem Wege Einzug in unsere Amtsstuben, ohne dass die Verfügungen direkt auf ihre Übereinstimmung mit ihnen geprüft werden müssten.

Die am ehesten für Verwaltungsbehörden Bedeutung erlangende Bestimmung ist Art. 6 EMRK, aus dem sich u.a. eine Pflicht zur Abhaltung einer öffentlichen Verhandlung ergeben kann, vgl. dazu oben 3.12.

5. Pflicht zum Erlass einer Verfügung

Im vorstehenden Kapitel war die Rede davon, wie der Inhalt einer Verfügung sein muss, um auf dem Boden der Rechtmässigkeit zu bleiben. Natürlich kann aber auch der Inhalt «Nichts», also das Nichterlassen einer Verfügung rechtswidrig oder mit unerwünschten Folgen verbunden sein. Es seien hier drei Fälle unterschieden:

5.1 Pflicht zum Eintreten auf Begehren

Grundsätzlich sollen die Behörden auf Anträge, Gesuche etc. in ihrem Zuständigkeitsbereich eintreten. Ein rechtlich durchsetzbarer Anspruch auf Erlass einer Verfügung besteht aber nur in den unten 5.3 erwähnten Fällen.

Bund
- *BGE 117 Ia 86: Wird ein Gesuch vor dem Entscheid gegenstandslos (Begnadigungsgesuch eines inzwischen Entlassenen), kann auf Nichteintreten erkannt werden.*
- *VPB 1992, 36: Anspruch auf eine Feststellungsverfügung bei Vorliegen eines schützenswerten Interesses. Ein Brief, in welchem ein Feststellungsbegehren abgewiesen wird, ist eine Verfügung.*

GR
- *RPR 1987/88, 28: Das Petitionsrecht gewährt keinen Anspruch auf Erlass einer Verfügung.*

ZH
- *RB 1984, 34: Ungebührliche Eingaben können zur Überarbeitung zurückgewiesen werden.*

5.2 Gesetzliche Pflicht zum Erlass einer Verfügung, insbesondere Wiederherstellung des rechtmässigen Zustands

Eine Rechtspflicht zum Erlass einer Verfügung ist überall dort gegeben, wo **das Gesetz die Behörde unmissverständlich zum Handeln verpflichtet,** also insbesondere nicht ein Ermessen oder die Auslegung eines unbestimmten Rechtsbegriffs ein Nichtstun rechtfertigen kann. Im weiteren hat die Behörde im Rahmen ihrer Zuständigkeit gegen **rechtswidrige Zustände** einzuschreiten. Dass ein Nichtstun sogar zu Schadenersatzansprüchen führen kann, zeigt BGE 116 Ia 193 (wegen zögerlichen Einschreitens gegen eine illegale Tätigkeit, Haftung in casu verneint).

Natürlich haben Recht und Pflicht zur (Wieder-) Herstellung des rechtmässigen Zustands, wie aus den nachstehenden Entscheiden ersichtlich ist, auch ihre **Schranken**. Sie ergeben sich insbesondere aus den verfassungsmässigen Rechten, weitere Beispiele s. dort.

Bezüglich **Adressat** («Störer») s. oben 3.3.

Bund
- *BGE 108 Ia 218: Das Gebot der Verhältnismässigkeit kann es gebieten, den rechtmässigen Abbruchbefehl für eine nicht bewilligte, materiell teilweise rechtswidrige Baute vorerst nicht zu vollstrekken, um dem Betroffenen Gelegenheit zur Einreichung eines Baugesuchs für den rechtmässigen Teil der Baute zu geben.*
- *BGE 107 Ia 121: Soweit keine besonderen Regeln gelten, und nicht baupolizeiliche Gründe im engeren Sinn (ernsthafte und unmittelbare Gefahr für Leib und Leben) vorliegen, verwirkt das Recht der Behörde, die Wiederherstellung des rechtmässigen Zustands zu verlangen, nach 30 Jahren.*
- *BGE 107 Ia 20: Die Behörde hat von Amtes wegen zu prüfen, welches die unter dem Gesichtswinkel der Verhältnismässigkeit geeigneten Massnahmen zur Wiederherstellung des rechtmässigen Zustandes sind.*
- *ZBl 1983, 181: Auch ein bösgläubiger Bauherr kann sich gegenüber dem Abbruchbefehl auf den Grundsatz der Verhältnismässigkeit berufen. Ist **von Grund auf** zu prüfen, ob ein reduziertes Projekt bewilligungsfähig wäre, ist es am Bauherrn, ein entsprechendes Gesuch einzureichen. Tut er dies nicht, kann der Abbruch verfügt werden.*

AG
- *AGVG 1993, 390: Ein Abbruchbefehl setzt voraus, dass die Baute **materiell** rechtswidrig ist; das Nichteinreichen eines Gesuchs oder der verlangten Unterlagen (formelle Rechtswidrigkeit) genügt nicht.*

AR
- *GVP 1993, 20: Zulässige Anordnung, eine Isolation zu entfernen, weil diese für die bewilligte Nutzung als Holzschopf völlig unnötig ist, aber die rechtswidrige Nutzung zu Wohnzwecken ermöglicht.*

BE
- *BVR 1995, 82: Zuwarten mit Wiederherstellungsmassnahmen bei verbotenen Ablagerungen bis zum Vorliegen des Altlastenkatasters zulässig, wenn das Grundwasser nicht unmittelbar gefährdet ist.*

5.2

- *BVR 1985, 237: Übermässig lange Frist (5 Jahre) zur Beseitigung grundwassergefährdender Sonden.*

GR
- *PVG 1993, 87: Voraussetzungen, unter denen vom Abbruch einer materiell rechtswidrigen Baute abgesehen werden kann: Die Abweichung vom Erlaubten ist gering, und die öffentlichen Interessen können den entstehenden Schaden nicht rechtfertigen. Das Interesse an der Einhaltung der baurechtlichen Ordnung ist generell hoch. Rein pekuniäre Interessen sind von untergeordneter Bedeutung.*

- *PVG 1991, 96: Eine Abbruchverfügung wegen Verletzung einer gestützt auf eine Bausperre erlassenen Auflage ist erst nach Inkrafttreten des neuen Rechts mit Sicherheit notwendig und deshalb vorher unverhältnismässig.*

- *PVG 1986, 27: Wurde von der Baubewilligung vor Ablauf des Rechtsmittelverfahrens Gebrauch gemacht, hat der Bauende auf eigenes Risiko gehandelt, und das öffentliche Interesse an der Wiederherstellung des rechtmässigen Zustands erhält im Falle der Aufhebung der Bewilligung erhöhtes Gewicht.*

- *PVG 1982, 61: Die Verfügung der Wiederherstellung des rechtmässigen Zustandes bevor der Bauwillige ein nachträgliches Baugesuch eingegeben hat, ist zulässig, wenn die materielle Baurechtswidrigkeit offensichtlich ist und ausserdem sicherheitspolizeiliche Gründe die Zuschüttung der Baugrube verlangen.*

- *PVG 1981, 70: Die Anordnung der Rückgängigmachung eines Baurechtsvertrages stellt mangels Durchsetzbarkeit kein taugliches Mittel zur Wiederherstellung des gesetzmässigen Zustandes dar.*

LU
- *LGVE 1992, 388: Verzicht auf Wiederherstellung des rechtmässigen Zustands nach 18-jähriger Duldung und geringer Verletzung öffentlicher Interessen.*

SZ
- *EGV 1988, 133: Teilabbruchverfügung für 7 bzw. 30 cm eines Autounterstands rechtmässig, weil die Verkehrssicherheit gefährdet wird und dem Betroffenen bereits mit einer Ausnahmebewilligung der Strassenabstand grosszügig reduziert wurde.*

- *EGV 1988, 16: Keine Abbruchverfügung wegen Abstandsunterschreitung von 27 cm durch eine Dachüberragung mangels überwiegenden öffentlichen Interessens.*

ZH
- *RB 1991, 132: Feuerpolizeiliche Anordnungen können auch unabhängig von einem Baubewilligungsverfahren getroffen werden.*

- *RB 1991, 107: Ist ein Schutzobjekt als solches erkannt, hat die Behörde allenfalls nötige Schutzmassnahmen zu treffen bzw. erst nach Durchführung einer Interessenabwägung darauf zu verzichten.*

- *RB 1990, 136: Es liegt im Ermessen der Behörde, ob sie die unerlaubte Nutzung eines Raums durch einen Nutzungsbeschränkungsrevers oder durch bauliche Massnahmen verhindern will.*

- *RB 1988, 140: Der gutgläubige Erwerb einer Liegenschaft schliesst in der Regel die Anordnung zur Wiederherstellung des rechtmässigen Zustands nicht aus.*

- *RB 1988, 139: Die Behörden sind auch ausserhalb eines Bewilligungsverfahrens berechtigt und verpflichtet, die zum Schutz der polizeilichen Güter nötigen Massnahmen zu treffen (Abklärungen betr. Gesundheitsgefährdung durch Asbestverkleidung).*

- *RB 1984, 190: Um das Verbot der Nutzung bestimmter Räume als Verkaufs- oder Arbeitsraum durchzusetzen, darf eine Ausstattung untersagt werden, welche die Voraussetzungen für die verbotene Nutzung schafft.*
  Leider besagt der veröffentlichte Text nicht, ob es sich um eine Nebenbestimmung in der Baubewilligung oder um eine selbständige Verfügung handelt.

5.3 Rechtsanspruch auf eine Verfügung

Hauptfall dieser Kategorie sind die sog. Polizeibewilligungen, auf deren Erteilung bei Erfüllen der Voraussetzungen ein Anspruch besteht *(Häfelin/Haller* Rz 1968).

AR
- *GVP 1992, 14: Auf die Erteilung einer Baubewilligung besteht ein Anspruch, wenn alle gesetzlichen Voraussetzungen erfüllt sind.*

BE
- *BVR 1994, 401: Wenn seitens des Bewilligungsnehmers nichts auf beabsichtigten Missbrauch hindeutet, steht die (fast immer vorhandene) Möglichkeit solchen Missbrauchs der Bewilligungserteilung nicht im Weg.*

GR
- *PVG 1990, 48: Die Erteilung einer Baubewilligung darf nicht verweigert werden, wenn ihre Erteilung mit Nebenbestimmungen möglich ist.*

	• *PVG 1989, 124: Die polizeiliche Generalklausel kann auch die Verweigerung von Polizeibewilligungen rechtfertigen.*
	• *PVG 1989, 51: Das Nichteintreten auf ein Baugesuch, weil es die Behörde für nicht sinnvoll erachtet, ist unzulässig.*
SZ	• *EGV 1993, 59: Der Nachweis der Notwendigkeit einer Baute ist nicht Voraussetzung für die Erteilung einer Baubewilligung.*
TG	• *TVR 1993, 126: Wenn das Erschliessungskonzept des Baugesuchs den gesetzlichen Anforderungen genügt, ist es zu bewilligen, auch wenn eine andere Variante zweckmässiger wäre.*
ZH	• *RB 1992, 108: Die landwirtschaftliche Güterzusammenlegung ist keine planungsrechtliche Festlegung im Sinne des Planungs- und Baugesetzes. Eine Baubewilligung kann daher nicht mit der Begründung verweigert werden, die geplante landwirtschaftliche Baute werde die laufende Güterzusammenlegung nachteilig beeinflussen.*
	• *RB 1985, 162: Es ist unverhältnismässig und willkürlich, ein zonenkonformes Kino nur deshalb nicht zu bewilligen, weil dort allenfalls auch Sexfilme gezeigt werden könnten.*

Auf andere Arten von Verfügungen kann ein Anspruch bestehen, wenn ein **schutzwürdiges (privates,** BLVGE 1993, 169) **Interesse** geltend gemacht wird.

Bund	• *BGE 110 Ib 162: Das Verbandsbeschwerderecht gibt keinen Anspruch auf Erlass erstinstanzlicher Verfügungen.*
	• *VPB 1987, 251: Kein Anspruch auf Erledigung mittels anfechtbarer Verfügung besteht bei Aufsichtsbeschwerden und Disziplinaranzeigen.*

5.4 «Obliegenheit»

Die Behörde kann auch deshalb zum Erlass einer Verfügung gezwungen sein, weil eine von ihr gewünschte Rechtslage oder Folge davon abhängt, dass eine Verfügung vorliegt. Sie ist dann (analog der Situation bei einer Obliegenheit im Privatrecht) nicht rechtlich verpflichtet, eine solche zu erlassen, aber sie kann ein anderes Ziel nur so erreichen.

5.4

ZH • *RB 1989, 127: Denkmalschützerische Anordnungen müssen auf Verlangen des Betroffenen mit denkmalpflegerischen Massnahmen verbunden werden, wenn ohne solche der Schutzzweck nicht erreicht werden kann.*

6. Die Form der Verfügung

(Vgl. *Schwarzenbach* Tafel 33)

Während in der Wirtschaft der elektronische Verkehr das Papier ablöst und das Privatrecht sich bemüht, mit dieser Entwicklung einigermassen Schritt zu halten, hat das allgemeine Verwaltungsrecht eben erst die Stufe der nicht unterschriebenen Verfügung erreicht, und auch dies (zu Recht) nur in ganz bestimmten Situationen. Eröffnungen per Fax werden noch nicht anerkannt. Die papierlose Verfügung liegt also noch in der Zukunft, doch wird die Realität auch das Verwaltungsrecht in wohl nicht allzuferner Zeit einholen. Die Behörde, welche sachliche Gründe und die nötige Infrastruktur (Beweisbarkeit von Inhalt und Empfang!) hat, um elektronisch und papierlos zu verfügen, sei hiermit ermutigt, den Schritt zu wagen!

Grundsätzlich (d.h. von verfassungswegen) könnte eine Verfügung **formfrei** ergehen, d.h. insbesondere auch mündlich (BGE 105 V 251, *Rhinow/Krähenmann* Nr. 35 B IV, *Häfelin/Müller* Rz 708), ev. sogar durch konkludentes Handeln *(Imboden/Rhinow* Nr. 35 B IV, *Rhinow/Krähenmann* B I am Schluss).

Die Formvorschriften des kantonalen Rechts wie auch des Bundesgesetzes über das Verwaltungsverfahren (Art. 34) sind aber in der Regel strenger als diejenigen, die sich aus dem Bundesverfassungsrecht ergeben. Ausserdem wird aus praktischen Gründen (Beweisbarkeit, Rechtssicherheit, Durchsetzbarkeit etc.) die überwiegende Mehrheit der Verfügungen in der Schriftform erlassen. Die nachstehenden Bemerkungen gehen daher von der Schriftform aus, wären aber im Falle einer mündlichen Verfügung sinngemäss anwendbar.

Ein **Formfehler** kann, muss aber nicht die Anfechtbarkeit, in schweren Fällen die Nichtigkeit der Verfügung nach sich ziehen.

GR • *PVG 1981, 108: Das Zusenden eines unadressierten, vervielfältigten Übungsprogrammes kann gegenüber einem noch gar nicht in der Feuerwehr eingeteilten Pflichtigen keine Wirkung entfalten; es gilt insbesondere nicht als Einteilungsverfügung.*

6.1 Der Titel

Die Verfügung sollte, um jedes Missverständnis zu vermeiden, im Titel als solche gekennzeichnet sein, insbesondere auch dann, wenn sie in Briefform ergeht. Die rechtliche Bedeutung eines solchen Titels ist aber gering: Ob eine Verfügung vorliegt, beurteilt sich nach Zweck und Inhalt des Schriftstücks, nicht nach dem Titel. Dieser kann also keinesfalls andere begriffsnotwendige Elemente ersetzen.

6.2 Der Absender

Die entscheidende Behörde ist korrekt zu nennen, nicht hingegen die Namen der einzelnen Mitglieder. Diese müssen für den Adressaten aber eruierbar sein (separate Mitteilung, mündliche Bekanntgabe, Staatskalender etc.), damit er Ausstandsgründe geltend machen kann. Ist dies nicht mit Sicherheit der Fall und stehen keine besonderen Gründe entgegen, ist daher die Nennung der Namen in der Verfügung zu empfehlen.

Bund
- *BGE 114 Ia 279: Die personelle Zusammensetzung der Behörde ist dem Betroffenen bekanntzugeben, was auch in einem separaten Schreiben oder einer öffentlichen Publikation geschehen kann, z.B. in einem Staatskalender.*

- *BGE 114 V 61: Die personelle Zusammensetzung einer Behörde ist dem Adressaten mitzuteilen, auch wenn das Verfahrensrecht dies nicht vorschreibt.*

AR
- *GVP 1992, 16: Die Namen müssen weder in der Verfügung enthalten sein noch dem Adressaten sonstwie persönlich mitgeteilt werden; es genügt die allgemeine Bekanntgabe.*

ZH
- *RB 1989, 70: Die entscheidende Behörde muss dem Betroffenen ihre personelle Zusammensetzung auf dem Entscheid in geeigneter Form zur Kenntnis bringen.*

6.3 Adressat und Vertreter

Definitionsgemäss hat jede Verfügung einen oder mehrere «Adressaten». Sie sind **eindeutig** mit Adresse zu bezeichnen, auch wenn die Verfügung nicht in Briefform ergeht (Vgl. zum Adressaten im einzelnen oben 3.3).

6.4 Die Sprache

Das Bundesrecht (Art. 116 Abs. 2 BV) und die kantonalen Rechtsordnungen definieren «Amtssprachen», in denen die Verfügungen zu erlassen sind. Bei mehreren Amtssprachen soll auf die Parteien Rücksicht genommen werden (vgl. Art. 37 VwVG).

Bund • *Die Bundesbehörden und alle öffentlichen und privaten Organisationen, die auf Rechnung des Bundes handeln, haben sich derjenigen offiziellen Landessprache der Schweiz zu bedienen, in der sich der Empfänger ausdrückt. Für kantonale Behörden gilt kantonales Recht, das eine Amtssprache als allein anwendbar erklären kann.*

BE • *BVR 1984, 193: Der von der Berner Kantonsverfassung gewährte Anspruch auf französische Eröffnung von Verfügungen in den französischsprachigen Bezirken gilt auch für die Zentralverwaltung.*

Ist der **Adressat keiner Amtssprache mächtig,** gelten folgende Grundsätze (Stadelwieser 81):

Es besteht kein Anspruch auf schriftliche Eröffnung in einer Nichtamtssprache (BGE 115 Ia 64, VPB 1975, 79).

Die Behörde hat den Adressaten **mündlich** über Sinn, Tragweite, wesentliche Inhalte und Rechtsmittel aufzuklären in einer **ihm verständlichen** Sprache.

6.5 Der Sachverhalt

Der Verfügung soll eine kurze Zusammenfassung des Sachverhalts vorangestellt werden, die mindestens die für die Begründung wesentlichen Tatsachen enthält.

6.6 Die Begründung

(Vgl. *M. Villiger,* Die Pflicht zur Begründung von Verfügungen, in ZBl 1989, 137 ff)

Die Rechtsprechung zur Frage der Begründungspflicht ist geprägt vom Bemühen, einen Ausgleich zu finden zwischen dem aus Art. 4 BV abgeleiteten Minimalstandard und den praktischen Bedürfnissen des Verwaltungsalltags. Die praktische Seite überwiegt: Die Gerichte verlangen in der Regel nur, dass der Betroffene **irgendwie** von den Entscheidungsgründen erfährt und stellen keine starren inhaltlichen oder formellen Regeln auf.

GR • *PVG 1992, 114: Die sich aus Art. 4 BV ergebenden Mindestanforderungen an die Begründung gelten auch, wenn untergeordnetes Recht ausdrücklich ein Verfügen ohne Begründung vorsieht.*

6.6.1 Form

Bund • *BGE 113 II 205: Die Begründung einer Verfügung kann auch in einem Verweis auf vorangegangene Schreiben bestehen, wenn diese zuverlässige Kenntnis von den Entscheidgründen vermitteln.*

• *BGE 98 Ia 465, BJM 1987, 109: Die Begründung muss nicht schriftlich sein.*

• *VPB 1994, 464: Begründungen auf Formularen sind zulässig, doch sollen sie den inhaltlichen Anforderungen genügen und keine (nicht angekreuzten) für den Entscheid unmassgeblichen Textteile enthalten.*

AR • *GVP 1991, 2: Das ganze Dispositiv muss begründet werden.*

• *GVP 1989, 2: Die Begründungspflicht erstreckt sich auf die tatsächlichen und rechtlichen Entscheidungsgrundlagen.*

6.6.2 Inhalt

Direkt aus Art. 4 BV (vgl. *Imboden/Rhinow/Krähenmann* Nr. 85 und *Kölz/Häner* Rz 156) sowie aus den meisten Verfahrensgesetzen ergibt sich die Pflicht, Entscheide «angemessen» zu begründen. Dies bedeutet, dass dem Adressaten die **Tragweite des Entscheids erkennbar** sein muss und er **in voller Kenntnis der Gründe ein Rechtsmittel soll ergreifen können.** Es müssen nur die für das Ergebnis wesentlichen Gründe erläutert werden.

Die Begründung hat **umso ausführlicher** zu sein, **je einschneidender oder komplexer** ein Fall und **je grösser der** (Ermessens- oder Beurteilungs-) **Spielraum der Behörde** ist. Die Begründungspflicht gilt nicht nur für die Eingriffsverwaltung, sondern auch bei leistungsgewährenden Verfügungen.

Bund
- *BGE 118 Ib 134: Bei Nichteintreten auf ein Begehren muss insbesondere auch diese formelle Seite begründet werden.*

- *BGE 117 Ib 493: Die Begründung muss sich mit den wesentlichen Vorbringen der Betroffenen auseinandersetzen.*
  Der Entscheid stützt sich nicht auf Art. 4 BV, sondern auf das eidgenössische VwVG, dürfte aber generelle Bedeutung haben.

- *BGE 112 Ia 110: Die «Begründungsdichte» ist von den Umständen des Einzelfalls und den Interessen der Beteiligten abhängig. Die Begründung kann sich auf die für den Entscheid wesentlichen Punkte beschränken. Je mehr Spielraum die Behörde auf Grund von Ermessen oder unbestimmter Rechtsbegriffe hat, desto ausführlicher hat die Begründung zu sein. Je mehr die Behörde den Spielraum nutzt, indem sie «an seine Grenzen geht», desto genauer muss die Begründung sein (AGVE 1992, 384).*

- *VPB 1993, 50: Ein Brief betr. Streichung eines mit unbefriedigenden Resultaten an seiner Dissertation arbeitenden Doktoranden von der Doktorandenliste ist eine Verfügung. Die Begründung, kein Professor wolle ihn betreuen, ist ungenügend, da der primäre Grund der Streichung darin liegt, dass ihn sein bisheriger Betreuer nicht mehr betreuen will. Dessen Motive sind als Begründung zu nennen.*

- *VPB 1987, 190 betr. Begründung von Prüfungsergebnissen.*

- *VPB 1986, 356 betr. Protokollierung von mündlichen Prüfungen.*

GR
- *PVG 1991, 202: Die Begründung kann rudimentär sein, wenn dem Betroffenen die Gründe aus vorhergehender Korrespondenz bekannt sind.*

- *PVG 1991, 36: Standardbegründungen, die nicht auf die für den betroffenen Fall wesentliche Frage eingehen, sind ungenügend.*

- *PVG 1990, 39: Die Begründungspflicht gilt auch bei abschlägigen Submissionsentscheiden.*

- *RPR 1991/1992, 125: Bei Submissionsentscheiden genügt eine stichwortartige Begründung, wofür die Regierung eine Mustervorlage «erlassen» hat.*

- *RPR 1987/1988, 103: Werden die wesentlichen Entscheidgründe genannt, muss sich die Behörde nicht mit allen Parteivorbringen einlässlich auseinandersetzen. Der Anspruch auf Begründung ist bei offensichtlich unbegründeten Einwänden gewahrt, wenn sie auf Grund vorhergehender Verhandlungen bekannt ist, in casu infolge verschiedener Telefongespräche, persönlicher Vorsprachen und Korrespondenzen.*

LU
- *LGVE 1993, 323: Auch Nebenbestimmungen sind zu begründen.*

OW
- *VVGE 1991 und 1992, 117: Wenn das Gesetz klare Voraussetzungen für eine Rechtsfolge definiert, ist in der Begründung auf sie einzugehen. Die Begründung darf sich nicht auf allgemeine Erwägungen beschränken.*

ZH
- *RB 1986, 153: Bei einer Bauverweigerung sind alle wesentlichen Tatsachen und Vorschriften, die der Bewilligung entgegenstehen, im baurechtlichen Entscheid anzugeben.*

Die Praxis lässt in folgenden Fällen **Ausnahmen** oder **Einschränkungen** der Begründungspflicht zu:

– Die Behörde **entspricht dem Antrag** voll, und die Verfügung greift nicht in Rechte Dritter ein.

– Bei besonderer **Dringlichkeit.** Der Entscheid soll aber mindestens die anwendbaren Vorschriften nennen, und die ausführliche Begründung ist nachzuliefern. Die Rechtsmittelbelehrung muss in einem solchen Fall klarmachen, dass die Frist zur Anfechtung erst mit Zustellung der Begründung zu laufen beginnt.

– Bei öffentlichen **Geheimhaltungsinteressen** (VPB 1994, 224 betr. gefälschter Beweismittel).

Die Verletzung der Begründungspflicht kann insbesondere auch den Verlust des von der nächsten Instanz zu respektierenden Ermessensspielraums zur Folge haben (ZH RB 1991, 27).

6.7 Das Dispositiv

Das Dispositiv kann am Anfang oder am Schluss der Verfügung stehen. Es soll **kurz und klar** sein. Die erste Ziffer bei der Behandlung eines Gesuchs sollte z.B. immer lauten:

- «Auf das Gesuch wird nicht eingetreten.» oder
- «Das Gesuch wird abgewiesen.» oder
- «Das Gesuch wird (teilweise) gutgeheissen.»

Falls ein Gesuch mehrere Anträge enthält, kann eine Differenzierung nötig sein, die ebenfalls **keine Zweifel offenlassen darf,** z.B.:

- «Auf den Antrag (...) wird nicht eingetreten, im übrigen wird das Gesuch abgewiesen.»

Bund • *BGE 117 V 13: Beispiel dafür, was für Komplikationen sich ergeben, wenn das Dispositiv nicht klar zum Ausdruck bringt, ob ein Gesuch abgewiesen oder darauf nicht eingetreten wurde.*

AG • *AGVE 1988, 234: Alles, was verbindlich geregelt sein soll, gehört ins Dispositiv. Verweis auf eine beiliegende Liste akzeptiert, aber nicht «tunlich».*

TG • *TVR 1990, 160: Die Anordnung «(...) sämtliche Bäume, welche zu nahe an der Grenze gewachsen sind, zu fällen», ist zu ungenau, zumal auch die Begründung keine Präzisierung liefert.*

ZH • *RB 1989, 128: Nach dem «Bestimmtheitsgebot» ist dem Verfügungsempfänger mit genügender Bestimmtheit mitzuteilen, was er zu tun hat. Die Verpflichtung zum ordnungsgemässen «Unterhalt» eines schützenswerten, baufälligen Gebäudes ist zu ungenau. Der Betroffene hat Anspruch auf einen Entscheid, dem er entnehmen kann, welche pflegerischen Vorkehren er treffen darf und muss.*

• *RB 1982, 44: Im Dispositiv eines Nichteintretensentscheids können (bezüglich der nicht anhandgenommenen Punkte) per definitionem keine materiellrechtlichen Anordnungen getroffen werden wie beispielsweise die Verpflichtung einer Partei zu einer Leistung.*

6.8 Die Rechtsmittelbelehrung

(Vgl. *Imboden/Rhinow/Krähenmann* Nr. 86, *Stadelwieser* 190 ff)

Unter Geltung des VwVG des Bundes (Art. 35), d.h. für alle **Bundesbehörden** und **letztinstanzlich gestützt auf Bundesrecht verfügende kantonale Behörden** (Art. 1 VwVG) **muss** jede mit einem ordentlichen Rechtsmittel anfechtbare Verfügung eine Belehrung über das zulässige Rechtsmittel, die Frist, dessen Inhalt (Antrag und Begründung) sowie die Adresse, an die es zu richten ist, enthalten. Fehlt die Rechtsmittelbelehrung, so darf daraus dem

Adressaten kein Nachteil erwachsen, d.h. in der Regel beginnt die Rechtsmittelfrist nicht zu laufen, und die Verfügung kann nicht vollzogen werden.

Für **andere Behörden** gilt diese Pflicht gemäss bundesgerichtlicher Rechtsprechung nicht, was in der Literatur mit guten Gründen kritisiert wird (vgl. *Imboden/Rhinow/Krähenmann* Nr. 86 B I). Das Anbringen einer Rechtsmittelbelehrung ist in allen Fällen zu empfehlen und entspricht heute auch weitgehend geübter Praxis.

Bund • *BGE 98 Ib 341: Schreibt das Gesetz keine Rechtsmittelbelehrung vor, hat die Behörde eine konstante Praxis zu verfolgen, d.h. entweder immer oder nie eine solche anzubringen.*

Schwierigkeiten ergeben sich für die Verwaltung insbesondere dort, wo das Rechtsmittel unklar oder seine Zulässigkeit unsicher ist, beispielsweise bei **Zwischenentscheiden** (in der Regel anfechtbar, wenn ein nicht leicht wieder gutzumachender Nachteil glaubhaft gemacht wird). Die Behörde hat das anwendbare Verfahrensrecht im Einklang mit allenfalls vorhandener Gerichtspraxis auszulegen und eine Rechtsmittelbelehrung anzubringen, wenn sie zur Ansicht gelangt, ein Weiterzug sei zulässig. Hinweise betr. Anfechtbarkeit von Zwischenentscheiden ergeben sich insbesondere aus der reichhaltigen Rechtsprechung des Bundesgerichts zu Art. 87 OG, an die sich in der Regel auch die kantonale Praxis anlehnt (vgl. z.B. ZH RB 1993, 35).

Auch aus einer **unrichtigen** oder **unvollständigen** Rechtsmittelbelehrung darf dem Betroffenen kein Nachteil erwachsen (BGE 115 Ia 19). Fehlt z.B. die Frist, so wird auch auf einen verspäteten Rekurs noch eingetreten. Eine falsche Rechtsmittelbelehrung kann sogar (z.B. bei unklarer gesetzlicher Lage), dazu führen, dass eine an sich nicht gegebene Anfechtungsmöglichkeit entsteht (BGE 117 Ia 297, 114 Ia 105, Gegenbeispiel: BGE 111 Ia 280).

Bund • *BGE 120 Ib 186: Ergreift der Adressat fristgerecht das richtige Rechtsmittel, ist ihm aus der fehlenden Rechtsmittelbelehrung kein Nachteil erwachsen.*

FR • *BR 1991 Nr. 142: Vertrauen eines Verfügungsadressaten geschützt in die unrichtige Auskunft der verfügenden Behörde über eine gesetzliche Rechtsmittelfrist.*

ZH • *RB 1984, 23: Fehlt einer Gebührenrechnung die Rechtsmittelbelehrung, kann ein allenfalls zuviel bezahlter Betrag auch nach Ablauf der Rechtsmittelfrist bis zum Eintritt der Verjährung noch zurückgefordert werden.*

Die Rechtsmittelbelehrung sollte auch dann nicht unterbleiben, wenn davon ausgegangen werden kann, dass ein Weiterzug nicht erfolgen wird oder kann, beispielsweise wenn den Anträgen eines Gesuchstellers voll entsprochen wird. Höchstens als Ausnahme kann deshalb ZH RB 1987, 78 zugestimmt werden, wonach Entscheide, die sich mit der Steuererklärung decken, oder denen der Pflichtige im Laufe des Verfahrens schriftlich zugestimmt hat, ohne Rechtsmittelbelehrung ergehen können. Es sind auch in solchen Fällen schützenswerte Gründe für einen Weiterzug denkbar.

6.9 Die Unterschrift

(Vgl. *Imboden/Rhinow/Krähenmann* Nr. 84 B III, *Stadelwieser* 48 ff, *Benno Degradi:* Die automatisierte Verwaltungsverfügung, Diss. Zürich 1977)

Die Frage, ob die Unterschrift Gültigkeitserfordernis ist, wurde von Lehre und Praxis noch nicht eindeutig beantwortet (verneinend *Stadelwieser* 63). Zur Sicherheit und m.E. auch höflichkeitshalber sollten die Verfügungen jedenfalls unterschrieben werden. Für Fälle, in denen dies, beispielsweise bei Massenverfügungen, **unpraktikabel** erscheint, wird heute weitgehend auf das Erfordernis verzichtet. Es empfiehlt sich aber, die genaue Rechtslage auf Grund der anwendbaren kantonalen und allenfalls kommunalen Vorschriften und der neuesten Gerichtspraxis abzuklären vor Erlass einer nicht unterschriebenen Verfügung. Angesichts der technischen Entwicklung ist anzunehmen, dass das Erfordernis weiter gelockert wird.

Bund
- *BGE 112 V 87: Zulässigkeit nicht unterschriebener mittels EDV erstellter Verfügungen auf dem Gebiete der AHV/IV.*
- *BGE 108 V 232: Für Rentenverfügungen der IV ist die Unterschrift nicht Gültigkeitserfordernis.*
- *VPB 1992, 26: Eine mit Faksimile-Stempel «unterschriebene» Verfügung ist nicht «fehlerhaft», jedenfalls nicht nichtig.*

GR
- *PKG 1992, 137: Bei massenweise mit Hilfe des Computers erstellten gleichartigen Verfügungen kann auf das strenge Erfordernis der Unterschrift zur Anerkennung als Rechtsöffnungstitel verzichtet werden, wenn die Verfügung klar von der Rechnung getrennt ist und für den Steuerpflichtigen klar ist, welche Amtsstelle welche Forderung geltend macht, und dass die Verfügung vollstreckt werden kann, wenn sie nicht angefochten wird.*
- *PKG 1985, 214: Der Umstand, dass eine Verfügung des Gemeinderates nur die Unterschrift des Gemeindepräsidenten und nicht (wie gesetzlich vorgeschrieben) auch diejenige des Aktuars trägt,*

ist eine blosse Ordnungswidrigkeit, welche an der Gültigkeit der Verfügung nichts ändert.

NW • *NGVP 1986-1987, 150: Im NW Steuerrecht ist es üblich und zulässig, dass (als Verfügungen angesehene!) Steuerrechnungen als nicht unterzeichnete «Formularentscheide» ergehen.*

TG • *TVR 1991, 124: Nur das an den Hauptbetroffenen gerichtete Exemplar muss original unterzeichnet sein; an die übrigen Adressaten können Kopien verschickt werden.*

ZH • *ZR 1994, 191: Die Unterschrift ist nicht Gültigkeitserfordernis für Verwaltungsverfügungen, die in grosser Zahl auf elektronischem oder mechanischem Weg erlassen werden.*

Wer für die Behörde unterzeichnen kann, bestimmt das Gesetz; im Zweifel sind es der Präsident und der Protokollführer.

AR • *GVP 1988, 52: Wenn das Gesetz nicht bestimmt, wer eine Verfügung zu unterzeichnen hat, kann die Behörde dies bestimmen. Praxis, wonach die Unterschrift des Aktuars genügt, zulässig.*

6.10 Die Eröffnung

6.10.1 Allgemeine Grundsätze

Die Eröffnung eines Entscheids ist eine **empfangsbedürftige aber nicht annahmebedürftige einseitige Rechtshandlung** (ZH RB 1982, 113). Das anwendbare Verfahrensrecht bestimmt, wie die Verfügung dem Betroffenen zu eröffnen ist. Das Bundesgericht hat aus der Verfassung gewisse Mindestanforderungen abgeleitet. Eine mangelhafte Eröffnung führt aber, wenn dem Betroffenen daraus kein Nachteil erwächst, nicht notwendigerweise zur Aufhebung der Verfügung (VPB 1994, 463).

Bund • *BGE 120 Ib 187: Erfolgt keine formelle Eröffnung, beginnt die Rechtsmittelfrist erst zu laufen, wenn der Adressat tatsächlich von der Verfügung Kenntnis erhält.*

Natürlich hat der Text der Eröffnung mit dem Protokoll des Beschlusses übereinzustimmen.

ZH • *RB 1982, 43: Stimmen Protokoll und eröffneter Text nicht überein, indem gemäss Protokoll auf teilweise Gutheissung, gemäss Eröff-*

6.10

nung aber auf Abweisung erkannt wurde, ist die eröffnete Fassung «nicht ergangen» (aber mit Rücksicht auf die Rechtssicherheit nicht nichtig, sondern nur anfechtbar!) und der (protokollierte) Entscheid mangels Eröffnung noch nicht rechtswirksam.

M.E. wäre bezüglich der gar nicht beschlossenen Fassung klarerweise auf Nichtigkeit zu erkennen, insbesondere da sie zuungunsten des Betroffenen von der tatsächlich Beschlossenen abweicht.

Der **Beweis,** dass und wann eine Verfügung zugestellt wurde, obliegt der Verwaltung.

Bund
- *BGE 109 Ib 343: Der Stempel einer eigenen (in casu privaten) Frankaturmaschine ersetzt den Poststempel nicht als Beweis für das Datum der Aufgabe.*
- *BGE 105 III 46: Der Beweis kann auch mit Indizien erbracht werden.*

GR
- *RPR 1987/1988, 156: Wurde eine Verfügung irrtümlich uneingeschrieben versandt, ist im Zweifel auf das vom Empfänger behauptete Eingangsdatum abzustellen, auch wenn die Behauptung «nicht gerade überzeugend» ist.*

Hat der Betroffene einen bevollmächtigten **Vertreter,** ist die Verfügung diesem zu eröffnen (Art. 11 Abs. 3 VwVG, VPB 1988, 323), ist dies nicht möglich, an die Partei selbst (SG GVP 1989, 179).

ZH
- *RB 1985, 89: Sendet der Vertreter eine Verfügung unter Niederlegung des Mandats und mit der Bitte um direkte Zustellung an die Behörde zurück, hat die Behörde nach Treu und Glauben entweder diesem Begehren zu entsprechen oder dem Pflichtigen die Ablehnung mitzuteilen.*

Wird die Verfügung nur der Partei selbst und nicht ihrem Vertreter eröffnet, darf der Partei daraus kein Nachteil erwachsen (BGE 113 Ib 296).

Selbstverständlich ist die Verfügung **jedem** einzelnen **Adressaten** zu eröffnen.

ZH
- *RB 1983, 95: Eine nur einem Miteigentümer eröffnete Pfandrechtsverfügung gilt als nicht eröffnet und entfaltet keinerlei Rechtswirkungen.*

Nicht Betroffenen ist die Verfügung nicht zuzustellen, da andernfalls das Amtsgeheimnis verletzt wird. Die Zustellung an andere Amtsstellen ist zwar ohne gesetzliche Grundlage zulässig, muss aber durch ein öffentliches Interesse geboten sein.

SZ
- *EGV 1990, 102: Eine SVG-Verwarnung soll nicht der Polizeistelle am Wohnort des Verwarnten zugestellt werden.*

Zur Zustellung an Adressaten im **Ausland** vgl. ausführlich *Stadelwieser* 195 ff.

ZH
- *RB 1983, 84: Die Zustellung von Verfügungen ins Ausland darf nur auf Grund staatsvertraglicher Regelung oder mit Bewilligung oder Duldung der ausländischen Behörden erfolgen.*

6.10.2 Zustellformen

Es kommen in Frage:

a) Zustellung des schriftlichen Entscheids **per Post** (Regelfall)

Bund
- *BGE 98 Ia 137: Bei wissentlicher, grundloser Annahmeverweigerung ist schon der Zustellversuch als gültige Eröffnung anzusehen.*
- *VPB 1992, 23: Die Sendung hat eingeschrieben zu erfolgen, ansonsten das Eröffnungsdatum unklar bleibt.*

GR
- *PVG 1986, 193: Die Verfügung gilt als zugestellt, wenn sie in den Verfügungsbereich des Adressaten gelangt, auch wenn sie nicht von ihm selber, sondern von einer anderen in seinem Haushalt lebenden Person angenommen wird.*

ZH
- *RB 1986, 78: Die Zustellung kann als schuldhaft verhindert und damit (gemäss anwendbarer gesetzlicher Regelung) als erfolgt gelten, wenn der Betroffene länger abwesend ist und ihm nach den Umständen zuzumuten gewesen wäre, für eine Nachsendung zu sorgen oder der Behörde die Adressänderung anzuzeigen.*
- *RB 1981, 25: Die Formgültigkeit einer Postzustellung bestimmt sich nach der Verordnung (1) zum Postverkehrsgesetz. Demnach gilt eine Sendung als zugestellt, wenn sie ein mindestens 16 Jahre alter Hausgenosse entgegennimmt.*

Eröffnungen per **Fax** entsprechen nach (noch?) vorherrschender Auffassung grundsätzlich nicht dem Erfordernis der Schriftform (anders *Stadelwieser* 103).

b) die **mündliche** Eröffnung (allenfalls zusätzlich zur Zustellung)

c) Die **Veröffentlichung** in einem amtlichen Blatt: Sie ist dort erforderlich, wo Vereinigungen (z.B. für Natur- und Heimatschutz) zur Ergreifung eines Rechtsmittels befugt sind (VPB 1994, 105; 1988, 353).

d) **Ersatzformen** bei Unauffindbarkeit etc.

Bund
- *BGE 119 Ib 430: Jede Verfügung kann ins Ausland durch Veröffentlichung in einem amtlichen Blatt zugestellt werden, wenn die Voraussetzungen von Art. 36 VwVG erfüllt sind.*

- *BGE 107 V 187: Wer sich während eines hängigen Verfahrens von seinem Adressort entfernt und auf die Zustellung eines behördlichen Akts während seiner Abwesenheit mit einer gewissen Wahrscheinlichkeit gefasst sein muss, hat geeignete Vorkehren für die Zustellbarkeit desselben zu treffen. Der Postrückbehaltungsauftrag ist keine taugliche Vorkehr. Die Zustellung gilt als erfolgt an dem Datum, an welchem die Sendung bei der aufbewahrenden Poststelle eintraf.*
Der Fall betraf einen Anwalt!

ZH
- *RB 1985, 86: Bei wissentlicher Annahmeverweigerung gilt schon der blosse Zustellungsversuch als Eröffnung.*

- *RB 1983, 24: Misslingt die Zustellung, ist sie zu wiederholen, ausser bei schuldhafter Verhinderung durch den Adressaten.*

6.11 Zusammenfassung

Zusammenfassend lässt sich sagen, dass eine Verfügung mindestens folgende Elemente enthalten sollte, um gültig und damit rechtswirksam zu sein:

– Datum

– Name und Adresse der verfügenden Behörde

– Namen der am Entscheid beteiligten Personen

– Name und Adresse des Adressaten

– Titel («Verfügung» und ev. Kurzbeschreibung des Gegenstands)

– Dispositiv

– kurze Zusammenfassung des wesentlichen Sachverhalts

– Begründung: Darstellung der wesentlichen Entscheidgründe und Eingehen auf relevante Parteivorbringen
– Rechtsmittelbelehrung
– Unterschrift

7. Exkurs: Der Abschluss von Verträgen durch die Verwaltungsbehörde

(Vgl. zu diesem Thema, insbesondere zur Frage, wann die Vertragsform anstelle der Verfügung gewählt werden soll, Sergio Giacomini, Verwaltungsrechtlicher Vertrag und Verfügung im Subventionsverhältnis «Staat – Privater», Diss. Freiburg 1992)

Verträge gehören nicht zum Thema dieser Arbeit. Sie sind **keine Verfügungen.** Mit einem Vertrag kann aber unter Umständen das gleiche erreicht werden wie mit einer Verfügung, oder der Vertrag kann eine solche ergänzen. Verträge können ein Mittel sein, um Nachteile der Verfügung, z.B. drohende Rechtsmittelverfahren, zu vermeiden oder Verfahren zu beschleunigen (vgl. z.B. AGVE 1991, 201 betr. freiwillige Beitragsleistungen anstelle langwierigen Verfügens) und anstehende Fragen ohne unverhältnismässigen Aufwand zu lösen (BGE 105 Ia 210 betr. Erschliessungsvereinbarung). Es besteht somit ein **enger Zusammenhang** zwischen Verfügung und verwaltungsrechtlichem Vertrag, weshalb ein Verweis auf die Literatur sowie die Nennung der wichtigsten Grundsätze mit praktischen Beispielen hier angebracht erscheint.

Die **Abgrenzung zur Verfügung** besteht darin, dass diese ein **einseitiger** (wenn auch oft auf Antrag erfolgender oder zustimmungsbedürftiger) Verwaltungsakt ist, währenddem ein Vertrag durch **Austausch** übereinstimmender Willenserklärungen zustande kommt (vgl. dazu SZ EGV 1994, 7).

Vom Vertragsschluss als privatrechtlichem oder öffentlichrechtlichem **rechtsgeschäftlichem** Handeln streng zu unterscheiden ist der **Entscheid der Behörde, einen Vertrag einzugehen.** Dieser kann in Ausnahmefällen als Verfügung betrachtet oder wenigstens den für Verfügungen gegebenen Anfechtungsmöglichkeiten unterworfen werden (SH AOG 1994, 129; SOG 1990, 142). Jedenfalls handelt es sich um einen **einseitigen** Verwaltungsakt, der (wenn die unten 9. beschriebenen Voraussetzungen gegeben sind) auch widerrufbar ist (vgl. bezüglich Submission BR 1991/4 Nr. 147). Im Gegensatz dazu **ist der Vertrag selbst nicht widerrufbar,** sondern kann allenfalls vor einem Zivil- oder Verwaltungsgericht angefochten werden (s. unten n).

Die Standardwerke äussern sich zum Vertragsabschluss durch Verwaltungsbehörden reichhaltig, aber leider teilweise etwas verwirrlich:

– *Imboden/Rhinow/Krähenmann* Nr. 46 ff (mit weiteren Literaturangaben)

– *Gygi* 206 ff

– *Häfelin/Müller* Rz 843 ff (mit weiteren Literaturangaben)

– *Knapp* Nr. 1486 ff

7.

Die nachfolgend genannten wichtigsten Grundsätze und zugehörigen Beispiele sollen eine erste Orientierung ermöglichen:

a) Es ist zu unterscheiden zwischen **öffentlichrechtlichen** und **privatrechtlichen** Verträgen des Gemeinwesens (zur Abgrenzung Privatrecht – öffentliches Recht vgl. *Schwarzenbach* Tafel 10). Massgeblich ist, welchem Rechtsgebiet die im Vertrag geregelte Materie zugehört.

Bund
- *BGE 116 Ib 244: Verträge betr. Enteignungsobjekte, die nach Beginn des Enteignungsverfahrens (beim Autobahnbau nach Auflage des Ausführungsprojekts, BGE 114 Ib 142) abgeschlossen werden, sind öffentlichrechtlich, solche, die vorher abgeschlossen werden, privatrechtlich. Eine öffentliche Beurkundung ist bei Letzteren nötig, (BGE 112 II 110) bei Ersteren nicht (BGE 102 Ia 560, AGVE 1993, 202).*

- *BGE 112 Ib 35: Ein Pachtvertrag über eine nicht Bestandteil des Verwaltungsvermögens bildende Wiese zwischen Gemeinde und privatem Bauer ist privatrechtlicher Natur.*

- *BGE 111 Ib 154: Subventionsverträge sind öffentlichrechtlicher Natur.*

- *BGE 109 II 76: Konzessionsverträge (in casu betr. Kiesabbau auf Boden des Gemeinwesens) sind öffentlichrechtlicher Natur.*

- *VPB 1993, 25: Zwecks Ermöglichung der Einreise in die Schweiz abgegebene Garantieerklärung eines Hilfswerks als privatrechtlicher Vertrag zugunsten Dritter (Art. 120 OR) der Einreisewilligen mit dem Hilfswerk. Massgebliche Kriterien:*
  - *beide Parteien sind Privatrechssubjekte*
  - *Bestreitung der Lebensunterhalts- und allfälliger Betreuungskosten sind nicht primär eine öffentliche Aufgabe*
  - *keine Verpflichtung zum Vertragsabschluss.*

AR
- *GVP 1988, 86: Gaslieferung in casu privatrechtlich beherrscht, da Spielraum für die Tarifgestaltung besteht, auch wenn er nur «in besonderen Fällen» als Abweichung von festgelgten Tarifen gewährt und in der Praxis kaum benützt wird.*
Das gegenteilige Ergebnis wäre hier wohl auch vertretbar.

BE
- *BVR 1984, 110: Der Vertrag zwischen den Städten Biel und Solothurn über den Betrieb des Städtebundtheaters ist öffentlichrechtlicher Natur auf Grund der Statuten des Zweckverbands für das Städtebundtheater und weil sein Betrieb dem in der Gemeindeordnung umschriebenen Aufgabenbereich der Stadt Biel zugehört.*

7.

BL
- *BLVGE 1987, 58: Gebäudeversicherungsverträge in casu privatrechtlich, da die betroffene Wasserschadenversicherung freiwillig ist.*

GR
- *PVG 1989, 33: Die Verpachtung von zum Nutzungsvermögen der Gemeinde gehörendem Boden ist privatrechtlicher Natur.*

- *PVG 1989, 18: Die Anstellungsverträge der Ärzte mit dem Kantonsspital sind öffentlichrechtlich, da sie unmittelbar der Erfüllung öffentlicher Aufgaben dienen.*

- *PVG 1985, 31: Die Verpachtung von Boden des Finanzvermögens einer Gemeinde an einen Landwirt ist privatrechtlicher Natur. Weder der Abschluss des Vertrages mit einem Bewerber noch die Ablehnung eines solchen ist eine Verfügung.*

OW
- *VVGE 1990 und 1991, 133: Öffentlichrechtlicher Dienstbarkeitsvertrag über die Freihaltung einer Fläche für ein Trottoir.*

SZ
- *EGV 1991, 85: Wasserlieferungsverhältnis in casu öffentlichrechtlich mangels Spielraum bei der Gestaltung der Konditionen. Durchsetzung der Zahlung auf dem Verfügungsweg.*

- *EGV 1990, 10: Vertrag über die Aufnahme in einem öffentlichen Pflegeheim in casu privatrechtlich, da bei der Bestimmung der Taxen ein Spielraum besteht.*

VS
- *BR 1/94 Nr. 76: Der Vertrag zwischen einer Gemeinde und einem Bürger über Bau und Unterhalt einer öffentlichen Strasse ist öffentlichrechtlich, weil die strassenmässige Erschliessung eine öffentliche Aufgabe ist.*

ZG
- *GVP 1985/86, 113: Wasserbezugsverhältnis in casu öffentlichrechtlich, da eine öffentliche Aufgabe erfüllt wird und die Gebühren in einer Verordnung festgelegt sind.*

ZH
- *RB 1990, 28: Verträge über die Erschliessung als öffentlichrechtlich qualifiziert, weil im einen Fall der Vertrag dem Vollzug eines vom Regierungsrat genehmigten Quartierplans diente und im anderen Fall die Gemeinde als Vertragspartei beteiligt war.*

- *ZBl 1986, 410: Vertrag über grössere Mengen Brauchwasser zur industriellen Nutzung privatrechtlicher Natur, da keine öffentliche Aufgabe und Abschluss beidseits freiwillig. Dass die Parteien für Streitigkeiten den öffentlichrechtlichen Weg vorsehen, ist wegen der zwingenden Natur der Zuständigkeitsvorschriften unbeachtlich.*

b) **Privatrechtliche Verträge** sind nur in ganz bestimmten Fällen, die aber grosse Bereiche der Verwaltungstätigkeit abdecken, zulässig:
- administrative Hilfstätigkeit (z.B. Einkauf von Büromaterial etc.)
- Verwaltung des Finanzvermögens
- Teile der Leistungsverwaltung und der Wettbewerbswirtschaft

Auch beim privatrechtlichen Handeln hat die Behörde die **verfassungsmässigen Rechte und Grundsätze** zu beachten (s. oben 4.4.1.4). Im übrigen werden die privatrechtlichen Verträge hier nicht behandelt.

c) Bei den öffentlichrechtlichen Verträgen sind die koordinationsrechtlichen (zwischen Personen des öffentlichen Rechts oder zwischen Privaten) von den hier allein interessierenden **subordinationsrechtlichen Verträgen** (zwischen Gemeinwesen und Privaten) zu unterscheiden.

d) Der Abschluss von subordinationsrechtlichen Verträgen ist **grundsätzlich zulässig**. Das Gesetz muss diese Möglichkeit nicht ausdrücklich vorsehen. Es genügt, wenn der Abschluss von Verträgen nach Wortlaut oder Sinn und der Zweck nicht ausgeschlossen wird. Grenzfälle sind beispielsweise Verträge über raumplanerische Massnahmen, die in der Praxis in gewissen Fällen geduldet werden.

BL
- *BLVGE 1991, 148: Unzulässigkeit vertraglicher Regelung des Entgelts für Arbeitsleistungen in Untersuchungshaft.*

GR
- *PVG 1988, 154: Verträge über die Entbindung von öffentlichrechtlichen Abgaben sind ohne besondere gesetzliche Grundlage zulässig, wenn vom Privaten eine mindestens gleichwertige Gegenleistung erbracht wird.*

ZH
- *RB 1993, 19: Verständigungen des Steuerkommissärs mit dem Betroffenen über den rechtserheblichen Sachverhalt (pauschal geltend gemachte Aufwendungen) sind auch ohne gesetzliche Grundlage zulässig.*

- *ZBl 1984, 63: Vertragliche Regelungen über einzelne Rechte und Pflichten, die ihrer Natur nach nur schwer durch Verfügung festgelegt werden können, sind auch zulässig im Bereich des öffentlichen Dienstverhältnisses, das auf dem Verfügungsweg begründet wird. Eine besondere gesetzliche Ermächtigung ist dazu nicht nötig.*

e) Der Vertrag ist durch die **in der Sache zuständige Behörde** abzuschliessen.

f) Der subordinationsrechtliche Vertrag bedarf der **Schriftform**. Für die Übertragung von öffentlichem Grundeigentum ist (soweit der Übergang nicht von Gesetzes wegen stattfindet wie beispielsweise im Enteignungsverfahren, BGE 102 Ia 560 AGVE 1993, 202) die zivilrechtliche Form der öffentlichen Beurkundung notwendig (ZBl 1986, 498).

g) **Vertragspartei** sollten alle sein, die im Falle einer Verfügung zur Ergreifung eines ordentlichen Rechtsmittels berechtigt wären.

h) Das Gemeinwesen darf **nichts erzwingen, was**

– dem Gesetz widerspricht oder

– sich nicht wenigstens mittelbar auf eine gesetzliche Grundlage zurückführen lässt oder

– in unverzichtbare Rechtsstellungen des Bürgers eingreift (AGVE 1991, 163).

Es darf insbesondere nicht die Gewährung einer Leistung oder Bewilligung, auf die der Betroffene einen Anspruch hat, mit einem Zugeständnis verknüpft werden, welches das Gemeinwesen nicht erzwingen könnte.

ZH • *ZBl 1984, 63: Die Verwaltungsbehörde ist beim Abschluss öffentlichrechtlicher Verträge gleichermassen an das materielle Recht gebunden, wie wenn sie eine Verfügung erlassen würde.*

SZ • *EGV 1994, 194: Es ist unzulässig, von Bewerbern im Submissionsverfahren den vertraglichen Verzicht auf das gesetzlich vorgesehene Rechtsmittel zu verlangen.*

i) Andererseits darf **auch nicht zugunsten des Betroffenen** von den gesetzlichen Vorschriften abgewichen werden (VPB 1995, 319).

k) Die **verfassungsmässigen Rechte** sind zu wahren, insbesondere Rechtsgleichheit, Treu und Glauben etc.

(Vgl. dazu *Ralph Malacrida*, Der Grundrechtsverzicht, Diss. Zürich 1992 und *Imboden/ Rhinow/Krähenmann* Nr. 67 B I a)

SZ • *EGV 1994, 197: Der im Ermessen der Behörde liegende Vergabeentscheid in einem Submissionsverfahren ist aufzuheben, wenn er sich auf keine sachliche Begründung stützt, sich als willkürlich erweist oder gegen Treu und Glauben verstösst.*

l) Verträge haben **befristet** zu sein. «Ewige» Verträge sind entweder ungültig oder können nach angemessener Dauer gekündigt werden.

Bund • *BGE 113 II 211: Die entschädigungslose Kündigung eines auf ewige Zeiten abgeschlossenen privatrechtlichen Wasserlieferungsvertrags zwischen zwei Gemeinden ist zulässig, nachdem er während 63 Jahren erfüllt wurde und die von der Gegenpartei getätigten Investitionen seit mehr als 22 Jahren amortisiert sind.*

BE • *BVR 1994, 457: Weitergeltung eines Vertrags aus dem Jahre 1759 mangels förmlicher Kündigung und angesichts wiederholten vertrauensbegründenden Verhaltens.*

GR • *PVG 1994, 148: Steuerausgleichsvertrag zwischen zwei Gemeinden bezüglich ein Zementwerk. In casu Auflösung nach 37 Jahren noch nicht geboten, sondern bei Erschöpfung der Zementgewinnung, aber spätestens nach 50 Jahren. Ausführliche Erörterung verschiedener Kriterien.*

• *PVG 1986, 104: Ein unbefristet vertraglich eingeräumtes Wassernutzungsrecht ist nach einer den Umständen angemessenen Zeitdauer (in casu 100 Jahre) kündbar.*

m) Die **Auslegung** hat nach den im Privatrecht geltenden Regeln zu erfolgen (Vertrauensgrundsatz, BGE 103 Ia 509). Im Zweifelsfall ist zu vermuten, dass die Behörde die öffentlichen Interessen wahren wollte und dies dem Vertragspartner bewusst war, was allerdings nicht bedeutet, dass immer diejenige Auslegung gilt, die dem öffentlichen Interesse besser dient (BGE 101 Ib 82, GR PVG 1988, 156).

n) Die **Rechtswirkungen** entsprechen grundsätzlich jenen privatrechtlicher Verträge, insbesondere gilt der an sich selbstverständliche Grundsatz, dass auch öffentlichrechtliche Verträge **zu halten** sind (und somit auch von allen Parteien zwangsweise durchgesetzt werden können). Namentlich können sie entgegen GR PVG 1989, 97 bei nachträglicher Rechtsänderung, ja m.E. sogar bei ursprünglicher Mangelhaftigkeit, nicht einfach nach den für Verfügungen geltenden Regeln widerrufen werden. Vielmehr ist im ersten Fall, sollte das öffentliche Interesse derart stark überwiegen, dass ein Vertragsbruch als zulässig erscheint (und wenn Rechtsänderungen nicht ausdrücklich vorbehalten wurden), der Betroffene zu entschädigen, und im zweiten Fall hat eine Anfechtung vor dem zuständigen Gericht zu erfolgen, ausser es liege Nichtigkeit vor.

Bund • *BGE 105 Ia 210: Widerrechtliche öffentlichrechtliche Verträge sind nur unter qualifizierten Voraussetzungen ungültig. Mangels entsprechender Rüge prüfte das Bundesgericht nicht, ob das gewählte Vorgehen (Erlass einer Verfügung über die Zahlungspflicht aus dem vom Privaten als ungültig angesehenen Vertrag) zulässig war.*

7.

- *BGE 103 Ia 514: Eigentliche widerrechtliche Abgabevergünstigungsverträge sind ungültig, ev. sogar nichtig. Hingegen kann der Vertrauensgrundsatz die Bindung an eine an sich widerrechtliche Gebührenvereinbarung gebieten, die im Rahmen eines grösseren Vertragswerks abgeschlossen wurde, von der beide Parteien annahmen, sie sei rechtlich zulässig, und die Bestandteil der Standortwahl eines Unternehmens war.*

AG
- *ZBl 1986, 138: Eine Gesetzesänderung und das Interesse an der sofortigen Durchsetzung des neuen Rechts rechtfertigen die Zerstörung der Vertragsbindung nicht, insbesondere wenn der Betroffene seine Leistungspflicht aus dem Vertrag schon weitgehend erfüllt hat.*

Im übrigen werden mangels öffentlichrechtlicher Regelungen privatrechtliche Institute beigezogen, wobei allerdings die öffentlichrechtliche Natur des Vertrags zu beachten und die privatrechtliche Regelung nötigenfalls entsprechend zu modifizieren ist. (Vgl. dazu auch die umfangreiche Rechtsprechung zur Submission, der Vergabe von Sondernutzungskonzessionen, der Wahl bzw. Nichtwahl von Beamten und ähnliches öffentlichrechtliches, aber im freien Ermessen der Behörde stehendes «privatrechtsnahes» Handeln, für das dieselben Grundsätze gelten.)

Bund
- *VPB 1985, 322: Der Staat darf nicht ausstehende Gehaltszahlungen mit Schadenersatzforderungen aus Beamtenhaftung verrechnen.*

- *ZBl 1986, 497 und 131 (AG): Ensprechend der Situation im Privatrecht kann sich eine Partei nicht auf einen Formmangel berufen, wenn sie den Vertrag freiwillig und irrtumsfrei erfüllt oder die Erfüllung der anderen Partei angenommen hat.*

BE
- *BVR 1986, 340: Die Verjährung öffentlichrechtlicher Forderungen wird im öffentlichen Recht (im Unterschied zum Privatrecht!) von Amtes wegen beachtet. Verjährte Forderungen kann das Gemeinwesen nicht zur Verrechnung bringen, weil die im Privatrecht für diese Möglichkeit sprechenden Gründe für das Gemeinwesen nicht gelten.*

OW
- *ZBl 1993, 231: Anwendung der «clausula rebus sic stantibus», wonach ein Anspruch auf Änderung oder Aufhebung des Vertrags bestehen kann, wenn sich seit Vertragsabschluss die Verhältnisse unerwartet ganz erheblich geändert haben.*

o) Durch verwaltungsrechtliche Verträge können **wohlerworbene Rechte** (vgl. oben 4.4.5.1) begründet werden, welche auch bei Rechtsänderungen

7.

nur auf dem Enteignungswege (d.h. insbesondere gegen Entschädigung) entzogen werden können.

p) Über die **Vollstreckung** des Staates gegen den Privaten und umgekehrt besteht keine einheitliche Meinung. In der Regel ist zuerst ein Vollstreckungstitel zu schaffen. Dies hat, wo es das massgebliche Verfahrensrecht vorsieht, durch Klage (in der Regel bei einem Verwaltungsgericht) zu erfolgen (vgl. oben 3.2). Wenn das Gesetz dies nicht vorsieht, ist eine Verfügung zu erlassen, welche dann gemäss den dafür geltenden Regeln vom Betroffenen angefochten und vom Gemeinwesen vollstreckt werden kann, so im Bundesverwaltungsrecht seit der Änderung von Art. 116 OG vom 1.1.94.

Ansprüche auf Geld- oder Sicherheitsleistungen sind auf dem Wege des SchKG zu vollstrecken, wobei sich das Gemeinwesen natürlich nur dann selbst die Rechtsöffnung erteilen kann, wenn die Durchsetzung auf dem Verfügungsweg zulässig ist (SZ EGV 1991, 160), s. dazu unten 8.

8. Die Verfügung als Rechtsöffnungstitel

(Für weitere Beispiele vgl. *E. Brügger,* SchKG, Schweizerische Gerichtspraxis 1946-1984 S. 269 ff und derselbe, Nachträge 1984–1991 S. 88 f; *Panchoud/Caprez,* Die Rechtsöffnung, Zürich 1980 § 122 ff)

Die Vollstreckung von Verfügungen, die eine Geld- oder eine Sicherheitsleistung in Geld zum Gegenstand haben, hat auf dem Wege der Schuldbetreibung zu geschehen. Diese beginnt bekanntlich mit Zahlungsbefehl und Rechtsvorschlag. Zur Beseitigung des Rechtsvorschlags ist im Rechtsöffnungsverfahren ein Rechtsöffnungstitel vorzulegen. Zur **definitiven Rechtsöffnung** berechtigen gemäss Art. 80 f SchKG ausser Urteilen auch im gleichen Kanton oder von Bundesbehörden (BGE 107 III 60, 109 V 46, VPB 1987, 81) ergangene «**Beschlüsse und Entscheide der Verwaltungsorgane,** welche der Kanton vollstreckbaren gerichtlichen Urteilen gleichstellt». In den meisten Kantonen besteht eine generelle Grundlage, die alle Verwaltungsverfügungen zu definitiven Rechtsöffnungstiteln erklärt.

GR • *PKG 1992, 139: Die Befugnis, eine als definitiver Rechtsöffnungstitel geltende Verfügung zu erlassen, konnte von einem Gemeindegesetz an eine privatrechtliche Organisation delegiert werden (Einziehen von Kabel-TV-Gebühren durch die Tele-Rätia AG).*

Gemäss dem Konkordat über die Gewährung gegenseitiger Rechtshilfe zur Vollstreckung öffentlicher Ansprüche vom 20.12.1971 (SR 281.22), dem alle Kantone beigetreten sind, gilt dies (unter gewissen zusätzlichen Voraussetzungen) auch für ausserkantonale Verfügungen.

Damit betritt die Verfügung als Erscheinung des Verwaltungsrechts quasi fremdes Territorium und hat sich zusätzlich an die dort geltenden Regeln zu halten. Für die Anerkennung einer Verfügung als Rechtsöffnungstitel bestehen deshalb teilweise andere Voraussetzungen als für ihre Rechtmässigkeit und Durchsetzbarkeit im Verwaltungsrecht. Sie sind vorwiegend formeller Natur und teils strenger, teils weniger streng.

Es stehen der Behörde grundsätzlich zwei Wege offen, die Rechtsöffnung, d.h. die Möglichkeit der Fortsetzung der Betreibung nach einem Rechtsvorschlag, zu bewirken. Welcher in welchem Fall zur Anwendung gelangen kann, bestimmt das kantonale Verfahrensrecht; zu konsultieren ist insbesondere auch das jeweilige Einführungsgesetz zum SchKG.

a) Durchlaufen des **Rechtsöffnungsverfahrens**, Vorlegen der Verfügung als Rechtsöffnungstitel:

AG • *AGVE 1993, 70: Der mit einer Rechtskraftbescheinigung versehene Auszug aus dem Bundessteuerregister genügt zur definitiven Rechtsöffnung.*

BL • *Amtsbericht des Obergerichts 1991, 51: Grundsätzlich wird der Inhalt der Verfügung vom Rechtsöffnungsrichter nicht überprüft. Ausnahme: Nichtige Verfügungen berechtigen nicht zur Rechtsöffnung.*

LU • *LGVE 1994, 48: Die Vollstreckbarkeit muss mittels Rechtskraftbescheinigung nachgewiesen sein oder sich aus den Umständen ergeben (in casu bejaht, da der Schuldner keine Anfechtung behauptet und seit dem Erlass längere Zeit verstrichen ist).*

b) **Erteilung der Rechtsöffnung durch die Behörde selbst**

Ist eine Betreibung bereits eingeleitet, kann die nachträglich erlassene Verfügung die Rechtsöffnung selbst anordnen und so ohne selbständiges Rechtsöffnungsverfahren zur Fortsetzung der Betreibung berechtigen. Die Verwaltungsbehörde wird dadurch zum Rechtsöffnungsrichter!

Bund • *BGE 119 V 331: Das Dispositiv der Verfügung hat mit Bestimmtheit auf die hängige Betreibung Bezug zu nehmen und ausdrücklich zu erklären, der Rechtsvorschlag werde vollumfänglich oder in einer bestimmten Höhe beseitigt.*

• *BGE 115 III 96: Der Rechtsvorschlag kann nur von einer Behörde beseitigt werden, die selbst auch zur definitiven Verfügung der Höhe der Forderung befugt ist.*

• *VPB 1987, 81: Das Dispositiv muss eine bestimmte Geldsumme zusprechen, auf eine bestimmte Betreibung Bezug nehmen und ausdrücklich den Rechtsvorschlag aufheben.*

GR • *PVG 1994, 167: Rechtsöffnung darf nicht höher als dem im Betreibungsbegehren veranlagten Umfang erteilt werden.*

SZ • *EGV 1991, 160: Die Rechtsöffnung durch die Verwaltungsbehörde ist nur dort möglich, wo diese zum Erlass der zu Grunde liegenden Verfügung befugt ist, nicht aber bei der Durchsetzung vertraglicher Rechte, wenn diese auf dem Klageweg zu geschehen hat.*

Gemäss Art. 43 SchKG wird für öffentlichrechtliche Forderungen, die «öffentlichen Kassen» geschuldet sind, **nur auf Pfändung, nicht auf Konkurs** betrieben. Ausnahme: Bei Zahlungseinstellung kann auch das Gemeinwesen auf Konkurs betreiben (Art. 190 SchKG, LGVE 1991, 56).

8.

Das eigentliche **Betreibungsverfahren** folgt dem SchKG und ist für den Verwaltungsbeamten wegen seiner für diesen ungewohnten **Formstrenge** nicht ohne Tücken. An dieser Stelle sei ohne Anspruch auf Vollständigkeit auf einige Punkte, die Gegenstand von Gerichtsurteilen wurden, hingewiesen:

AG
- *AGVE 1986, 39: Nichtigkeit einer Betreibung, wenn ein Amt statt das Gemeinwesen als «Gläubiger» angegeben wird.*

BE
- *BVR 1993, 500: Vor der Verfügung entstandene Betreibungskosten können nicht auf den Schuldner überwälzt werden, da nach Berner Recht eine Betreibung vor Verfügungserlass unnötig ist.*

GR
- *PKG 1993, 71: Soll für Verzugszinsforderungen definitive Rechtsöffnung erteilt werden, müssen der Beginn des Fristenlaufs und die Höhe des Zinssatzes sich direkt aus dem Gesetz ergeben – jedenfalls wenn es sich nicht um einen geringfügigen, leicht feststellbaren und liquiden (?) Betrag handelt – und in einer vollstreckbaren Verfügung auferlegt worden sein.*

- *PKG 1992, 137: Bei massenweise mit Hilfe des Computers erstellten gleichartigen Verfügungen kann auf das strenge Erfordernis der Unterschrift zur Anerkennung als Rechtsöffnungstitel verzichtet werden, wenn die Verfügung klar von der Rechnung getrennt ist und für den Steuerpflichtigen klar ist, welche Amtsstelle welche Forderung geltend macht, und dass die Verfügung vollstreckt werden kann, wenn sie nicht angefochten wird.*

LU
- *LVGE 1994, 46: Die Betreibungseingaben können durch den für die verfügende Dienststelle Zeichnungsberechtigten unterschrieben werden.*

- *LGVE 1990, 55: Bestehen mehrere Schulden, muss die in Betreibung zu setzende bezeichnet werden, ansonsten sie sich nach Art. 86 f OR bestimmt.*

SZ
- *EGV 1994, 131: Soll eine Verfügung als Rechtsöffnungstitel gelten, ist auch nachzuweisen, dass sie nicht angefochten wurde («Rechtskraftbescheinigung») oder die Rechtsmittelfrist unbenutzt verstrichen ist. Erging ein Rechtsmittelentscheid, ist auch dieser vorzulegen.*

Ob die Verfügung oder ein Rechtsmittelentscheid den eigentlichen Rechtsöffnungstitel bildet, wird von der Art des Rechtsmittels und des Entscheids abhängen: Ist beispielsweise die Rechtsmittelinstanz auf das Rechtsmittel nicht eingetreten, bleibt die Verfügung Rechtsöffnungstitel, wurde sie aber aufgehoben und die Sache von der Rechtsmittelinstanz neu entschieden, wird es dieser Entscheid.

9. Wiedererwägung, Widerruf, Revision, Aufhebung

Normalerweise wird eine Verfügung erlassen, dann allenfalls angefochten, ev. aufgehoben und andernfalls vollstreckt. Mit Ablauf der Rechtsmittelfrist ist sie «formell und materiell rechtskräftig» (besser: vollstreckbar und rechtsbeständig, vgl. unten 11.1) und damit für die Behörde und die Adressaten unabänderlich (GR PVG 1990, 212). Von diesem Grundsatz abweichend gibt es aber zahlreiche Situationen, in denen die Behörde eine solche Verfügung wieder abändern oder aufheben will oder soll. Die **Terminologie** in den Gesetzen, Gerichtsentscheiden und Lehrbüchern ist dazu leider **alles andere als einheitlich und klar** (so auch BGE 113 Ia 150). Es soll hier der Versuch gewagt werden, dem Praktiker mit einer vereinfachenden, aber überschaubaren Systematik zu dienen. Für eine vertiefte Betrachtung sei auf die ausführlichen Kapitel zu diesem Thema in allen Lehrbüchern verwiesen.

Die Erscheinungsform, zu der diesem Leitfaden etwas entnommen werden will, ist daher zunächst gemäss der nachstehend beschriebenen Terminologie einzuordnen. Diese Einordnung (d.h. der hier verwendete Begriff) kann abweichen vom Begriff, den das anwendbare Gesetz verwendet.

Nachfolgend wird unterschieden zwischen

- Änderungen oder Aufhebungen, welche die Behörde aus eigenem Antrieb bzw. auf Grund einer gesetzlichen Pflicht (jedenfalls **ohne Zutun des Betroffenen**) auslöst («**Widerruf**») und andererseits

- solchen, welche **auf Antrag des Betroffenen** erfolgen (die formlose «**Wiedererwägung**» und das ausserordentliche Rechtsmittel der «**Revision**»).

Schliesslich kommt in diesem Kapitel noch die «**Aufhebung**» durch eine **Rechtsmittelinstanz** zur Sprache.

Im Sozialversicherungsrecht und im Steuerrecht gelten eigene Regeln (vgl. z.B. BGE 119 V 475), weshalb hier keine Entscheide aus diesem Spezialgebiet aufgeführt werden, soweit ihnen nicht allgemeine Bedeutung zukommt.

Die nachstehend beschriebenen Grundsätze gelangen nur bei Verfügungen zur Anwendung; andere, **unverbindliche Äusserungen** wie z.B. Rechnungen für Leistungen des Gemeinwesens (ZH RB 1992, 29), können, soweit nicht Treu und Glauben (oder andere allgemeine Rechtsgrundsätze) verletzt werden, frei abgeändert werden. Nicht in Frage kommen Wiedererwägung, Widerruf oder Revision nach dem Abschluss von (Vergleichs-) **Verträgen**.

9.1.

Diese sind in aller Regel (d.h. unter Vorbehalt des anwendbaren Verfahrensrechts) vor Gericht anzufechten (vgl. BGE 114 Ib 75).

Vor jeder Änderung einer Verfügung, die dem Adressaten oder Dritten rechtserhebliche Nachteile bringt, ist ihnen das **rechtliche Gehör** zu gewähren (AGVE 1988, 396).

Die Änderung von Verfügungen während hängiger Rechtsmittelfristen oder -verfahren kann durch das anwendbare Verfahrensrecht beschränkt sein (vgl. z.B. Art. 58 Abs. 1 VwVG, BGE 107 V 191, GR RPR 1987/1988, 195).

Bei schweren, dauernden Eingriffen kann eine **ständige Überprüfung** des Weiterbestehens der Voraussetzungen nötig sein (GR RPR 1991/1992, 37 betr. Vormundschaft).

9.1 Wiedererwägung

Dieses Institut wird in der Regel in den Verfahrensgesetzen erwähnt, von der Praxis aber auch dort zugelassen, wo dies nicht der Fall ist.

Die Frage, unter welchen Voraussetzungen die Stellung eines Wiedererwägungsgesuchs zulässig ist, deckt sich für die betroffene Verwaltungsbehörde mit derjenigen, ob sie darauf materiell einzutreten hat. Folgende Gründe berechtigen zum **Nichteintreten:**

a) Der Gesuchsteller war im ursprünglichen Verfahren nicht zur **Rechtsmittelerhebung** befugt (BGE 109 Ib 251).

b) **Zeitablauf:** Beispielsweise werden in der Regel Resultate einer mündlichen Prüfung nicht in Wiedererwägung gezogen, weil der Verlauf der Prüfung den Examinatoren schon kurze Zeit später nicht mehr so gegenwärtig ist, dass sie alle Umstände mitberücksichtigen können. Stattdessen kann eine (kassatorische) Revision stattfinden und die Prüfung wiederholt werden.

Bund • *BGE 113 Ia 154 betr. Beeinflussung eines Abstimmungsergebnisses: Auch wenn das Verfahrensrecht dazu nichts bestimmt, soll nicht jeder noch so weit zurückliegende Formfehler zur Wiedererwägung führen können. Bei schwerwiegenden, verborgen gehaltenen Mängeln sind diese Fristen aber lang und nach knapp zwei Jahren noch keinesfalls abgelaufen*

c) Der in Wiedererwägung zu ziehende Entscheid wurde von einer **Rechtsmittelinstanz** erlassen (SZ EGV 1994, 134).

Allgemein soll natürlich das Institut der Wiedererwägung nicht zur Umgehung der gesetzlichen Rechtsmittelfristen missbraucht werden. Als Faustregel kann daher gelten, dass die Behörde auf ein Wiedererwägungsgesuch nur dann eintreten soll, wenn eine plausible Erklärung dafür vorgebracht wird, warum die erhobenen Einwände nicht mittels eines ordentlichen Rechtsmittels geltend gemacht wurden.

GR • *PVG 1985, 218: Mangels gesetzlicher Regelung der Wiedererwägung die Vorschriften über die Revision angewandt. Die Behörde ist zum Nichteintreten auf ein Wiedererwägungsgesuch berechtigt, wenn kein Revisionsgrund vorliegt.*

In folgenden Fällen wurde eine **Pflicht zum Eintreten,** d.h. zur materiellen Prüfung und Beurteilung angenommen (GR PVG 1993, 224):

a) Gesetzliche **Vorschrift**

b) Ständige Verwaltungs**praxis** (BGE 100 Ib 371)

c) Ausnahmsweiser Anspruch aus Art. 4 BV (rechtliches Gehör, *Häfelin/Müller* Rz 1426), im wesentlichen bei Vorliegen eines **Revisionsgrundes**

Bund • *BGE 113 Ia 151: Die Behörde ist dann verpflichtet, sich mit einem Wiedererwägungsgesuch zu befassen, wenn die Umstände sich seit dem ersten Entscheid wesentlich geändert haben, oder wenn der Gesuchsteller erhebliche Tatsachen und Beweismittel namhaft macht, die ihm im früheren Verfahren nicht bekannt waren oder die schon damals geltend zu machen für ihn rechtlich oder tatsächlich unmöglich war oder keine Veranlassung bestand.*

GR • *PVG 1993, 216: Kein Eintreten auf ein Wiedererwägungsgesuch, wenn das erst spätere Entdecken von Tatsachen auf mangelnde Sorgfalt der Partei zurückzuführen ist.*

• *RPR 1987/1988, 199: Der Nachweis einer abweichenden Sach- oder Rechtslage ist Eintretensvoraussetzung zum ausserordentlichen Rechtsbehelf des «Widerrufs» nach Art. 10 VVG GR.*

e) Bei **Dauerverfügungen**, wenn sich die Sach- oder Rechtslage geändert hat.

BE • *BVR 1993, 247: Rechtsänderung im Ausländerrecht gibt Anspruch auf Neubeurteilung des Status.*

In allen übrigen Fällen kann die Behörde auf Grund einer **Abwägung** zwischen dem Interesse des Betroffenen an einer Abänderung der Verfügung einerseits und dem öffentlichen Interesse an deren Aufrechterhaltung andererseits Eintreten oder Nichteintreten beschliessen. Obwohl nach allgemeiner Auffassung «kein Anspruch auf materielle Prüfung» besteht, können Nichteintretensentscheide angefochten werden. Andernfalls wären die in bestimmten Fällen gewährten Ansprüche auf materielle Behandlung (s. oben) illusorisch (anders OW VVGE 1989 und 1990, 18: Nichteintreten ist keine Verfügung, wenn kein Anspruch auf Wiedererwägung besteht).

Wenn die Behörde auf das Gesuch eintritt, hat sie grundsätzlich die gleichen Überlegungen anzustellen wie beim erstmaligen Erlass einer Verfügung; in die Erwägungen einzubeziehen ist aber auch die Tatsache, dass bereits einmal verfügt wurde. Dies kann beispielsweise bei anderen Betroffenen berechtigtes Vertrauen erweckt oder andere rechtliche oder tatsächliche Folgen ausgelöst haben. Wird das Wiedererwägungsgesuch gutgeheissen, ist eine neue, anfechtbare Verfügung zu erlassen (BGE 116 V 62).

9.2 Widerruf

(Vgl. *Imboden/Rhinow/Krähenmann* Nr. 41 und 45, *Häfelin/Müller* Rz 806 ff)

Wer die Lehrbücher und Entscheide zu diesem Thema studiert, wird von einer ziemlichen Verwirrung erfasst. Nachstehend werden zunächst diejenigen Fälle aufgelistet, in denen ein Widerruf jedenfalls als zulässig bzw. als unzulässig angesehen wurde. Danach folgen Beispiele, in denen keine solche eindeutige Situation vorliegt, und die deshalb auf Grund einer Interessenabwägung gelöst werden müssen. Es gelten dieselben Voraussetzungen, ob die Verfügung von der entscheidenden Behörde selbst oder von der Aufsichtsbehörde widerrufen wird (BGE 107 Ib 35).

Der Widerruf **ursprünglich fehlerfreier** (insbesondere Dauer-)Verfügungen wird auch «**Anpassung**» genannt *(Imboden/Rhinow/Krähenmann* Nr. 45).

Entscheide über den Widerruf (auch dessen Verweigerung) haben in Verfügungsform zu ergehen und sind anfechtbar (BE BVR 1992, 386, zustimmend BR 3/93 Nr. 201).

9.2.1 Umstände, die zum Widerruf berechtigen

In folgenden Fällen ist die Behörde berechtigt (und in der Regel auch verpflichtet) eine Verfügung zu «widerrufen»:

a) Wenn die Verfügung **nichtig** ist (*Imboden/Rhinow/Krähenmann* Nr. 40 und Nr. 41 B I b 1.); vgl. dazu unten 10.

Es handelt sich hier nicht um einen eigentlichen Widerruf, denn eine nichtige Verfügung existiert ja rechtlich gar nicht und kann somit genau genommen auch nicht widerrufen werden.

b) Berichtigung von **Kanzleifehlern** (*Imboden/Rhinow/Krähenmann* Nr. 44). Also solche werden angesehen:

– Schreibfehler
– Rechnungsfehler
– Mangelnde Unterzeichnung

c) Widerruf **fehlerhafter belastender Nebenbestimmungen**

d) Widerruf entsprechend einem **Vorbehalt**, den die Behörde in der Verfügung ausdrücklich und zulässigerweise gemacht hat.

Bund • *BGE 119 Ib 99: Zulässiger Vorbehalt der Aufhebung des Amtes bei der Wahl des Beamten.*

• *BGE 117 V 221: Änderungsvorbehalt im Reglement einer Personalfürsorgestiftung.*

AG • *AGVE 1993: Abgrenzung zwischen auflösender Bedingung und Widerrufsvorbehalt. Auch bei einem Vorbehalt hat dem Widerruf eine Interessenabwägung voranzugehen.*

ZH • *RB 1988, 84: Unzulässigkeit eines Widerrufsvorbehalts in einer Steuerverfügung.*

e) Vorliegen eines **Revisionsgrundes** (s. unten 9.3)

Bund • *BGE 119 Ib 417: Widerruf einer Aufenthaltsbewilligung wegen nachträglich entdeckter Scheinehe.*

• *BGE 112 Ib 161: Täuschung der Behörde (Art. 9 Abs. 4 ANAG).*

f) Der Widerruf ist **gesetzlich vorgesehen**. Falls es sich um eine «kann»-Vorschrift handelt, hat die Behörde eine Interessenabwägung vorzunehmen (BGE 112 Ib 477).

Bund • *BGE 118 II 328: Schreibt das Gesetz den Widerruf einer unbenutzten Bewilligung nach Ablauf einer Frist vor, und gewährt es der Behörde dabei kein Ermessen und auch keine Möglichkeit zur Fristverlängerung, hat der Widerruf unabhängig von den für die Verzögerung geltend gemachten Gründen zu erfolgen.*

g) Aufhebung oder Anpassung von **Dauerverfügungen**, wenn deren Voraussetzungen weggefallen sind.

Bund
- *BGE 106 Ib 255: Kollektivfahrzeugausweise sind zu entziehen, wenn die Voraussetzungen zu deren Erteilung nicht mehr gegeben sind. Dies kann auch bei Einführung einer strengeren Praxis der Fall sein. Da die Bewilligungserteilung keine wohlerworbenen Rechte begründet und dem Widerruf keine besonderen Gründe oder überwiegenden Interessen entgegenstehen, darf eine solche Praxisänderung auch gegenüber den bestehenden Bewilligungsinhabern angewendet werden ohne dass sich in den tatsächlichen Verhältnissen etwas geändert hat.*
- *BGE 102 Ib 363: Entzug der Bewilligung zum Betrieb einer Hühnerfarm, wenn zuviele Tiere gehalten werden.*

GR
- *RPR 1993/94, 33: Entscheide der Vormundschaftsbehörden betr. Ausübung des Besuchsrechts können aus hinreichenden Gründen den veränderten Verhältnissen angepasst werden.*
- *RPR 1989/90, 205: Entzug des Waffenhändler-Patents, wenn der neue Geschäftsinhaber nicht über die nötige Ausbildung verfügt (in casu jedoch nicht entscheidrelevant, da das Patent sowieso dem früheren Geschäftsführer persönlich erteilt worden war).*

ZH
- *RB 1986, 189: Bei der Überprüfung von Dauerverwaltungsakten (Bewilligung für den Aufschub der Wirtschaftsschlussstunde) ist in der Regel das geltende neue Recht anzuwenden.*
- *RB 1984, 178: Die Baubehörde kann nachträglich die in der Baubewilligung festgesetzte Zahl der Parkplätze erhöhen, wenn sich dies aus polizeilichen Gründen als nötig erweist.*

h) Rechtswidrig (gewordene) Verfügungen, von denen **noch kein Gebrauch gemacht** worden ist. Dem ist der Fall gleichzustellen, dass gebaut wird, obwohl wegen krasser Verfahrensmängel (z.B. völliges Übergehen der Ausschreibung und Profilierung bei der Bewilligung einer Tankstelle) mit einem Widerruf gerechnet werden muss.

i) Erschleichen der Bewilligung durch **falsche Angaben** (BGE 102 Ib 363)

h) ev. **Zeitablauf**:

Bund
- *BGE 105 Ia 315: Widerruf im Jahr 1977 einer Verfügung, in der 1959 und bestätigend 1967 die Überbaubarkeit eines Landstücks zugesichert wurde, zulässig, nachdem auf Grund neuer Beurteilung das Landstück als schützenswert angesehen wird und keine*

besonderen Gründe (wohlerworbenes Recht, umfassendes Verfahren, Dispositionen) dem Widerruf entgegenstehen.

- *ZBl 1995, 518: Zulässigkeit des Widerrufs einer Baubewilligung nach vorheriger Androhung, wenn nach dem Aushub einer Baugrube während vier Jahren nichts mehr unternommen wurde. (Das anwendbare Baugesetz kennt keine Frist für die Bauvollendung.)*
- *BR 1/93 Nr. 69: Zulässiger Widerruf einer unbefristeten Rodungsbewilligung, von der nach 16 Jahren noch kein Gebrauch gemacht worden war. Entscheidend war allerdings, dass inzwischen neues Recht in Kraft getreten war, das nur noch befristete Rodungsbewilligungen zulässt, so dass nicht grundsätzlich über die Frage entschieden wurde, ob der Zeitablauf allein zum Widerruf berechtigt hätte.*

M.E. ist in solchen Fällen zuerst eine Frist anzusetzen mit der Androhung, dass danach die Bewilligung widerrufen wird.

i) **Zustimmung** des Betroffenen

Bund
- *BGE 106 Ib 152: Wird eine Bewilligung nicht benützt, sondern ein abgeändertes Gesuch eingereicht, so ersetzt die neue Bewilligung die alte. Will der Bewilligungsempfänger dann doch die erste Variante verwirklichen, hat er das Bewilligungsverfahren erneut zu durchlaufen, zumal wenn gegenüber der ersten Bewilligung nicht unwesentliche Abweichungen bestehen.*

9.2.2 Umstände, die nicht zum Widerruf berechtigen

GR
- *PVG 1981, 42: Die nachträgliche Umwandlung einer Auflage in eine Bedingung ist nur unter den für den Widerruf von Verfügungen geltenden Voraussetzungen zulässig.*
- *PVG 1980, 66: Ein für den Betroffenen nicht erkennbarer Irrtum der Behörde berechtigt nicht zum Widerruf, insbesondere, wenn er bereits Dispositionen getroffen hat.*

VD
- *BR 3/93 Nr. 158: Die vor Bewilligungserteilung erfolgte, aber noch nicht in Kraft stehende und im Bewilligungsverfahren von der Behörde nicht angerufene Änderung eines Reglements berechtigt nicht zum späteren Widerruf.*

ZH
- *RB 1982, 117: Eine Praxisänderung berechtigt nicht zu einem Nachsteuerverfahren.*

- *ZBl 1983, 140: Auch ein Vorentscheid kann von der Behörde nur unter den für den Widerruf von Verfügungen geltenden Voraussetzungen rückgängig gemacht werden.*

9.2.3 «Unwiderrufbare» Verfügungen

«Unwiderrufbar» steht hier in Anführungszeichen, weil in den nachstehend genannten Fällen (abgesehen vom ersten) ein **Widerruf** unter ganz qualifizierten Voraussetzungen **doch zulässig** sein kann (vgl. *Häfelin/Müller* Rz 813), aber in der Regel nur gegen Entschädigung und allenfalls in einem besonderen (Enteignungs-)Verfahren.

a) Das **Gesetz** verbietet den Widerruf

b) **Wohlerworbene Rechte:** Insbesondere können Verträge (s. oben 4.4.5.1 und 7.) selbstverständlich nicht einfach widerrufen werden. Dies hat grundsätzlich auch dann zu gelten, wenn sich die Rechtslage seit Vertragsabschluss geändert hat (anders GR PVG 1989, 97).

Bei Submissionen ist der Vergabeentscheid als möglicherweise anfechtbarer und (wenn die hier beschriebenen Voraussetzungen gegeben sind) auch widerrufbarer Verwaltungsakt zu unterscheiden vom abgeschlossenen privatrechtlichen Werkvertrag, der nicht widerrufen, sondern allenfalls nach den Regeln des OR angefochten werden kann (vgl. BR 1991/4 Nr. 147).

c) Verfügungen mit **nicht mehr rückgängig zu machenden Folgen,** beispielsweise solche, die Bedingung für das Zustandekommen eines privatrechtlichen Vertrags sind oder bei denen der Schutz von Treu und Glauben den Widerruf verbietet.

d) Verfügungen, die in einem **Gerichtsentscheid** (oder von der vorgesetzten Behörde) bestätigt wurden.

Bund • *Die Verwaltung ist nicht befugt, eine Verfügung, über welche der Richter materiell entschieden hat, wegen zweifelloser Unrichtigkeit in Wiedererwägung zu ziehen.*

GR • *PVG 1983, 171: Ein Urteil des Verwaltungsgerichts kann nicht durch eine spätere Verfügung der Behörde abgeändert werden.*

e) Entscheide, die auf Grund eines «eingehenden **Einsprache- und Ermittlungsverfahrens**» ergangen sind.

Bund • *BGE 107 Ib 35: Ist eine Baubewilligung nach Durchführung eines Ermittlungs- und Einspracheverfahrens, in welchem die sich gegenüberstehenden Interessen allseitig zu prüfen und gegeneinander abzuwägen waren, erteilt worden, so ist der Widerruf nur zulässig, wenn eine schwere Verletzung eines besonders wichtigen öffentlichen Interesses vorliegt.*

f) Abschliessende **gesetzliche Regelung**

Bund • *BGE 120 Ib 193: Art. 41 des BüG (SR 141.0) regelt die Nichtigerklärung einer erleichterten Einbürgerung abschliessend, weshalb kein Raum bleibt für die Anwendung der allgemeinen Widerrufsregeln.*

M.E. ein im Ergebnis möglicherweise richtiger Entscheid, dessen Begründung aber eine wenig überzeugende Verbindung zwischen der Nichtigkeit und dem Widerruf herstellt. Es hätte auch in Anwendung der allgemeinen Regeln des Widerrufs auf dessen Unzulässigkeit erkannt werden können, da ein blosser Irrtum der Behörde nicht automatisch zu einem solchen berechtigt!

9.2.4 Interessenabwägung

Beim Widerruf von Verfügungen, die nicht gemäss Ziff. 9.2.1 frei widerrufbar oder gemäss Ziff. 9.2.3 «unwiderrufbar» sind, hat die Behörde im Rahmen die verschiedenen entgegenstehenden (und teilweise parallelen) Interessen gegeneinander abzuwägen. Wie bereits erwähnt, sind dabei insbesondere auch solche Interessen zu berücksichtigen, die erst auf Grund des Erlasses und der (möglicherweise vorübergehenden) Geltung der Verfügung entstanden sind, beim ersten Entscheid also noch nicht von Bedeutung waren. Die Interessenabwägung bei einem Widerruf dürfte also regelmässig wesentlich komplexer und anspruchsvoller sein als beim erstmaligen Erlass einer Verfügung.

Bund • *BGE 119 Ia 313: Eigentum, Vertrauensschutz, Rechtssicherheit und finanzielle Interessen gegen Denkmalschutzanliegen.*

• *BGE 115 Ib 152: Auf Grund eines Irrtums (Nichtkenntnis eines kürzlich erfolgten Entzugs) wurde eine unter dem gesetzlichen Minimum liegende Entzugsdauer verfügt. Widerruf in casu zulässig.*

• *BGE 114 Ia 33: Planungsmassnahmen dürfen aus wichtigen Gründen, namentlich auch zwecks Reduktion überdimensionierter Bauzonen, angepasst werden.*

9.2

- *BGE 106 Ib 255: Kollektivfahrzeugausweise sind zu entziehen, wenn die Voraussetzungen zu deren Erteilung nicht mehr gegeben sind. Dies kann auch bei Einführung einer strengeren Praxis der Fall sein. Da die Bewilligungserteilung keine wohlerworbenen Rechte begründet und dem Widerruf keine besonderen Gründe oder überwiegenden Interessen entgegenstehen, darf eine solche Praxisänderung auch gegenüber den bestehenden Bewilligungsinhabern angewendet werden ohne dass sich in den tatsächlichen Verhältnissen etwas geändert hat.*

AG
- *AGVE 1986, 302: Nicht offensichtliche Rechtswidrigkeit einer Baubewilligung (möglicherweise ein Stockwerk zuviel gebaut, abhängig von der Beurteilung von Terrainveränderungen) zwingt nicht zum Widerruf.*

GR
- *PVG 1990, 36: Widerruf eines Zuschlags wegen so wesentlicher Veränderung von Positionen und Mengen, dass auch der Unternehmer nicht mehr an die Offerte gebunden war.*

- *PVG 1987, 81: Wer eine Bewilligung durch falsche Angaben erwirkt hat, kann sich gegen deren Widerruf nicht auf Treu und Glauben berufen.*

- *PVG 1985, 153: Abänderung eines Quartierplans mangels besonderer Vorschriften nach den für den Widerruf von Verfügungen geltenden Regeln entschieden. Änderung bezüglich Verlauf einer irrtümlich unzweckmässig geplanten Strasse zulässig, weil so die Gemeinde grösseren sinnlosen Aufwand vermeiden kann und die Grundeigentümer keine Belastung erfahren.*

SO
- *SOG 1990, 146: Kein Widerruf einer Baubewilligung trotz nachträglich entdeckter Verletzung der Grenzabstandsvorschriften, weil das öffentliche Interesse gering ist und betroffene Private sich mit Mitteln des Zivilrechts zur Wehr setzen können.*

ZH
- *RB 1990, 132: In der Regel kein Widerruf der Baubewilligung, wenn die bewilligten Räume unzulässig genutzt werden.*

- *RB 1989, 50: Widerruf einer zu hohen Besoldungsverfügung für eine Vikarin in casu unzulässig, da diese eine schriftliche Festlegung der Entlöhnung ausdrücklich verlangt und die Arbeit schon erledigt hatte und das öffentliche Interesse an der Einsparung von Fr. 2000.– und der Vermeidung einer Ungleichbehandlung nicht schwer wog.*

- *RB 1988, 140: Widerruf eines Vorentscheids, der einer Gebäudehöhe von 11 Metern statt der Erlaubten von 7,5 Meter zugestimmt hatte, wegen überwiegender öffentlicher Interessen.*
  (Näheres lässt sich der Veröffentlichung leider nicht entnehmen.)
- *RB 1987, 162: Interessenabwägung beim Widerruf einer Baubewilligung wegen nachträglicher Auszonung des Grundstücks (Widerruf in casu unzulässig).*

9.3 Revision

Der Ausdruck «Revision» ist vor allem im Zivil- und Strafprozessrecht üblich. Er bezeichnet dort ein ausserordentliches Rechtsmittel, mit dem ein rechtskräftiger Entscheid bei Vorliegen bestimmter Revisionsgründe angefochten werden kann. So soll er auch hier verwendet werden. Die in den Lehrbüchern zum Teil erwähnte Möglichkeit der Revision von Amtes wegen (d.h. ohne Antrag eines Betroffenen) unterscheidet sich nicht von einem Widerruf und wurde daher oben behandelt.

Die **Revisionsgründe** ergeben sich aus dem anwendbaren Verfahrensrecht. Allenfalls hat die kantonale Praxis weitere Revisionsgründe anerkannt (was im Kanton GR nicht zulässig ist: Laut GR PVG 1990, 226 können im Gesetz nicht erwähnte Revisions- und Wiedererwägungsgründe nur vom Gesetzgeber eingeführt werden). Sieht das anwendbare Verfahrensrecht die Revision nicht vor, wird sich in der Regel über das Institut der Wiedererwägung eine Gerichtspraxis bilden, die im Ergebnis der Revision nahe kommt.

Bund • *BGE 113 Ia 151: Die Behörde ist dann verpflichtet, sich mit einem Wiedererwägungsgesuch zu befassen, wenn die Umstände sich seit dem ersten Entscheid wesentlich geändert haben, oder wenn der Gesuchsteller erhebliche Tatsachen und Beweismittel namhaft macht, die ihm im früheren Verfahren nicht bekannt waren oder die schon damals geltend zu machen für ihn rechtlich oder tatsächlich unmöglich war oder keine Veranlassung bestand.*

Jedenfalls gelten gewisse vom Bundesgericht gestützt auf Art. 4 BV festgelegte Minimalstandards, d.h. beim Vorliegen gewisser Voraussetzungen **muss** jedenfalls eine Revision gewährt werden (*Rhinow/Krähenmann* Nr. 43 B III; BGE 113 Ia 150, 111 Ib 210 betr. direkte Bundessteuer).

Die Revisionsmöglichkeiten werden bei nicht letztinstanzlichen Entscheiden erheblich eingeschränkt, indem gemäss bundesgerichtlicher Rechtsprechung **Revisionsgründe nur zugelassen werden müssen, wenn sie weder im erstinstanzlichen Verfahren noch in einem ordentlichen Rechtsmittelverfahren hätten geltend gemacht werden können.** Da in einem solchen meist alle Einwände zulässig sind, bleibt gegen erstinstanzliche Entscheide zumeist nur der Revisionsgrund der nach Ablauf der Rechtsmittelfristen entdeckten Tatsachen oder Beweismittel (BGE 111 Ib 210). Die Revision wird deshalb (und weil das Verfahrensrecht die Revisionsgründe in der Regel genügend definiert) nachstehend nur summarisch dargestellt.

Gestützt auf gesetzliche Bestimmungen und allgemeine Rechtsgrundsätze wurden in der Gerichtspraxis folgende Revisionsgründe anerkannt:

a) Deliktisches Herbeiführen der Verfügung (in der Regel dürfte eine solche Verfügung nichtig sein)

b) Schwere, offensichtliche **inhaltliche Rechtsmängel**

BL • *BLVGE 1991, 59: Begriff des schweren, offensichtlichen Rechtsmangels als Zwischenstufe zwischen Nichtigkeit und «einfacher Rechtswidrigkeit». In casu verneint angesichts uneinheitlicher Praxis.*

c) Bestimmte **Verfahrensmängel** (BGE 105 Ib 246, 111 Ib 210)

d) Zugrundelegung **aktenwidriger** Tatsachen

Bund • *BGE 111 Ib 210: Nichtberücksichtigung von dem Betroffenen günstigen Tatsachen, die aus den Akten ersichtlich gewesen wären (direkte Bundessteuer).*

e) Vorbringen von erheblichen (BGE 113 Ia 155) **«neuen» Tatsachen oder Beweismittel**, die dem Betroffenen im ersten Verfahren nicht bekannt waren oder die geltend zu machen er keine Veranlassung hatte (BGE 113 Ia 152, 111 Ib 210).

Bund • *BGE 108 V 171: Als «neu» im Sinne eines Revisionsgrundes gelten **Tatsachen**, welche sich zum Zeitpunkt, da sie im Verfahren noch vorgebracht werden konnten, verwirklicht hatten, jedoch dem Revisionsgesuchsteller trotz hinreichender Sorgfalt nicht bekannt waren. **Beweismittel** haben entweder dem Beweis der die Revision begründenden neuen erheblichen Tatsachen oder dem Beweis von Tatsachen zu dienen, die zwar im früheren Verfahren bekannt gewesen, aber zum Nachteil des Gesuchstellers unbewiesen geblieben sind.(...) **Entscheidend** ist ein Beweismittel, wenn angenommen werden muss, es hätte zu einem anderen Resultat geführt, falls* *die Behörde im Hauptverfahren hievon Kenntnis gehabt hätte. Ausschlaggebend ist, dass das Beweismittel nicht bloss der Tatbestandswürdigung sondern der Tatbestandsermittlung dient. Es genügt daher beispielsweise nicht, dass ein neues Gutachten den Sachverhalt anders bewertet; vielmehr bedarf es neuer Elemente **tatsächlicher** Natur, welche die Entscheidungs**grundlagen** als objektiv mangelhaft erscheinen lassen. Auch ist ein Revisionsgrund nicht schon gegeben, wenn die Behörde bereits im Hauptverfahren bekannte Tatsachen möglicherweise unrichtig gewürdigt hat. Notwendig ist vielmehr, dass die unrichtige Würdigung erfolgte, weil für den Entscheid wesentliche Tatsachen nicht bekannt waren oder unbewiesen blieben.*

Der gestützt auf Art 137 lit. b und 135 OG ergangene, für Urteile geltende Entscheid ist leicht gekürzt und auf den Fall der Verfügung angepasst zitiert, die Hervorhebungen sind vom Autor zugefügt.

- *VPB 1987, 141: Bestehen und Grenzen des Rechts und der Pflicht der Behörde, neue Beweismittel auf ihre Echtheit hin zu überprüfen. Nichteintreten bei Fälschung.*

ZH
- *RB 1983, 46: Der Bürger muss sich auf behördliche Angaben über Tatsachen, die seinem Wahrnehmungsbereich weitgehend entzogen sind, verlassen können. Sind sie unrichtig, darf ihm im Revisionsverfahren kein Mangel an Umsicht vorgeworfen werden.*

f) **Behördenfehler**, die nach Treu und Glauben zu einer Revision führen müssen.

g) Nachträgliche Unrichtigkeit bei **Dauerverfügungen** (auch «Anpassung» genannt)

LU
- *LGVE 1993, 322: Die Abweisung eines Gesuchs gilt als negative Dauerverfügung. Neuerstellung eines Hotels mit viel grösserer Nachfrage für einen Bootsanlegeplatz als genügender Grund, die frühere Bewilligungsverweigerung für denselben zu überprüfen.*

ZH
- *RB 1984, 209: Bei Änderung der Bewilligungspraxis kann sich eine Pflicht zum Eintreten auf ein gleichlautendes, früher abgewiesenes Gesuch ergeben.*

Die angerufenen Umstände müssen für den Verfahrensausgang **wesentlich** sein, ansonsten sie keine Revisionsgründe darstellen (VPB 1991, 23).

Auf ein Revisionsgesuch ist nur **einzutreten,** wenn ein anerkannter Revisionsgrund geltend gemacht wird (VPB 1994, 291). Als allgemeine Voraussetzung einer Revision kann zudem ein rechtlich schutzwürdiges Interesse verlangt werden (BGE 114 II 189).

Gewisse Gründe können nach allgemeiner Auffassung (abweichende gesetzliche Regelung vorbehalten) **nicht zu einer Revision führen:**

a) Nachträgliche **Änderung der Praxis** durch die Behörde selbst oder eine übergeordnete Instanz.

BL • *BLVGE 1991, 54: Anspruch auf Eintreten gewährt, wenn schwere Ungleichbehandlung zufolge einer Praxisänderung geltend gemacht wird. In casu verneint (3–4% Lohnunterschied).*

b) Nachträgliche Entdeckung von **Mängeln** der Verfügung, welche **keinen Revisionsgrund** darstellen.

c) **Mangelnde Rechtskenntnis** der Betroffenen (BGE 111 Ib 211).

Auch wenn keine gesetzlichen **Fristen** bestehen, kann ein Revisionsgesuch nicht beliebig lange nach dem Entscheid gestellt werden. Der Grundsatz von Treu und Glauben kann es verbieten, Umstände vorzubringen, die schon mehrere Jahre zurückliegen (ZH RB 1994, 207).

9.4 Aufhebung

Bei den Rechtsmitteln werden **reformatorische** und **kassatorische** unterschieden. Im ersten Fall kann die Rechtsmittelbehörde selbst entscheiden, die erstinstanzliche hat lediglich allenfalls noch Vollzugsaufgaben. In beiden Fällen möglich ist die Aufhebung des Entscheids und Rückweisung zum Neuentscheid.

Bund • *BGE 119 Ia 136: Nach Rückweisung zum Neuentscheid ist in der Regel das rechtliche Gehör nochmals zu gewähren, es sei denn, die Behörde verfüge über keinerlei Beurteilungsspielraum.*

• *BGE 115 Ia 101: Der Anspruch auf rechtliches Gehör wird nicht verletzt, wenn die Behörde nach Rückweisung eines Entscheids über Kosten und Entschädigung den Neuentscheid ohne erneute Anhörung der Parteien fällt, falls sich diese schon im ersten Verfahren in aller Ausführlichkeit äussern konnten.*

• *BGE 112 Ia 353: Die untere Behörde hat sich beim Neuentscheid an die Erwägungen der Rechtsmittelinstanz zu halten. Erwägungen zu gewissen Spielräumen.*

ZH
- *RB 1993, 161: Die untere Behörde hat sich an alle Erwägungen der Rechtsmittelinstanz zu halten. Sie darf nicht beim zweiten Entscheid ein Gesuch verweigern aus Gründen, die gemäss den Ausführungen der Rechtsmittelinstanz nicht zur Aufhebung der Bewilligung geführt hätten.*

- *RB 1992, 149: Ob die Behörde nach Aufhebung und Rückweisung zum Neuentscheid auf Grund eines Rechtsmittels des Adressaten diesen im zweiten Entscheid schlechter stellen darf als im ersten (sog. reformatio in peius) ist umstritten. Verneint für das Steuerverfahren und das Verfahren vor der Schätzungskommission.*

10. Nichtigkeit

(Vgl. *Imboden/Rhinow/Krähenmann* Nr. 40, *Gygi* 306, *Häfelin/Müller* Rz 768 ff)

Wegen **besonders schwerer formeller oder inhaltlicher Fehler** kann eine Verfügung nichtig sein, d.h. sie entfaltet überhaupt keine Rechtswirkungen. Die Nichtigkeit ist jederzeit und von Amtes wegen zu beachten (BGE 115 Ia 1, 118 Ia 340) und gibt einerseits der Verwaltung das Recht, die Verfügung als gegenstandslos zu bezeichnen; ein Widerruf ist wie bereits erwähnt streng genommen nicht nötig *(Rhinow/Krähenmann* Nr. 40 B III d). Andererseits können sich auch die Betroffenen jederzeit (d.h. auch nach Ablauf der Rechtsmittelfristen) auf die Nichtigkeit der Verfügung berufen und sie nicht befolgen, woraus ihnen kein Rechtsnachteil erwachsen darf.

In aller Regel ist eine formell oder inhaltlich mangelhafte Verfügung anfechtbar, d.h. nach Ablauf der Rechtsmittelfrist wird sie verbindlich. **Nichtigkeit ist die Ausnahme** *(Rhinow/Krähenmann* Nr. 40 B I). Das Bundesgericht hat einerseits bestimmte Nichtigkeitsgründe definiert, von denen einer gegeben sein muss, damit die Nichtigkeit überhaupt in Frage kommt. Zusätzlich gelten drei kumulative allgemeine Voraussetzungen und ist in jedem Fall eine Interessenabwägung vorzunehmen.

10.1 Die Nichtigkeitsgründe

(Die Aufstellung folgt *Häfelin/Müller* Rz 770 ff, dort auch weitere Beispiele)

Nichtigkeit wird auch in den nachstehend genannten Fällen **nur dann** angenommen, wenn die Rechtswidrigkeit **besonders schwerwiegend** oder **leicht erkennbar** ist.

a) **örtliche** Unzuständigkeit

b) **sachliche** Unzuständigkeit

Bund • *BGE 117 Ia 175: Fällung eines Entscheids durch einen nicht dazu befugten Gerichtsschreiber.*

GR • *PVG 1991, 218: Vollzugsverfügung im den SchKG-Behörden vorbehaltenen Bereich der Vollstreckung von Geldforderungen.*

c) **funktionelle** Unzuständigkeit

Bund • *BR 1/94 Nr. 10: Die Bewilligung einer Gemeinde für ein Bauvorhaben ausserhalb der Bauzone ohne vorherige kantonale Zustimmung ist nichtig. Die Abbruchverfügung verstösst nicht gegen Treu und Glauben, weil das Erfordernis einer kantonalen Zustimmung seit zehn Jahren existiert und eine breite Publizität erfahren hat.*

AR • *GVP 1988, 51: Nichtige Bewilligungserteilung durch eine untergeordnete Behörde entgegen dem klaren Gesetzeswortlaut.*

ZH • *RB 1986, 79: Nichtigkeit verneint bei Nachholung einer unterbliebenen ausserordentlichen Haupteinschätzung durch den Steuerkommissär anstatt durch die zuständige Finanzdirektion.*

d) **Verfahrens**fehler

Bund • *BGE 114 Ib 180: ganzes Publikations- und Rechtsmittelverfahren nicht durchgeführt.*

• *BGE 109 V 236: Erlass einer zweiten Verfügung während die erste (zum gleichen Thema) vor der Rechtsmittelinstanz hängig ist.*

BE • *BVR 1994, 241: Mangelhafte und unvollständige Behandlung eines Gesuchs.*

• *BVR 1991, 27: Fehlende Verfahrenskoordination.*

TG • *TVR 1988, 77: Schwerwiegende Verletzung der Ausstandspflicht.*

ZH • *RB 1987, 102: Keine Nichtigkeit wegen unterlassener Anhörung im Strafsteuerverfahren.*

e) **Form- oder Eröffnungs**fehler

GR • *PVG 1994, 180: Nichtigkeit einer Veranlagungsverfügung wegen falscher Rechtsmittelbelehrung und fehlender Unterzeichnung.*
Die Nichtigkeit wurde hier wohl deshalb angenommen, weil andernfalls die Verfügung nicht mehr anfechtbar gewesen wäre. Es hätte zu diesem Zweck allerdings auch genügt, die Einsprachefrist wiederherzustellen, gestützt auf den Grundsatz, dass dem Betroffenen aus einer unrichtigen Rechtsmittelbelehrung kein Nachteil erwachsen darf.

• *PVG 1981, 108: Das Zusenden eines unadressierten, vervielfältigten Übungsprogrammes kann gegenüber einem noch gar nicht in der Feuerwehr eingeteilten Pflichtigen keine Wirkung entfalten; es gilt insbesondere nicht als Einteilungsverfügung.*

NW • *NGVP 1986/1987, 146: Nichtigkeit einer Steuerveranlagung, weil sie entgegen klarer gesetzlicher Regelung nur von einer Person unterzeichnet war.*

10.1

ZH
- *RB 1985, 95: Eine nicht begründete Strafsteuerauflage ist nichtig.*

- *RB 1982, 43: Stimmen Protokoll und eröffneter Text nicht überein, indem gemäss Protokoll auf teilweise Gutheissung, gemäss Eröffnung aber auf Abweisung erkannt wurde, ist die eröffnete Fassung «nicht ergangen» (aber mit Rücksicht auf die Rechtssicherheit nicht nichtig, sondern nur anfechtbar!) und der (protokollierte) Entscheid mangels Eröffnung noch nicht rechtswirksam.*
  M.E. wäre bezüglich der gar nicht beschlossenen Fassung klarerweise auf Nichtigkeit zu erkennen, insbesondere da sie zuungunsten des Betroffenen von der tatsächlich Beschlossenen abweicht.

- *ZBl 1987, 420: Das Verbot des Mofafahrens auf dem Schulweg ist eine Allgemeinverfügung, die (mangels gesetzlicher Regelung) in einer dem konkreten Fall angemessenen Weise zu eröffnen ist. Die Bekanntmachung mittels Flugblättern, welche die Anordnung nicht im Wortlaut wiedergeben, ist ungenügend und die Allgemeinverfügung mangels genügender Eröffnung nichtig.*

f) **inhaltlicher** Mangel

Bund
- *BGE 103 Ia 514: Eigentliche widerrechtliche Abgabevergünstigungsverträge sind ungültig, ev. sogar nichtig.*

- *BR 3/94 Nr. 160: Die einer gesetzlichen Grundlage entbehrende Bedingung der Zahlung von Parkplatzersatzabgaben in einer Baubewilligung kann nichtig sein (war es aber in casu nicht).*

GR
- *PVG 1993, 188: Blosse Schreib- und Rechnungsfehler wie Kanzleifehler begründen keine Nichtigkeit. Als Verfügungsinhalt gilt das wirklich Gemeinte, aus dem Zusammenhang leicht Erkennbare.*

- *PVG 1985, 208: Die Erstreckung der Frist für den Rekurs vor Verwaltungsgericht durch eine Verwaltungsbehörde ist so offensichtlich gesetzwidrig, dass Nichtigkeit angenommen werden muss.*

- *RPR 1991/1992, 114: Nichtige Festlegung der Fälligkeit eines Ersatzbeitrags auf den Moment der Erstellung des Schutzraums entgegen dem klaren Gesetzeswortlaut, der Fälligkeit bei Baubeginn vorschreibt.*

10.2 Die allgemeinen Voraussetzungen

(Vgl. *Imboden/Rhinow/Krähenmann* Nr. 40 B IV, BGE 118 Ia 340, GR PVG 1993, 218)

Zusätzlich zum Vorliegen eines Nichtigkeitsgrundes müssen **kumulativ** die folgenden drei Voraussetzungen gegeben sein, damit Nichtigkeit vorliegt:

a) besonders **schwerer, offensichtlicher** oder **leicht erkennbare**r Mangel (Evidenztheorie)

Bund • *BGE 118 Ia 340: Bei nicht klarer Zuständigkeit ist eine von der unzuständigen Behörde erlassene Verfügung nicht nichtig.*

b) Keine ernsthafte Gefährdung der **Rechtssicherheit**

GR • *PVG 1989, 162: Die Gemeinde, welche die Veranlagung der Handänderungssteuer dem unzuständigen Grundbuchamt überlässt und entsprechende Zahlungen widerspruchslos entgegennimmt, muss sich diese Veranlagung entgegenhalten lassen.*

c) Keine Täuschung berechtigten **Vertrauens**

10.3 Interessenabwägung

Zusätzlich zu den objektiven Anforderungen eines Nichtigkeitsgrundes und der allgemeinen Voraussetzungen ist eine Interessenabwägung nötig. Dabei sind Art und Intensität des Interesses an der Herstellung des gesetzmässigen Zustands (d.h. an der Bejahung der Nichtigkeit der mangelhaften Verfügung) auf Grund einer «teleologischen Rechtsauslegung» (*Rhinow/Krähenmann* Nr. 40 B IV) zu bestimmen. Es ist somit auf Grund von Sinn und Zweck des fraglichen Gesetzes zu ermitteln, «wie schlimm» der Weiterbestand der Verfügung wäre, insbesondere ob er schwerer wiegen würde als die mit dem Widerruf verbundene Beeinträchtigung der Interessen der Betroffenen (dabei kann es sich auch um Dritte handeln!).

11. Rechtskraft und Vollzug

(vgl. *Häfelin/Müller* Rz 802 ff, *Schwarzenbach* Tafeln 37 f)

11.1 «Rechtskraft»

Die Begriffe der formellen und materiellen Rechtskraft entstammen dem Zivil- und Strafprozessrecht und sind m.E. im (erstinstanzlichen) Verwaltungsverfahren **nicht zweckmässig**. Dies aus folgenden Gründen:

a) Von **formeller Rechtskraft** einer Verfügung ist zwar auch in Bundesgerichtsentscheiden immer wieder die Rede. Es wird damit die Tatsache bezeichnet, dass eine Verfügung nicht mehr mit ordentlichen Rechtsmitteln angefochten werden kann, sei es, dass keine solchen gegeben sind, sei es, dass die Fristen abgelaufen sind, sei es, dass sie erfolglos ergriffen wurden. Abgesehen davon hat der Begriff lediglich noch eine Bedeutung für den Vollzug: «Formell rechtskräftige» Verfügungen können in der Regel vollzogen werden, andere nicht. Allerdings gilt dieser Grundsatz keineswegs uneingeschränkt: Einerseits kann in gewissen Fällen auch eine nicht «formell rechtskräftige» Verfügung vollstreckt werden (*Gygi* 128), andererseits kann auch der Vollzug von Verfügungen, gegen die kein ordentliches Rechtsmittel mehr gegeben ist, unzulässig oder nicht ratsam sein. Für das Verwaltungsverfahren sollte daher der Begriff der formellen Rechtskraft aufgeteilt werden in seine zwei Teilgehalte **Anfechtbarkeit** und **Vollstreckbarkeit**. Die Voraussetzungen der Anfechtbarkeit sind in den Bestimmungen über das entsprechende Rechtsmittel geregelt, diejenigen der Vollstreckbarkeit werden nachstehend dargelegt.

Bund • *ZBl 1984, 426: Eine Verfügung, die einem am Verfahren Beteiligten nicht eröffnet wurde, bleibt für diesen anfechtbar, bis er auf andere Weise davon Kenntnis erhält oder von ihr Gebrauch gemacht wird und sie nach Treu und Glauben und Interessenabwägung nicht mehr entzogen werden kann.*

GR • *PVG 1985, 188: Keine Rückforderung einer zu Unrecht, aber gemäss einer rechtskräftigen Verfügung bezahlten Gebühr.*

b) Die **materielle Rechtskraft**, d.h. die Unabänderlichkeit seitens der Behörde, ist (wie oben bei den Ausführungen zum Widerruf dargelegt) im Verwaltungsverfahren noch stärker aufgeweicht als die formelle. Dies deshalb, weil im Verwaltungsverfahren viel mehr Gewicht auf eine sachgemässe und gesetzeskonforme Regelung gelegt wird als auf die Schaffung des Rechtsfriedens durch ein möglichst endgültiges Urteil. Es sollte daher mit *Gygi* 304 der Begriff der «**Rechtsbeständigkeit**» verwendet werden. Er soll hier bedeuten, dass die Voraussetzungen für einen Widerruf (s. oben 9.2) nicht gegeben sind.

ZH
- *RB 1991, 27: Wird eine Rechtsfrage bei Erteilung der Baubewilligung rechtskräftig entschieden, so kann sie im Zusammenhang mit der Bewilligung untergeordneter Projektänderungen nicht neu aufgerollt werden.*
  Der Entscheid ist leider ohne Erwägungen veröffentlicht worden. Er könnte sich auch auf den Grundsatz von Treu und Glauben anstatt auf die im Verwaltungsrecht wenig aussagende Rechtsfigur der Rechtskraft stützen.

- *ZBl 1994, 173: Im Steuerrecht wird der Rechtsbeständigkeit einer Verfügung sehr grosses Gewicht beigemessen, weshalb dort von einer «materiellen» Rechtskraft der Veranlagungsverfügungen gesprochen wird.*

Der Begriff der materiellen Rechtskraft ist im weiteren dann von Bedeutung, wenn es darum geht, das Thema eines Verfahrens von demjenigen eines früheren Verfahrens abzugrenzen. Für die Verwaltungsbehörde geht es dabei um die Frage, ob eine geplante Verfügung inhaltlich eine frühere Verfügung abändert (ohne dass diese formell widerrufen wird). Die umfangreichen und theoretischen Erwägungen, die darüber insbesondere im Zivilprozessrecht angestellt werden, sind dem Verwaltungsverfahren fremd. Die Behörde wird eine Interessenabwägung entsprechend derjenigen beim Widerruf anstellen, die ergeben muss, ob die allenfalls erfolgende teilweise inhaltliche Abänderung der früheren Verfügung zulässig ist oder nicht. Begriffe aus dem Zivilprozessrecht wie «Streitgegenstand» und «abgeurteilte Sache» benötigt daher das Verwaltungsverfahrensrecht ebenfalls nicht.

ZH
- *RB 1981, 207: Nach Abweisung eines Gesuchs muss auf ein gleichlautendes nur eingetreten werden, wenn sich seither die Verhältnisse wesentlich geändert haben.*

11.2 Vollzug

(vgl. *Imboden/Rhinow/Krähenmann* Nr. 49 ff, *Häfelin/Müller* § 17, *Kölz/Häner* Rz 168 ff, *Knapp* Nr. 1611 ff, *Gygi* 318 ff, *Schwarzenbach* Tafeln 44 ff)

11.2.1 Form und Grundlage

Soweit Vollzugshandlungen **nicht über die zu vollziehende Verfügung hinausgehen,** ist dafür keine besondere (d.h. über die allgemeine Vollzugskompetenz der Behörde hinausgehende) gesetzliche Grundlage nötig und braucht die Massnahme auch gar nicht in Verfügungsform erlassen zu werden.

Bund • *BGE 98 Ia 601: Entzug der Berufsausübungsbewilligung bei Wegfall der Bewilligungsvoraussetzungen.*

BE • *BVR 1988, 399: Die Mitteilung, dass eine in der Verfügung angedrohte Ersatzvornahme jetzt erfolgen werde, muss nicht in Verfügungsform ergehen.*

GR • *PVG 1984, 77: Die Ersatzvornahme einer verfügten baulichen Massnahme ist unter Fristanzetzung anzudrohen. Einer besonderen gesetzlichen Grundlage bedarf die Ersatzvornahme nicht.*

NW • *NGVP 1988-1992, 33: Für die Ausführung eines bereits verfügten Abbruchs wird eine neue Frist gesetzt. Dies wurde (obwohl offenbar in Verfügungsform gekleidet) als Vollstreckungshandlung angesehen, gegen die kein ordentliches Rechtsmittel gegeben ist.*

ZH • *RB 1990, 45: Genauere Konkretisierung einer vollziehbaren Verfügung ohne zusätzliche Belastung der Betroffenen.*

• *RB 1985, 37: Fristansetzung und Hinweis auf die Ersatzvornahme bedeuten grundsätzlich keine neuen Pflichten, welche die Verfügungsform gebieten würden.*

Wenn und soweit aber die Vollzugshandlung **stärker oder anders in die Rechtstellung des Betroffenen eingreift** als die zu vollstreckende Verfügung, ist die Vollzugsanordnung selber in der Form einer Verfügung zu erlassen und bedarf einer eigenen gesetzlichen Grundlage. Dies ist namentlich der Fall bei Umwandlung in Bussen oder Schadenersatz, Androhung oder Anordnung von administrativen Rechtsnachteilen und der Androhung von repressiven Massnahmen bei künftigen Pflichtverletzungen.

AG • *AGVE 1988, 423: In einer Vollzugsverfügung enthaltene Anordnung, die keine Grundlage in der zu vollziehenden Verfügung hat.*

NW • *NGVP 1986/1987, 132: Unzulässigkeit der Anordnung eines Ausnützungstransfers bei Überschreiten der AZ, weil für eine solche Massnahme keine gesetzliche Grundlage besteht.*

ZH • *RB 1985, 182: Ist eine Nebenbestimmung unklar oder mehrdeutig, kann sie nur «in einem dem Bewilligungsverfahren nachgebildeten Verfahren» erfolgen.*
(Was wohl bedeutet, dass eine Verfügung zu erlassen ist.)

Umstritten ist, zu welcher Gruppe die Anwendung unmittelbaren **Zwangs** zur Herbeiführung des verfügten Zustands gehört (vgl. zum Ganzen *Häfelin/ Müller* Rz 918, *Gygi* 318 f).

Darüber hinaus können aber alle Vollzugsanordnungen angefochten werden mit der Begründung, es liege **keine** vollstreckbare **Verfügung** vor, diese sei **mangelhaft eröffnet** worden oder **die Vollstreckungsmassnahme selbst sei unverhältnismässig** oder sonstwie rechtswidrig (*Kölz/Häner* Rz 229). Es fragt sich, ob aus diesem Grund alle Vollzugsanordnungen (d.h. auch diejenigen ohne zusätzliche Beeinträchtigung des Betroffenen) in die Form der Verfügung zu kleiden seien. Dies ist m. E. aus verfahrensökonomischen Gründen zu verneinen (eine erneute Verfügung mit Rechtsmittelbelehrung lädt geradezu ein zur weiteren Verzögerung des Verfahrens). In aller Regel konnte sich der Betroffene bereits gegen die Hauptverfügung zur Wehr setzen. Sollte wirklich einer der obgenannten Anfechtungsgründe gegeben sein, steht ihm der Rechtsmittelweg auch dann offen, wenn die Vollzugsanordnung nicht in Verfügungsform erlassen wurde.

Die Behörden vollstrecken nicht nur ihre eigenen Verfügungen, sondern in ihrem Zuständigkeitsbereich auch solche anderer (namentlich der vorgesetzten) Behörden sowie Gerichtsurteile. Dabei haben sie sich natürlich genau an die zu vollstreckende Anordnung zu halten.

Bund • *BGE 119 Ia 28: Die Behörden haben die Pflicht, Gerichtsurteile zu vollstrecken. Es ist willkürlich, die Vollstreckung eines Urteils von einer Bedingung abhängig zu machen, die im Urteil nicht vorgesehen ist.*

• *VPB 1992, 162: Die Behörde hat Entscheide höherer Instanzen in gleicher Weise zu vollziehen wie die eigenen. Die Ansetzung angemessener Fristen ist zulässig ($4^{1}/_{2}$ Monate für die Räumung eines Schweinestalls).*

Der Vollzug von Verfügungen wird (teils unter dem Titel «Sanktionen») in allen Standardwerken ausführlich abgehandelt, weshalb wir an dieser Stelle auf weitere theoretische Erörterungen verzichten und uns auf die systematische Darstellung der Gerichtspraxis beschränken können.

11.2.2 Voraussetzungen und Schranken

a) **Vollstreckbarkeit,** d.h. keine Rechtsmittel mit aufschiebender Wirkung können mehr ergriffen werden oder sind noch hängig.

b) **Zuständigkeit**

c) In bestimmten Fällen eine **gesetzliche Grundlage** (s. oben)

d) **Verhältnismässigkeit**

Bund • *BGE 111 Ib 221: Vor Verfügung der Wiederherstellung des ursprünglichen Zustands hat die Behörde dem Betroffenen Gelegenheit zur nachträglichen Durchführung eines Baubewilligungsverfahrens zu geben.*

ZH • *RB 1985, 37: Die Kosten einer Ersatzvornahme dürfen dem Pflichtigen auferlegt werden, soweit sie nötig waren. Das Gemeinwesen muss aber keinen Sonderaufwand betreiben, um die günstigste Variante zu finden.*

e) Allenfalls **Androhung**

Bund • *BGE 105 Ib 345, OW VVGE 1991 und 1992, 238: Die Ersatzvornahme ist in der Regel vorgängig anzudrohen.*
Zur antizipierten Ersatzvornahme s. unten 11.2.3

11.2.3 Vollzugsmassnahmen

a) **Schuldbetreibung**

Vorgängig sind Bestand und Höhe der Forderung rechtskräftig festzulegen. Dies geschieht in der Regel auf dem Klageweg (insbesondere bei Ansprüchen aus Verträgen), allenfalls in Verfügungsform, je nach kantonaler Regelung. Dieser Entscheid dient dann als Rechtsöffnungstitel (s. dazu oben 8.). Der weitere Vollzug aller auf Geld- oder auf Sicherheitsleistung in Geld lautenden Ansprüche hat **zwingend** nach SchKG zu erfolgen.

AG • *ZBl 1990, 233: Eine nicht auf Hinterlegung einer Geldsumme, sondern allein auf Personal- oder Realsicherheit lautende Sicherstellungspflicht ist nicht nach SchKG, sondern nach kantonalem Recht zu vollstrecken.*

GR • *PVG 1991, 218: Verfügungen, die in den Bereich des SchKG eingreifen, sind nichtig.*

Dem veröffentlichten Auszug ist leider nicht zu entnehmen, was eigentlich verfügt wurde.

b) **Strafandrohung** (Art. 292 StGB)

c) **Bestrafung**

d) **Ersatzvornahme**, die i.d.R. vorgängig anzudrohen ist. Andernfalls liegt sog. antizipierte Ersatvornahme vor, die nur in bestimmten Fällen zulässig ist.

GR • *PVG 1994, 61: Die antizipierte Ersatzvornahme ist zulässig, wenn eine ausdrückliche gesetzliche Grundlage besteht oder gestützt auf die allgemeine Polizeiklausel (d.h. bei Gefahr für Leib und Leben und Dringlichkeit).*

OW • *VVGE 1991 und 1992, 24: Möglich ist auch die antizipierte Ersatzvornahme (ohne vorherige Erfüllungsaufforderung und Androhung), wenn Gefahr im Verzug ist oder der Pflichtige der Vollzugsanordnung klarerweise nicht nachkommen könnte.*

• *ZBl 1993, 273: Die Ersatzvornahme ist (wenn nicht die Voraussetzungen der antizipierten Ersatzvornahme gegeben sind) vorgängig anzudrohen, ansonsten das Gemeinwesen des Rechts auf Erstattung der Kosten durch den Verpflichteten verlustig gehen kann.*

SZ • *EGV 1988, 25: Antizipierte Ersatzvornahme durch sofortiges behördliches Eingreifen bei akuter Brand- und Explosionsgefahr.*

• *EGV 1986, 42: Nach der antizipierten Ersatzvornahme ist ein vollständiges Verfahren, insbesondere mit Gewährung des rechtlichen Gehörs und vollständiger Abklärung des Sachverhalts durchzuführen, um über die Kostentragung zu entscheiden.*

e) Unmittelbarer **Zwang**

Bund • *VPB 1987, 54: Normalerweise wird zuerst in der Sache verfügt, bei Nichtbefolgung eine Frist angesetzt und das Zwangsmittel angedroht. In dringenden Fällen kann alles gleichzeitig geschehen (sog. «sofortiger Zwang»).*

f) **Beschlagnahme**

AG • *AGVE 1990, 156: Beschlagnahme vernachlässigter Tiere.*

g) **Leistungsverweigerung**

h) **Widerruf** begünstigender Verfügungen

i) **Disziplinarmassnahmen**

Natürlich eignen sich in einem konkreten Fall nur einzelne oder sogar nur eine Vollzugsmassnahme. Auf Grund des Verhältnismässigkeitsprinzips hat sich die Behörde an diese zu halten.

OW • *VVGE 1989 und 1990, 59: Für den Führerausweisentzug kommt ausschliesslich die Vollzugsform des Deponierens bei der Behörde in Frage.*

11.2.4 Zeitpunkt des Vollzugs

Dieser hängt von den Umständen des Einzelfalls ab. Grundsätzlich soll er aber raschmöglichst erfolgen.

Bund • *BGE 116 Ib 150: Aufschub des Führerausweisentzugs bis nach Ende der Strafverbüssung nicht zweckmässig und damit unzulässig.*

BE • *BVR 1985, 237: Übermässig lange Frist (5 Jahre) zur Beseitigung grundwassergefährdender Sonden.*

Die Praxis hat in Fällen, wo (günstigeres) künftiges Recht bevorsteht, ein Zuwarten mit dem Vollzug toleriert (s. unten 12.4 Vorwirkung).

12. Intertemporales Recht

12.1 Übersicht

Das intertemporale Recht beschäftigt sich mit der Frage, was gilt, wenn zwischen dem das Verfahren auslösenden Sachverhalt (Gesuch, Rechtsverletzung, Zeitablauf oder anderer Umstand) und dem Verfahrensende das **Recht ändert.** Sie wird beantwortet einerseits durch allfällige **Übergangsbestimmungen,** welche zusammen mit dem neuen Recht erlassen werden oder auch schon (mit Geltung für künftige Rechtsänderungen) bestehen. Sie sind den jeweils anwendbaren Verfahrens- und/oder materiellen Erlassen zu entnehmen. Andererseits hat die Gerichtspraxis gewisse Grundsätze entwickelt, welche den verfassungsrechtlichen Rahmen setzen und allenfalls fehlende Regelungen ersetzen. Auf sie ist nachstehend einzugehen.

Nach der Abfolge der massgeblichen Zeitpunkte (Sachverhalt, Verfahrensbeginn, Verfahrensende, Rechtsänderung) lassen sich eine Vielzahl von Situationen unterscheiden. Es handelt sich dabei um ein fast mathematisches Problem, und die Zuordnung der in den Lehrbüchern beschriebenen Fälle auf die praktisch vorkommenden Abläufe kann sehr verwirrend sein. Dies insbesondere deshalb, weil sich nicht einfach ein bestimmter zeitlicher Ablauf einer bestimmten Rechtsfigur (z.B. Vorwirkung, Rückwirkung etc.) zuordnen lässt, sondern bei den einzelnen Zeitabfolgen mehrere davon alternativ oder nebeneinander möglich sind. Dazu kommt noch, dass das Merkmal «Sachverhalt» zeitlich nicht punktuell sein muss, sondern sich über eine längere Dauer erstrecken kann.

Die nachfolgenden Hinweise sollen dem Praktiker die Möglichkeit geben, jeden vorkommenden Sachverhalt einzuordnen und die möglichen intertemporalrechtlichen Erscheinungsformen zu erkennen.

Es wird von den folgenden (**allerdings durch das Gesetzesrecht oft abgeänderten!**) Grundsätzen, von denen alle unten beschriebenen Erscheinungsformen Abweichungen oder Präzisierungen darstellen, ausgegangen:

a) Es ist auf die tatsächliche und rechtliche Lage zur Zeit der Entscheidfällung abzustellen.

Bund • *BGE 116 Ib 474: Verweigerung einer Rodungsbewilligung, weil während des Verfahrens das Interesse daran weggefallen ist.*

• *BGE 113 Ib 249: Für die Bewilligung einer Anlage gilt das zum Zeitpunkt des Betriebsbeginns geltende, somit das neue Recht.*

12.1

- *BGE 107 Ib 137: Der Grundsatz, dass bei Rechtsänderung nach Gesuchseinreichung aber vor dem endgültigen Entscheid das neue Recht anwendbar ist, wurde von der Praxis zum Baupolizeirecht entwickelt, wird vom Bundesgericht aber auch auf andere Bereiche angewandt.*

AG
- *AGVE 1993, 334: Vorschriften, die um der öffentlichen Ordnung willen aufgestellt wurden, sind ab Inkrafttreten sofort in allen hängigen Verfahren anzuwenden.*

BE
- *BVR 1984, 208: Anwendung des neuen See- und Flussufergesetzes auf alle hängigen Baugesuche auf Grund des allgemeinen Grundsatzes (keine übergangsrechtliche Regelung vorhanden).*

OW
- *VVGE 1985 und 1986, 164.*

b) Namentlich bei begünstigenden Verfügungen sowie bei nachträglichen Bewilligungsverfahren, Abbruchbefehlen etc. ist bei Fehlen übergangsrechtlicher Regelungen **das für den Betroffenen günstigere Recht** anzuwenden.

Bund
- *BGE 110 Ib 322: Die Pflicht zur Anwendung des alten Rechts kann sich bei Verfahrensverschleppung aus dem Grundsatz von Treu und Glauben ergeben.*

- *BGE 104 Ib 303: Bei der Frage eines Abbruchbefehls findet das zur Zeit der Errichtung geltende Recht Anwendung, es sei denn, das neue sei für den Betroffenen günstiger.*

- *VPB 1991, 263: Eine Kumulation der Vorteile der alten und der neuen Regelung ist nicht möglich. Anwendung der neuen Vorschriften, weil sie insgesamt günstiger sind, den Gegenstand spezifischer und genauer regeln und dem aktuellen Rechtszustand entsprechen.*

BE
- *BVR 1990, 467 betr. Baubewilligung.*

SZ
- *EGV 1991, 186: Günstigeres neues Recht gewährt trotz Übergangsbestimmung, wonach die hängigen Gesuche noch nach altem Recht zu beurteilen sind.*

- *EGV 1989, 15: Bei nachträglichen Bewilligungsverfahren gilt das zur Zeit des Baus in Kraft stehende Recht oder das neue, wenn dieses günstiger ist.*

Die folgende Tabelle listet die möglichen zeitlichen Abläufe auf und gibt an, welche der danach zu besprechenden intertemporalrechtlichen Erscheinungen bei der entsprechenden Abfolge in Frage kommen. Die Erscheinung des Dauersachverhalts ist soweit ersichtlich nur im Zusammenhang mit der unechten Vorwirkung, d.h. bei Rechtsänderungen während laufendem Sachverhalt, von Bedeutung. Um die ganze Angelegenheit nicht noch mehr zu komplizieren, wird deshalb der Sachverhalt ebenfalls als punktuelles Ereignis angesehen, mit Ausnahme von lit. m, welche alle Fälle von Rechtsänderungen während Dauersachverhalten umfasst.

Zeitliche Abfolge ⇩	a	b	c	d	e	f	g	h	i	j	k	l	m
S = Sachverhalt	S	S	S	A	A	A	B	B	B	B	B	B	S
B = Verfahrensbeginn	B	B	A	S	B	B	E	E	S	S	A	A	A
E = Verfahrensende	E	A	B	B	E	S	S	A	E	A	E	S	S
A = Rechtsänderung	A	E	E	E	S	E	A	S	A	VE	S	E	
Mögliche Erscheinungen													
Echte Rückwirkung	X	X	X				X		X	X			
Unechte Rückwirkung													X
Vorwirkung	X					X	X	X					
«Echte»* Nachwirkung				X	X	X							
«Unechte»* Nachwirkung		X											
Rechtsänderung während des Verfahrens	X								X	X	X		

* Begriffe vom Verfasser

12.2 Echte Rückwirkung

(Vgl. *Schwarzenbach* Tafel 18)

Auf einen zurückliegenden und abgeschlossenen Sachverhalt soll Recht angewendet werden, das damals noch nicht galt.

Solche echte Rückwirkung ist **grundsätzlich unzulässig,** Ausnahmen sind möglich, wenn folgende Voraussetzungen kummulativ erfüllt sind (*Häfelin/Müller* Rz 268, BGE 119 Ia 257):

a) **ausdrückliche Anordnung oder klare Absicht des Gesetzes**
b) **zeitlich mässig**

BE • *BVR 1984, 47: Bei einer nachträglichen Beitragspflicht für einen zwölf Jahre zurückliegenden Anschluss kann von zeitlicher Mässigkeit keine Rede sein.*

BL • *BLVGE 1993, 77: Keine allgemeingültige Grenze, doch ab 1 Jahr in der Regel unzulässig.*

c) **triftige Gründe**

Rein finanzielle Motive genügen nicht (BGE 102 Ia 69, GR PVG 1987, 144, OW VVGE 1991 und 1992, 228), ausser es liege eine eigentliche Notsituation vor, etwa bei dringender Sanierung der Staatsfinanzen (BGE 95 Ia 10).

d) keine **stossende Rechtsungleichheit**

BL • *BLVGE 1993, 77: Tatsächliche Schwierigkeiten bei der Eruierung von gleichzubehandelnden Personen führen nicht zur Unzulässigkeit einer begünstigenden Rückwirkung.*

d) kein Eingriff in **wohlerworbene Rechte**

Bund • *BGE 116 Ia 214: Im Gesetz nicht vorgesehene Rückwirkung betr. Beschränkungen im Zweitwohnungsbau.*

BE • *BVR 1994, 366: Um 16 Monate rückwirkende unvorhersehbare Inkraftsetzung eines Dekrets mit erheblichen Auswirkungen.*

Begünstigende Rückwirkung wird von der Praxis bisweilen auch ohne Vorliegen dieser Voraussetzungen gewährt.

12.3 Unechte Rückwirkung

Von unechter Rückwirkung spricht man in folgenden zwei Fällen:

a) Neues Recht wird auf einen Sachverhalt angewendet, der vor und nach der Rechtsänderung besteht (vgl. z.B. VPB 1986, 63 betr. Verjährung) bzw. vorher verwirklicht wurde aber nachher weiterhin wirkt. Eine solche unechte Rückwirkung ist sehr häufig und beispielsweise bei polizeilich motivierten Vorschriften, Umweltschutznormen etc. die Regel: Auch bestehende Anlagen müssen innert einer Übergangsfrist dem neuen Recht angepasst werden.

Bund • *BGE 118 Ia 255: Anwendung neuer Regelungen bezüglich Entlöhnung im Anstellungsverhältnis einer Lehrerin.*

- *BGE 108 V 119: Die 9. AHV-Revision darf auch auf bestehende Rentenverhältnisse angewendet werden, woraus in casu eine Rückstufung von einer Vollrente zu einer Teilrente resultierte. Die Einstufung als Vollrentner begründet mangels entsprechender gesetzlicher Zusicherung kein wohlerworbenes Recht, das der Anwendung neuen Rechts entgegenstünde.*

BE
- *BVR 1984, 229: Pflicht zur Sanierung einer den neuen Gewässerschutzvorschriften nicht entsprechenden Tankstelle, obwohl sie unter altem Recht ordnungsgemäss erstellt wurde.*

b) Es werden zwar nur nach der Rechtsänderung bestehende Sachverhalte geregelt, aber andere, vor der Rechtsänderung eingetretene Sachverhalte, dem Entscheid zugrunde gelegt.

GR
- *RPR 1993/94, 54: Die nachträgliche Erhebung oder Erhöhung von Anschlussgebühren für bestehende und bereits angeschlossene Werke ist zulässig, wenn eine neue oder stark verbesserte Anschlussmöglichkeit geschaffen wird.*

SZ
- *EGV 1993, 104: Bei Gebühren ist mangels übergangsrechtlicher Regelung dasjenige Recht anzuwenden, das im Moment gilt, wenn der die Zahlungspflicht auslösende Sachverhalt eintrifft. Mischrechnung im Falle eines 6-jährigen Baubewilligungsverfahrens, während dem die Gebührenordnung revidiert wurde.*

ZG
- *GVP 1985/86, 203: Anwendung eines neurechtlichen Übertragungsverbots auf ein nach Inkrafttreten des neuen Rechts gestelltes Übertragungsgesuch betreffend eine unter altem Recht erteilte Grabkonzession.*

12.4 Vorwirkung

Mit *Rhinow/Krähenmann* Nr. 17 I ist davon auszugehen, dass es eine **eigentliche Vorwirkung im Sinne der Anwendung nicht in Kraft stehenden Rechts nicht geben kann und darf.** Die gesetzliche Grundlage muss im Zeitpunkt des Erlasses vorhanden sein; fehlt sie, kann dieser Mangel nicht durch nachträgliche Schaffung geheilt werden (ZH RB 1987, 25 betr. Erlass einer Verwaltungsverordnung).

«Vorwirkungen» in einem weiteren Sinne sind aber möglich. Es sind **drei Fallgruppen** zu unterscheiden:

12.4

a) Gegen eine Berücksichtigung des wahrscheinlich bald in Kraft tretenden Rechts im Rahmen der geltenden Ordnung, namentlich **bei der Ermessensausübung und der Anwendung unbestimmter Rechtsbegriffe**, ist nichts einzuwenden. Eine kurz und mit grosser Wahrscheinlichkeit bevorstehende Rechtsänderung dürfte auch ein zulässiger Grund für eine Praxisänderung sein. Auch der **Aufschub** von Massnahmen wurde in der Praxis toleriert.

AG
- *AGVE 1993, 372: «Rückstellung» von Baugesuchen, wenn die Voraussetzungen einer Bausperre erfüllt sind.*
- *AGVE 1991, 319: Eine nicht dringliche Massnahme kann und soll aufgeschoben werden, wenn sie nach in Aussicht stehendem neuem Recht nicht mehr nötig sein wird.*
- *AGVE 1990, 281: Grosszügige Vollzugsfrist für die Beseitigung einer nach in Aussicht stehendem Recht zulässigen baulichen Massnahme akzeptiert.*

BE
- *BVR 1995, 82: Aufschub der Beseitigung einer unbewilligten unterirdischen Ablagerung bis zum Vorliegen des Altlastensanierungsprogramms akzeptiert.*

GR
- *PVG 1989, 76: Unverhältnismässigkeit einer Abbruchverfügung, wenn nach kurz bevorstehendem neuem Recht der Zustand rechtmässig wird.*

ZH
- *RB 1990, 137: Auf eine Wiederherstellung des rechtmässigen Zustands ist (...) (einstweilen) zu verzichten, wenn eine laufende Gesetzesrevision mit grosser Wahrscheinlichkeit die Rechtswidrigkeit des Zustands beheben wird.*

b) Eine Vorschrift des geltenden Rechts kann die **«negative» Vorwirkung** anordnen in dem Sinne, dass Zustände, welche dem künftigen Recht widersprechen würden, nicht mehr geschaffen werden dürfen (namentlich Bausperren, vgl. *Häfelin/Müller* Rz 283 ff, *Imboden/Rhinow/Krähenmann* Nr. 17, *Gygi* 115, *Knapp* Nr. 563 ff).

Bund
- *BGE 118 Ia 512: Vorwirkung nach § 234 des Zürcher Planungs- und Baugesetzes.*
- *ZBl 1995, 182: Während einer Bausperre werden Baugesuche in der Regel nach neuem Recht beurteilt, ausser die Behörde habe ein vor Erlass derselben eingereichtes Baugesuch in unzulässiger Weise verschleppt.*

ZH
- *RB 1984, 165: Die Bausperre wegen fehlender planungsrechtlicher Baureife erlaubt nicht allgemein die Voranwendung künftigen Rechts.*

c) Die herrschende Lehre vertritt die Ansicht, eine «**positive**» **Vorwirkung**, d.h. die Anwendung eines noch nicht in Kraft gesetzten Erlasses unter Vorbehalt seines Inkrafttretens, sei unzulässig, und zwar auch dann, wenn eine besondere gesetzliche Grundlage bestehe (*Häfelin/Müller* Rz 281, *Rhinow/ Krähenmann* Nr. 7 B I). M. E. ist aber nicht recht einzusehen, wieso eine Vorschrift (des geltenden Rechts!) nicht auch eine «positive» Vorwirkung soll anordnen können (selbstverständlich im Rahmen der verfassungsmässigen Rechte wie Treu und Glauben, Rechtsgleichheit etc.; so jetzt auch BGE 119 Ib 259). Es stellt sich das gleiche Problem wie beim einstweiligen Rechtschutz: Die Anordnung der Erhaltung des bestehenden Zustands kann unter bestimmten Umständen einschneidender und präjudizierender sein als eine vorsorgliche, «aufhebend bedingte» Änderung desselben. Es sollte daher bei den «positiven» Vorwirkungen unterschieden werden zwischen solchen mit einer Grundlage im geltenden Recht und solchen ohne diese Grundlage, wobei die Zulässigkeit der ersteren auf Grund einer Interessenabwägung und unter Wahrung der verfassungsmässigen Rechte zu entscheiden ist.

Bund • *In BGE 119 Ib 259 hat das Bundesgericht die positive Vorwirkung eines Erlasses zugelassen, weil so «de vaines complications sur le plan pratique» (!) vermieden werden konnten.*

AG • *AGVE 1992, 350: Positive Vorwirkung ist auch zugunsten des Betroffenen unzulässig.*

• *AGVE 1992, 340: Eine Bausperre führt nicht zur Sistierung von Baubewilligungsverfahren. Diese sind durchzuführen, um festzustellen, ob das Vorhaben der Sperre unterliegt.*

Vorwirkungen, die weder durch Anwendung des geltenden materiellen Rechts gedeckt sind, noch im geltenden Recht ausdrücklich angeordnet werden, sind grundsätzlich unzulässig. Die Gerichte sind aber mitunter grosszügig:

BE • *BVR 1994, 181: Nach dem Berner Dekret über das Baubewilligungsverfahren können Bewilligungen zum vorzeitigen Beginn von Bauten, deren Zulässigkeit sich auf noch nicht in Kraft stehendes Recht stützt, erteilt werden unter der Voraussetzung, dass*
  – *keine Einsprachen eingingen und*
  – *keine öffentlichen Interessen berührt sind und*
  – *keine besonderen Bewilligungen ausstehen*

Darüber hinaus (!) kann eine solche Bewilligungserteilung gestützt auf noch nicht in Kraft stehendes Recht erfolgen, wenn keine Zweifel darüber bestehen, dass es dereinst in Kraft treten wird. Dies ist dann der Fall, wenn

– das zuständige Gemeindeorgan die neuen Vorschriften beschlossen hat und

- ihnen (soweit für das Bauvorhaben interessierend) keine Opposition erwachsen ist und
- die Vorlage eine gewisse Komplexität aufweist und
- die für den Genehmigungsentscheid zuständige kantonale Behörde unmissverständlich zu verstehen gibt, die interessierenden Normen könnten unverändert genehmigt werden.

12.5 «Unechte» Nachwirkung

Von Nach- oder Weiterwirkung alten Rechts spricht man, wenn das alte Recht noch angewendet werden soll auf Sachverhalte, die während seiner Geltungsdauer eingetreten sind (*Gygi* 110). Sie soll hier als «unechte» Nachwirkung bezeichnet werden. Oft wird eine solche in den Übergangsbestimmungen neuer Gesetze statuiert.

12.6 «Echte» Nachwirkung

Als «echte» Nachwirkung wird hier der Fall bezeichnet, dass altes Recht in Verfahren und auf Sachverhalte angewendet wird, die sich vollständig nach der Rechtsänderung abspielen. Dies kommt nur vor, wenn es im neuen Recht ausdrücklich angeordnet wird.

BE • *BVR 1991, 289: Überschreitung der AZ (die durch ein vor ihrem Inkrafttreten auf der Parzelle erstelltes Gebäude weitgehend konsumiert war) unzulässig, obwohl unter altem Recht der bebaute Parzellenteil hätte abparzelliert werden können (d.h. eine Nachwirkung der alten Rechtslage kommt hier nicht in Frage).*

Die Anordnung «echter» Nachwirkung geschieht in der Praxis oft dadurch, dass das Inkrafttreten eines Erlasses oder einzelner Bestimmungen aufgeschoben wird («Übergangsfristen»).

12.7 Rechtsänderungen während des Verfahrens

Wie oben 12.1 gesagt, ist grundsätzlich (aber mit Ausnahmen) das zum Zeitpunkt des Entscheids geltende Recht anzuwenden.

Bund
- *BGE 107 Ib 194: Neue gesetzliche Vorschriften, die um der öffentlichen Ordnung willen aufgestellt worden sind, finden auf alle Sachverhalte Anwendung, insbesondere auch in Verfahren, die vor der Rechtsänderung begonnen haben, aber noch nicht abgeschlossen sind.*

Checkliste zum Erlass von Verfügungen

Ziffer des Leitfadens	Checkpunkte	Unerwünschte Antwort	Vorgehen
	Ziel: was will ich erreichen?	– nicht erreichbar – schon erreicht – widerrechtlich etc.	nicht tätig werden
3.2	Ist der Verfügungsweg zulässig und geeignet?	nein	– «formlos» (2.3.2) – Erlass (2.3.1) – Vertrag (2.3.4, 7.) – Verwaltungsintern (2.3.3)
3.1	Bin ich zum Erlass zuständig?	nein	weitergeben
3.3	An wen ist die Verfügung zu richten?		
3.4	Muss ich in den Ausstand treten?	ja	weitergeben
3.7	Sind vorsorgliche Massnahmen oder andere Entscheide vor dem Hauptenscheid angebracht?		
3.6	Ist das Verfahren zu koordinieren oder zu teilen?	ja	nötigenfalls mit anderer Behörde Verbindung aufnehmen
3.8	Ist der Sachverhalt vollständig abgeklärt?	nein	weiter Beweise erheben
3.9	Wurde das rechtliche Gehör gewährt?	nein	nachträglich gewähren

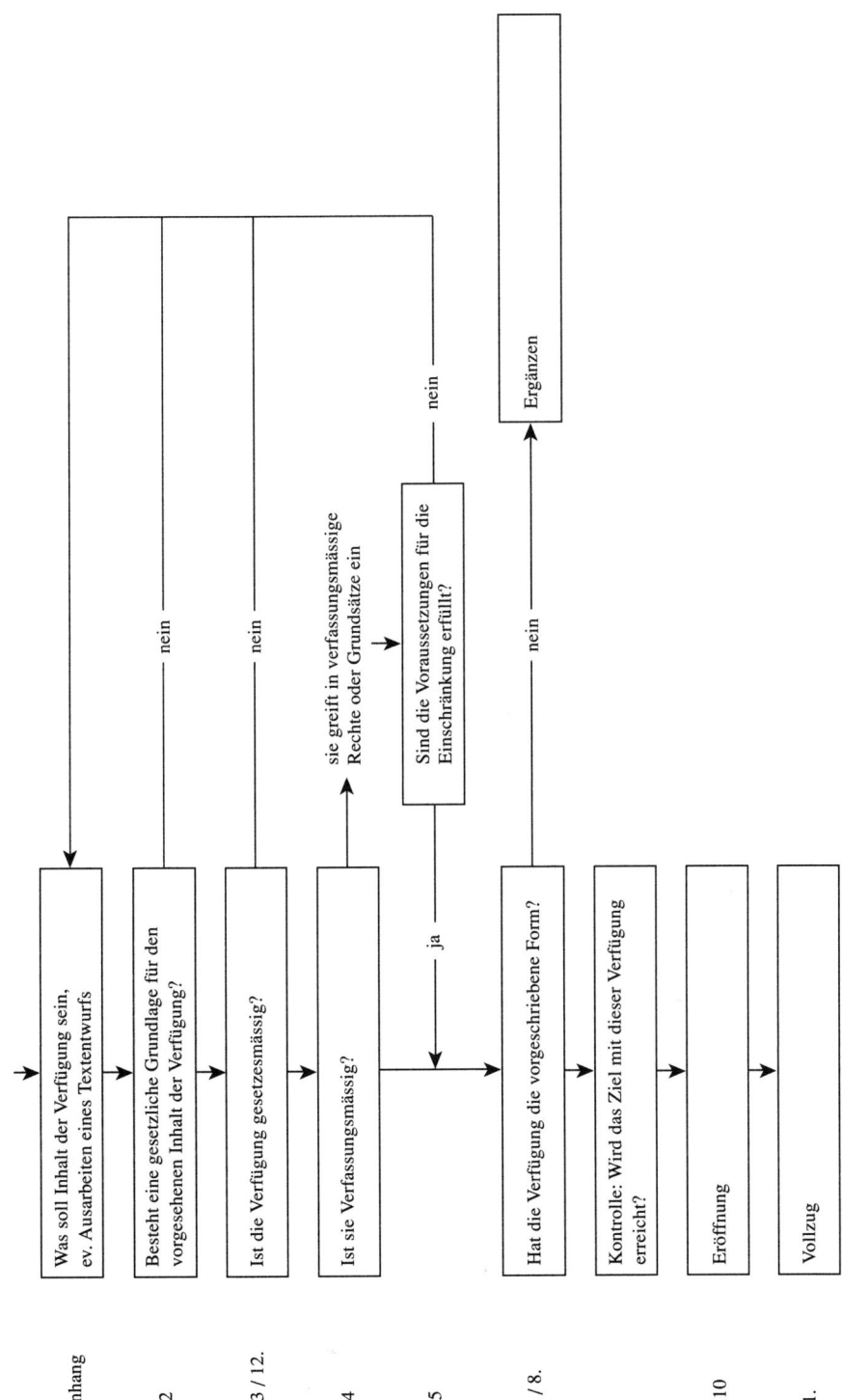

Anhang: Beispiele

Die nachfolgenden Beispiele aus erst- und zweitinstanzlichen Verwaltungsverfahren sind unverändert aus der Praxis übernommen worden. Sie können und sollen deshalb nicht als völlig perfekte Vorbildverfügungen angesehen werden, sondern als Anregungen für die Gestaltung und Formulierung. Teilweise fehlen einzelne Elemente, die nach heutiger Auffassung unabdingbar sind. Die Verwendung eines der Beispiele entbindet daher nicht von der Überprüfung der Form der Verfügung gemäss Kapitel 6 des Leitfadens und vorstehender Checkliste.

Die auf der nächsten Seite abgedruckte Übersicht dient dem besseren Auffinden einzelner Aspekte in den Beispielen.

Übersicht über die Beispielsammlung

Beispiel	betreffend	Entscheid	Nebenbestimmungen	Besonderes
1	Submission	Superprovisorische Verfügung		Vorsorglicher Ausschluss von der Vergebung öffentlicher Arbeiten
2	Jagdpatent	Rückweisung einer unklaren und ungebührlichen Eingabe	Fristansetzung	
3		Verfahrensverfügung	Androhung der Rechtsnachteile	Formular
4	Gesuch um Akteneinsicht	Teilweise Gutheissung		Schutz von Geheimhaltungsinteressen
5	Ausbildungsbeiträge	Abweisung		Verfügung in Briefform
6	Förderungsbeitrag	Gutheissung	Auflagen	
7	Denkmalpflege, Staatsbeitrag			Optische Gestaltung
8	Anstellungsverhältnis	Wahl		
9	Anstellungsverhältnis	Beendigung		
10	Betriebserweiterung	Gutheissung	Auflagen	
11	Führerausweisentzug	Entzug		Kurze Verfügung
12	Führerausweisentzug	Entzug		Ausführliche Begründung
13	Führerausweisentzug	Dauerentzug wegen Alkoholabhängigkeit	Auflösende Bedingung	Beschwerdeentscheid
14	Jagdberechtigung	Entzug	Auflösende Befristung	
15	Aufenthaltsbewilligung	Verweigerung der Verlängerung		Kurze Begründung
16	Steuererlass	Verweigerung	Ratenzahlung	

17	Steuererlass	Teilweise Nichteintreten, teilweise Abweisung	Zahlungsfrist	Mehrere Adressaten
18	Grundstückgewinnsteuer	Pfandrechtsverfügung		
19	Wegprojekt	Genehmigung	Auflagen und Bedingungen	Verfahrenskoordination
20	Trafostation ausserhalb der Bauzone	Zustimmung		Feststellungsverfügung
21	Beschneiungsanlage ausserhalb der Bauzone	Zustimmung	Auflösende Befristung, Auflagen	Verfahrenskoordination
22	Arbeitsbewilligung	Verweigerung der aufschiebenden Wirkung		
23	Kurzaufenthaltsbewilligung	Abschreibungsverfügung		Rückzug eines Wiedererwägungsgesuchs
24	Melioration	Abschreibungsverfügung		Bedingter Rückzug einer Einsprache
25	Submission	Widerruf einer Verfügung und Feststellungsentscheid		
26	Grenzgängerbewilligung	Aufhebung eines unzulässigen Widerrufs während der Rechtsmittelfrist		
27	Widerrechtlich erstellte Zufahrt	Nichteintreten auf die Beschwerde gegen eine Vollzugsanordnung	Androhung der Ersatzvornahme	
28	Durchfahrtsbewilligung	Gutheissung	Auflagen	Italienische Verfügung
29	Mietangebot	Abweisung		Antwort auf privatrechtliches Angebot

Beispiel 1 Superprovisorische Verfügungen betr. Ausschluss von der Vergabe öffentlicher Arbeiten

Bau-, Verkehrs- und Forstdepartement Graubünden
Dipartimento costruzioni, trasporti e foreste dei Grigioni
Departament da construcziun, traffic e selvicultura dal Grischun

7001 Chur, Stadtgartenweg 11, Tel. 081/21 21 21   1. April 1993

Mitgeteilt am: 5. April 1993

VORSORGLICHE VERFÜGUNG

1. Im Zuge des Ausbaus der Waldwege ███o█████, Lose 1 und 2, auf Gebiet der Gemeinde S█████, insbesondere aber nach Ablieferung der Schlussabrechnung an den Kanton kam die Vermutung auf, dass die für die Ausführung der Arbeiten verantwortlichen Unternehmungen bzw. Personen verschiedene Unregelmässigkeiten begangen haben dürften.

Als Bauherrin trat die Gemeinde S████ auf, deren Gemeindepräsident ████████ ██████ Za███ ist. Letzterer zeichnet gleichzeitig als verantwortlicher Verwaltungsratspräsident der Bauunternehmung ███ro SA, S█████, welche in Arbeitsgemeinschaft mit der Firma G█████ M█████, S████, die fraglichen Arbeiten ausführte. Die Bauleitung oblag in diesem Fall dem Gemeindepräsidenten von L█████, C█████ F███████, der Inhaber eines Technischen Büros im ███x ist. Mit der Oberbauleitung wurde A█████ C█████, Kreisförster M█████, betraut. Letzterer war es auch, der die vorgesetzte Stelle um Durchführung einer Untersuchung durch einen unabhängigen Fachmann ersuchte.

2. Die Expertise des in der Folge beauftragten Ingenieurbüros ██ H. █████████, █████████, vom 1. März 1993 ergab zweifelsfrei, dass verschiedene Unregelmässigkeiten bei der Abwicklung des Falles vorgekommen sind. Insbesondere wurden Arbeiten grösseren Ausmasses in Rechnung gestellt, die gar nie ausgeführt worden waren. Schon bei den Rodungsarbeiten im Zusammenhang mit diesem Waldwegbau wurden unverhältnismässig hohe Beträge in Rechnung gestellt, wie eine nachträglich durch das kantonale Forstinspektorat Graubünden verfasste Kurzexpertise aufzeigte.

Beispiel 1

Aufgrund einer amtsinternen Zusammenstellung ergibt sich, dass mindestens Fr. 468'980.70 zuviel verrechnet wurden. Der Gemeinde S▓ wurden dabei Fr. 288'120.-- zuviel als subventionsberechtigte Kosten ausbezahlt, davon Fr. 187'278.-- durch Bund und Kanton, während Fr. 117'000.-- gemäss Abrechnung der vorgenannten Arbeitsgemeinschaft noch zu bezahlen wären. Von Bedeutung ist in diesem Zusammenhang die Feststellung, dass die Gemeinde S▓ für die fraglichen Waldwege keine Kosten zu tragen hatte, da die Arbeiten zu 65 % durch Bund und Kanton subventioniert wurden. Die Restkosten im Rahmen von 35 % übernahm die Elektrizitätsgesellschaft ▓g AG, ▓ als Inkonvenienzentschädigung für eine bestehende Leitung.

Diese Feststellungen veranlassten das zuständige Bau-, Verkehrs- und Forstdepartement Graubünden, mit Schreiben vom 24. März 1993 gegenüber der Gemeinde S▓ die Rückerstattung der zuviel bezahlten Bundes- und Kantonssubventionen im vorgenannten Betrag von Fr. 187'278.-- zu verlangen. Da der ernsthafte Verdacht bestand, dass mit diesem Verhalten auch Straftatbestände erfüllt sein könnten, wurde gleichzeitig gegen die Verantwortlichen am 24. März 1993 Strafanzeige bei der Staatsanwaltschaft des Kantons Graubünden erstattet.

3. Für den Kanton stellt sich bei dieser Sachlage die Frage, wie die beiden an der Realisierung der Waldwege ▓o▓, Lose 1 und 2, beteiligten Bauunternehmungen ▓ro SA und G▓ M▓ künftig bei der Vergabe von kantonseigenen Arbeiten und Lieferungen bzw. bei der Subventionierung von Vergaben durch Dritte zu behandeln sind.

In strafrechtlicher Hinsicht haben die Verantwortlichen als unschuldig zu gelten, solange die hängige Strafuntersuchung und ein allfälliges Gerichtsverfahren keine definitive Klarheit im konkreten Fall ergeben. Demzufolge steht es dem Kanton als Subventionsgeber nicht zu, irgendwelche strafrechtliche Schlussfolgerungen zu ziehen und - daraus abgeleitet - allfällige Sanktionen zu fällen.

Beispiel 1

Demgegenüber ist in zivilrechtlicher bzw. submissionsrechtlicher Hinsicht von Bedeutung, dass die durch Bund und Kanton zu Unrecht erfolgten Zahlungen an die Gemeinde S▬ allein aufgrund von unkorrekten Abrechnungen durch die Arbeitsgemeinschaft ▬ro SA/G▬ M▬ im Zusammenwirken mit der örtlichen Bauleitung erfolgt sind. Die Expertise des Ingenieurbüros ▬ H. ▬ lässt keine Zweifel darüber offen, dass erhebliche Arbeiten in Rechnung gestellt worden sind, die gar nie ausgeführt wurden. Ein solches unseriöses Verhalten ist eines Bewerbers und Vertragspartners, der sich regelmässig an Vergebungen der öffentlichen Hand beteiligt und in der Vergangenheit verschiedentlich mit dem Zuschlag bedacht wurde, nicht würdig. Der Kanton ist nicht bereit, derartigen Vorkommnissen tatenlos zuzusehen, ist er doch dafür verantwortlich, dass öffentliche Gelder besonders auch im Bereich des Submissionswesens sparsam und korrekt eingesetzt werden. Mit ihrem an den Tag gelegten Verhalten haben die für die Realisierung der fraglichen Vorhaben verantwortlichen Personen das in sie gesetzte Vertrauen in grober Weise missbraucht.

In Anbetracht dieser Umstände sieht sich der Kanton veranlasst, von Amtes wegen gegen die betroffenen Bauunternehmungen entsprechende Massnahmen submissionsrechtlicher Art zu ergreifen. Dies bedeutet, dass die Firmen ▬ro SA und G▬ M▬ vorsorglich von der Vergebung öffentlicher Aufträge und Lieferungen durch den Kanton auszuschliessen sind. Ebenso sind subventionierte Vergebungen Dritter an die gleichen Bewerber vorsorglich nicht zu genehmigen. Inzwischen ist den betroffenen Firmen Gelegenheit zu geben, zu den möglichen Massnahmen gemäss Art. 15 der kantonalen Submissionsverordnung (SubVO) Stellung zu nehmen. Anschliessend wird die Regierung in der Sache selbst entscheiden müssen.

Beispiel 1

4. Gestützt auf diese Ausführungen sowie auf Art. 6 des Gesetzes über das Verfahren in Verwaltungs- und Verfassungssachen (VVG) wird

<u>v e r f ü g t:</u>

1. Die Firma ▆▆ro SA, Bauunternehmung, S▆▆▆, sowie die Firma G▆▆▆ M▆▆▆, Bauunternehmung, S▆▆▆, werden vorsorglich von der Vergebung öffentlicher Arbeiten und Lieferungen des Kantons ausgeschlossen. Ferner werden subventionierte Vergebungen Dritter an die genannten Firmen durch den Kanton vorsorglich nicht genehmigt.

2. Den Firmen ▆▆ro SA, S▆▆▆, und G▆▆▆ M▆▆▆, S▆▆▆, wird Gelegenheit geboten, bis zum 20. April 1993 zur ganzen Angelegenheit und zu den möglichen Massnahmen gemäss Art. 15 Abs. 1 lit. b bzw. Abs. 2 lit. a SubVO Stellung zu nehmen. Anschliessend wird die Regierung darüber entscheiden.

3. Gegen diese Verfügung kann gestützt auf Art. 15 ff. VVG innert 20 Tagen seit deren Mitteilung bei der Regierung des Kantons Graubünden Beschwerde erhoben werden.

4. Mitteilung an die Firma ▆▆ro SA, Bauunternehmung, ▆▆ S▆▆▆ (eingeschrieben), an die Firma G▆▆▆ M▆▆▆, Bauunternehmung, ▆▆ S▆▆▆ (eingeschrieben), an alle Departemente, intern (dreifach, unter Beilage der Liste der gesperrten Firmen), sowie an das Sekretariat des Bau-, Verkehrs- und Forstdepartementes (dreifach).

BAU-, VERKEHRS- UND FORST-
DEPARTEMENT GRAUBÜNDEN
Der Vorsteher:

Beispiel 2   Rückweisung einer unklaren und ungebührlichen Eingabe

 Finanz- und Militärdepartement Graubünden
Dipartimento delle finanze e militare dei Grigioni
Departament da finanzas e militar dal Grischun

Tel. 081/21 21 21

DEPARTEMENTSVERFÜGUNG

23.11.1993   Mitgeteilt am: 24.11.1993

1. Mit Eingabe vom 8. November 1993 lässt B████ C████, ████ ████████, vertreten durch Rechtsanwalt ████ P██ das Gesuch stellen bzw. die Beschwerde erheben, dass "dem Gesuchsteller/Beschwerdeführer (...) das Ehrenpatent für die Ausübung der Hochjagd zu erteilen sei."

2. Gemäss Art. 20 des Gesetzes über das Verfahren in Verwaltungs- und Verfassungssachen (VVG; BR 370.500) muss die Beschwerdeschrift einen Antrag und eine kurze Begründung enthalten und ist im Doppel einzureichen. Zudem sind der angefochtene Entscheid und die Beweismittel, soweit in Händen des Beschwerdeführers, beizulegen. Genügt eine Rechtschrift diesen Erfordernissen nicht, so ist gemäss Art. 21 VVG eine kurze Frist zur Behebung des Mangels anzusetzen mit der Androhung, dass sonst auf die Beschwerde nicht eingetreten werde. Dabei werden an einen Rechtskundigen hinsichtlich der Erfüllung dieser Formerfordernisse höhere Anforderungen gestellt als an den juristischen Laien (RPR 1981/82, Nr. 57, 1985/86, Nr. 49 f).

3. Die vom Rechtsvertreter von B████ C████ verfasste Rechtsschrift vermag den Formerfordernissen von Art. 20 Abs. 1 VVG in einem wesentlichen Punkt nicht zu genügen. Die Rechtsschrift wird gleichzeitig als **Gesuch und Beschwerde** bezeichnet. Somit ist aus dem Antrag nicht ersichtlich, ob es sich im vorliegenden Fall um ein nichtstreitiges Verfahren oder um ein streitiges Verfahren handelt. Dies ist jedoch für das beklagte Departement eine unabdingbare Voraussetzung, um sich zur Sache in formeller und materieller Hinsicht äussern zu können. Insbesondere betrifft dies auch die Frage nach der in der Sache zuständigen Instanz.

4. Die Eingabe vom 8. November 1993 weist unter anderem Passagen auf, die im Umgang mit Behörden nicht üblich sind. Gemäss Art. 14 VVG kann bei Verletzung des Anstandes gegenüber Behörden und Mit-

Beispiel 2

beteiligten die in der Sache selbst entscheidende Behörde den Fehlbaren mit einem Verweis oder einer Ordnungsbusse bis Fr. 1 000.- bestrafen. Im Sinne des dem Verwaltungsrecht innewohnenden Verhältnismässigkeitsprinzips wird dem Rechtsvertreter von B███ C███ ███ Gelegenheit gegeben, die Eingabe vom 8. November 1993 in diesem Sinne zu korrigieren.

Demnach wird

v e r f ü g t :

1. Zur Behebung der mangelhaften Eingabe vom 8. November 1993 wird unter Androhung der Folgen gemäss Art. 21 VVG eine Frist bis **1. Dezember 1993** gesetzt.

2. Die Kosten dieses Verfahrens bleiben bei der Prozedur.

3. Gegen diesen Entscheid kann innert 20 Tagen seit Mitteilung Verwaltungsbeschwerde bei der Regierung des Kantons Graubünden erhoben werden.

4. Mitteilung per Einschreiben an ███ P█ Rechtsanwalt, ███ ███ an das Bau-, Verkehrs- und Forstdepartement und an die Standeskanzlei.

Finanz- und Militärdepartement
des Kantons Graubünden

Der Vorsteher

Beispiel 3 **Verfahrensverfügung betr. Ergänzung von Eingaben, Kostenvorschuss (Formular)**

Schwyz, 07.12.95   **VB**
EINSCHREIBEN

V E R F Ü G U N G

gemäss §§ 23, 39 und 73 der Verordnung über die Verwaltungsrechtspflege vom 6. Juni 1974 (VRP/nGS II-225).

In der Beschwerdesache

Beschwerdeführer:

Beschwerdegegner:

wird Ihnen Frist gesetzt bis _____ zur

☐ genauen Bezeichnung oder Beibringung der angefochtenen Verfügung bzw. des Entscheides;

☐ **Einzahlung des Kostenvorschusses von Fr.   mit beigelegtem Einzahlungsschein;**

☐ Ergänzung der Eingabe bezüglich

   ☐ Antrag   ☐ Angabe der Beweismittel

   ☐ Begründung   ☐ Unterschrift.

Androhung der Rechtsnachteile:
Kommt der Beschwerdeführer der Aufforderung zur Ergänzung der Eingabe nicht oder nicht fristgerecht nach, wird auf das Rechtsbegehren nicht eingetreten, wenn sich der Mangel auf den Antrag, die Bezeichnung der angefochtenen Verfügung oder des Entscheides oder auf die Unterschrift bezieht oder wenn die Begründung fehlt. Ebenso wird auf die Beschwerde nicht eingetreten, wenn der Beschwerdeführer den Kostenvorschuss trotz Ansetzung einer angemessenen Nachfrist nicht oder nicht fristgerecht leistet.

Bemerkungen:

                                    RECHTS- UND BESCHWERDEDIENST

                                    Der Vorsteher: Dr. A. Mächler

Beilage: Einzahlungsschein

Teilweise Gutheissung eines Gesuchs um Akteneinsicht — Beispiel 4

Bau-, Verkehrs- und Forstdepartement Graubünden
Dipartimento costruzioni, trasporti e foreste dei Grigioni
Departament da construcziun, traffic e selvicultura dal Grischun

7001 Chur, Stadtgartenweg 11, Tel. 081/21 21 21   1. Februar 1989

mitgeteilt am: 2. Feb. 1989

Departementsverfügung

In Sachen Gesuch der Gemeinde T▇▇▇, vertreten durch Rechtsanwalt ▇▇▇▇▇ betreffend Akteneinsicht bei der Gebäudeversicherungsanstalt und der kantonalen Schätzungskommission ▇▇▇ hat das

Bau-, Verkehrs- und Forstdepartement des Kantons Graubünden
aufgrund folgenden Sachverhaltes:

Im Zuge einer Ueberprüfung der Bauten ausserhalb der Bauzone der Gemeinde T▇▇▇ stellte die Baukommission im Jahre 1986 fest, dass verschiedene Ställe in Ferienhäuser umgewandelt worden waren, obwohl sie in der roten Gefahrenzone (Lawinenzone) liegen, wo sämtliche Wohngebäude untersagt sind. Gegen die in der Folge erlassenen Abbruchverfügungen der Gemeinde T▇▇▇ reichten einzelne Grundeigentümer Rekurs beim Verwaltungsgericht des Kantons Graubünden ein.

Das Gericht hiess mit Entscheiden vom 14. Oktober 1987, soweit es darauf eintrat, die Rekurse von A▇▇▇ C▇▇▇ und Ja▇▇▇ ▇▇▇ gut sowie jenen von Jo▇▇▇ teilweise gut und wies die entsprechenden Fälle zur weiteren Abklärung des Sachverhaltes an die Gemeinde T▇▇▇ zurück. Es stellte dabei fest, die Gemeinde könne den Abbruch von unerlaubten Umbauarbeiten nur verfügen, sofern solche nach dem 27. September 1971 ausgeführt worden waren. Dies ergab sich aber nicht aus den vorhandenen Akten, weshalb die Sache insoweit zur weiteren Abklärung an die Gemeinde zurückgewiesen wurde.

Beispiel 4

Gestützt auf diese Entscheide beantragt die Gemeinde T███ mit Eingabe vom 10. Januar 1989 Einsicht in die entsprechenden Akten der Gebäudeversicherung und der Schätzungskommission██ um allfällige Aenderungen im Neuwert der Gebäude nach 1971 feststellen und damit das Vorliegen widerrechtlicher Umbauten beweisen zu können;

in Erwägung:

1. Der Umfang des Anspruchs auf rechtliches Gehör bzw. auf Akteneinsicht bestimmt sich in erster Linie nach den kantonalen Verfahrensvorschriften. Wo sich jedoch der kantonale Rechtsschutz als ungenügend erweist, greifen die unmittelbar aus Art. 4 BV folgenden bundesrechtlichen Verfahrensregeln zur Sicherung des rechtlichen Gehörs Platz (BGE 101 Ia 310).

    Art. 4 BV garantiert einen Anspruch auf Akteneinsicht auch ausserhalb eines hängigen Verfahrens, sofern der Rechtsuchende ein schutzwürdiges Interesse geltend machen kann und sofern der Akteneinsicht keine privaten oder öffentlichen Geheimhaltungsinteressen entgegenstehen.

    Die einander entgegenstehenden Interessen an der Akteneinsicht auf der einen Seite und an deren Verweigerung auf der anderen Seite sind im Einzelfall sorgfältig gegeneinander abzuwägen (BGE 113 Ia 1 ff.).

2. Im Gesetz über die Gebäudeversicherung im Kanton Graubünden (BR 830.100) bestehen keine speziellen Normen über das Akteneinsichtsrecht. Gemäss Art. 1 VVG (BR 370.500), welcher den Geltungsbereich umschreibt, kommen daher die allgemeinen Verfahrensgrundsätze des VVG und insbesondere Art. 8 über die Akteneinsicht zum Tragen. Die Minimalgarantien nach Bundesrecht bleiben dabei vorbehalten.

Die internen Abklärungen bei der Gebäudeversicherung (GVA)
haben nun ergeben, dass sie in bezug auf die drei zur Diskussion stehenden Fälle über keinerlei Akten verfügt, aus
denen geschlossen werden könnte, dass die betroffenen Grundeigentümer nach 1971 ihre Gebäude im Gebiet S▮ widerrechtlich umgebaut hätten. Sie besitzt nur eine Kopie der
Schätzungseröffnungen, so wie diese Unterlagen den Grundeigentümern und den betroffenen Gemeinden von der Schätzungskommission gemäss Art. 11 der Verordnung über die amtlichen
Schätzungen (BR 850.100) jeweils ausgestellt werden. Darauf
stützt die GVA denn auch ihre Berechnungen für den Versicherungswert der Gebäude ab. Die GVA verfügt aber ansonsten über
keine weiteren Akten, insbesondere im konkreten Fall nicht
über allfällige Bauzeitversicherungen der drei Grundeigentümer oder über spezielle Korrespondenz, woraus Anhaltspunkte
für die behaupteten unerlaubten Vorkehrungen entnommen werden
könnten. Aus diesen Gründen kann mit Fug davon abgesehen werden, der Gemeinde T▮ bei der GVA Akteneinsicht zu gewähren.

3. Anders verhält es sich in bezug auf die Akteneinsicht bei
der kantonalen Schätzungskommission. Zwar statuiert Art. 13
der Verordnung über die amtlichen Schätzungen (BR 850.100)
eine grundsätzliche Schweige- und Geheimhaltungspflicht gegenüber Dritten; in casu gilt es aber speziell Art. 11 zu beachten. Dieser Bestimmung zufolge wird nämlich die Schätzungseröffnung neuerdings auch dem zuständigen Grundbuchamt und der
zuständigen Gemeinde bereits von Amtes wegen zugestellt.

Da nun aber vor der Revision dieser Verordnung im Jahre 1986
die Schätzungseröffnungen den eben genannten Stellen nur auf
Gesuch hin zugestellt wurden, ist es möglich, dass die Gemeinde T▮ diese Unterlagen gar nicht angefordert bzw. erhalten hat. Welcher Fall hier auch zutreffend sein mag, ist vorliegend jedoch nicht von Bedeutung. Tritt nämlich heute die
Gemeinde bereits von Gesetzes wegen als Adressatin der Schät-

Beispiel 4

zungseröffnung auf, so muss ihr auch das Recht zustehen, die Akten einer solchen Schätzungseröffnung bei der zuständigen Schätzungskommission einzusehen.

In casu stehen sich zwar zwei verschiedene Interessen entgegen: auf der einen Seite die privaten Interessen der Grundeigentümer, keine Angaben über die eigenen Liegenschaften einem Dritten preisgeben zu müssen, auf der anderen Seite das öffentliche Interesse der Gemeinde, ihre Bauordnung gesetzeskonform durchzusetzen. Dabei ist jedoch festzustellen, dass das Geheimhaltungsinteresse der Grundeigentümer im konkreten Fall - wo es um die Feststellung geht, ob unzulässige Umbauarbeiten getätigt worden sind - offensichtlich weniger schwer wiegt als das Interesse der Gemeinde auf Durchsetzung ihrer Bauordnung, um so mehr als sie gegenüber den betroffenen Grundeigentümern in hoheitlicher Funktion auftritt;

v e r f ü g t :

1. Das Gesuch der Gemeinde T█████ wird insoweit gutgeheissen, als ihr gestattet wird, in die Akten der kantonalen Schätzungskommission █████ über die Schätzungseröffnungen folgender Grundeigentümer ab 27. September 1971 Einsicht zu nehmen:

   - C█████ A█████, östliche Hälfte des auf der Parzelle Nr. █, Plan █, in S█████, Gemeinde T█████, stehenden Heu- und Viehstalles,

   - █████ Ja█████ Stall auf der Parzelle Nr. █, Plan █, in S█████, Gemeinde T█████

   - █████ Jo█████, Stall auf Parzelle Nr. █, Plan █ in S█████, Gemeinde T█████.

Beispiel 4

2. Diese Verfügung kann innert 20 Tagen seit der Mitteilung mit Verwaltungsbeschwerde an die Regierung weitergezogen werden (Art. 19 VVG; BR 370.500).

3. Mitteilung an D███████████████, Rechtsanwalt und Notar, ███████, ███████████ ●, ██ ██ (eingeschrieben; im Doppel, auch zuhanden seiner Mandantin), an A████ C██████, ████████████ ●, ████████████ (eingeschrieben), an Ja████ █████, Goldregenweg 5, 8057 Zürich (eingeschrieben), an Jo████ █████, ████████████, ████ █████ (eingeschrieben), an das kantonale Amt für Schätzungswesen, Chur, an die Schätzungskommission██ ████ ████, ████████, an die Gebäudeversicherung des Kantons Graubünden sowie an das Bau-, Verkehrs- und Forstdepartement (3-fach).

BAU-, VERKEHRS- UND FORST-
DEPARTEMENT GRAUBUENDEN
Der Vorsteher:

Beispiel 5   Abweisung eines Gesuches um Ausbildungsbeiträge in Briefform

Kanton Basel-Landschaft

Erziehungs- und Kulturdirektion   Ausbildungsbeiträge

Telephon   (061) 925 50 66   4410 Liestal, 24. November 1995
                  925 50 68   Rheinstrasse 31

Referenz: 16703
U. Zeichen: dth/na

                                             Frau
                                    CH -

Ihr Gesuch um Beiträge für Ihre Ausbildung als Biologin (Uni Basel)
Entscheid der Kommission für Ausbildungsbeiträge vom 21. November 1995

Sehr geehrte Frau

Die Kantonale Kommission für Ausbildungsbeiträge hat an ihrer letzten Sitzung Ihr Gesuch um Ausrichtung von Ausbildungsbeiträgen behandelt. Leider müssen wir Ihnen mitteilen, dass sie dabei einen ablehnenden Entscheid gefällt hat, und zwar aus folgendem Grund:

Gemäss § 5 Absatz 4 des Gesetzes über Ausbildungsbeiträge (GABE) begründen mündige Bewerber und Bewerberinnen im Kanton Basel-Landschaft dann einen stipendienrechtlichen Wohnsitz, wenn sie nach Abschluss einer ersten Ausbildung während zweier Jahre in unserem Kanton wohnhaft und vor Beginn der Ausbildung, für die sie Stipendien beanspruchen, aufgrund eigener Erwerbstätigkeit finanziell unabhängig und während dieser Zeit nicht in Aus- oder Weiterbildung waren. Sie hatten vor Beginn Ihrer Zweitausbildung (Maturitätsvorbereitung und Studium) keine zwei Jahre Wohnsitz im Kanton Basel-Landschaft, und deshalb ist obige Bedingung nicht erfüllt.

Nun besagt § 22 Absatz 2 GABE, dass für Personen, die sich in einem ununterbrochenen Bildungsgang befinden und denen nach altem Recht Ausbildungsbeiträge zugesprochen worden sind, bis zum Abschluss des Ausbildungsganges altes Recht gilt, sofern sie durch die Anwendung des neuen Rechtes schlechter gestellt würden. Da Sie Ihre Ausbildung nicht unterbrochen haben, nach altem Recht Stipendien bezogen und durch das neue Recht schlechter gestellt werden, prüfte die Kommission für Ausbildungsbeiträge, ob Ihnen nach altem Recht Stipendien zugesprochen werden können. Dabei trat zutage, dass die Steuerfaktoren Ihrer Eltern gemäss Mitteilung des Steueramts ▇▇▇▇ nun zeigen, dass ihnen die Finanzierung Ihrer Ausbildung an der Universität Basel zugemutet werden kann, und zwar ohne, dass sie sich deswegen erheblich einschränken müssten. Damit ist die Bedingung von § 1 des Gesetzes über die Staatsstipendien und Studiendarlehen (also des alten Rechts) nicht erfüllt, der besagt, dass der Kanton Ausbildungsbeiträge (Stipendien und Darlehen) gewährt, sofern die Kosten nicht durch Angehörige oder auf andere Weise aufgebracht werden können.

Gegen diesen Entscheid kann innert zehn Tagen nach Erhalt beim Regierungsrat des Kantons Basel-Landschaft, Regierungsgebäude, 4410 Liestal, schriftlich und begründet Beschwerde erhoben werden.

Wir bedauern es, Ihnen keine für Sie günstigere Mitteilung machen zu können, und verbleiben

                                                 mit freundlichen Grüssen
                                           ABTEILUNG FÜR AUSBILDUNGSBEITRÄGE

                                                 D. Thommen-Hötsch

Beilage: Gesetzliche Bestimmungen über Ausbildungsbeiträge

Allfällige Korrespondenz richten Sie bitte an das Kommissionssekretariat: Abteilung für Ausbildungsbeiträge, Rheinstrasse 31, 4410 Liestal

Zusicherung eines Förderungsbeitrages mit Auflagen — Beispiel 6

Bau- und Umweltschutzdirektion
Kanton Basel-Landschaft

Liestal

Entscheid Nr. 329

Liestal, 22. Juni 1995
DIR/MG/kr

Verfügung betreffend Zusicherung eines kantonalen Förderungsbeitrages nach § 16 des Energiegesetzes

Gesuchsteller: Peter und Kathrin ▓▓▓▓▓▓▓▓▓▓▓

Projekt und Anlagestandort: Neuentwicklung einer Holzfeuerung mit einer Regelung auf der Basis von Fuzzy-Logic für energieeffiziente und umweltschonende Verbrennung von Stückholz sowie Aufbau von Glasbauelementen mit transparenter Wärmedämmung (TWD-G) zur zusätzlichen Wärmegewinnung im Einfamilienhaus-Neubau mit Einliegerwohnung am ▓▓▓▓▓▓▓▓▓▓

Sachverhalt: Am 6. Februar 1995 stellte die ▓▓▓▓▓▓▓▓▓▓ AG, ▓▓▓▓▓ im Auftrag der Bauherrschaft das Gesuch um Zusicherung eines Kantonsbeitrages. Während der Projektierungsphase wurden zum alternativen Konzept diverse Änderungen und Ergänzungen nachgereicht. Mit den Einrichtungen wird die benötigte Raumwärme und das Brauchwarmwasser überwiegend mit erneuerbarer Energie erzeugt.

Rechtsgrundlagen: § 16 des kantonalen Energiegesetzes vom 4. Februar 1991 und die Verordnung vom 28. März 1995 über Förderungsbeiträge nach dem Energiegesetz. Da das Gesuch vor dem 1. Mai 1995 eingereicht worden ist, gilt das bisherige Recht, d.h. die Verordnung vom 15. Juni 1993 über Förderungsbeiträge nach dem Energiegesetz.

Erwägungen: Die Prüfung der Unterlagen durch das Amt für Umweltschutz und Energie (AUE) hat ergeben, dass das Vorhaben die Erprobung und praktische Anwendung von neuen, im Kanton noch wenig eingeführten Techniken und Produkte fördert, dadurch Immissionen vermindert werden und hiefür ein allgemeines Interesse besteht. Die Höhe des Kantonsbeitrages wird nach der Jahres-Mehrkostenmethode festgelegt. Es ist kein Bundesbeitrag zu berücksichtigen.

Kantonsbeitrag: Der Kantonsbeitrag von 30% entspricht jährlich Fr. 969.–. Über die gesamte Nutzungsdauer von 15 resp. 30 Jahren - bei einem mittleren Zinssatz von 5% - errechnet sich daraus ein Betrag von Fr. 13 188.–.

Auszahlung: Die definitive Beitragshöhe wird aufgrund der dem AUE einzureichenden vollständigen Abrechnungsunterlagen in einer Auszahlungsverfügung festgehalten, beträgt aber höchstens Fr. 13 300.–.

Beispiel 6

://:
1. ▓▓▓▓▓▓▓▓▓▓▓▓▓▓▓▓▓▓▓▓▓▓ wird an den Holzheizkessel und an die TWD-Fassade ein Kantonsbeitrag von 30% der Jahres-Mehrkosten, jedoch maximal Fr. 13 300.-- zu Lasten des Kontos 2334.365-80.000 zugesichert.

2. Die Gesuchsteller haben für die Erfolgskontrolle die in den Gesuchsunterlagen erwähnten Messeinrichtungen einzubauen. Die Verbrauchs- und Ertragswerte sind zu erfassen und auszuwerten.

3. Nach dem ersten vollen Betriebsjahr ist dem AUE ein Bericht einzureichen, welcher anhand der ausgewerteten Messergebnisse (inkl. Schadstoffe der Holzverbrennung) über die Wirkungsweise der geförderten Einrichtungen und die Erfüllung des Projektzieles Auskunft gibt.

Rechtsmittelbelehrung: Gegen diesen Entscheid kann innert 10 Tagen beim Regierungsrat, Regierungsgebäude, Liestal, schriftlich und begründet Beschwerde erhoben werden.

Verteiler:
- ▓▓▓▓▓▓▓▓▓▓▓▓ (eingeschrieben)
- Gemeinderat ▓▓▓▓
- ▓▓▓▓▓ AG, ▓▓▓▓▓▓▓▓
- Finanzkontrolle
- Steuerverwaltung
- Amt für Umweltschutz und Energie
- Sekretariat der Bau- und Umweltschutzdirektion

BAU- UND
UMWELTSCHUTZDIREKTION

Elsbeth Schneider-Kenel

Optische Gestaltung einer Verfügung — Beispiel 7

Muster 6
Übrige Beschlüsse des Regierungsrates

KANTON LUZERN — Regierungsrat

Sitzung vom:
Protokoll-Nr.

1 — Denkmalpflege. Staatsbeitrag an die Renovation des Spychers der Erbengemeinschaft Familie Unternährer, Schaubhaus, Menznau

2 — Das Erziehungsdepartement berichtet:

1. ....
2. ....
3. ....

3 — Der Regierungsrat beschliesst:

1. ....
2. ....
3. ....

4 —

Zustellung an: (Reihenfolge der Empfänger)
- Gesuchsteller
- interessierte Bundesstellen
- interessierte Gemeinden
- interessierte Departemente
- interessierte Dienststellen
- antragstellendes Departement (3)

5 —

6 — Im Auftrage des Regierungsrates
Der Staatsschreiber:

(Zeilenschaltung 1)

7 — Versand:

Anmerkungen:

1. Der Titel besteht aus der Angabe des Sachgebietes und der Aufführung des Gegenstandes. Er ist im Abstand einer Zeilenschaltung zu unterstreichen. Zwischen dem Vermerk «Protokoll-Nr.» und dem Titel ist ein Abstand von 4 Leerschaltungen zu wahren.
2. Unter dem Titel «Das ... departement berichtet» sind der Sachverhalt und die Begründung für den Beschluss darzulegen.
3. Die Überschrift zum Dispositiv lautet: «Der Regierungsrat beschliesst:».
4. Nach dem Dispositiv ist ein Schlussstrich zu ziehen.
5. Ein weiterer Schlussstrich ist nach der Auflistung der Empfänger des Beschlusses zu ziehen.
6. Die Schlussformel ist an den linken Rand zu setzen.
7. Der Vermerk «Versand» ist, auch wenn die letzte Seite nur teilweise beschrieben wird, immer unten links anzubringen.

Beispiel 8 «Wahl» eines Beamten

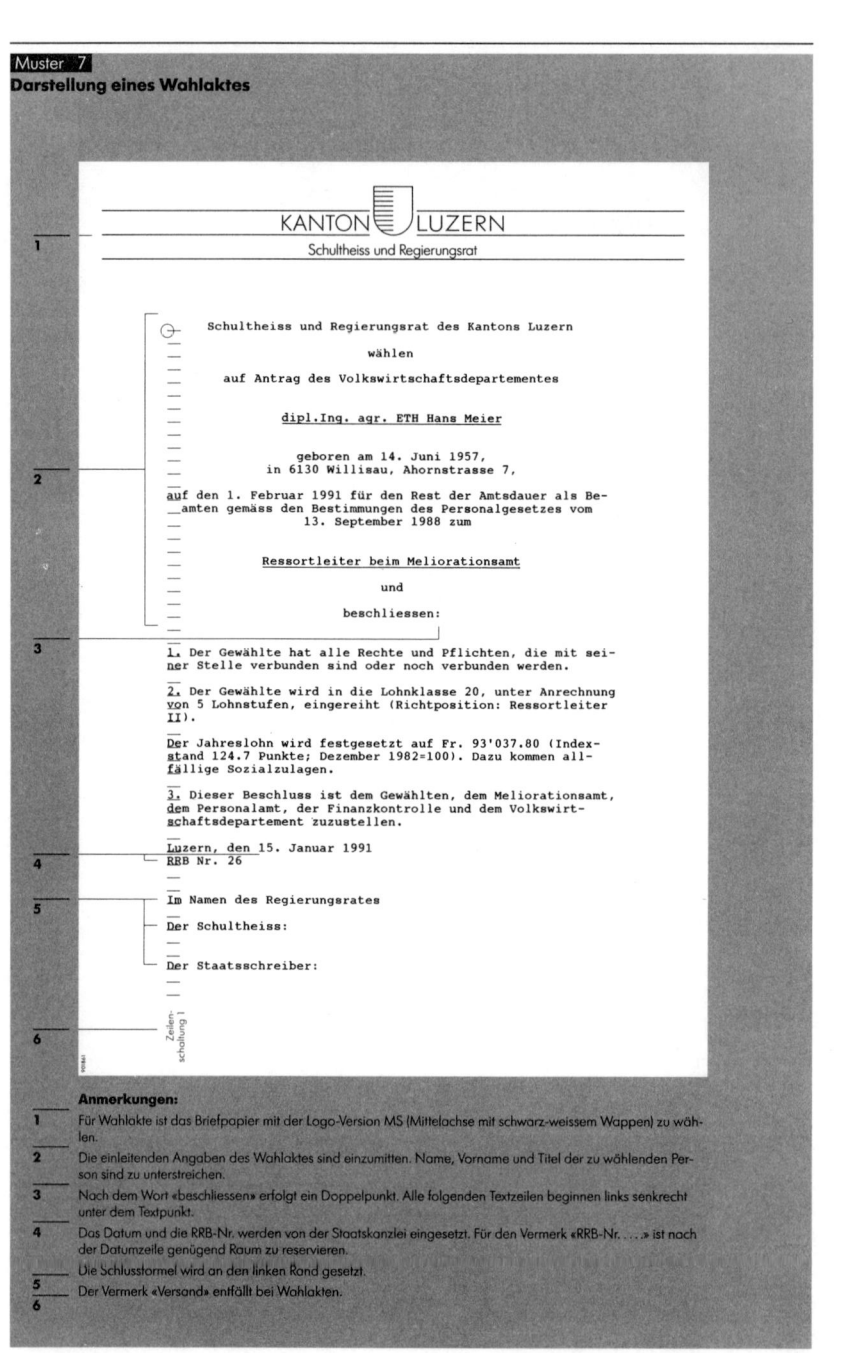

Beendigung eines Beamtenverhältnisses   Beispiel 9

Muster 8
Entlassungsbeschluss

KANTON LUZERN / Regierungsrat

Sitzung vom:
Protokoll-Nr.

Erziehungsdepartement; Beendigung eines festen Angestelltenverhältnisses

Das Erziehungsdepartement berichtet:

Frau lic.phil. Petra Kurmann-Steiger, geboren am 15. März 1956, Schulpsychologin beim Schulpsychologischen Dienst des Kantons Luzern, steht seit dem 1. Mai 1985 im Staatsdienst. Mit Gesuch vom 30. November 1990 ersuchte sie um Beendigung des Dienstverhältnisses auf den 30. April 1991. Dem Antrag ist gemäss § 15 Absätze 1 und 2 des Personalgesetzes zu entsprechen.

Der Regierungsrat beschliesst:

Frau lic.phil. Petra Kurmann-Steiger, Schulpsychologin beim Schulpsychologischen Dienst des Kantons Luzern, wird unter Verdankung der geleisteten Dienste auf den 30. April 1991 aus dem Staatsdienst entlassen.

Zustellung an:
- Frau lic.phil. Petra Kurmann-Steiger, Sand, 6026 Rain
- Schulpsychologischer Dienst
- Personalamt
- Pensionskasse
- Finanzkontrolle
- Erziehungsdepartement

Im Auftrage des Regierungsrates

Der Staatsschreiber:

Versand:

Zeilenschaltung 1

Anmerkungen:
Entlassungsbeschlüsse sind analog des Musters 6 «Übrige Bschlüsse des Regierungsrates» darzustellen.

Beispiel 10 Gutheissung des Erweiterungsgesuchs eines Gastwirtschaftsbetriebs

---

DIREKTION DER FINANZEN DES KANTONS ZUERICH

VERFUEGUNG VOM: -7. DEZ. 1995

Gastgewerbe
Vergrösserung/Projektgenehmigung

Objekt: Restaurant Bahnhof
Bahnstrasse 5
████████████

Patentart: § 14 GGG   L-Nr. 3169   Kat.Nr.

Eigentümer:
Eigentümerin: ████████████████████
Bahnhofstrasse 45
Postfach
████████████

Gesuchsteller:
Gesuchstellerin: ████████████████
████████████████
████████████

Gesuch vom: 31. Oktober 1995

Bauherr:
Bauherrin: ████████████████
████████████████
████████████
████████████

Bauvorhaben: Vergrösserung des Restaurants Bahnhof, Bahnstrasse 5, ████████████, durch Umwandlung eines bestehenden Sitzungszimmer (C-Raum) von 43 m² in ein Speisezimmer (B-Raum).

Erwägungen:

Gemäss § 34 des Gastgewerbegesetzes vom 9. Juni 1985 (GGG) bedarf die Vergrösserung eines der Bedürfnisklausel unterstellten Gastwirtschaftsbetriebs einer Bewilligung. Als Vergrösserung gilt auch eine Aenderung der Nutzungsart, sofern dadurch eine intensivere Bewirtschaftung möglich wird. Diese Vorschrift ergänzt § 30 Abs.1 GGG, wonach dem Gebäudeeigentümer Betriebsbewilligungen für Hotels, Restaurants und Konditoreiwirtschaften erteilt werden, wenn sie einem Bedürfnis entsprechen. Die Bewilligung kann erteilt werden, wenn das Bedürfnis ausgewiesen ist. Gut geführte Gastwirtschaften stellen heute kaum mehr eine besondere Gefahr für eine missbräuchliche Förderung des Alkoholismus dar. Die Wirksamkeit der gesundheitspolitisch motivierten Bedürfnisklausel wird zunehmend in Frage gestellt. Gestützt auf die neuere Praxis zu Neueröffnungen sind daher Gesuche um Vergrösserung bewilligungspflichtiger Gastwirtschaften grundsätzlich zu bewilligen, sofern nicht besondere, im Interesse des öffentlichen Wohls liegende Umstände eine Bewilligungserteilung ausschliessen. Dies ist vorliegend nicht der Fall. Dem Gesuch ist daher in dieser Hinsicht zu entsprechen.

Nach § 22 GGG haben Räume und Einrichtungen von Gastwirtschaftsbetrieben den massgebenden Vorschriften zu entsprechen. Sie müssen insbesondere den gestützt auf § 359 des Planungs- und Baugesetzes vom 7. September 1975 (PBG) erlassenen Vorschriften der Besonderen Bauverordnung I vom 6. Mai 1981 (BBV I) und der Besonderen Bauverordnung II vom 26. August 1981 (BBV II) betreffend dem GGG unterstehende Betriebe entsprechen. Gemäss § 50 des GGG können für Gastwirtschaften, die wegen Lärm wiederholt Anlass zum Einschreiten gegeben

Beispiel 10

haben, betriebliche Auflagen angeordnet werden. Nach § 2 BBV I sind Richtlinien, Normalien und Empfehlungen staatlicher Stellen und anerkannter Fachverbände bei der Beurteilung mitzuberücksichtigen. Die Finanzdirektion prüft gestützt auf Zif. 1.3. des Anhangs zur Bauverfahrensverordnung vom 19. April 1978 (BVV) sowie § 47 der Verordnung vom 20. November 1985 zum GGG (GGV), ob diese Vorschriften eingehalten werden.

Das Erweiterungsprojekt für das Restaurant Bahnhof, Bahnhofstrasse 5, ▬▬▬▬, ist gestützt auf §§ 22 und 50 GGG, § 47 GGV, Zif. 1.3. des Anhangs zur BVV, §§ 226, 239 und 357 PBG, §§ 2 und 41 BBV I, §§ 16 und 17 BBV II sowie die Richtlinien der Abteilung Wirtschaftswesen zur Erstellung und Einrichtung von Gastwirtschaftsbetrieben im Kanton Zürich zu bewilligen.

Die Direktion der Finanzen
v e r f ü g t :

I. Dem Gesuch der ▬▬▬▬▬▬▬▬▬▬▬▬▬▬▬▬▬▬▬▬, um Vergrösserung des Restaurants Bahnhof, Bahnstrasse 5, ▬▬▬▬▬, durch Umwandlung eines bestehenden Sitzungszimmer (C-Raum) von 43 m² in ein Speisezimmer (B-Raum) wird im Sinne der Erwägungen entsprochen. Für das Projekt bleibt zu berücksichtigen:

   1. Betreffend die notwendige Anpassung der künstlichen Belüftung an die neuen Gegebenheiten ist mit der Finanzdirektion Kontakt aufzunehmen.

2. Vorbehalten bleibt die Abnahme des Speisezimmers durch die zuständigen örtlichen Behörden im Einvernehmen mit der kantonalen Finanzdirektion. Die Bereitschaft zur Abnahme ist der zuständigen örtlichen Behörde rechtzeitig zu melden. Die Berechtigung zur Betriebsaufnahme erfolgt mit der Abnahme.

II. Die Kosten dieser Verfügung, bestehend aus einer Staatsgebühr von Fr. 350.-- sowie den Ausfertigungsgebühren, werden der Gesuchstellerin auferlegt.

III. Gegen diese Verfügung kann innert zwanzig Tagen, von der Mitteilung an gerechnet, beim Regierungsrat des Kantons Zürich schriftlich Rekurs eingereicht werden. Die Rekursschrift muss einen Antrag und dessen Begründung enthalten. Der angefochtene Entscheid ist beizulegen oder genau zu bezeichnen. Die angerufenen Beweismittel sind genau zu bezeichnen und soweit möglich beizulegen.

IV. Mitteilung an:

Beispiel 11   Führerausweisentzug, Kurzverfügung

Direktion der Polizei des Kantons Zürich
Amt für Administrativmassnahmen im Strassenverkehr

Lessingstrasse 33   Telefon 01/285 71 11   VBZ-Haltestelle: Utobrücke
8090 Zürich   Telefax 01/281 14 32   Schalterzeit: 08.00 – 16.00 Uhr

Geburtsdatum:
Heimatort:
Pers.-Nr: xy

Akten-Nr: Sachbearbeiter: Datum:

ENTZUG DES FUEHRERAUSWEISES

In Anwendung von Art. 14, 16 und 17 des BG über den Strassenverkehr (SR 741.01) SVG und Art. 30ff der Verordnung zum Strassenverkehr (SR 741.51) VZV wird **verfügt**:

1.   xy   wird der Führerausweis, gestützt auf Art. 16 Abs. 1 in Verbindung mit Art. 14 Abs. 2 lit. c SVG, auf unbestimmte Zeit, gestützt auf Art. 17 Abs. 1bis SVG, mindestens aber für die Dauer von 12 Monaten, gerechnet ab 30.05.95, entzogen. Das Führen von Motorfahrzeugen aller Kategorien ist ihm/ihr untersagt.

2. Die Wiedererteilung des Führerausweises wird vom Ablauf der festgesetzten Mindestentzugsdauer und vom günstigen Ausgang einer amtsärztlichen Untersuchung abhängig gemacht.

3. Der vorsorgliche Führerausweisentzug vom 09.02.94 fällt mit dem Erlass dieser Hauptverfügung dahin.

4. Gegen diese Verfügung kann innert 20 Tagen, von der Mitteilung an gerechnet, beim Regierungsrat des Kantons Zürich, 8090 Zürich, rekurriert werden. Die Rekursschrift muss einen Antrag und dessen Begründung enthalten. Die angefochtene Verfügung ist beizulegen oder genau zu bezeichnen. Die angerufenen Beweismittel sind genau zu bezeichnen und soweit möglich beizulegen. Einem Rekurs wird die aufschiebende Wirkung entzogen.

5. Mitteilung an

Begründung:

  xy   wurde mit Verfügung vom 09.02.94 der Führerausweis wegen Drogenkonsums, gestützt auf Art. 35 Abs. 3 VZV, vorsorglicherweise bis zur amtsärztlichen Abklärung der Fahreignung ab 07.01.94 entzogen. Gleichzeitig wurde ihm eröffnet, dass die administrativrechtliche Beurteilung des Vorfalles nach Vorliegen des amtsärztlichen Gutachtens erfolgen werde.

Direktion der Polizei des Kantons Zürich
Amt für Administrativmassnahmen im Strassenverkehr

| Lessingstrasse 33 | Telefon 01/285 71 11 | VBZ-Haltestelle: Utobrücke |
| 8090 Zürich | Telefax 01/281 14 32 | Schalterzeit: 08.00 – 16.00 Uhr |

- 2 -

Dem Gutachten des Institutes für Rechtsmedizin der Universität Zürich vom 15.06.95 ist nun zu entnehmen, dass die am 30.05.95 durchgeführte Urinprobe auf Cocain ein positives Resultat ergab. Aufgrund der ungünstig ausgefallenen Urinprobe sei somit die Fahreignung von   xy   aus medizinischer Sicht nicht gegeben. Der Führerausweis ist ihm daher auf unbestimmte Zeit zu entziehen.

Die Wiedererteilung desselben kann frühestens nach einjähriger Entzugsdauer (Probezeit), gerechnet ab 30.05.95, und gemäss beiliegendem Merkblatt durchgeführter Drogenabstinenz sowie einem günstig lautenden amtsärztlichen Gutachtens erfolgen.

                                             Amt für Administrativmassnahmen
                                                  im Strassenverkehr

Beispiel 12   Führerausweisentzug, ausführlich begründete Verfügung

Chur, 11. Januar 1995/BR/kb   mitgeteilt am:
94/381

Departementsverfügung

In der Beschwerdeangelegenheit des ██████████ ██████████ ██████████, vertreten durch seinen Arbeitgeber ██████████, ███, gegen die Verfügung des Strassenverkehrsamtes des Kantons Graubünden vom 16. November 1994, mitgeteilt am 21. November 1994, betreffend Entzug des Führerausweises

**hat das Justiz-, Polizei- und Sanitätsdepartement
nach Prüfung der Akten und aufgrund folgenden Sachverhaltes:**

1. Mit Verfügung vom 16. November 1994, mitgeteilt am 21. November 1994, entzog das Strassenverkehrsamt Graubünden ██████████ den Führerausweis wegen Fahrens in angetrunkenem Zustand mit Rückfall im fünften Jahr für 14 Monate mit Wirkung ab 30. September 1994 bis 29. November 1995 gestützt auf Art. 16 Abs. 3 lit. b in Verbindung mit Art. 17 Abs. 1 lit. d des Strassenverkehrsgesetzes (SVG; SR 741.01). Diesem Entzug lag die Tatsache zugrunde, dass ██████████ am 30. September 1994 um 00.45 Uhr als Lenker des Personenwagens ██████████ auf der Kantonsstrasse bei der Tardisbrücke, Gemeindegebiet Maienfeld, von der Polizei angehalten und kontrolliert wurde. Da Anzeichen von Angetrunkenheit bestanden, wurde er einer Blutentnahme zur Alkoholbestimmung zugeführt. Diese ergab einen Wert von mindestens 2.23 ‰ (Art. 31 Abs. 2 SVG; Art. 2 Abs. 2 VRV). Die 14-monatige Entzugsdauer wurde u.a. mit der Rückfälligkeit von ██████████ begründet, da ihm bereits im Jahre 1989 der Führerausweis wegen Fahrens in angetrunkenem Zustand für zwei Monate entzogen werden musste.

2. Gegen die Verfügung des Strassenverkehrsamtes Graubünden erhob ██████████ am 6. Dezember 1994 Beschwerde beim Justiz-, Polizei- und Sanitätsdepartement. Als Begründung wird im wesentlichen geltend gemacht, dass ██████████ auf den Führerausweis beruflich angewiesen sei. Im weiteren

erscheine die Strafe unverhältnismässig hoch. Zudem handle es sich beim Beschwerdeführer nicht um einen "Delinquenten" sondern um einen zuverlässigen Angestellten.

3. Das Strassenverkehrsamt des Kantons Graubünden beantragt in seiner Stellungnahme vom 27. Dezember 1994 die Abweisung der Beschwerde unter Kostenfolge zulasten des Beschwerdeführers.

Auf die weiteren Ausführungen in den Rechtsschriften wird, soweit erforderlich, in den Erwägungen eingegangen;

in Erwägung:

1. Gegen Verfügungen des Strassenverkehrsamtes steht dem Betroffenen nach Art. 19 der Ausführungsverordnung zum Bundesgesetz über den Strassenverkehr (GAV zum SVG; BR 870.100) der Weg der Verwaltungsbeschwerde gemäss Art. 15 ff. des Gesetzes über das Verfahren in Verwaltungs- und Verfassungssachen (VVG; BR 370.500) offen. Mit der Beschwerde können nach Art. 18 VVG Mängel des Verfahrens und des angefochtenen Entscheides, insbesondere unrichtige Rechtsanwendung und Tatsachenfeststellung sowie unzulässiger Gebrauch des Ermessens gerügt werden. Neue Tatsachenbehauptungen und Beweisanträge sind zulässig. Gemäss Art. 19 VVG beträgt die Beschwerdefrist 20 Tage seit Mitteilung des Entscheides.

Nachdem die Beschwerde form- und fristgerecht eingereicht wurde, ist auf sie einzutreten.

2. Im vorliegenden Verfahren besteht keinerlei Zweifel über den Schuldpunkt. In dem den Akten beiliegenden Bericht über die Blutuntersuchung des Instituts für Rechtsmedizin der Universität Zürich-Irchel (Prof. Dr. med. Aurelio Pasi) vom 6. Oktober 1994 ist zu entnehmen, dass ███████ in der Ereignisnacht eine Blutalkoholkonzentration von mindestens 2.23 ‰ aufwies. Weder die Auswertung dieser Blutprobe noch die Tatsache, dass ███████ in angetrunkenem Zustand ein Motorfahrzeug lenkte, werden in der Beschwerdeschrift bestritten. Die Vorinstanz ist somit zu Recht vom Entzugsgrund gemäss Art. 16 Abs. 3 lit. b SVG ausgegangen.

Beispiel 12

Im vorliegenden Fall wird nicht der Entzug des Führerausweises sondern einzig dessen Dauer bestritten. Im folgenden ist daher nur zu prüfen, ob die Dauer des Entzugs angemessen ist.

3. Für das Führen eines Motorfahrzeuges in angetrunkenem Zustand schreibt der Gesetzgeber nebst einer strafrechtlichen Sanktion gemäss Art. 91 Abs. 1 SVG den Entzug des Führerausweises gemäss Art. 16 Abs. 3 lit. b SVG zwingend vor. Die Dauer des Entzuges ist nach den Umständen festzusetzen, wobei insbesondere die Schwere des Verschuldens, das Ausmass der Angetrunkenheit, die Rückfallszeit, der automobilistische Leumund sowie die berufliche Notwendigkeit, ein Motorfahrzeug zu führen, zu berücksichtigen sind. Sie beträgt jedoch gemäss Art. 17 Abs. 1 lit. d SVG mindestens ein Jahr, wenn sich der Führer innerhalb von fünf Jahren seit Ablauf des letzten Ausweisentzuges wegen desselben Vergehens zu verantworten hat.

a) Mit Verfügung vom 25. September 1989 musste dem Beschwerdeführer der Führerausweis wegen Fahrens in angetrunkenem Zustand für zwei Monate ab 8. September bis 7. November 1989 entzogen werden. Der Beschwerdeführer ist somit im Sinne von Art. 17 Abs. 1 lit. d SVG im fünften Jahr rückfällig was eine gesetzlich festgesetzte Entzugsdauer von mindestens einem Jahre zur Folge hat. Dieses Richtmass gilt bei minimaler Alkoholisierung sowie bei geringem Verschulden und unbescholtenem Führerleumund.

b) Die beim Beschwerdeführer angeordnete Blutprobe ergab eine Blutalkoholkonzentration von mindestens 2.23 ‰, was einer schweren Angetrunkenheit, beziehungsweise einem schweren Rausch, entspricht, bei welchem auch nur ein einigermassen sicheres Führen eines Motorfahrzeuges zum vornherein ausgeschlossen ist. Laut wissenschaftlichen Untersuchungen lässt die Reaktion eines Motorfahrzeugführers bereits bei einer Blutalkoholkonzentration von 0.50 ‰ nach und die Sehkraft ist eingeschränkt.

Im Hinblick auf die Rückfälligkeit im fünften Jahr, welche bereits bei einem Alkohlisierungsgrad von 0.80 ‰ eine gesetzliche Mindestensentzugsdauer von 12 Monaten vorsieht, wird bei einem Alkohlgehalt von 2.23 ‰ die Entzugsdauer entsprechend erhöht. Ein Fahrzeuglenker, der sich in einem derart betrunkenen Zustand ans Steuer eines Motorfahrzeuges setzt, handelt äusserst verantwortungslos und verursacht eine schwere Verkehrsgefährdung. Dies hat in jedem Falle eine Verschärfung der Massnahme zur Folge. Aufgrund der vom Justiz-, Polizei- und Sanitätsdepartement am 14. November 1984 genehmigten kantonalen "Richtlinien bei der Anordnung von Massnahmen gegenüber angetrunkenen Führern von Motorfahrzeugen" und der gefestigten Praxis der Entzugsbehörde bei gleichen Vorkommnissen wird die gesetzliche Entzugsdauer bei einem Alkoholgehalt von 2.00 ‰ und mehr um mindestens zwei Monate erhöht. Eine 14-monatige Entzugsdauer muss in diesem Falle als absolutes Minimum bezeichnet werden, zumal auch der Führerleumund ▬▬▬▬▬▬ mit einem 1-monatigen Führerausweisentzug aus dem Jahre 1986 getrübt ist.

c) In der Beschwerdebegründung macht der Beschwerdeführer vor allem geltend, die Entzugsdauer sei zu verkürzen, da er aus beruflichen Gründen auf das Lenken eines Fahrzeuges angewiesen ist (i.S. von Art. 33 Abs. 2 der Verordnung über die Zulassung von Personen und Fahrzeugen zum Strassenverkehr; VZV; SR 741.51).

Die berufliche Notwendigkeit, ein Fahrzeug zu führen, wird nach bundesgerichtlicher Rechtsprechung nur dann angenommen, wenn die Ausübung des Berufes durch den Führerausweisentzug materiell verboten wird, wie dies zum Beispiel beim Berufschauffeur der Fall ist, der für Fahrdienste entschädigt wird. Ebenso ist die berufliche Notwendigkeit zu bejahen, wenn die Unmöglichkeit, ein Fahrzeug zu führen, einen solchen Einkommensverlust oder so beachtliche Kosten verursachen würde, dass diese Massnahme offensichtlich als unverhältnismässig erscheint. Als Beispiel hiezu erwähnt das Bundesgericht den Landwirt bezüglich seines Traktors und den Gemüsegärtner bezüglich seines Lieferwagens. Dagegen wurde schon entschieden, dass ein Unternehmer oder ein Architekt für die gleichzeitige Ueberwachung mehrerer Baustellen, ein Arzt oder eine Krankenschwester, die während der Nacht dringend in ein Spital oder zu Patienten gerufen werden, sich nicht auf eine massgebende berufliche Notwendigkeit berufen können, trotz sehr ernsthafter Unannehmlichkeiten, häufig wichtiger Auslagen und trotz des Gewinnausfalls, der durch das Verbot, ein Auto zu führen, entsteht (vgl. Praxis 79/1990 Nr. 150).

Beispiel 12

Der Führerausweisentzug stellt eine um der Verkehrssicherheitswillen angeordnete Verwaltungsmassnahme mit präventivem und erzieherischem Charakter dar, und es liegt gerade in der Natur solcher Massnahmen, dass sie dem Betroffenen Unannehmlichkeiten bereiten. Wer auf den Führerausweis angewiesen ist, muss in erster Linie dafür sorgen, dass er diesen nicht verliert. Wer durch einen früheren, kürzeren Entzug nicht vom weiteren Begehen von Verkehrsregelverletzungen abgehalten werden kann, kann sich später einer schärferen Massnahme gegenüber nicht auf seine besondere Massnahmeempfindlichkeit berufen (vgl. dazu Hans Schultz, Rechtsprechung und Praxis zum Strassenverkehrsrecht in den Jahren 1978 - 1982, S. 170). Ergänzend kann noch beigefügt werden, dass der Kantonspolizeiposten Landquart in seinem vom Strassenverkehrsamt einverlangten Leumundsbericht vom 1. November 1994 die berufliche Notwendigkeit des Beschwerdeführers, ein Motorfahrzeug zu führen, verneint hat.

▬▬▬▬ ist als Angestellter der Firma ▬▬▬▬ u.a. auch für die jeweiligen Transporte zuständig. Der Beschwerdeführer kann in Anbetracht der vorstehenden Ausführungen nicht eine berufliche Notwendigkeit, ein Motorfahrzeug zu lenken für sich geltend machen, weshalb keine besondere Massnahmeempfindlichkeit zu berücksichtigen ist.

4. Im Hinblick auf die Rückfälligkeit, den Alkoholisierungsgrad und die damit verbundene Verkehrsgefährdung ist eine Entzugsdauer von 14 Monaten angemessen.

5. Zusammenfassend kann somit gesagt werden, dass der Vorinstanz weder eine Rechtsverletzung noch Unangemessenheit vorzuwerfen ist. Die Beschwerde erweist sich als unbegründet und ist abzuweisen.

6. Bei diesem Ausgang des Verfahrens ist es gerechtfertigt, dem Beschwerdeführer die Kosten des Verfahrens gemäss Art. 36 ff. VVG aufzuerlegen;

erkannt:

1. Die Beschwerde wird abgewiesen.

2. Die Kosten des Verfahrens, bestehend aus einer Staatsgebühr von Fr. 300.--, Kanzlei- und Ausfertigungsgebühren von Fr. 78.--, total Fr. 378.--, sind innert 30 Tagen seit Zustellung dieses Entscheides der Standesbuchhaltung Graubünden, PC-Konto 70-187-9, Kto.-Nr. 3100.4310, zu überweisen.

3. Gegen vorliegende Verfügung kann innerhalb von 20 Tagen seit der Mitteilung gemäss Art. 15 ff. des Gesetzes über das Verfahren in Verwaltungs- und Verfassungssachen bei der Regierung des Kantons Graubünden schriftlich Beschwerde erhoben werden. Die Beschwerdeschrift muss einen Antrag und eine kurze Begründung enthalten. Die angefochtene Verfügung und die Beweise sind, soweit im Besitze des Beschwerdeführers, beizulegen. Die Beschwerdeschrift ist vom Beschwerdeführer oder seinem Vertreter zu unterzeichnen und im Doppel einzureichen. Die Verwaltungsbeschwerde hat keine aufschiebende Wirkung.

4. Mitteilung an:
   - ███████████ ████████████, ████████████, ████████ (im Doppel, auch zuhanden seines Mandanten)
   - Strassenverkehrsamt des Kantons Graubünden (im Doppel, unter Erstattung der Akten)
   - kantonale Finanzkontrolle
   - Standesbuchhaltung Graubünden (im Doppel)
   - Sekretariat des Justiz-, Polizei- und Sanitätsdepartement (vierfach)

JUSTIZ-, POLIZEI- UND
SANITAETSDEPARTEMENT
DES KANTONS GRAUBUENDEN
Der Vorsteher:

Dr. Peter Aliesch
Regierungspräsident

Einschreiben
94/381/BR/kb

**Beispiel 13 Führerausweisentzug auf unbestimmte Dauer wegen
Alkoholabhängigkeit**

Chur, 24. April 1995/BR   mitgeteilt:
94/393

Departementsverfügung

In der Beschwerdeangelegenheit des ███████ ███████, ███████ ███, gegen die Verfügung des Strassenverkehrsamtes des Kantons Graubünden vom 1. Dezember 1994, mitgeteilt am 6. Dezember 1994, betreffend Entzug des Führerausweises auf unbestimmte Zeit und Verbot des Führens eines Motorfahrrades

**hat das Justiz-, Polizei- und Sanitätsdepartement
nach Prüfung der Akten und aufgrund folgenden Sachverhaltes:**

1. Mit Verfügung vom 2. Juni 1994 entzog das Strassenverkehrsamt des Kantons Graubünden ███████ gestützt auf Art. 14 und 16 des Bundesgesetzes über den Strassenverkehr (SVG; SR 741.01) sowie Art. 35 Abs. 3 der Verordnung über die Zulassung von Personen und Fahrzeugen zum Strassenverkehr (VZV; SR 741.51) vorsorglich den Führerausweis für alle Motorfahrzeugkategorien und untersagte ihm zudem in Anwendung von Art. 36 Abs. 1 VZV das Führen eines Motorfahrrades. Gleichzeitig wurde er aufgefordert, sich einer spezialärztlichen Untersuchung zu unterziehen zwecks Abklärung des übermässigen Alkoholkonsums und der Eignung als Motorfahrzeugführer.

Diese Massnahme wurde angeordnet, weil dem Strassenverkehrsamt mit Bericht der Kantonspolizei Silvaplana vom 26. Mai 1994 die Meldung zur Prüfung des Führerausweisentzuges, lautend auf ███████, zugestellt wurde. In dem Bericht wurde darauf hingewiesen, dass ███████ unter Alkoholproblemen leide und sich deswegen seit 14. März 1994 in einer Alkoholentziehungskur in der Psychiatrischen Klinik Beverin befinde. Aufgrund eines Rückfalls in den Alkoholkonsum sei ███████ am 18. Mai 1994 freiwillig aus der Klinik ausgetreten. Bereits am 25. Mai 1994 musste er jedoch im Auftrage des

Präsidenten der Vormundschaftsbehörde Oberengadin wegen Selbstgefährdung in stark alkoholisiertem Zustand in die Klinik Beverin zurückgebracht werden. Da ferner nicht ausgeschlossen werden konnte, dass ▆▆▆▆▆▆ sein Fahrzeug in angetrunkenem Zustand benützen würde, nahm ihm die Polizei den Führerausweis in Anwendung von Art. 54 SVG vorläufig ab und stellte ihn dem Strassenverkehrsamt zu.

2. Im spezialärztlichen Gutachten der kantonalen Psychiatrischen Klinik Beverin, datiert vom 21. November 1994, wurde ▆▆▆▆▆▆▆▆▆▆▆▆ als alkoholabhängig und stationär behandlungsbedürftig beurteilt. Im Gutachten wurde ihm überdies die Eignung, ein Fahrzeug zu führen, abgesprochen. Aufgrund des mehrfachen Rückfalls von Edgar Strähle in den Alkoholkonsum wurde gleichzeitig empfohlen, die Wiederaushändigung des Führerausweises von einer einjährigen, kontrollierten Alkoholabstinenz abhängig zu machen.

3. In Anlehnung an die spezialärztliche Expertise entzog das Strassenverkehrsamt mittels Verfügung vom 1. Dezember 1994, mitgeteilt am 6. Dezember 1994, ▆▆▆▆▆▆ den Führerausweis für sämtliche Kategorien wegen Alkoholabhängigkeit gestützt auf Art. 16 Abs. 1, Art. 14 Abs. 2 lit. c SVG in Verbindung mit Art. 17 Abs. 1bis SVG und Art. 30 Abs. 1 VZV auf unbestimmte Zeit, mit Wirkung ab 28. Mai 1994. Gleichzeitig wurde ihm auch in Anwendung von Art. 36 Abs. 1 VZV das Führen eines Motorfahrrades untersagt. Die Wiederaushändigung des Führerausweises bzw. die Aufhebung der Massnahme wurde mit der Auflage verbunden, dass ▆▆▆▆▆▆ eine mindestens 12 Monate dauernde kontrollierte Alkoholabstinenz nachweisen kann und eine spezialärztliche Untersuchung die Trunksucht verneint und die Fahreignung bejaht.

4. Gegen die Verfügung des Strassenverkehrsamtes vom 1./6. Dezember 1994 erhob ▆▆▆▆▆▆ am 12. Dezember 1994 Beschwerde beim Justiz-, Polizei- und Sanitätsdepartement des Kantons Graubünden. In seiner Beschwerdeschrift beantragt er, es sei der Entscheid des Strassenverkehrsamtes nochmals zu überprüfen. Ferner sei ihm der Führerausweis nach Beendigung seiner Therapie im Mühlhof am 9. Februar 1995 auszuhändigen. ▆▆▆▆▆▆ begründet seine Beschwerde im wesentlichen damit, dass er seit 18 Jahren den Führerausweis besitze und ausser einer Geschwindigkeitsbusse im Jahre 1987 in keiner Weise gegen das Strassenverkehrsgesetz verstossen habe. Im weiteren sei er aufgrund seiner beruflichen Tätigkeit als Hotelier auf ein Fahrzeug an-

Beispiel 13

gewiesen. Zudem sei die Nachbetreuung nach seinem Ausscheiden vom ReHa-Zentrum Mühlhof bereits festgelegt.

5. In seiner Stellungnahme vom 11. Januar 1995 beantragt das Strassenverkehrsamt des Kantons Graubünden die vollumfängliche Abweisung der Beschwerde unter Kostenfolge zulasten des Beschwerdeführers.

Auf die weiteren Ausführungen in den Rechtsschriften wird, soweit erforderlich, in den Erwägungen eingegangen;

in Erwägung:

1. Gemäss Art. 15 des Gesetzes über das Verfahren in Verwaltungs- und Verfassungssachen (VVG; BR 370.500) können mit Verwaltungsbeschwerde Entscheide einer unteren Instanz an die obere Instanz weitergezogen werden. Mit der Beschwerde können nach Art. 18 VVG Mängel des Verfahrens und des angefochtenen Entscheides, insbesondere unrichtige Rechtsanwendung und Tatsachenfeststellung sowie unzulässiger Gebrauch des Ermessen gerügt werden. Gemäss Art. 19 VVG beträgt die Beschwerdefrist 20 Tage seit Mitteilung des Entscheides.

Da die Beschwerde form- und fristgerecht eingereicht wurde, ist auf sie einzutreten.

2. Nach Art. 16 Abs. 1 des Strassenverkehrsgesetzes (SVG; SR 741.01) sind Ausweise zu entziehen, wenn festgestellt wird, dass die gesetzlichen Voraussetzungen zur Erteilung nicht mehr gegeben sind. Diese Bestimmung knüpft an Art. 14 SVG an, der die Voraussetzungen der Zulassung zum Strassenverkehr umschreibt.

So dürfen Lernfahr- und Führerausweise nicht erteilt werden, wenn der Bewerber dem Trunke oder andern die Fahrfähigkeit herabsetzenden Süchten ergeben ist (Art. 14 Abs. 2 lit. c SVG). Die Verordnung über die Zulassung von Personen und Fahrzeugen zum Strassenverkehr (VZV; SR 741.51) unterscheidet bei Führerausweisentzügen zwischen sogenannten Sicherungs- und Warnungsentzügen (Art. 30 Abs. 1 und 2 VZV). Der Warnungsentzug knüpft an eine Verkehrsregelverletzung oder an eine Verwendung von Motorfahrzeugen zu deliktischen Zwecken an; er ist befristet und soll den Betroffenen ermahnen und zur Besserung anhalten (Art. 30 Abs. 2 und Art. 33 Abs. 2 VZV). Sicherungsentzüge hingegen dienen der Sicherung des Verkehrs vor ungeeigneten Führern. Sie werden verfügt, wenn ein Führer aus medizinischen oder charakterlichen Gründen, wegen Trunksucht oder anderer Süchte oder wegen einer anderen Unfähigkeit zum Führen von Motorfahrzeugen nicht geeignet ist (Art. 30 Abs. 1 VZV). Der Sicherungsentzug wird auf unbestimmte Dauer und unabhängig von einer Verkehrsregelverletzung verfügt. Wird er wegen eines medizinischen Auschlussgrundes angeordnet, so kann der Betroffene um Erteilung des Ausweises nachsuchen, sobald der Eignungsmangel behoben ist. In den anderen Fällen ist mit der Entzugsverfügung eine Probezeit von mindestens einem Jahr anzusetzen, vor deren Ablauf der Führerausweis auch nicht bedingt ausgehändigt werden darf (Art. 33 Abs. 1 VZV). Für Motorfahrräder wird der Sicherungsentzug in Art. 36 Abs. 1 VZV speziell erwähnt.

3. Vorliegend geht aus dem spezialärztlichen Gutachten klar hervor, dass ▮▮▮▮ alkoholabhängig und stationär behandlungsbedürftig ist. Dem Beschwerdeführer muss somit im Zeitpunkt der Begutachtung die Eignung, ein Fahrzeug zu führen, eindeutig abgesprochen werden.

Die Vorinstanz hat somit zurecht einen Sicherungsentzug, gestützt auf Art. 16 Abs. 1, Art. 14 Abs. 2 lit. c SVG in Verbindung mit Art. 17 Abs. 1bis SVG, verfügt und entsprechende Auflagen angeordnet.

4. Gemäss Art. 17 Abs. 1bis SVG wird der Führer- oder Lernfahrausweis auf unbestimmte Zeit entzogen, wenn der Führer wegen Trunksucht oder anderer Suchtkrankheiten, aus charakterlichen oder anderen Gründen nicht geeignet ist, ein Motorfahrzeug zu führen. Mit dem Entzug wird eine Probezeit, die wie eine Sperrfrist wirkt, von mindestens einem Jahr verbunden. Vor Ablauf dieser Probezeit von einem Jahr kann der Führerausweis - Ausnahme bildet der Entzug aus medizinischen Gründen - auch bedingt nicht ausgehändigt werden (Art. 17 Abs 3 SVG). Somit ist es weder der Vorinstanz noch dem Justiz-, Polizei- und Sanitätsdepartement möglich, die Probezeit bzw. die Entzugsdauer unter diese gesetzliche Mindestfrist von einem Jahr festzusetzen. Dem Antrag des Beschwerdeführers, es sei ihm nach Beendigung der Therapie im Mühlhof

Beispiel 13

der Führerausweis wieder zu erteilen, kann daher nicht stattgegeben werden. Die Wiedererteilung des Führerausweises ist von der Erfüllung der in der vorinstanzlichen Verfügung angeordneten Auflagen abhängig und wird zu gegebener Zeit vom Strassenverkehrsamt überprüft.

5. Der Beschwerdeführer verweist im weiteren auf die berufliche Notwendigkeit eines Führerausweises. Hierzu ist zu bemerken, dass Sicherungsentzüge keine Strafen, sondern Administrativmassnahmen sind, welche die Sicherheit im Strassenverkehr betreffen. Sie werden auf unbestimmte Zeit angeordnet und sind solange aufrecht zu erhalten, als der Fahrzeugführer eine Gefahr für die Verkehrssicherheit darstellt. Die berufliche Angewiesenheit auf den Führerausweis kann demnach nicht berücksichtigt werden.

6. Die Beschwerde erweist sich somit als unbegründet und ist abzuweisen.

7. Bei diesem Ausgang des Verfahrens ist es gerechtfertigt, dem Beschwerdeführer die Kosten des Verfahrens gemäss Art. 36 ff. VVG aufzuerlegen;

verfügt:

1. Die Beschwerde wird abgewiesen.

2. Die Kosten des Verfahrens, bestehend aus einer Staatsgebühr von Fr. 250.--, Kanzlei- und Ausfertigungsgebühren von Fr. 78.--, total Fr. 328.--, sind innert 30 Tagen seit Zustellung dieses Entscheides der Standesbuchhaltung Graubünden, PC-Konto 70-187-9, Kto.-Nr. 3100.4310, zu überweisen.

3. Gegen vorliegende Verfügung kann innerhalb von 20 Tagen seit der Miitteilung gemäss Art. 15 ff. VVG bei der Regierung des Kantons Graubünden schriftlich Beschwerde erhoben werden. Die Beschwerdeschrift muss einen Antrag und eine kurze Begründung enthalten. Die angefochtene Verfügung und die Beweise sind, soweit im Besitze des Beschwerdeführers, beizulegen. Die Beschwerdeschrift ist vom Beschwerdeführer oder seinem Vertreter zu unterzeichnen und im Doppel einzureichen. Die Verwaltungsbeschwerde hat keine aufschiebende Wirkung.

Beispiel 13

4. Mitteilung an:
   -
   - Strassenverkehrsamt des Kantons Graubünden (im Doppel, unter Erstattung der Akten)
   - kantonale Finanzkontrolle
   - Standesbuchhaltung Graubünden (im Doppel)
   - Sekretariat des Justiz-, Polizei- und Sanitätsdepartement (vierfach)

JUSTIZ-, POLIZEI- UND
SANITAETSDEPARTEMENT
DES KANTONS GRAUBUENDEN
Der Vorsteher:

Dr. Peter Aliesch
Regierungspräsident

Einschreiben
94/393

Beispiel 14 Ausschluss aus der Jagdberechtigung wegen mangelnder Vorsicht mit der Waffe

Finanzdirektion des Kantons Zürich

Verfügung

Jagdregal (Ausschluss aus der Jagdberechtigung).

In Sachen XX, vertreten durch Rechtsanwalt YY, betreffend Jagdpassentzug,

hat sich ergeben:

A. Gemäss Rapport der Kantonspolizei vom 7. Januar 1993 lenkte XX am Mittwoch, 30. Dezember 1992, um 20.55 Uhr, seinen Lieferwagen von Ellikon in Richtung Marthalen und verursachte bei der Einmündung in die Andelfingerstrasse einen Unfall. Die wegen des Verkehrsunfalls angeordnete Blutanalyse ergab einen Blutalkoholgehalt von mindestens 1.75 Gewichtspromille.

Als die Polizei kurz nach dem Unfall auf das Unfallfahrzeug stiess, war der Lenker abwesend. Die hintere Wagentür war nach Angaben der Polizei unverschlossen, und im Wageninnern befand sich - wiederum nach Angaben der Polizei - u.a. ein geladener Stutzer.

B. Mit rechtkräftig gewordenem Urteil vom 2. Juni 1993 wurde XX u.a. wegen Fahrens in angetrunkenem Zustand mit drei Monaten Gefängnis und Fr. 300 Busse bestraft. Die Freiheitsstrafe wurde vollzogen.

C. Diesen Vorfall nahm die Finanzdirektion zum Anlass, gegen XX mit Schreiben vom 21. Juli 1994 ein Administrativverfahren auf Ausschluss aus der Jagdberechtigung zu eröffnen. Es wurde ihm ein Jagdpasssperre von vier Jahren in Aussicht gestellt. In der Stellungnahme vom 12. September 1994 lässt XX beantragen, der Fischerei- und Jagdverwalter habe in diesem Verfahren in den Ausstand zu treten, auf die Anordnung einer Jagdpasssperre sei zu verzichten, eventuell sei ein solche nur anzudrohen, subeventuell sei eine solche von einem Jahr auszusprechen. Er bestritt namentlich die Feststellung der Polizei, das Fahrzeug sei nach dem Unfall unverschlossen geblieben und im Fahrzeug habe sich eine durchgeladene Jagdwaffe befunden. Nach seinen Angaben habe er das Fahrzeug abgeschlossen gehabt, und es hätten sich zwar zwei Patronen im Magazin des Stutzers befunden, aber keine im Patronenlager. Aufgrund dieser Bestreitung wurde ein Zusatzbericht der Kantonspolizei eingeholt. Im Bericht vom 12. Oktober 1994 bestätigt Wm ZZ, bei seinem Eintreffen am Unfallort sei die Heckklappe des Unfallfahrzeuges unverschlossen gewesen und beim Stutzer hätten sich eine Patrone im Patronenlager und zwei im Magazin befunden. Beim Öffnen des Verschlusses sei eine Patrone aus dem Patronenlager gespickt. XX wurde Gelegenheit eingeräumt, zu diesem Bericht Stellung zu nehmen.

D. Mit Eingabe vom 21. November 1994 lässt XX die Beweiseignung des polizeilichen Zusatzberichts bestreiten. Er beantragt die mündliche Einvernahme von Wm ZZ als Zeuge. In der Eingabe vom 25. November 1994 lässt XX diesen Antrag erneuern und beruft sich dafür auf Art. 6 Abs. 1 EMRK.

Es kommt in Betracht:

1. Der Fischerei- und Jagdverwalter ist an diesem Verfahren nicht beteiligt. Die Verfahrensleitung liegt ausschliesslich beim Direktionssekretariat der Finanzdirektion. Der Antrag, der Fischerei- und Jagdverwalter habe in den Ausstand zu treten, ist unter diesen Umständen gegenstandslos.

2. Gemäss § 11 Abs. 1 lit. k JagdG ist vom Besitz eines Jagdpasses und von der Pacht eines Pachtreviers auszuschliessen, wer wegen eines vorsätzlich begangenen Vergehens zu einer Freiheitsstrafe verurteilt wurde.

Mit rechtskräftig gewordenem Urteil vom 2. Juni 1993 wurde XX u.a. des Fahrens in angetrunkenem Zustand schuldig gesprochen und mit einer Gefängnisstrafe von drei Monaten bestraft. Zur Frage, ob XX die strafbare Handlung vorsätzlich, eventualvorsätzlich oder fahrlässig begangen hat, werden im Strafurteil keine Ausführungen gemacht. Die Administrativbehörde hat diese Frage deshalb vorfrageweise zu prüfen.

Beispiel 14

XX fuhr am 30. Dezember 1992 mit seinem eigenen Fahrzeug an einen Anlass in einer Waldhütte, bei welchem er annehmen musste, dass Alkohol konsumiert würde. Die Gefahren, die mit dem Führen von Fahrzeugen nach dem Genuss von Alkohol verbunden sind, waren ihm aufgrund früherer Verfahren bekannt (u.a. Urteil des Statthalteramtes Luzern-Stadt vom 28. Juli 1988). Nach eigenen Angaben wusste XX zudem, den Konsum von Alkohol vor dem Vorfall vom 30. Dezember 1992 nicht immer völlig im Griff gehabt zu haben (Urteil des Bezirksgerichts Andelfingen, S. 13). Damit ist im Sinne BGE 104 IV 36 f. davon auszugehen, XX habe voraussehen können, nach dem Waldhüttenanlass möglicherweise ein Fahrzeug in angetrunkenem Zustand zu führen, und diesen Erfolg - falls er eintreten sollte - in Kauf genommen. XX hat deshalb eventualvorsätzlich gehandelt, was zur Anwendung von § 11 Abs. 1 lit. k JagdG genügt. Ein Jagdpassentzug ist deshalb unumgänglich.

3. Vom Besitz eines Jagdpasses und von der Pacht eines Jagdreviers ist weiter auszuschliessen, wer durch sein Verhalten beweist, die Jagdwaffe unvorsichtig zu führen (§ 11 Abs. 1 lit. h JagdG). Diese Vorschrift dient der Durchsetzung der Sicherheit im Jagdbetrieb. Die Pflicht zur vorsichtigen Waffenhandhabung trifft den Jagdausübenden nicht nur während des Jagdbetriebs in engerem Sinn sondern auch vor- und nachher. Ein Jagdausübender handelt ihr zuwider, wenn er eine geladene Jagdwaffe in einem unverschlossenen Fahrzeug unbewacht deponiert und sie damit dem unbefugten Zugriff Dritter aussetzt.

Der polizeiliche Ergänzungsbericht vom 12. Oktober 1994, in welchem die unbewachte Zurücklassung einer geladenen Jagdwaffe in einem unverschlossenen Fahrzeug bestätigt wird, ist als Auskunft eines Amtes zu betrachten. Gemäss § 7 Abs. 1 VRG sind Auskünfte von Amtsstellen im Sinne eines Untersuchungsmittels in Form schriftlicher Amtsberichte einzuholen. Die Einvernahme von Beamten durch Verwaltungsbehörden als Zeugen ist schon deshalb ausgeschlossen, weil dieser ein Recht zur Zeugeneinvernahme gar nicht zusteht. Eine gesetzliche Grundlage hiefür fehlt (Kölz, Kommentar zum VRG, N 12 zu § 7). Etwas anderes ergibt sich auch aus Art. 6 Abs. 1 EMRK nicht. Im vorliegenden Verfahren geht es nicht um zivil- oder strafrechtliche Fragen, wie in Art. 6 Abs. 1 EMRK vorausgesetzt, sondern um eine aus dem kantonalen Jagdregal abgeleitete Konzession (Pacht eines Jagdreviers). Selbst wenn sich aus Art. 6 EMRK ein Anspruch auf Zeugeneinvernahme ergeben sollte, wäre dieser Bestimmung durch die Befugnis des Verwaltungsgerichts zur Zeugeneinvernahme (§ 60 VRG) Genüge getan. Im Verwaltungsverfahren und verwaltungsinternen Rekursverfahren besteht ein solcher Anspruch jedenfalls nicht.

Die Ausführungen von Wm ZZ im Zusatzbericht sind detailliert, widerspruchsfrei und lebensnah. XX hat keine substanzierten Einwände gegen dessen Schilderung der Vorgänge erhoben. Es besteht kein begründeter Anlass, an ihrer Tatsachengemässheit zu zweifeln. Seine Schilderung ist deshalb dieser Verfügung zugrunde zu legen. XX hat in einem unverschlossenen Fahrzeug eine geladene Waffe unbewacht zurückgelassen und in Kauf genommen, dass unbefugte Dritte sich auf einfachem Weg dieser Waffe hätten bemächtigen und Schaden anrichten können. Er hat mit seinem Verhalten bewiesen, die Jagdwaffe unvorsichtig zu führen. Damit ist auch der Entzugsgrund gemäss § 11 Abs. 1 lit. h JagdG erfüllt.

4. In den Fällen gemäss § 11 Abs. 1 lit. h und k JagdG hat die Finanzdirektion eine ein- bis zehnjährige Sperrfrist zu verfügen, welche gemäss § 11 Abs. 1 lit. k JagdG vom Datum des Strafurteils an, gemäss § 11 Abs. 1 lit. h JagdG von der Rechtskraft der Entzugsverfügung an läuft. Bei gleichzeitiger Erfüllung beider Entzugstatbestände ist zu Gunsten des Jagdberechtigten die Frist vom Datum des Strafurteils an zu rechnen.

Die Dauer der Sperrfrist richtet sich nach den Umständen des Einzelfalles, wobei namentlich das Verschulden des Jagdberechtigten ins Gewicht fällt. Beim Fahren im angetrunkenen Zustand hat XX in nicht leicht zu nehmender Weise gegen das Gebot verstossen, die Sicherheit und Gesundheit anderer Verkehrsteilnehmer zu achten. Nach Auffassung des Strafrichters trifft ihn daran ein nicht leichtes Verschulden. Bei der unvorsichtigen Waffenführung hat er leichtfertig ausser Acht gelassen, welche Gefahr von geladenen Jagdwaffen ausgehen kann, falls sie in unbefugte Hände gerät. Sein Verhalten hiebei kann nur als grobfahrlässig bezeichnet werden. Insgesamt rechtfertigt es sich, XX für drei Jahre von der Pacht eines Jagdreviers und vom Besitz eines Jagdpasses auszuschliessen.

Beispiel 14

Die Finanzdirektion

v e r f ü g t :

I. XX wird für die Dauer von drei Jahren seit 2. Juni 1993 von der Pacht eines Jagdreviers und vom Besitz eines Jagdpasses ausgeschlossen.

II. XX wird verpflichtet, seinen Jagdpass innert 10 Tagen ab Rechtskraft dieser Verfügung der Fischerei- und Jagdverwaltung einzusenden.

III. Die Kosten dieser Verfügung, bestehend in einer Staatsgebühr von Fr. 300 sowie den Ausfertigungsgebühren, werden XX auferlegt.

IV. Gegen diese Verfügung kann innert 20 Tagen, von der schriftlichen Zustellung an gerechnet, beim Regierungsrat schriftlich Rekurs eingereicht werden. Der Rekurs hat einen bestimmten Antrag und dessen kurze Begründung zu enthalten. Die angefochtene Verfügung ist beizulegen. Beweismittel sind genau zu bezeichnen und falls möglich ebenfalls beizulegen.

V. Mitteilung an Rechtsanwalt YY und an die Fischerei- und Jagdverwaltung.

Verweigerung der Verlängerung einer Aufenthaltsbewilligung

Beispiel 15

Justiz-, Polizei- und Militärdirektion des Kantons Basel-Landschaft
Fremdenpolizei Parkstrasse 3, 4402 Frenkendorf, Telefon (061) 925 51 11   Telefax (061) 921 04 24

Ref. BL:
Sachbearbeiterin: J. Graf

EINSCHREIBEN

VERFÜGUNG

Die Fremdenpolizei, gestützt auf Artikel 4 und 12, Artikel 15 Absatz 1 des Bundesgesetzes über Aufenthalt und Niederlassung der Ausländer vom 26. März 1931, mit Abänderung vom 8. Oktober 1948,

in Sachen: ▓▓▓▓, geb. ▓▓▓▓ Türkei, 44▓▓▓▓▓▓▓

betreffend: Verlängerung der am 24.11.1994 verfallenen Aufenthaltsbewilligung

verfügt: **Die Aufenthaltsbewilligung wird nicht mehr verlängert.**

Wegzug bis spätestens 25. August 1995

Begründung: Kurz vor Ablauf der fesgesetzten Ausreisefrist aufgrund des letztinstanzlichen Asylrekursentscheides verheiratete sich Herr ▓▓▓▓ am 25.11.1992 mit der Schweizer Bürgerin ▓▓▓▓ nd erhielt somit eine Aufenthalts- und Arbeitsbewilligung zum Verbleib bei der Ehefrau gemäss Art. 3 Abs. 1 lit. c BVO (heute Art. 7 des Bundesgesetzes über Aufenthalt und Niederlassung der Ausländer vom 26.3.1931 (ANAG).

Diese zweite Ehe ist seit 9.6.1993 getrennt und am 24.3.1995 geschieden worden, somit ist der ursprüngliche Zulassungsgrund dahingefallen und der Aufenthaltszweck als erfüllt zu betrachten.

Ausserdem muss Herr ▓▓▓▓ durch die Fürsorgebehörde ▓▓▓▓ finanziell unterstützt werden (Kontostand Ende März 1995: Fr. 16'322.10), was einen Ausweisungsgrund gemäss Art. 10 Abs. 1 lit. d darstellt.

Nach Eintritt der Rechtskraft wird dem Bundesamt für Ausländerfragen beantragt, die Wegweisung auf das ganze Gebiet der Schweiz und des Fürstentums Liechtenstein auszudehnen.

Frenkendorf, 07. Juli 1995

FREMDENPOLIZEI BASEL-LANDSCHAFT

Mitteilung an:
- Herrn ▓▓▓▓
- ▓▓▓▓ AG, ▓▓▓▓
- Gemeindekanzlei und Fürsorgebehörde, ▓▓▓▓
- Bundesamt für Ausländerfragen, 3003 Bern
- Polizeiposten ▓▓▓▓, mit der Bitte, den Wegzug zu überwachen und uns zu melden

Gegen diesen Entscheid kann innert 10 Tagen, vom Tage der Zustellung an gerechnet, an den Regierungsrat des Kantons Basel-Landschaft rekurriert werden. Der Rekurs ist schriftlich einzureichen, unter Darlegung der Rekursgründe. Eine Kopie der Verfügung ist dem Rekurs beizulegen. Missachtung einer fremdenpolizeilichen Verfügung wird gemäss Artikel 23 des Bundesgesetzes über Aufenthalt und Niederlassung der Ausländer vom 26.3.1931 bestraft.

Beispiel 16 Abweisung eines Steuererlassgesuchs

Finanz- und Militärdepartement Graubünden
Dipartimento delle finanze e militare dei Grigioni
Departament da finanzas e militar dal Grischun

Tel. 081 / 21 21 21

STEUERERLASS-ENTSCHEID

Mit Schreiben vom 28. März 1994 ersucht Herr G, in S, um Erlass folgender Steuer:
   Kantonssteuer 1993   Fr. 3'154.--

Zur Begründung des Erlassgesuches verweist der Gesuchsteller auf den Umstand, dass ihm der Lohn seit dem 1. Januar 1994 herabgesetzt wurde und er deshalb nicht in der Lage sei, die ausstehende Steuerschuld zu bezahlen.

Erwägungen:

1. Gesuche, die den Erlass von Kantonssteuerbeträgen zwischen Fr. 1'000.-- und Fr. 10'000.-- zum Inhalt haben, werden erstinstanzlich vom Finanz- und Militärdepartement entschieden (Art. 156 Abs. 3 lit. b StG).

2. Gemäss Art. 156 des Steuergesetzes für den Kanton Graubünden (StG) können Steuern, Kosten oder Bussen ganz oder teilweise erlassen werden, wenn der Steuerpflichtige in Not geraten ist oder wenn aus anderen Gründen die Bezahlung des geschuldeten Betrages für ihn eine grosse Härte bedeuten würde. Eine **Notlage** wird insbesondere anerkannt bei Einkommens- und Vermögenslosigkeit oder bei Deckung der Lebenskosten durch die öffentliche Hand. Eine **grosse Härte** ist dann gegeben, wenn die Bezahlung des geschuldeten Betrages für den Steuerpflichtigen ein Opfer darstellen würde, das in einem Missverhältnis zu seiner finanziellen Leistungsfähigkeit steht und ihm daher nicht zugemutet werden kann.
Massgebend für die Beurteilung des Erlassgesuches ist die gesamte wirtschaftliche Situation des Gesuchstellers im Zeitpunkt des Entscheides (vgl. Entscheid der Kantonalen Rekurskommission Solothurn, 2. April 1984; StE 1984, B 99.3 Nr. 1).

3. Für die Beurteilung der grossen Härte sind die Einkünfte dem betreibungsrechtlichen Existenzminimum gegenüberzustellen. Aufgrund der das Existenzminimum übersteigenden Beträge ist selbstredend in Würdigung aller sonst noch bedeutsamen Umstände zu entscheiden, ob die dergestalt ermittelte, wirtschaftliche Leistungsfähigkeit des Gesuchstellers die Bezahlung der Steuerschulden zulässt. Gewisse Einschränkungen in der Lebenshaltung

Beispiel 16

sind dem Schuldner dabei schon aus Gründen der Gleichbehandlung aller Steuerpflichtigen abzuverlangen.

4. Im vorliegenden Fall zeigt die Gegenüberstellung vom monatlichen Einkommen und Existenzminimum folgendes Bild:

Monatliches Einkommen netto		Fr. 3'050.--
Existenzminimum:		
- Grundbetrag für Alleinstehende	Fr. 1'010.--	
- Miete	Fr. 1'100.--	
- Krankenkasse	Fr. 140.--	Fr. 2'250.--
Freier Betrag		Fr. 800.--

(Berechnung aufgrund der von der Konferenz der Betreibungs- und Konkursbeamten der Schweiz herausgegebenen Richtlinien).

Der Gesuchsteller ist ledig und ohne Unterhaltspflicht. Der freie Betrag von Fr. 800.-- kann gänzlich zur Schuldentilgung verwendet werden. Hält man sich diesen Betrag vor Augen, kann weder gesagt werden, der Gesuchsteller befände sich in einer Notlage noch stellt die Bezahlung des geschuldeten Steuerbetrages in der Höhe von Fr. 3'154.-- für den Steuerpflichtigen ein Opfer dar, das in einem Missverhältnis zu seiner finanziellen Leistungsfähigkeit steht und ihm daher nicht zugemutet werden könnte.

Indessen ist offensichtlich, dass die sofortige Bezahlung der gesamten Steuerschuld unzumutbar ist. Aufgrund der gesamten Umstände scheint es angebracht, dem Gesuchsteller zu gestatten, die ausstehende Steuerschuld in monatlichen Raten zu bezahlen.

<u>Entscheid:</u>

1. Das Steuererlassgesuch wird abgewiesen.

2. Dem Gesuchsteller wird gestattet, die ausstehende Kantonssteuer 1993 im Betrage von Fr. 3'154.-- in monatlichen Raten von Fr. 300.--, erstmals fällig Ende Juli 1994, zu bezahlen (letzte Rate: Fr. 454.-- Ende April 1995). Werden die Zahlungen rechtzeitig erbracht, wird auf die Erhebung von Verzugszinsen verzichtet. Wir ein Termin verpasst, wird der gesamte Restbetrag sofort fällig und der Verzicht auf Erhebung von Verzugszinsen hinfällig.

Beispiel 16

3. Gegen diesen Entscheid kann innert 20 Tagen seit der Zustellung schriftlich und begründet Beschwerde bei der Regierung des Kantons Graubünden (im Doppel), Chur, erhoben werden.

4. Mitteilung an Herrn G, in S, an das Gemeindesteueramt S, und an die Kantonale Steuerverwaltung (3-fach).

Finanz- und Militärdepartement
des Kantons Graubünden
Der Vorsteher:

Dr. A. Maissen

ENTSCHEID
DER FINANZ- UND KIRCHENDIREKTION KANTON BASEL-LANDSCHAFT

Nr. 530/95 vom 5.9.1995/BR

 Reg.Nr.
Erlass der Staatssteuern 1991-94 und der direkten Bundessteuern der 27. Periode.

1. Mit Schreiben vom 27. September 1994 ersucht um obigen Erlass.

Das Gesuch begründet er damit, dass er seit April 1994 pensioniert sei, nur von der AHV lebe und auch kein Vermögen besitze.

2. Die Gemeinde beantragt in ihrer Vernehmlassung vom 25. Oktober 1994 Abweisung des Gesuchs.

3. Am 28. August 1995 hat der Pflichtige folgende Ausstände zu verzeichnen:

Staatssteuern 1991 (Betrieben) *	Fr.	7'904.95
Staatssteuern 1992	Fr.	6'890.65
Staatssteuern 1993	Fr.	9'380.60
Sondersteuer 94/05	Fr.	886.05
Staatssteuern 1994 (bis 31.1.1994)	Fr.	672.85
Bundessteuern der 27. Periode	Fr.	4'352.70

* Zins bis 31.8.1995, jedoch ohne Gebühr für Rechtsöffnung.

4. Der um Erlass nachgesuchte Betrag der direkten Bundessteuern übersteigt die für Erlassgesuche die bis 31. Dezember 1994 massgebliche kantonale Kompetenz, weshalb das Erlassgesuch an die Eidgenössische Erlasskommission in Bern weitergeleitet wird, sobald ein rechtskräftiger kantonaler Entscheid vorliegt.

E R W A E G U N G E N :

1. Die Staatssteuern 1991 wurden am 18. Juli 1994 betrieben. Auf Gesuche um Erlass von Steuern, welche sich bereits im Betreibungsstadium befinden, wird grundsätzlich nicht mehr eingetreten, da sie als verspätet anzusehen und daher rechtsmissbräuchlich sind. Spätestens bei Erhalt der zweiten Mahnung mit gleichzeitiger Betreibungsandrohung sollten die Steuerpflichtigen ihre finanzielle Situation überprüfen und entsprechende Massnahmen treffen. Jede Reaktion nach Erhalt des Zahlungsbefehls ist daher grundsätzlich als blosse Verzögerung der Bezugshandlungen anzusehen. Eine Ausnahme ist dann anzunehmen, wenn ausserordentliche Gründe vorliegen, welche die verspätete Reaktion verständlich erscheinen lassen.

Beispiel 17

▬▬▬▬▬, 530/95

2. Gemäss § 142 Abs. 1 des Steuer- und Finanzgesetzes können Steuerpflichtigen, die in Not geraten sind oder sich aus anderen Gründen in einer Lage befinden, in der die Bezahlung der ganzen Steuer für sie eine **unbillige Härte** darstellen würde, die geschuldeten Beträge ganz oder teilweise erlassen werden.

3. Der Tatsache, dass sich das Einkommen des Gesuchstellers durch die Aufgabe seiner Erwerbstätigkeit vermindert hat, wurde durch eine Zwischentaxation Rechnung getragen. Die geschuldeten Steuern beruhen zudem auf Einkommen, bei deren Höhe eine rechtzeitige Begleichung der Forderungen möglich gewesen wäre. So erzielte das Ehepaar ▬▬▬▬ im Jahre 1989 ein gemeinsames Einkommen von Fr. 140'096.-- und 1990 ein solches von Fr. 158'977.--. Die Steuern vom 1. Januar 1991 bis 30. September 1992, der Pensionierung der Ehefrau, beruhen auf diesen Einkommen. Auf dieses Datum hin wurde bereits zu einem früheren Zeitpunkt eine Zwischentaxation vorgenommen, so dass das von der Ehefrau bis zu ihrer Pensionierung erzielte Einkommen aufgrund der geltenden Steuerpraxis nicht mehr besteuert wurde. Es ist also bis zum 30. September 1992 von einem monatlichen Einkommen von ca. Fr. 12'000.--, bis zur Pensionierung des Gesuchstellers Ende Januar 1994 mit einem solchen von rund Fr. 8'000.-- auszugehen. Die Erlassbehörde stellt deshalb fest, dass es ▬▬▬▬▬▬▬ offenbar unterlassen hat, einen ausreichenden Betrag für die Bezahlung der fälligen Steuern zurückzustellen, so dass er sich nun nicht auf eine unbillige Härte berufen kann.

4. Im weiteren sind die Angaben des Pflichtigen hinsichtlich der Vermögenslage zu korrigieren, betrug doch das Kapitalvermögen per 1. Februar 1994 immerhin Fr. 105'578.--.

5. Aus den Steuerakten ist ersichtlich, dass der Pflichtige trotz Chargé-Mahnung die Steuererklärung 1995/96 noch nicht einreichte. Nach Auffassung der Erlassbehörde widerspricht es dem Grundsatz von Treu und Glauben, um Steuererlass nachzusuchen, gleichzeitig aber die Steuererklärung nicht einzureichen, die höchstwahrscheinlich eine günstigere Veranlagung gegenüber der amtlichen zur Folge gehabt hätte. Die sich aus dieser Unterlassung ergebenden finanziellen Konsequenzen hat der Pflichtige letztendlich selber zu tragen

Daher wird entschieden:

://: 1. Auf das Gesuch um Erlass der Staatssteuern 1991 wird nicht eingetreten. Das Gesuch um Erlass der Staatssteuern 1992-94 wird abgewiesen.

, 530/95

2. Die geschuldeten Staatssteuern sind bis zum **30. September 1995** zu begleichen. Es bleibt ▇▇▇-▇▇ überlassen, ob er die betriebenen Staatssteuern 1991 ebenfalls bezahlen will, so dass das Rechtsöffnungsverfahren zurückgezogen werden könnte.

3. Das Gesuch für die direkten Bundessteuern wird an die Eidgenössische Erlasskommission in Bern weitergeleitet, sobald ein rechtskräftiger kantonaler Entscheid vorliegt.

Gegen diesen Entscheid kann innert zehn Tagen seit seiner Zustellung beim Gesamtregierungsrat, Regierungsgebäude, 4410 Liestal, schriftlich begründete Beschwerde erhoben werden. Der Beschwerde ist eine Kopie des angefochtenen Entscheids beizulegen.

FINANZ- UND KIRCHENDIREKTION
DES KANTONS BASEL-LANDSCHAFT

Dr. H. Fünfschilling
Regierungsrat

Mitteilung an ▇▇▇▇▇▇▇▇
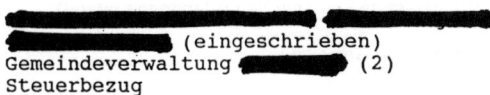
▇▇▇▇▇▇ (eingeschrieben)
Gemeindeverwaltung ▇▇▇ (2)
Steuerbezug

Beispiel 18 Pfandrechts – Verfügung (Grundstückgewinnsteuer)

Kantonale Steuerverwaltung Graubünden
Amministrazione imposte del Cantone dei Grigioni
Administraziun d'imposta dal chantun Grischun

7001 Chur, Steinbruchstrasse 20
℡ 081 / 21 21 21 Telefax 081 / 21 21 55

7001 Chur, 1. November 1995

Einschreiben
Herrn
C. F.

Pfandrechts - Verfügung

Erwägungen

1. Gesetzliche Grundlage

Gestützt auf Art. 160 Abs. 1 StG in Verbindung mit Art. 131 Abs. 1 Ziffer 1 des Einführungsgesetzes zum Zivilgesetzbuch (EGzZGB) besteht für Wertzuwachssteuern ein gesetzliches Pfandrecht. Als Wertzuwachssteuern gelten neben der Grundstückgewinnsteuer auch die Einkommenssteuer natürlicher Personen und die Gewinnsteuer juristischer Personen, soweit diese im realisierten Wertzuwachs von Grundstücken gründen (vgl. hiezu Hess Toni, Das gesetzliche Steuerpfandrecht des bündnerischen Einführungsgesetzes zum Zivilgesetzbuch, in: ZGRG 3/94, S. 94 f.).

2. Pfandrechtsbelastete Liegenschaft (Pfandgegenstand)

Auf dem Gebiete der Gemeinde C:

128/1000 Miteigentum an der Liegenschaft Blatt xxx, als Stockwerkeigentum eingetragen auf **Hauptbuchblatt xx'xxx**, mit Sonderrecht an der 5-Zimmerwohnung Nr. 8

3. Pfandeigentümer

C. F.

4. Steuerschuldner

A. V.

5. Grund der pfandgesicherten Forderung

Am 13.12.1993 verkaufte A. V. die vorbezeichnete Liegenschaft an den heutigen Eigentümer. Der durch die Veräusserung realisierte Gewinn von Fr. 161'400.-- wurde mit Verfügung vom 10.11.1994 veranlagt. Der geschuldete Steuerbetrag konnte bei A. V. nicht eingetrieben werden.

6. Berechnung der pfandgesicherten Steuerforderung

Veräusserungspreis	Fr.	783'000.--
Anlagewert	Fr.	621'530.--
Realisierter Wertzuwachs	Fr.	161'470.--
Steuerbarer Grundstückgewinn	Fr.	161'400.--
Grundstückgewinnsteuer	**Fr.**	**15'630.--**

7. Einsprache

Gegen die Pfandrechtsverfügung kann der Pfandeigentümer gemäss Art. 133 Abs. 4 EGzZGB Einsprache erheben. Diese ist innert 30 Tagen bei der unterzeichneten Amtsstelle einzureichen. Sie hat einen Antrag und eine Begründung zu enthalten.

8. Anordnung an das Grundbuchamt O

Das Grundbuchamt O wird angeordnet, auf Hauptbuchblatt xx'xxx des Grundbuches von C gestützt auf Art. 133 Abs. 3 EGzZGB in Verbindung mit Art. 961 Abs. 1 Ziff. 1 ZGB die vorläufige Eintragung des gesetzlichen Steuerpfandrechtes im Sinne von Art. 131 Abs. 1 Ziff. 1 EGzZGB mit Entstehungsdatum der Steuerforderung vom 13.12.1993 zugunsten des Kantons Graubünden **vorzumerken**. Das Pfandrecht umfasst:

- Steuerforderung: Fr. 15'630.--
- Kosten: Fr. 158.--
- Zinsen: 6% ab 10.02.1995

Bei der dem gesetzlichen Steuerpfandrecht zugrunde liegenden Forderung handelt es sich um eine Grundstückgewinnsteuer im Sinne von Art. 41 ff. StG. Diese Steuer wurde gemäss Art. 151 Abs. 1 lit. c StG mit der Zustellung der Veranlagungsverfügung an den Steuerschuldner und damit **am 10.11.1994 fällig**. Die **Verwirkungsfrist** beträgt nach Art. 132 Abs. 1 EGzZGB **ein Jahr seit Eintritt der Fälligkeit**. Bis zum Ablauf dieser Frist kann das gesetzliche Steuerpfandrecht in das Grundbuch eingetragen werden.

Nachdem die Pfandrechtsverfügung in Rechtskraft erwachsen ist, wird die Steuerverwaltung die definitive Eintragung des gesetzlichen Steuerpfandrechtes anordnen.

Beispiel 18

Verfügung gegenüber dem Pfandeigentümer C. F.

Gestützt auf die obenstehenden Erwägungen wird wie folgt verfügt:

1. An der auf dem Gebiete der Gemeinde C gelegenen Liegenschaft, HB-Blatt xx'xxx, besteht im Umfang von Fr. 15'630.-- sowie Kosten von Fr. 158.-- und Zinsen in der Höhe von 6% ab 10.02.1995 ein unmittelbares gesetzliches Pfandrecht zugunsten des Kantons Graubünden.

2. Sollte der Betrag von Fr.15'788.-- (inklusive Kosten, exklusive Zinsen) nicht innerhalb von 60 Tagen der Standesbuchhaltung des Kantons Graubünden, 7001 Chur, überwiesen werden, sähe sich die Steuerverwaltung gezwungen, die Betreibung auf Pfandverwertung einzuleiten.

3. Der gesetzliche Verzugszins gemäss Art. 153 Abs. 3 StG wird nach Eingang der Zahlung separat in Rechnung gestellt.

4. Gegen diese Pfandrechtsverfügung kann innert 30 Tagen seit der Mitteilung schriftlich bei der unterzeichneten Amtsstelle Einsprache erhoben werden.

5. Diese Pfandrechtsverfügung ist einem Gerichtsurteil im Sinne von Art. 80 SchKG gleichgestellt.

Verfügung gegenüber dem Grundbuchamt O

Das Grundbuchamt O wird angeordnet, auf Hauptbuchblatt xx'xxx des Grundbuches von C die vorläufige Eintragung des gesetzlichen Steuerpfandrechtes mit Entstehungsdatum der Steuerforderung vom 13.12.1993 zugunsten des Kantons Graubünden vorzumerken. Das Pfandrecht umfasst die Steuerforderung von Fr. 15'630.--, Kosten von Fr. 158.-- sowie Zinsen in der Höhe von 6% ab 10.02.1995.

STEUERVERWALTUNG DES
KANTONS GRAUBUENDEN
Abteilung Rechnungswesen

Einzahlungsschein

Genehmigung eines Wegprojektes, Verfahrenskoordination — Beispiel 19

Departement des Innern und der Volkswirtschaft Graubünden
Dipartimento dell'interno e dell'economia pubblica dei Grigioni
Departament digl intern e dell'economia publica dil Grischun

7001 Chur, Reichsgasse 35,   Telefon 081 / 21 23 15

DEPARTEMENTSVERFÜGUNG

(Genehmigung des Auflageprojektes des Güterweges ▓▓▓ in der Gemeinde ▓▓▓ gemäss Art. 44quater MelG)

Die Gemeinde ▓▓▓ hat sich schon längere Zeit mit der wintersicheren Erschliessung der ganzjährig bewohnten Höfe ▓▓▓ und ▓▓▓ befasst und dazu mehrere Ausführungsvarianten studieren lassen. Dem Projekt vom 26. Februar 1993 des Ingenieurbüros ▓▓▓ im ▓▓▓ erteilte die Gemeindeversammlung vom 24. März 1993 ihre Zustimmung und beschloss ebenso den zur Ausführung notwendigen Gesamtkredit.
Mit Brief vom 20. April 1993 reichte die Gemeinde ▓▓▓ das Bauprojekt des Güterweges ▓▓▓ ein und ersuchte gleichzeitig um öffentliche Beiträge dafür.

Der Güterweg ▓▓▓ benutzt die bestehende Einmündung in die Kantonsstrasse in Dorfmitte und führt mit einer Schleife nach Südosten am ▓▓▓ vorbei zur ersten Wendekehre des bestehenden Forstweges nach ▓▓▓. Die damit direkt erschlossene Landwirtschaftsfläche umfasst ca. 15 ha. Zwei ganzjährig bewohnte Höfe erhalten damit einen wintersicheren und mit Lastwagen befahrbaren Zugang.
Die Beschaffung des für das Strassentrasse notwendigen Landes wird mit einer lokalen Landumlegung bewerkstelligt.
Die Gesamtkosten belaufen sich auf Fr. 700'000.--.

Das öffentliche Auflageverfahren des Bauprojektes wurde durchgeführt und an der verwaltungsinternen Vernehmlassung haben sich 9 Amtsstellen beteiligt. Von keiner Seite wurde eine formelle Umweltverträglichkeitsprüfung verlangt.

Das kantonale Meliorations- und Vermessungsamt hat die erforderliche Prüfung vorgenommen und das Ergebnis im Bericht vom 22. September 1994 zusammengefasst;

<u>in Erwägung:</u>

a) Das Bauprojekt für den Güterweg ▓▓▓ ist vom 30. Juli - 19. August 1994 in der Gemeinde ▓▓▓ öffentlich aufgelegt worden. Die interessierten kantonalen Amtsstellen hatten bis zum 23. August 1994 Gelegenheit, zum Auflageprojekt Stellung zu nehmen.

Beispiel 19

b) Während der öffentlichen Auflage ging eine Einsprache ein. Der Einsprecher macht geltend, dass mit dem Güterwegebau seine Parzelle in drei Teile geteilt werde und wünscht deshalb, die vorgesehene Wendekehre weiter nach Westen zu verlegen.

Durch den Beschluss der Gemeindeversammlung vom 5. September 1994, eine lokale Landumlegung im Bereich des neuen Güterweges durchzuführen, damit die Landbeschaffung über einen allgemeinen Abzug vorzunehmen und die Zerstückelung des Grundeigentums durch Neuziehung der Eigentumsgrenzen zu verhindern oder mindestens stark herabzusetzen, sind die erhobenen Einwände gegenstandslos geworden. Die Einsprache ist in der Folge zurückgezogen und mit Departementsverfügung vom 22. September 1994 abgeschrieben worden.

c) Die kantonalen Amtsstellen haben sich zum Auflageprojekt wie folgt vernehmen lassen.

1. Das <u>Jagd- und Fischereiinspektorat</u>, das <u>Landwirtschaftsamt</u>, das <u>Tiefbauamt</u> und die <u>Fachstelle für Fuss- und Wanderwege</u> haben gegen das Projekt keine Einwände.

2. Der <u>Forstdienst</u> weist auf die enge Zusammenarbeit mit ihm bei der Projektierung hin und betont die Notwendigkeit der sofortigen Realisierung.

3. Das <u>Amt für Landschaftspflege und Naturschutz</u> hat grundsätzlich keine Einwände, verlangt aber, dass die notwendigen Blockmauern ohne Beton gebaut werden.

   – Je nach Mauerhöhe und Baugrundbeschaffenheit sind Blockmauern durch die stossende Wirkung während Frostperioden Verformungen ausgesetzt oder gar in ihrem Bestand gefährdet. Eine Möglichkeit, den Stützkörper funktionstüchtig und trotzdem mit einer natürlich wirkenden Fassade aus Blocksteinen erscheinen zu lassen, bietet sich mit Hinterfüllung und Einbettung der Blocksteine in Beton an. Da das Baugelände stellenweise nass ist und Mauern auch die Höhe von 3 m überschreiten können, wird man dem Wunsch des ALN nicht überall nachleben können. Die Bauleitung wird aber angewiesen, nach Möglichkeit die Blockmauern als Trockenmauern zu erstellen.

4. Der <u>Archäologische Dienst</u> hat gegen den Bau des Weges keine prinzipiellen Bedenken, verweist aber darauf, dass überall archäologische Funde und Befunde vorkommen können, die ihm gemäss Art. 20 der kantonalen Natur- und Heimatschutzverordnung unverzüglich anzumelden sind.

   – Die Bauherrschaft wird angewiesen, die notwendigen Massnahmen vorzukehren, damit dieser Verpflichtung nachgelebt werden kann.

5. Das <u>Amt für Raumplanung</u> verweist darauf, dass die Gemeinde ▓ noch keine rechtskräftige Landwirtschaftszone ausgeschieden hat, womit landwirtschaftliche Erschliessungen im übrigen Gemeindegebiet grundsätzlich fraglich sind. Kurz vor dem Anschluss an den bestehenden Forstweg durchquere der vorgesehene Güterweg die Gefahrenzone zwei. Angesichts der vorliegenden Situation gibt das Amt für Raumplanung dem Projekt aber seine Zustimmung.

6. Das <u>Amt für Umweltschutz</u> stellt fest, dass das Strassensickerwasser am Anfang in die Gemeindekanalisation und oberhalb des Hofes ■■■■■ in den Überlauf des Reservoirs geleitet werden soll. Laut Art. 7 Abs. 2 des Gewässerschutzgesetzes ist nicht verschmutztes Abwasser nach Anordnung der kantonalen Behörden versickern zu lassen. Erlauben dies die örtlichen Verhältnisse nicht, so kann es mit Bewilligung in ein oberirdisches Gewässer eingeleitet werden. Aufgrund dieser Rechtslage einerseits und den lokalen Verhältnissen im oberen Teil des Projektgebietes andererseits, seien die Möglichkeiten zum Einleiten des Sickerwassers in ein Oberflächengewässer aufzuzeigen, ebenso, wohin der Überlauf des Reservoirs abgeleitet werde. Die Resultate seien dem AfU vor Baubeginn vorzustellen. Vorbehältlich dieser Resultate und allfälliger Auflagen dazu stimmt das AfU dem Projekt zu.

- Die Bauherrschaft wird angewiesen, einen Plan der vorhandenen künstlichen und natürlichen Vorfluter für das Projektgebiet zu erstellen und über das Meliorations- und Vermessungsamt dem AfU vorzulegen.

Gestützt auf Art. 44quater des kantonalen Meliorationsgesetzes vom 5. April 1981

verfügt

<u>das Departement des Innern und der Volkswirtschaft:</u>

1. Das Bauprojekt für den Güterweg ■■■■■, Gemeinde ■■■■■, vom 26. Februar 1993 wird im Sinne der Erwägungen und den dort formulierten Auflagen und Bedingungen genehmigt.

2. Es ist keine formelle Umweltverträglichkeitsprüfung durchzuführen.

3. Diese Verfügung ist im Amtsblatt des Kantons Graubünden zu veröffentlichen.

4. Gegen diese Verfügung kann innert 20 Tagen seit der Veröffentlichung beim Verwaltungsgericht des Kantons Graubünden Rekurs erhoben werden.

5. Mitteilung ■■■

Chur, 26. September 1994

DEPARTEMENT DES INNERN
UND DER VOLKSWIRTSCHAFT
Der Vorsteher:

<u>mitgeteilt:</u> 2 8. Sep. 1994

Chr. Brändli, Regierungsrat

Beispiel 20 Ausnahmebewilligung für eine Trafostation ausserhalb der Bauzone, Kurzverfügung

AMT FÜR RAUMPLANUNG DES KANTONS SCHWYZ

AUSNAHMEBEWILLIGUNG VOM 29.11.1995 FÜR STANDORTBEDINGTE BAUTEN UND ANLAGEN AUSSERHALB DER BAUZONEN
mit Publikation im Amtsblatt

Bundesgesetz über die Raumplanung (RPG) vom 22. Juni 1979;
Planungs- und Baugesetz des Kantons Schwyz (PBG) vom 14. Mai 1987.

Bezirk :
Baugesuch-Nr. :
Bauherrschaft :

Grundeigentümer :
Objekt :
Standort :
Koordinaten :
KTN :

Sachverhalt und Gesuchsbegründung:

A. Die   beabsichtigen, im Gebiet „Eigen" eine neue Trafostation zu erstellen. Das Bauvorhaben wird damit begründet, dass die geplante Spannungserhöhung der Elektrizitätswerke des Kantons Zürich (EKZ) und die Zusammenschaltung der Netze zwischen EKZ und EWS den Einsatz eines Kuppeltransformers bedingen. Zur Aufnahme dieses Transformers sowie der entsprechenden Schaltanlage sei der Bau der Trafostation erforderlich. Zudem diene das Zusammenschalten der beiden Netze einer erhöhten Versorgungssicherheit der Stromversorgung im Gebiet   bei Störungen oder bei Unterhaltsarbeiten.

B. Durch das Bauvorhaben werden keine rechtskräftigen Bundesinventare betroffen. Gemäss kant. Richtplan Natur- und Landschaft liegt der vorgesehene Standort in keinem besonders bezeichneten Gebiet. Das Bauvorhaben wurde von der Baukommission Einsiedeln an ihrer Sitzung vom 20.11.1995 geprüft. Sie beantragt, dass die Gebäudeseiten anzuschütten und das Terrain zu begrünen sei.

Das Amt für Raumplanung zieht in Betracht:

1. Unter Hinweis auf Art. 24 Abs. 1 RPG sowie § 74 Abs. 1 PBG wird festgestellt, dass der Zweck des Bauvorhabens den vorgesehenen Standort ausserhalb der Bauzonen erfordert.

2. Durch die Integration der Transformerstation in die Böschung entlang der Eigenstrasse (Wanderweg   gemäss prov. Richtplan des Wanderwegnetzes) findet eine weitgehende Eingliederung der Baute in das Landschaftsbild statt. Dem Bauvorhaben stehen keine überwiegenden Interessen entgegen.

Das Amt für Raumplanung verfügt:

1. Die Ausnahmebewilligung für das vorliegende Bauvorhaben wird erteilt.
2. Vorbehalten bleiben weitere kantonale und kommunale Bewilligungen.
3. Behandlungsgebühr: Fr. 150.-.
4. Gegen diese Verfügung kann innert 20 Tagen nach deren Zustellung Beschwerde beim Regierungsrat erhoben werden.
5. Zufertigung: Baubewilligungsbehörde (je für sich, z.Hd. der Bauherrschaft sowie des Grundeigentümers), kant. Amt für Umweltschutz, kant. Baukontrolle.

AMT FÜR RAUMPLANUNG / TS
Der Vorsteher:

Robert von Rotz

Beispiel 21 Zustimmung zur Erteilung einer Ausnahmebewilligung für eine Beschneiungsanlage ausserhalb der Bauzone, ausführlich begründet

Departement des Innern und der Volkswirtschaft Graubünden
Dipartimento dell'interno e dell'economia pubblica dei Grigioni
Departament da l'intern e da l'economia publica dal Grischun

BAB-Nr. 94-0771

PRÜFVERFAHREN FÜR BAUTEN UND ANLAGEN AUSSERHALB DER BAUZONEN

In Anwendung von Art. 22, 24 und 25 Abs. 2 des Bundesgesetzes über die Raumplanung (RPG) vom 22. Juni 1979 sowie des kantonalen Raumplanungsgesetzes (KRG) vom 20. Mai 1973 und der kantonalen Raumplanungsverordnung (KRVO) vom 26. November 1986.

Gemeinde

Bauherrschaft

Bauvorhaben   Mobile punktuelle Beschneiung

Zone   – Uebriges Gemeindegebiet
                     – Wintersportzone

Unterlagen   – Baugesuchsformular vom 13.6.1994
                     – Kartenausschnitt 1:25'000
                     – Aktenergänzung vom 13.7. resp. 19.12.1994
                     – Situation 1:5'000 vom Oktober 1994
                     – Situation 1:1'000 (Wasserfassung)
                     – Detailplan 1:20, Bachwasserfassung
                     – Werkplan 1:50, Reservoir und Pumpwerk
                     – Werkplan 1:50, Umlenkbauwerk

- Vorprojekt vom Mai 1994
- Augenschein vom 19.7.1995
- Stellungnahme Forstinspektorat vom 10.8.1994
- Stellungnahme Amt für Energie vom 20.7.1994
- Stellungnahme Landwirtschaftsamt vom 18.7.1994
- Stellungnahme Jagd-und Fischereiinspektorat vom 2.8.1994
- Stellungnahme Amt für Umweltschutz vom 23.8.1994, 31.8.1994, 5.1.1995, 17.1.1995 und vom 3.8.1995
- Stellungnahme Amt für Landschaftspflege und Naturschutz vom 6.9.1994, 30.12.1994. 30.1.1995, 17.2.1995 und 21.7.1995

Feststellungen und Erwägungen

1. Das vorliegende Baugesuch der ▓▓▓ betrifft gesamthaft 16 voneinander unabhängige Punktbeschneiungsflächen im Raume ▓▓▓ Die Beschneiungsflächen beanspruchen im ganzen 18'400 m2 Terrain, wobei keine der einzelnen Punktbeschneiungen die maximal zulässige 5'000 m2 für Punktbeschneiungen erreichen.

Für die Beschneiungsfläche sind folgende bauliche Massnahmen vorgesehen:

- Wasserleitungen von ca. 3400 m Länge
- 16 Zapfstellen für die Schnee-Erzeugung
- 3 Hydranten zu Sicherstellung der Löschbereitschaft in ▓▓▓ und in ▓▓▓
- ein Umlenkbauwerk
- ein Reservoir mit Pumpwerk
- eine Bachwasserfassung

2. Der Teilrichtplan "Fremdenverkehr" ist Bestandteil des regionalen Richtplanes ▓▓▓ Er umfasst auch Richtplanvorhaben zu Beschneiungsanlagen (Objektblatt Nr. 12.135). Mit Beschluss vom 7. Juli 1992 wurde es von der Regierung mit Vorbehalten genehmigt.

Die im Titel erwähnten punktuellen Beschneiungen in ▓▓▓ sind Bestandteil des Teilrichtplanes Fremdenverkehr betreffend Beschneiungsanlagen. Sie entsprechen demnach dem ausgearbeiteten Beschneiungskonzept "Teilrichtplan Fremdenverkehr".

Beispiel 21

3. Die Standorte der Beschneiungsflächen befinden sich gemäss rechtskräftigem Zonenplan im übrigen Gemeindegebiet sowie in der Wintersportzone.

4. Das Vorhaben ist nach Massgabe von Art. 24 RPG bzw. unter dem Aspekt der Standortgebundenheit zu beurteilen. Gemäss Art. 24 Abs. 1 RPG können ausserhalb der Bauzonen Bewilligungen erteilt werden, wenn der Zweck der Bauten und Anlagen einen Standort ausserhalb der Bauzonen erfordert und dem Vorhaben keine überwiegenden Interessen entgegenstehen.

5. In grundsätzlicher Hinsicht ist anzumerken, dass die in Frage stehenden Anlagen naturgemäss auf einen Standort ausserhalb der Bauzone angewiesen sind. Es muss jedoch geprüft werden, ob den geplanten Beschneiungen überwiegende Interessen entgegenstehen. Die Prüfungskriterien, denen Schneeanlageobjekte im Zustimmungsverfahren für Anlagen ausserhalb der Bauzone zu unterziehen sind, werden in der Wegleitung für Schneeanlagen im Kanton Graubünden vom Mai 1988 (Abschnitt IV, Ziff. 1, Seite 15 ff.) aufgelistet. Allfällige Auflagen, die sich aufgrund dieser Prüfung ergeben, sind in die von der Gemeinde zu erteilende Baubewilligung aufzunehmen. Die Gemeinde sorgt auch für deren Kontrolle (vgl. Art. 3 KRVO).

a) **Wasserbezug**

Das Amt für Umweltschutz stellt in ihrer Stellungnahme vom 31. August 1994 fest, dass grundsätzlich dem Bauvorhaben zugestimmt werden kann.

Die notwendigen verbindlichen Angaben über die Mindestrestwassermengen während der Beschneiungssaison sind jedoch noch ausstehend. Der Bericht über die Wasserentnahme nach Art. 33 Abs. 4 GSchG muss nachgeliefert werden. Wie am Augenschein vom 19. Juli 1995 festgehalten und mit einer ergänzenden Stellungnahme des Amtes für Umweltschutz (AfU) vom 3.8.1995 bestätigt, kann grundsätzlich die Wasserentnahmebewilligung in Aussicht gestellt werden. In Anbetracht dessen, dass die notwendigen Dotiermessungen von der Gesuchstellerin hinsichtlich der Schneesituation im Winter 94/95 nicht ausgeführt werden konnten, kann jedoch zur Zeit die Wasserentnahmebewilligung nur befristet für die Saison 1995/96 erteilt werden. Eine definitive Entnahmebewilligung wird nach dem Vorliegen des Berichts über die Wasserentnahme nach Art. 33 Abs. 4 GSchG vom AfU in Aussicht gestellt.

b) Energie

Die Baugesuchsunterlagen wurden dem Amt für Energie unterbreitet. Laut Stellungnahme vom 20. Juli 1994 kann dem Projekt als Ganzes zugestimmt werden. Es wird jedoch darauf hingewiesen, dass es im Hinblick auf eine rationelle Energienutzung sinnvoll wäre zu prüfen, ob nicht eine Lösung ohne Beheizung der Leitungen, der Bachwasserfassung und des Rückhaltebeckens gefunden werden könnte.

Gemäss Art 10 der Energienutzungsverordnung des Bundes (ENV) ist die Installation einer Aussenheizung bewilligungspflichtig. Bewilligende Instanz ist die Gemeinde.

c) Vegetation

Konflikte oder unzulässige Vegetationsbeeinträchtigungen sind durch die geplanten Beschneiungen nicht zu erwarten.

d) Boden

Es kann davon ausgegangen werden, dass an den vorgesehenen Beschneiungsstellen keine Erosions-, Rutsch- oder andere Gefahren bestehen.

e) Landschaft

Die Arbeiten sind unter grösstmöglicher Schonung der Landschaft durchzuführen.

f) Lärm

Grundsätzlich gelten für Schneeproduktionsmaschinen die Belastungsgrenzwerte für Industrie- und Gewerbelärm gemäss Anhang 6 LSV, unabhängig davon, ob es sich dabei um mobile oder fest installierte Anlagen handelt.

Es ist indessen zu berücksichtigen, dass diese Belastungsgrenzwerte auf Ganzjahresbetriebe zugeschnitten sind, wogegen Schneeproduktionsgeräte lediglich während einigen Tagen in Betrieb stehen. Zur Verhinderung von erheblichen Lärmstörungen durch derartige bloss sporadisch in Betrieb stehende Geräte ist das Instrument der Belastungsgrenzwerte kein taugliches Mittel. Es erscheint daher als angezeigt, für Beschneiungssysteme der vorliegend zur Diskussion stehenden Art diejenigen Emissionsbegrenzungsgrundsätze heranzuziehen, die LSV für "bewegliche Geräte und Maschinen" vorsieht (Art. 4 LSV). Gemäss diesen Grundsätzen drängen sich im vorliegenden Falle unter dem Aspekt des Lärmschutzes keine Auflagen auf.

Beispiel 21

g) **Grund- und Oberflächenwasserschutz**

Betreffend des Grund- und Oberflächenwasserschutzes ist für die geplante Beschneiungsfläche keine spezifische Auflage notwendig.

h) **Koordination mit Regionaler Richtplanung**

Wie unter Ziffer 2 erwähnt, sind die Beschneiungsflächen Bestandteil des Regionalen Richtplanvorhabens Fremdenverkehr (Beschneiungsanlagen).

6. Zusammenfassend kann festgehalten werden, dass die anbegehrten Schwachstellenbeschneiungen die Voraussetzung der Standortgebundenheit erfüllen und dass ihnen - bei Einhaltung der zu verfügenden Auflagen - keine überwiegenden Interessen entgegenstehen.

V e r f ü g u n g

(gilt **nicht** als Baubewilligung)

1. Der Erteilung einer Ausnahmebewilligung für das Bauvorhaben der ███████ ███████, in der Gemeinde ███████ wird gestützt auf Art. 24 Abs. 1 RPG und Art. 9a KRG in Verbindung mit Art. 6 KRVO im Sinne der Erwägungen zugestimmt.

2. Die Zustimmung wird auf fünf Jahre bis zum 31.12.2000 befristet. Danach verlängert sie sich ohne vorherigen Widerruf stillschweigend um jeweils ein Jahr. Sie bildet kein Präjudiz für weitere Beschneiungen oder für den Einsatz zusätzlicher Beschneiungsgeräte.

3. Die Zustimmung wird mit folgenden Auflagen verknüpft (Art. 3 KRVO):

    - Dem ███████ darf an der vorgesehenen Entnahmestelle auf der ███████ nur Wasser für den Betrieb der Beschneiungsanlage entnommen werden, wenn gewährleistet ist, dass die Mindestrestwassermengen bei der Fassung mind. 10 l/s und am Punkt 1000 m unterhalb der Fassung mind. 50 l/s betragen.

Beispiel 21

- Die ▓▓▓▓▓▓▓▓▓▓ haben die Abflussverhältnisse im ▓▓▓▓▓ am Punkt 1000 m unterhalb der Fassung sowie im Bereich der Fassung, in Absprache mit dem AfU und dem Jagd- und Fischereiinspektorat, mit entsprechenden Messungen zu überprüfen. Die Messstellen sind so zu konzipieren und zu bauen, dass sie auch langfristig für Kontrollen der Dotierwassermengen (Art. 36 GschG) benutzt werden können.

- Die ▓▓▓▓▓▓▓▓▓▓ haben der zuständigen Behörde (EKUD) einen Bericht über die Wasserentnahme nach Art. 34 Abs. 4 GschG zu unterbreiten, worin die Auswirkungen unterschiedlich grosser Wasserentnahmemengen auf das Beschneiungsvorhaben, die voraussichtlichen Beeinträchtigungen von Schutzgütern (Fischerei) sowie mögliche Massnahmen zur Verhinderung oder Verminderung solcher Beeinträchtigungen nachvollziehbar dargestellt und diskutiert werden.

- Für die Gestaltung des Fassungsbauwerks ist das Jagd- und Fischereiinspektorat beizuziehen.

- Für die Beschneiung darf nur sauberes Wasser verwendet werden. Die Verwendung von Kristallisationsadditiven ist nicht gestattet.

- Vor Aufnahme der Bauarbeiten ist der zuständige Hauptfischereiaufseher zu informieren (▓▓▓▓▓▓▓▓▓).

- Beim Bau der Wasserleitungen darf die Fläche der Moore nicht tangiert werden.

- Bachquerungen haben so zu erfolgen, dass das Wasser nicht abgeleitet wird.

4. . Aus der Sicht des Umweltschutzes wird darauf hingewiesen, dass das Baugesuch eine Bewilligung zur Wasserentnahme nach Art. 29 GSchG bedarf. Eine Bewilligung kann unter Einhaltung der unter Ziffer 3 erwähnten Auflagen betreffend Mindestrestwassermengen in Aussicht gestellt werden.

5. Die Gemeinde wird angewiesen, die vorstehend formulierten Auflagen in Ziffer 3 und den Hinweis in Ziffer 4 in die Baubewilligung aufzunehmen und deren Einhaltung zu kontrollieren.

Beispiel 21

6. Die Änderung des Beschneiungssystems sowie eine Ausdehnung der Beschneiungsflächen bedürfen einer neuen Baubewilligung.

7. Gegen diese Verfügung kann innert 20 Tagen seit Mitteilung beim Verwaltungsgericht des Kantons Graubünden Rekurs erhoben werden.

8. Die vorliegende Zustimmungsverfügung wird gestützt auf Art. 25 Abs. 2 RPV im Amtsblatt des Kantons Graubünden publiziert und kann innert 20 Tagen seit der Publikation von Organisationen gemäss Art. 12 NHG beim Verwaltungsgericht des Kantons Graubünden angefochten werden. *Mit der Zustellung der definitiven Ausnahmebewilligung an den Gesuchsteller ist daher bis zum unbenützten Ablauf der erwähnten 20-tägigen Beschwerdefrist zuzuwarten.*

9. Es werden keine Kosten erhoben.

10. Mitteilung an:
    - Gemeinde
    -
    - Forstinspektorat (im Doppel)
    - Amt für Landschaftspflege und Naturschutz
    - Jagd- und Fischereiinspektorat
    - Amt für Energie
    - Amt für Umweltschutz
    - Landwirtschaftsamt
    - Amt für Raumplanung
    - Departementssekretariat

Chur, 14. Aug. 1995

DEPARTEMENT DES INNERN
UND DER VOLKSWIRTSCHAFT

Der Vorsteher:

(K. Huber, Regierungsrat)

Verweigerung der aufschiebenden Wirkung   Beispiel 22

Bau-, Verkehrs- und Forstdepartement Graubünden
Dipartimento costruzioni, trasporti e foreste dei Grigioni
Departament da construcziun, traffic e selvicultura dal Grischun

7001 Chur, Stadtgartenweg 11, Tel. 081/21 21 21

11. Juli 1994

mitgeteilt am: 13. Juli 1994

DEPARTEMENTSVERFÜGUNG

1. Mit Eingabe vom 6. Juli 1994 lässt Z█████ D███, Chur, vertreten durch Rechtsanwalt ██████P███████ gegen die **Verfügung des Justiz-, Polizei- und Sanitätsdepartementes Graubünden vom 17. Juni 1994** betreffend Verweigerung der Bewilligung zum Stellenwechsel verwaltungsrechtliche Beschwerde bei der Regierung erheben. Da seine Ehefrau A██ D███ im Besitz einer Jahresaufenthaltsbewilligung ist, haben der Beschwerdeführer und ihr gemeinsames minderjähriges Kind, M███ durch Familiennachzug gemäss Art. 38 - 40 der Verordnung über die Begrenzung der Zahl der Ausländer vom 6. Oktober 1986 (BVO; SR 823.21) ebenfalls die Jahresaufenthaltsbewilligung erhalten. Dem Beschwerdeführer wurde am 21. Februar 1994 eine provisorische Bewilligung zum Stellenantritt gewährt, welche bis zum 20. März 1994 befristet war.

2. In seiner Eingabe lässt der Beschwerdeführer unter anderem beantragen, es sei der Beschwerde die aufschiebende Wirkung zu erteilen.

Gemäss Art. 22 in Verbindung mit Art. 6 des Gesetzes über das Verfahren in Verwaltungs- und Verfassungssachen (VVG; BR 370.500) kann die Behörde nach Eingang der Beschwerdeschrift von Amtes wegen oder auf Antrag hin einer Verwaltungsbeschwerde die aufschiebende Wirkung erteilen. Das Institut der aufschiebenden Wirkung dient der Verhinderung von Zuständen, welche Rechtsmittel illusorisch werden lassen. Dabei hat die Behörde im Einzelfall zu prüfen, ob die Gründe, welche für die sofortige Vollstreckung sprechen, gewichtiger sind als jene, die für die gegenteilige Lösung angeführt werden. Es gilt, die öffentlichen Interessen an einer sofortigen Vollstreckung der angefochtenen Verfügung gegenüber den privaten Interessen des Beschwerdeführers an einem Aufschub der Vollstreckung bis zum endgültigen Entscheid der Regierung abzuwägen. Die aufschiebende Wirkung ist auch nach bündnerischer Praxis nur ausnahmsweise zu erteilen, nämlich nur dann, wenn ohne

Beispiel 22

eine derartige Massnahme für den Betroffenen ein erheblicher Nachteil entstünde, der sich später voraussichtlich nicht mehr beheben liesse.

3. Aufgrund einer summarischen Prüfung der vorgebrachten Beschwerdegründe ergibt sich nun, dass der vom Beschwerdeführer befürchtete Schaden rein finanzieller Art wäre, wenn ihm die provisorische Bewilligung zur Arbeitsaufnahme nicht gewährt wird. Dieser behauptete Nachteil lässt indes das Rechtsmittel nicht illusorisch werden. Es kann nicht mit Fug behauptet werden, durch die Verweigerung der aufschiebenden Wirkung würde dem Beschwerdeführer ein nicht wiedergutzumachender Nachteil entstehen. Durch die aufschiebende Wirkung soll gerade ein bestehender Zustand erhalten bleiben. Es geht nun aber nicht an, durch aufschiebende Wirkung einen neuen Zustand herbeizuführen, der das eigentliche Ziel der Beschwerde bildet. Würde man dem Beschwerdeführer eine vorläufige Arbeitsaufnahme bewilligen, so müsste man zu einem zentralen Punkt seines Beschwerdeantrages bereits zum heutigen Zeitpunkt Stellung nehmen. Es ist jedoch nicht statthaft, in einer Beurteilung über die aufschiebende Wirkung einer Beschwerde zum materiellen Teil der Beschwerde selbst Überprüfungen vorzunehmen und so den zu fällenden Entscheid allenfalls zu präjudizieren. Ob sich eine Erwerbstätigkeit des Beschwerdeführers mit dem Wohl des Kindes der Ehegatten D███ vereinbaren lässt, ist demnach im Hauptverfahren zu prüfen und kann nicht Gegenstand einer vorsorglichen Verfügung bilden.

Vorliegendenfalls ist davon auszugehen, dass keine Gründe vorliegen, dem Beschwerdeführer im Sinne einer vorsorglichen Massnahme die provisorische Bewilligung zur Arbeitsaufnahme zu erteilen. Es ist deshalb nicht gerechtfertigt, Z███ D███ im Sinne einer vorsorglichen Massnahme zu gestatten, seine Arbeitstätigkeit bei der Firma ███████ ████ AG vorübergehend aufzunehmen. Dem Gesuch des Beschwerdeführers um Gewährung der aufschiebenden Wirkung kann deshalb nicht entsprochen werden.

Demnach wird

verfügt:

1. Der Beschwerde wird die aufschiebende Wirkung versagt.

Beispiel 22

2. Das Justiz-, Polizei- und Sanitätsdepartement Graubünden wird aufgefordert, seine Stellungnahme zum materiellen Teil der Beschwerde bis zum 2. August 1994 dem instruierenden Departement einzureichen.

3. Gegen diese Verfügung kann innert 20 Tagen seit deren Mitteilung gemäss Art. 15 ff. VVG bei der Regierung Beschwerde erhoben werden. Die angefochtene Verfügung und allfällige Beweismittel sind beizulegen.

4. Mitteilung an ▓▓▓▓▓ P▓▓▓ Rechtsanwalt, ▓▓▓▓▓▓▓▓▓▓ ▓▓▓▓▓▓, auch zuhanden seines Mandanten (eingeschrieben, im Doppel), an das Justiz-, Polizei- und Sanitätsdepartement Graubünden (im Doppel, unter Beilage der Verwaltungsbeschwerde vom 6. Juli 1994), an das Amt für Polizeiwesen Graubünden sowie an das Sekretariat des Bau-, Verkehrs- und Forstdepartementes Graubünden (vierfach)

           BAU-, VERKEHRS- UND
           FORSTDEPARTEMENT
           GRAUBÜNDEN
           Der Vorsteher:

Beispiel 23 Abschreiben eines Wiedererwägungsgesuchs wegen Rückzug

Departement des Innern und der Volkswirtschaft Graubünden
Dipartimento dell'interno e dell'economia pubblica dei Grigioni
Departament da l'intern e da l'economia publica dal Grischun

7001 Chur,
Tel. 081/21 21 21

DEPARTEMENTSVERFÜGUNG

Am 1. Juni 1995 ersuchten ▮▮▮ und ▮▮▮ beide vertreten durch ▮▮▮ um Wiedererwägung der Departementsverfügung des Departementes des Innern und der Volkswirtschaft vom 15./16. Mai 1995, in Sachen Verwaltungsbeschwerde gegen den Entscheid des Amtes für Wirtschaft und Tourismus (AWT), Abteilung Industrie, Gewerbe und Arbeit (IGA), vom 25.04.1995, betreffend Erteilung einer Kurzaufenthaltsbewilligung.

Mit Schreiben vom 22. September 1995 zogen die Beschwerdeführer ihr Wiedererwägungsgesuch zurück. Das Wiedererwägungsgesuch kann somit als durch Rückzug erledigt vom Geschäftsverzeichnis des Departementes des Innern und der Volkswirtschaft gestrichen werden.

**Das Departement des Innern und der Volkswirtschaft
verfügt:**

1. Das Wiedererwägungsgesuch von ▮▮▮ und ▮▮▮ beide vertreten durch ▮▮▮ gegen die Departementsverfügung vom 15./16. Mai 1995, in Sachen Verwaltungsbeschwerde gegen den Entscheid des AWT, Abteilung IGA, vom 25.04.1995, betreffend Erteilung einer Kurzaufenthaltsbewilligung, wird als durch Rückzug erledigt vom Geschäftsverzeichnis des Departementes des Innern und der Volkswirtschaft gestrichen.

2. Es werden keine Kosten erhoben.

3. Mitteilung an ▮▮▮ zuhanden seiner Mandanten, im Doppel an das Amt für Wirtschaft und Tourismus, Abteilung Industrie, Gewerbe und Arbeit und dreifach an das Departement des Innern und der Volkswirtschaft.

Chur, 26. September 1995   DEPARTEMENT DES INNERN
                                 UND DER VOLKSWIRTSCHAFT
                                 Der Vorsteher:

Mitgeteilt am:

      2 7. Sep. 1995

EINSCHREIBEN   K. Huber, Regierungsrat

Behandlung des bedingten Rückzugs einer Eingabe   Beispiel 24

Departement des Innern und der Volkswirtschaft Graubünden
Dipartimento dell'interno e dell'economia pubblica dei Grigioni
Departament da l'intern e da l'economia publica dal Grischun

7001 Chur,
Tel. 081/21 21 21

DEPARTEMENTSVERFÜGUNG

Mit Eingabe vom 2. November 1993 erhob die **Erbengemeinschaft** ███████, vertreten durch ███████ Einsprache gegen das Auflageprojekt der Gesamtmelioration ███ betreffend die Linienführung des Güterweges Nr. 1B bzw. die Ausbesserungs- und Belagsarbeiten des Güterweges Nr. 7.

Mit Schreiben vom 12. Juli 1994 erklärte sich die Einsprecherin, neu vertreten durch ███████ bereit, die Einsprache unter Berücksichtigung verschiedener Bedingungen zurückzuziehen. Hiezu führte sie wörtlich u.a. folgendes aus:

„1. **Weg Nr. 1B (entlang dem Bodenstall)**

- Das für den Güterweg beanspruchte, in der Landwirtschaftszone gelegene Land der Erbengemeinschaft ███ (Parzelle 277) wird im Verfahren der Neuzuteilung ersetzt. Diese Abmachung wurde anlässlich des Augenscheins zwischen allen anwesenden Parteien getroffen. Wenn immer möglich wird die Hauptparzelle Nr. 277 entlang der Ostgrenze erweitert.

- Als Ersatz für die Verminderung des Baulandes wurde bereits abgesprochen, den ehemaligen Garten (Garten östlich neben dem Stall des ███ Parzellen Nr. 278) in die Bauzone einzuzonen. Diese Abmachung wurde ebenfalls anlässlich des Augenscheins zwischen allen anwesenden Parteien getroffen.

- Die Linienführung ist so zu wählen, dass der Weg parallel zum Haus bis an den Rand des ███ geführt wird. Dadurch wird vermieden, dass die notwendige Kurve bestes Kulturland zerstört. Diesem Anliegen ist m.E. trotz weiterer Einsprachemöglichkeiten gegen das Detailprojekt bereits heute Rechnung zu tragen.

Beispiel 24

- Die Gemeinde ist nach Möglichkeit zu verpflichten, die Einzonung innerhalb einer festgelegten Zeitspanne zuhanden der Gemeindeversammlung zu traktandieren.

2. **Weg Nr. 7 (Rüti)**

- Gemäss den Zusagen anlässlich des Augenscheins soll dieser Weg vor allem der Forstwirtschaft dienen. Deshalb betrage die öffentliche Interessenz ca. 80% und die private Interessenz lediglich ca. 20%. Von Seiten der Erbengemeinschaft wurde geltend gemacht, es bestehe aus ihrer Sicht überhaupt kein Bedürfnis, diesen Weg auszubauen. Nachdem die hauptsächliche öffentliche Interessenz zugesichert worden ist, konnte bezüglich dieses Weges eine Einigung erzielt werden."

Die Bedeutung dieser Bedingungen ist dahingehend auszulegen, dass die Meliorationskommission bzw. die Gemeinde aufgefordert werden, ihre diesbezüglichen Massnahmen möglichst auf die von der Einsprecherin formulierten Ziele auszurichten. Diesem Anliegen haben die zuständigen Organe anlässlich des Augenscheines bzw. auf schriftlichem Wege zugestimmt.

Bezüglich der Forderung nach Einzonung der Parzelle östlich der Liegenschaft der Einsprecherin wird die Gemeinde ersucht, das Geschäft baldmöglichst zuhanden der Gemeindeversammlung zu traktandieren.

Was den Hinweis auf den Weg Nr. 7 betrifft, so ist festzuhalten, dass das dortige Waldgebiet durch den bereits bestehenden Weg weitgehend erschlossen wird. Das vorwiegende Interesse an der Erstellung des Weges liegt somit beim Eigentümer bzw. Bewirtschafter der hinter dem Grundstück der Einsprecherin liegenden Parzelle. Dieser Umstand wird bei der Kostenverteilung insofern zu berücksichtigen sein, als die nicht durch Beiträge gedeckten Kosten auf die beteiligten Grundeigentümer im Verhältnis des ihnen aus dem Unternehmen erwachsenen Nutzens zu verteilen sind (Art. 39 Abs. 1 des Meliorationsgesetzes).

Die Beschwerde ist damit gegenstandslos geworden und kann abgeschrieben werden.

Beispiel 24

Das Departement des Innern und der Volkswirtschaft
v e r f ü g t:

1. Die Einsprache der Erbengemeinschaft ███████████, vertreten durch ███████ bzw. ███████, gegen das Auflageprojekt der Gesamtmelioration ███ wird im Sinne der gemachten Ausführungen infolge Gegenstandslosigkeit vom Geschäftsverzeichnis des Departementes gestrichen.

2. Es werden keine Kosten erhoben.

3. Mitteilung an ████████████████████████
████████████████████████████████
████████████████████████████████
████████████████████████████████
████████████████████████████████
████████████████████████████████
████████████████████████████████
████████

Chur, 14. Juli 1994　　　　　　　　**DEPARTEMENT DES INNERN**
Al/cc　　　　　　　　　　　　　　　**UND DER VOLKSWIRTSCHAFT**

<u>Mitgeteilt am</u>:　**1 5. Juli 1994**　　Der Vorsteher:

　　　　　　　　　　　　　　　　　　(Unterschrift)

<u>EINSCHREIBEN</u>　　　　　　　　　Chr. Brändli, Regierungsrat

Beispiel 25 Widerruf einer Verfügung und Feststellungsverfügung

Bau-, Verkehrs- und Forstdepartement Graubünden
Dipartimento costruzioni, trasporti e foreste dei Grigioni
Departament da construcziun, traffic e selvicultura dal Grischun

7001 Chur, Stadtgartenweg 11, Tel. 081/21 21 21   15. Juli 1992
                     mitgeteilt am: 16. Juli 1992

DEPARTEMENTSVERFÜGUNG

1. Mit Departementsverfügung vom 28. Mai 1986 wurde die Firma B▓▓▓▓▓, Bauunternehmung, ▓▓▓▓, deren einziger Verwaltungsrat mit Einzelunterschrift ▓▓▓ J▓▓ war, gestützt auf Art. 6 des Gesetzes über das Verfahren in Verwaltungs- und Verfassungssachen (VVG; BR 370.500) sowie auf Art. 15 Abs. 1 lit. c und 22 der kantonalen Verordnung über das Submissionswesen (SubVO; BR 803.300) bis zum Abschluss des noch bevorstehenden Hauptverfahrens vor der Regierung von der Vergebung öffentlicher Aufträge ausgeschlossen. Begründet wurde diese vorsorgliche Massnahme damit, dass erwiesenermassen annähernd Fr. 50'000.-- bezüglich Löhne und Ferienentschädigung aus dem Jahre 1985 noch ausstehend waren. Dies wurde als eine schwerwiegende und klare Verletzung von vertraglichen Pflichten der Arbeitgeberin gegenüber den Arbeitnehmern taxiert, die ein sofortiges Einschreiten rechtfertige.

2. Am 22. Dezember 1986 eröffnete der Kreisgerichtsausschuss ▓▓▓ über die B▓▓▓▓▓-den Konkurs, womit die Gesellschaft aufgelöst wurde (Art. 736 Ziff. 3 OR). Mit Geschäftsbeginn auf den 1. Mai 1990 gründeten in der Folge ▓▓▓ J▓ und sein Sohn ▓▓▓▓▓ eine Kollektivgesellschaft. Am 24. September 1991 trat ▓▓▓ J▓▓ jedoch aus dieser Kollektivgesellschaft zurück, womit dieselbe aufgelöst wurde. Das Geschäft wird seit diesem Zeitpunkt von ▓▓▓ in Form einer Einzelfirma weitergeführt (Art. 579 OR). Letzterer gelangte deshalb mit Schreiben vom 10. Juli 1992 an das unterzeichnete Departement und beantragte, es sei die gegenüber der Kollektivgesellschaft aufrecht erhaltene Sperre aufzuheben, da ▓▓▓ J▓▓ aus der besagten Gesellschaft ausgetreten sei.

3. Bei einem Ausschluss von der Vergebung öffentlicher Aufträge nach Art. 22 SubVO aufgrund von Verletzungen gesamtarbeitsvertraglicher Bestimmungen wird nicht nur auf die äussere Gesellschaftsform abgestellt, sondern auch auf die dahinterstehenden Personen. Andernfalls könnte ein zu Recht ergangener Ausschluss durch einen Wechsel der Gesellschaftsform zu leicht umgangen werden.

Im vorliegenden Fall wurde die B▬ allerdings nicht freiwillig, sondern infolge Konkurses aufgelöst. Die damals ausstehenden Arbeitnehmeransprüche, welche zum Ausschluss von der Vergebung öffentlicher Aufträge geführt haben, mussten demzufolge im Konkursverfahren geltend gemacht werden. Die damaligen Gläubiger haben jedoch, sollten ihre Ansprüche im Rahmen des Konkursverfahrens nicht oder nicht genügend berücksichtigt worden sein, keine Ansprüche gegenüber der heutigen Einzelfirma A▬. Weder die heutige Gesellschaftsform noch die dahinterstehende Person haben nämlich etwas gemeinsam mit der konkursiten B▬.

Damit besteht keine Veranlassung mehr, die inexistente Firma B▬ von der künftigen Vergabe öffentlicher Aufträge auszuschliessen. Anderseits liegen aber auch keine Ausschlussgründe gegenüber der Einzelfirma A▬ vor.

Demnach wird

v e r f ü g t :

1. Der mit Departementsverfügung vom 28. Mai 1986 angeordnete Ausschluss von der Vergabe öffentlicher Aufträge betreffend die nicht mehr existierende Firma B▬ wird aufgehoben.

Beispiel 25

2. Es wird gleichzeitig festgestellt, dass gegenüber der Firma A███████, Bauunternehmung, ███████, keinerlei Ausschlussgründe für die Vergabe öffentlicher Aufträge bestehen.

3. Mitteilung an die Firma A███████ Bauunternehmung, ███████ ███████ (eingeschrieben), an das kantonale Tiefbauamt Graubünden, intern, sowie an das Sekretariat des Bau-, Verkehrs- und Forstdepartementes (4-fach).

                                           BAU-, VERKEHRS- UND FORST-
                                           DEPARTEMENT GRAUBÜNDEN

                                           Der Vorsteher:

Unzulässiger Widerruf während des Rechtsmittelverfahrens — Beispiel 26

Departement des Innern und der Volkswirtschaft Graubünden
Dipartimento dell'interno e dell'economia pubblica dei Grigioni
Departament da l'intern e da l'economia publica dal Grischun

7001 Chur,
Tel. 081 / 21 21 21

DEPARTEMENTSVERFÜGUNG

In der Verwaltungsbeschwerdeangelegenheit der ▓▓▓▓▓▓▓▓▓▓▓▓▓▓▓▓▓▓▓▓ ▓▓▓▓▓▓▓ vertreten durch ▓▓▓▓▓▓▓▓▓▓▓▓▓▓▓▓▓▓▓▓▓▓▓▓▓▓▓▓▓ gegen die Verfügung des Amtes für Wirtschaft und Tourismus (AWT), Abteilung Industrie, Gewerbe und Arbeit (IGA) vom 13. November 1995, betreffend Widerruf von Grenzgängerbewilligungen.

hat das Departement des Innern und der Volkswirtschaft

aufgrund folgenden Sachverhaltes:

1. Am 1. November 1995 erhob die ▓▓▓▓▓▓▓▓▓▓▓▓▓▓▓▓▓▓▓▓▓▓▓▓ (nachfolgend ▓▓▓▓) gegen die Verfügung des Departementes des Innern und der Volkswirtschaft (DIV) vom 26. Oktober 1995 betreffend Widerruf von Grenzgängerbewilligungen form- und fristgerecht Beschwerde bei der Regierung.

2. Mit Verfügung vom 2. November 1995 erteilte der Vorsteher des instruierenden Erziehungs-, Kultur- und Umweltschutzdepartementes (EKUD) der Beschwerde aufschiebende Wirkung bezüglich fünf namentlich genannter Grenzgänger.

3. Am 13. November 1995 widerrief das Amt für Wirtschaft und Tourismus (AWT), Abteilung Industrie Gewerbe und Arbeit (IGA) die Grenzgängerbewilligungen für acht Personen, darunter auch die unter Ziff. 2 hievor erwähnten. Zur Begründung wies es sinngemäss darauf hin, dass die ▓▓▓▓ nicht als Arbeitgeber auftrete, sondern die Grenzgänger lediglich als Einsatzbetrieb im Sinne eines Personalausleihverhältnisses mit der ▓▓▓▓▓▓▓▓▓▓▓▓▓▓ beschäftige.

4. Mit Beschwerde vom 14. November 1995 (persönlich überbracht am 15. November 1995) gelangte die ▓▓▓▓ an das DIV und beantragte, die Verfügung der Vorinstanz aufzuheben und der Beschwerde aufschiebende Wirkung zu erteilen.

Beispiel 26

5. Das DIV gab dem Begehren um Erteilung der aufschiebenden Wirkung mit Verfügung vom 16. November 1995 statt und überband die Kosten des Verfahrens der im pendenten Beschwerdeverfahren unterliegenden Partei;

in Erwägung:

1. Die ▇▇▇ begründet ihre Beschwerde im wesentlichen damit, dass in der gleichen Sache bereits eine Beschwerde vor der Regierung hängig sei, welcher das instruierende Departement aufschiebende Wirkung erteilt habe. Die Verfügung des AWT, Abteilung IGA müsse als willkürlich und rechtsstaatlich unhaltbar qualifiziert werden. Dies gelte um so mehr, als sie unter Verletzung des der Beschwerdeführerin zustehenden Anspruchs auf rechtliches Gehör ergangen sei. Eine neue Verfügung sei zudem unzulässig und unnötig, weil die geltend gemachten neuen Umstände im vor der Regierung hängigen Beschwerdeverfahren beurteilt werden könnten.

2. Die vom AWT, Abteilung IGA erlassene Verfügung vom 13. November 1995, mit welcher die Grenzgängerbewilligungen für acht Personen widerrufen wurden, steht mit der vom EKUD mit Verfügung vom 2. November 1995 gewährten aufschiebenden Wirkung für fünf Grenzgänger in Widerspruch. Laut Verfügung des EKUD dürfen diese fünf Grenzgänger nämlich in der Schweiz tätig sein, während ihnen dies gemäss der vorliegend in Frage stehenden Verfügung des AWT, Abteilung IGA verwehrt ist.

Die Vorinstanz begründet ihre Verfügung im wesentlichen damit, es seien neue Tatsachen bekannt geworden, welche den Widerruf der Grenzgängerbewilligungen erforderlich mache. Dies Argumentation hält einer Ueberprüfung nicht stand. Das AWT, Abteilung IGA verkennt, dass es mit dem Widerruf der Grenzgängerbewilligungen in das vor der Regierung hängige Beschwerdeverfahren eingreift und die vom instruierenden Departement gewährte aufschiebende Wirkung faktisch aufhebt. Ein solches Vorgehen ist von Art. 10 VVG nicht gedeckt und deshalb unzulässig. Wie die Beschwerdeführerin zurecht bemerkt, sind die zur Begründung der Verfügung angeführten neuen Umstände nicht derart, dass von einer völlig neuen Sach- oder Rechtslage gesprochen werden müsste. Das DIV hat bereits in seiner Verfügung vom 26. Oktober 1995 erklärt, aus dem Kündigungsschreiben von ▓▓▓ gehe hervor, dass die Geschäftsführung der ▓▓▓ faktisch von der in ▓▓▓ ansässigen Baufirma ▓▓▓ wahrgenommen werde. Im Rahmen des vor der Regierung hängigen Verfahrens hat das DIV in seiner Vernehmlassung vom 6. November 1995 zum Ausdruck gebracht, dass es sich bei der ▓▓▓ nicht um eine schweizerische Baufirma, sondern bestenfalls um eine Fakturierungsadresse der ▓▓▓ handle.

Wenn nun aus dem Schreiben der ▓▓▓ an das Steueramt der Gemeinde ▓▓▓ vom 25. April 1995 hervorgeht, dass die ▓▓▓ eine in ▓▓▓ tätige Gesellschaft der ▓▓▓ ist und sich die Arbeitskräfte für die Arbeiten in der Schweiz von der ▓▓▓ ausleiht, so beweist dies das eben Gesagte. Auch wenn damit ein weiteres Beweismittel vorhanden ist, vermag es nicht zu genügen, um - unter den gegebenen rechtlichen und tatsächlichen Umständen - den Erlass einer neuen Verfügung zu begründen. Auch wenn man die nunmehr neu zu Tage getretenen Umstände als weiteren Verweigerungsgrund für Grenzgängerbewilligungen erachtet, darf gestützt darauf keine neue Verfügung erlassen werden. Diese neuen Umstände sind vielmehr im vor der Regierung hängigen Verfahren zu berücksichtigen. Ein solches Vorgehen steht in Einklang mit Art. 18 Abs. 2 VVG, wonach im Rahmen des Beschwerdeverfahrens neue Tatsachenbehauptungen und Beweisanträge zulässig sind.

3. Zusammenfassend ergibt sich somit, dass die Verfügung des AWT, Abteilung IGA in Gutheissung der Beschwerde aufzuheben ist. Die Akten dieses Verfahrens sind im Einverständnis mit dem instruierenden Departement in das vor der Regierung hängige Beschwerdeverfahren zu integrieren.

4. Bei diesem Verfahrensausgang sind die Kosten auf die Staatskasse zu nehmen.

   Das AWT, Abteilung IGA hat die anwaltlich vertretene Beschwerdeführerin ausseramtlich mit Fr. 300.-- zu entschädigen;

v e r f ü g t :

1. In Gutheissung der Beschwerde der ▓▓▓ wird die Verfügung des AWT, Abteilung IGA vom 13. November 1995 aufgehoben.

Beispiel 26

2. Die Akten gehen an das instruierende Erziehungs-, Kultur- und Umweltschutzdepartement zur Vereinigung mit dem vor der Regierung hängigen Beschwerdeverfahren.

3. Die Verfahrenskosten werden auf die Staatskasse genommen.

4. Der Beschwerdeführerin wird eine ausseramtliche Entschädigung von Fr. 300.–, zuzüglich 6,5% Mehrwertsteuer (Fr. 19.50), insgesamt somit Fr. 319.50 zulasten Konto ▓▓▓▓ zugesprochen.

5. Mitteilung an Herrn ▓▓▓▓▓▓▓▓▓▓▓▓▓▓▓▓▓▓▓▓ (auch zuhanden seiner Mandantin); an das AWT, Abteilung IGA (im Doppel); an die Kantonspolizei Graubünden, Polizeiposten, ▓▓▓▓ an das Erziehungs-, Kultur- und Umweltschutzdepartement (mit allen Akten); im Doppel an die Standesbuchhaltung; an die Finanzkontrolle und dreifach an das Departement des Innern und der Volkswirtschaft.

Chur, 23. November 1995

DEPARTEMENT DES INNERN UND DER VOLKSWIRTSCHAFT
Der Vorsteher:

Mitgeteilt am:

2 3. Nov. 1995

EINSCHREIBEN

K. Huber, Regierungsrat

Nicht anfechtbare Vollzugsanordnung   Beispiel 27

 Bau-, Verkehrs- und Forstdepartement Graubünden
Dipartimento costruzioni, trasporti e foreste dei Grigioni
Departament da construcziun, traffic e selvicultura dal Grischun

7001 Chur, Stadtgartenweg 11, Tel. 081/21 21 21

                                    12. März 1992
      mitgeteilt am: 16. März 1992

DEPARTEMENTSVERFÜGUNG

In der Beschwerdeangelegenheit des G___ R___ vertreten durch Rechtsanwalt ___ T___ ___, gegen die Verfügung des Tiefbauamtes des Kantons Graubünden vom 16. Oktober 1991, betreffend Zufahrt,

   hat das Bau-, Verkehrs- und Forstdepartement Graubünden
              aufgrund folgenden Sachverhaltes:

(...)

5. Mit Verfügung vom 16. Oktober 1991 wies das kantonale Tiefbauamt G___ R___ nochmals an, die widerrechtlich erstellte Zufahrt sofort, spätestens jedoch bis am 28. Oktober 1991, mit einer dafür geeigneten Abschrankung abzusperren, widrigenfalls eine Ersatzvornahme auf Kosten des Widerhandelnden erfolge.

(...)

Beispiel 27

<u>in Erwägung:</u>

1. Gemäss Art. 15 des Gesetzes über das Verfahren in Verwaltungs- und Verfassungssachen (VVG, BR 870.500) sind Entscheide einer unteren kantonalen Instanz mit Verwaltungsbeschwerde an die obere kantonale Instanz weiterziehbar. Demzufolge kann gegen die Verfügung des kantonalen Tiefbauamtes vom 16. Oktober 1991 beim Bau-, Verkehrs- und Forstdepartement grundsätzlich Beschwerde erhoben werden. Bevor eine Beschwerde jedoch einer materiellen Prüfung unterzogen werden kann, muss geprüft werden, ob deren formellen Voraussetzungen gemäss Art. 15 ff. VVG erfüllt sind.

2. Anfechtungsobjekt im vorliegenden Beschwerdeverfahren bildet die Verfügung des kantonalen Tiefbauamtes vom 16. Oktober 1991 betreffend den Vollzug der Verfügung des Bau-, Verkehrs- und Forstdepartementes vom 4. Januar 1991, welche ihrerseits die Absperrung einer widerrechtlich erstellten Zufahrt zum Gegenstand hatte und dem Adressaten form- und fristgerecht zugestellt worden war. Die damalige Verfügung ist aber unangefochten in Rechtskraft erwachsen. Sowohl die Vorinstanz als auch der Beschwerdeführer selbst stellen nun zu Recht nicht in Abrede, dass es sich vorliegend um die Anfechtung eines Vollstreckungsentscheides handelt.

Gemäss geltender Lehre und Rechtsprechung ist eine Verfügung, die auf einer rechtskräftigen früheren Verfügung beruht und diese lediglich vollzieht oder bestätigt, nur insoweit anfechtbar, als diese über die zu vollstreckende materielle Anordnung hinausgeht. Eine solche Vollstreckungsverfügung kann nicht etwa mit der Begründung angefochten werden, die frühere Verfügung sei verfassungs- bzw. gesetzeswidrig, vielmehr ist eine solche Beschwerde verspätet (BGE 104 Ia 175 f., bestätigt in BGE 105 Ia 20 f. sowie 106 Ib 349). Eine Ausnahme von diesem Grundsatz macht die Rechtsprechung nur dann, wenn die Verletzung unverzichtbarer und unverjährbarer Rechte in Frage steht (BGE 105 Ia 20f). Zu diesen Rechten, auf die sich ein Beschwerdeführer auch noch im Anschluss an jede Vollzugs- oder Bestätigungsverfügung berufen kann, gehören nach geltender Bundesgerichtspraxis bestimmte, dem Einzelnen um seiner Persönlichkeit willen zustehende fundamentale Rechte, wie die persönliche Freiheit, die Niederlassungsfreiheit, die Glaubens- und Gewissensfreiheit, die Kultusfreiheit, die Ehefreiheit, das Verbot des Schuldverhaftes und der köperlichen Strafen, jedoch nicht die Handels- und Gewerbefreiheit (BGE 104 Ia 175 f. mit Hinweisen; vgl. auch Imboden/Rhinow, Schweizerische Verwaltungsrechtsprechung, 5. Auflage, Basel 1976, S. 218 und S. 1057, sowie Rhinow/Krähemann, Ergänzungsband, Basel 1990, S. 106).

3. Wie bereits dargelegt, handelt es sich bei der vorliegenden Verfügung um den Vollzug einer rechtskräftigen Verfügung vom 4. Januar 1991, von der sie sich einzig darin unterscheidet, dass sie die verfügten Anordnungen konkretisiert, in keiner Weise jedoch über diese hinausgeht. Der heute angefochtene Entscheid erging vielmehr wegen Missachtung der mit der früheren Verfügung verbundenen Auflagen und stellt insoweit einen Vollzugsakt dar. Nach dem Gesagten kann diese rechtskräftige Anordnung im Vollstreckungsverfahren nicht mehr auf ihre materielle Rechtmässigkeit hin überprüft werden, wie dies von der Vorinstanz zu Recht geltend gemacht wird, würde doch damit die Funktionsteilung zwischen Entscheidungs- und Vollstreckungsverfahren sinnlos, und hätte es der Betroffene dadurch in der Hand, die Durchsetzung des materiellen Verwaltungsrechtes in unzumutbarer und unzulässiger Weise nach Belieben zu verzögern. Eine Ausnahme im Sinne der vorgenannten Möglichkeit der Verletzung unverzichtbarer und unverjährbarer Rechte ist im vorliegenden Fall nicht gegeben, und der Beschwerdeführer macht denn auch keine Verletzung der Handels- und Gewerbefreiheit geltend, welche ohnehin nicht unter die vorgenannte Ausnahmeregelung zu subsumieren wäre. Auf die Verwaltungsbeschwerde vom 16. Oktober 1991 kann deshalb nicht eingetreten werden.

Beispiel 27

Der Beschwerdeführer hätte, um gegebenenfalls Aussicht auf Erfolg zu haben, vielmehr gegen die Departementsverfügung vom 4. Januar 1991 rechtzeitig Beschwerde einlegen müssen, was jedoch unterblieben ist. Die genannte Departementsverfügung ist folglich in formelle Rechtskraft erwachsen, womit innerhalb jenes Verfahrens endgültig und unabänderlich über den materiellen Teil der Streitsache entschieden worden ist. Es gilt somit heute nur noch, den damaligen Entscheid des Bau-, Verkehrs- und Forstdepartementes zu vollstrecken. Gemäss Art. 43 VVG vollstrecken die Behörden ihre Entscheide grundsätzlich selbst. Sie können jedoch die Vollstreckung einer ihr unterstellten Behörde übertragen. Das Bau-, Verkehrs- und Forstdepartement hat vorliegendenfalls in der Verfügung vom 4. Januar 1991 das kantonale Tiefbauamt angewiesen, den Vollzug der Departementsverfügung zu überwachen und notfalls zu vollziehen. Damit ist auch an der sachlichen Zuständigkeit der Vorinstanz zur Durchsetzung der umstrittenen Verfügung nichts zu beanstanden, was der Beschwerdeführer selbst nicht in Frage stellt.

(...)

5. Bei diesem Ausgang sind die Verfahrenskosten gestützt auf Art. 36 ff. VVG dem Beschwerdeführer aufzuerlegen;

<u>e r k a n n t :</u>

1. Auf die Beschwerde wird nicht eingetreten.

2. Die von G█████, R███ erstellte Zufahrt zu den Parzellen Nr. ███ und Nr. ███ beim Anschluss Z██████████/O██████ ██ ist im Einvernehmen mit dem kantonalen Bezirkstiefbauamt ██, █████, in geeigneter Weise bis spätestens am 13. April 1992 für jeglichen Verkehr abzusperren. Widrigenfalls wird das Bezirkstiefbauamt angewiesen, die Zufahrt auf Kosten von G█████ R███ aufzuheben.

Beispiel 27

3. Gestützt auf Art. 36 ff. VVG werden dem Beschwerdeführer folgende Kosten auferlegt:

Staatsgebühr	Fr. 300.--
Kanzlei- und Ausfertigungsgebühren	Fr. 117.--
Total	Fr. 417.--

Dieser Betrag ist innert 30 Tagen seit Zustellung dieser Verfügung der Standesbuchhaltung Graubünden, Chur, auf Postcheckkonto 70-187-9 **(Konto 6000.4310)**, zu überweisen.

4. Gegen diese Verfügung kann gemäss Art. 15 ff. VVG innert 20 Tagen seit deren Mitteilung Verwaltungsbeschwerde bei der Regierung des Kantons Graubünden erhoben werden.

5. Mitteilung an Rechtsanwalt ▬▬▬ T▬▬ ▬▬▬ ▬▬▬, auch zuhanden seines Mandanten (eingeschrieben, im Doppel), an die Gemeinde T▬▬ ▬▬ T▬▬, an das kantonale Tiefbauamt, intern (im Doppel, unter Erstattung der Akten), an das Bezirkstiefbauamt ▬▬ ▬▬ an die kantonale Finanzkontrolle, an die Standesbuchhaltung Graubünden (im Doppel) sowie an das Sekretariat des Bau-, Verkehrs- und Forstdepartementes Graubünden (vierfach).

BAU-, VERKEHRS- UND FORST-
DEPARTEMENT GRAUBÜNDEN
Der Vorsteher:

Beispiel 28   Italienische Verfügung

Bau-, Verkehrs- und Forstdepartement Graubünden
Dipartimento costruzioni, trasporti e foreste dei Grigioni
Departament da construcziun, traffic e selvicultura dal Grischun

7001 Chur, Stadtgartenweg 11, Tel. 081/21 21 21

24 gennaio 1990

comunicato: 24. JAN. 1990

D E C R E T O   D I P A R T I M E N T A L E

Con scritto del 16 gennaio 1990 l'Ente T▓▓▓▓▓▓▓▓▓▓▓▓▓▓ ha chiesto al Dipartimento costruzioni, trasporti e foreste dei Grigioni l'autorizzazione di poter transitare durante la stagione invernale 1989/1990 con veicoli privati sul tratto della vecchia strada che conduce da ▓▓ B▓▓▓▓▓▓▓▓▓ all'O▓▓▓▓▓▓▓▓▓▓▓▓▓▓▓▓▓▓ per l'esercizio dello sci di fondo nei dintorni del Passo ▓▓▓▓▓▓▓▓▓▓

Esaminata la richiesta e tenuto conto della presa di posizione dell'Ufficio tecnico cantonale del circondario ▓▓▓▓▓▓▓▓▓, il Dipartimento costruzioni, trasporti e foreste, in base all'art. 64 della Legge stradale cantonale in unione coll'art. 1 dell'Ordinanza d'esecuzione della citata legge,

d e c r e t a :

1. All'Ente T▓▓▓▓▓▓▓▓▓▓▓▓▓▓▓▓▓▓ viene concessa l'autorizzazione di usufruire del tratto della vecchia strada che conduce da ▓▓ B▓▓▓▓▓▓▓▓▓ all'O▓▓▓▓▓▓▓▓▓▓▓ ▓▓▓▓▓ per il transito con veicoli a motore privati.

2. Tale autorizzazione è valida per la stagione invernale 1989/1990.

3. L'uso del tratto di strada in oggetto avviene a proprio rischio e pericolo dell'Ente T▓▓▓▓▓▓▓▓▓▓▓▓▓▓▓. Esso risponde per ogni danno a persone e cose che risulti dall'uso della strada o per il quale il Cantone potrebbe essere citato in base a disposizioni legali.

4. L'Ente citato è pure responsabile per eventuali danni al corpo stradale dovuti all'uso della strada.

5. Le spese di manutenzione del tratto di strada in parola vanno a carico dell'Ente T███████████████.

6. In caso di nevicate o di pericolo di valanghe la strada in questione deve essere chiusa al traffico (veicoli e pedoni) da parte dell'Ente T███████████████.

7. L'Ufficio tecnico cantonale del circondario ████████ decide della viabilità della strada durante il periodo di disgelo.

8. La circolazione sul tratto di strada in parola è ammessa - ad eccezione dei veicoli a motore con trazione sulle quattro ruote - soltanto con catene per la neve. L'Ufficio tecnico cantonale del circondario ████████, può revocare tale obbligo anche per i veicoli normali se le condizioni atmosferiche e del campo stradale lo permettono.

9. La barriera esistente nei pressi del campeggio (████████ ████████) deve essere chiusa durante la notte dalle ore 18.00 alle ore 07.00. Responsabile della chiusura è l'Ente T███████████████, il quale deve rassicurarsi precedentemente che non vi siano più veicoli sul tratto di strada in parola.

10. Le spese per il rilascio di questo decreto, ammontanti a fr. 200.--, devono essere versate entro 30 giorni dalla data della comunicazione alla Ragioneria di Stato del Cantone dei Grigioni, c.c.p. 70-187-9, Coira (conto '6200. 4310).

Beispiel 28

11. Contro il presente decreto può essere inoltrato gravame di diritto amministrativo al Governo del Cantone dei Grigioni entro 20 giorni dalla data della comunicazione ai sensi degli art. 15 segg. LPAC (CSC 370.500).

12. Comunicazione a:
    - Ente T█████████████████████   1 copia
    - Municipio di M███████   1 copia
    - Ragioneria di Stato   2 copie
    - Dipartimento di giustizia, polizia e sanità
      (segretariato dipartimentale)   1 copia
    - Ufficio tecnico cantonale del
      circondario ███████████   1 copia
    - Ufficio tecnico cantonale
      (consulenza legale, manutenzione, archivio) 3 copie

                              DIPARTIMENTO COSTRUZIONI,
                              TRASPORTI E FORESTE
                              DEI GRIGIONI

                              Il Capo:

Antwort auf ein privatrechtliches Angebot

Beispiel 29

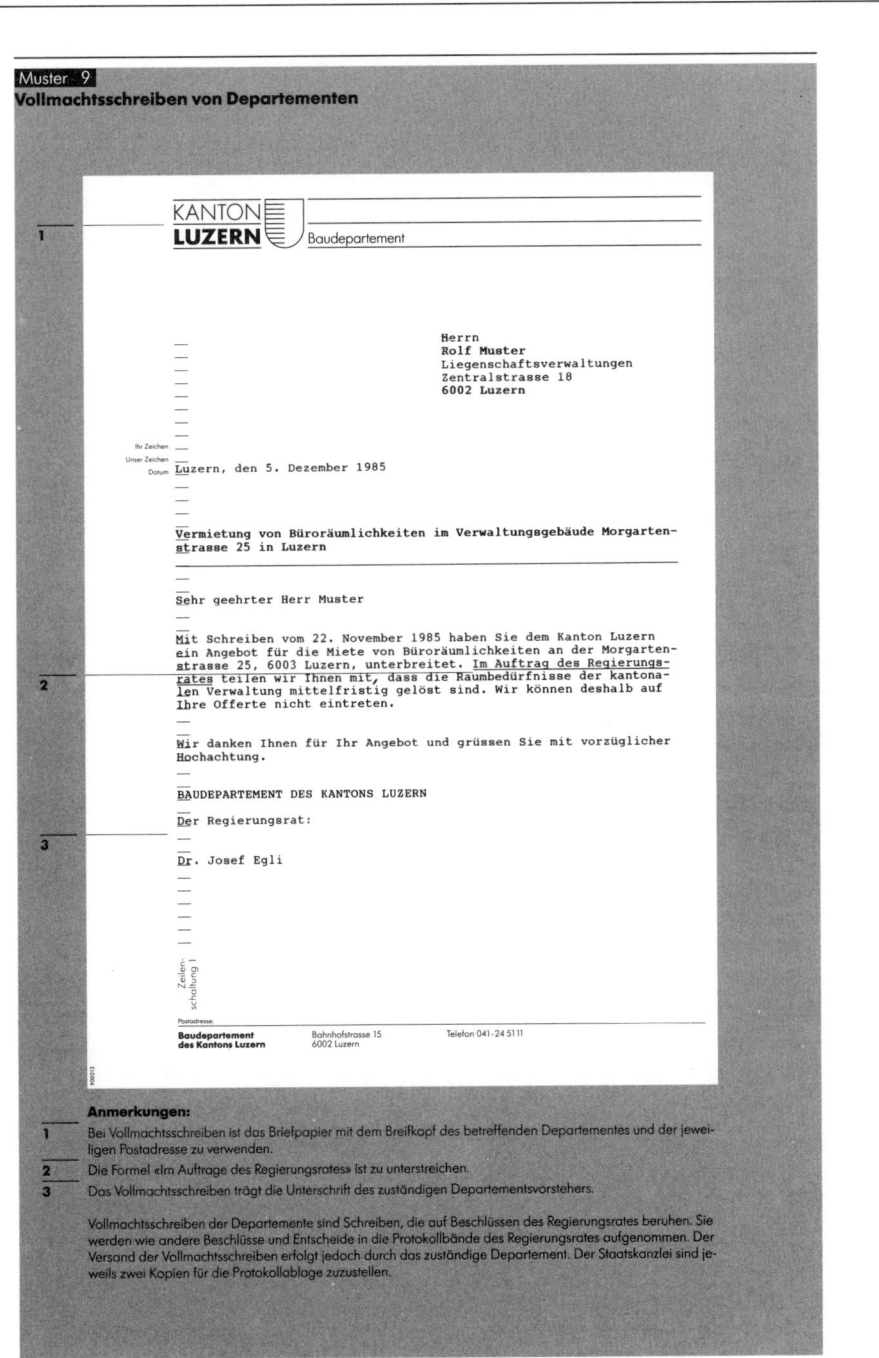

Muster 9
Vollmachtsschreiben von Departementen

KANTON LUZERN / Baudepartement

Herrn
Rolf Muster
Liegenschaftsverwaltungen
Zentralstrasse 18
6002 Luzern

Ihr Zeichen
Unser Zeichen
Datum Luzern, den 5. Dezember 1985

Vermietung von Büroräumlichkeiten im Verwaltungsgebäude Morgartenstrasse 25 in Luzern

Sehr geehrter Herr Muster

Mit Schreiben vom 22. November 1985 haben Sie dem Kanton Luzern ein Angebot für die Miete von Büroräumlichkeiten an der Morgartenstrasse 25, 6003 Luzern, unterbreitet. Im Auftrag des Regierungsrates teilen wir Ihnen mit, dass die Raumbedürfnisse der kantonalen Verwaltung mittelfristig gelöst sind. Wir können deshalb auf Ihre Offerte nicht eintreten.

Wir danken Ihnen für Ihr Angebot und grüssen Sie mit vorzüglicher Hochachtung.

BAUDEPARTEMENT DES KANTONS LUZERN
Der Regierungsrat:

Dr. Josef Egli

Postadresse:
Baudepartement   Bahnhofstrasse 15   Telefon 041-24 51 11
des Kantons Luzern   6002 Luzern

Anmerkungen:

1 Bei Vollmachtsschreiben ist das Briefpapier mit dem Briefkopf des betreffenden Departementes und der jeweiligen Postadresse zu verwenden.
2 Die Formel «Im Auftrag des Regierungsrates» ist zu unterstreichen.
3 Das Vollmachtsschreiben trägt die Unterschrift des zuständigen Departementsvorstehers.

Vollmachtsschreiben der Departemente sind Schreiben, die auf Beschlüssen des Regierungsrates beruhen. Sie werden wie andere Beschlüsse und Entscheide in die Protokollbände des Regierungsrates aufgenommen. Der Versand der Vollmachtsschreiben erfolgt jedoch durch das zuständige Departement. Der Staatskanzlei sind jeweils zwei Kopien für die Protokollablage zuzustellen.

Sachregister

Die Ziffern nach den Stichwörtern verweisen auf die Seitenzahlen, fettgedruckte Ziffern sind wichtige Fundstellen.

A

Abänderung
- eines Quartierplans 194
- Vorbehalt 33

Abbruch 47, 156, 206
- befehl 151, 152, 212
- bewilligung 34, 55, 127
- verbot 91, 152
- verfügung 137, 139, 216

Abfalldeponie 54
Abgaben 9, 177
- öffentliche 93

Abgabevergünstigungsverträge 126, 180, 202

Abklärung
- des Sachverhalts 29

Abschreibungsverfügung 19
Absender **161**
Abstandsunterschreitung 22, 156
Abstandsvorschriften 22
Abstimmungsergebnis 186

Abtun
- eines bösartigen Hundes 137

Abwehrrechte **109**
Adressat **45, 162,** 170
Adresse 162
AHV-Revision 215
Akten **74**
- edition **68**
- einsicht 60
- einsicht ausserhalb eines Verfahrens 76
- rückgabe **79**

Aktuar 169
Alkoholausschank 146
Allgemeinverfügungen 5, 8, **26**
Altstadtsilhouette 147
Amortisationsdauer 114

Amtsbefehle 28
Amtsblatt 27
Amtsgeheimnis 170
Amtssprachen **162**
Änderung 78
- der Bewilligungspraxis 197
- der Praxis 198
- eines Reglements 191

Änderungsvorbehalt 36, 189
Androhung **11,** 58, 208
- von administrativen Rechtsnachteilen **206**
- von repressiven Massnahmen **206**

Anfechtbarkeit 6, 19, 34, **204**
Anfechtung 27, 179
Anfechtungsobjekt 4

Angaben
- falsche 130, 190, 194

Anhörung 26, 27
- bei unerwarteten rechtlichen Begründungen 78
- mündliche 77
- nachherige 71
- zu jeder Schlechterstellung im Verfahren 78

Anlehnung 43
Anmerkung 30, 35
Annahmeverweigerung 172
Anpassung **188**

Anspruch
- auf Erteilung einer Bewilligung 18
- auf unrechtsgleiche Behandlung **115**

Ansprüche
- gesetzliche 44
- vertragliche 44

Anstalt 5, 150
Anstellungsverträge
- der Ärzte 176

Antenne 21

313

Sachregister

Antennenverbote 151
Anträge **154**
Anwaltskosten 37, 119
Anzeige 52
Aparthotel 21, 150
Äquivalenzprinzip **105**
Arztzeugnis 70
Ästhetik
– auflagen 120
– paragraphen 9, 95
– vorschriften 96, 114, 147
Asyl
– bewerberunterkünfte 140
– verfahren 72
Asylanten 22
Atomanlage 89
Aufbau
– der Strukturen der öffentlichen Verwaltung 134
Aufenthaltsbewilligungen 20
Auffassungen
– gewandelte 132
Aufhebung **185, 198**
Aufklärungspflicht **122**
Auflage 28, **35,** 191
– wirtschaftspolitische 31
Aufschub
– der Beseitigung 216
– von Massnahmen 216
Aufsichtsbeschwerde 12, 14, **81,** 158
Aufstockung 91
Augenschein **67**
Ausführungsbestimmungen **92**
Ausgabenbeschlüsse 17
Aushändigung der Akten **76**
Auskunft **10,** 26, 50, 59, **123**
– ehrenrührige 87
– formlose **67**
– sachkundiger Amtsstellen **70**
Ausländer 84, 110, 117
Auslegung 91, 95, 122, 145, 154, 179
Ausnahmebewilligung 18, **19,** 126, 156
Ausnahmesituation 21
Ausschreitungen 148
Aussenisolation 22
Ausserkantonale 117

Äusserung
– zu den Äusserungen anderer Verfahrensbeteiligter **78**
– zu Expertisen 73
– zum Beweisergebnis **77**
– zur Rechtslage **77**
– öffentliche 50
Ausstand **48**
Ausstandsgründe **49**
Ausstandspflicht 85, 201
Ausübung des Ermessens
– falsche **98**
Auswahlermessen **97,** 114
Auswirkungen
– finanzielle 51
– volkswirtschaftliche 135
Auszonung 195

B

Bahnkurse 14
Bahnübergang 139
Bauakten
– der Nachbarliegenschaft 77
Baubeginn
– vorzeitiger 100, 217
Bauberater
– einer Gemeinde 51
Baubewilligung 37, 48, **157**
Baubewilligungsverfahren 81
Baugesuch
– hängiges 212
– nachträgliches 156
Bauherr
– bösgläubiger 152
Baulinie 36, 150
Baumfällanordnung 140
Baurecht 30
Baurechtsvertrag 150
Bausperre 10, 137, 156, **216,** 217
Baustop 58
Bauverweigerung 165
Bauweise
– geschlossene 97
Beanstandungen 7

Bedingung 28, **34**, 127, 191
- auflösende 189
Bedürftigkeit 85
Befangenheit **48**
Befragung
- formlose **67**
- persönliche **67**
Befristung **34**, 178
Begründung 108, **163**
Begründungsdichte 164
Behörde
- übergeordnete 131
Behördenfehler 197
Beitragspflicht
- nachträgliche 214
Belehrungen **11**
Benennung **13**
Benotung 125
Benutzungsgebühr **104**
Benutzungsregeln **14**
Beobachtung 151
Beratertätigkeit 50
Bergbahnkonzession 35
Berichte **14**
- interne 74
Berufsausübungsbewilligung 99, 151
Berufsüblichkeit 96
Beschaffung 111
Beschlagnahme 58, **68**, **209**
Beschlüsse
- politische **16**
Besitzesschutzverfahren 28
Besitzstandsgarantie **141**
Besoldungsansprüche 131
Besoldungsverfügung 194
Bestätigungen **12**
Bestimmtheitsgebot 166
Bestrafung 28, 209
Betäubungsmittelgesetz 89
Betrachtungweise
- wirtschaftliche **127**
Betreibungseingaben 184
Betreibungskosten 184
Betrieb 97
Beurkundung
- öffentliche 175
Beurteilungsspielraum **95**

Bewegungsfreiheit 144
Beweis 125, 170
- anträge 61
- last **65**
- mittel **67**, 73
- mittel, neue 77, 196
- mittel, rechtswidrig erlangte **68**
- verfügung 60, **64**
- würdigung **69**, 78
- würdigung, antizipierte **69**
- würdigung, freie **69**
Bewilligungsentzug 29
Bewilligungsgesuch, zweites 132
Bewirtschaftungspflicht 21
Binnenmarktgesetz 111
Biotopschutz 146
Börsenaufsichtsbehörden 16
Bösgläubige 140
Botschaft 134
Brennholz 9
Briefform 161, 162
Budget 17
Bundesinventar 140
Bundesrecht **3**, **107**
Bundessteuerregister 183
Bussenverfügungen **26**

C

clausula rebus sic stantibus 180
Computer 168, 184

D

Dahinfallen 35
Datum 170
Dauerparkieren 66
Dauerverfügungen 187, 190, 197
- negative 197
Dauerverwaltungsakte 190
deklaratorisch **18**
Delegation **38**
Deliktisches Herbeiführen der Verfügung 196
Demonstrationen 113, 149

Sachregister

Denkmalschutz 137, 150, 152
Deponie 23
Dienstanweisungen **13, 93**
Dienstbarkeit 15, 30, 176
Dienstverhältnis
– öffentliches 177
Diplom 99
Disposition 125
Dispositionsmaxime **52**
Dispositiv 163, **165,** 183
Disziplinaranzeigen 158
Disziplinarmassnahmen 93, 210
Disziplinarverfahren 26
Doktorandenliste 7, 164
Dolmetscher 72, 78
Domizil 151
– erfordernis 150
Doppelnorm **88**
Dorf
– bild 136
– platz 147
Dringlichkeit 79, 100, 165
Dritte 47
– unbeteiligte 129
Duldung 156
– eines rechtswidrigen Zustands oder Tuns **130**
Durchfahrtsrecht 15
Durchleitungsrecht 43
Durchsetzung 28

E

Echtheit 197
EDV 168
Eigenreklamen 114
Eigentum
– an einzelnen Bäumen 131
Eigentumsgarantie 133, **141,** 145, **146**
Eignung **137, 150**
Einführung
– einer Bewilligungspflicht 101
Eingabe
– nicht unterzeichnete 122
– ungebührliche 154
eingeschrieben 171

Eingriffe
– in die verfassungsmässigen Rechte 30
– in einen Leichnam 93
Einheimische 114, 148
Einkaufszentrum 120
Einkommensklassen 9
Einleitung
– eines Verfahrens 72
Einschränkung
– verfassungsmässiger Rechte 133, 136, **144**
Einsicht
– in die und Stellungnahme zu den Akten **74**
Einsprache- und Ermittlungsverfahren
– eingehendes 192
Einsprachemöglichkeit 71
Einstellung
– der Bauarbeiten 58
Eintreten **154,** 186, 187
Einverständnis
– des Betroffenen 90
Einweisung
– in eine Sonderklasse 91
Einwirkungen
– übermässige 88
Einzelakt **8**
Einzonung 98, 152
Eltern 47
Emissionsgrenzwerte 29, 33
Empfangsfreiheit **148**
Empfehlungen **11**
EMRK 86, 112, **153**
Endentscheide 19
Enteignung 101
Entlassung 26
Entlöhnung
– von Mann und Frau 113
Entschädigungen 9, 179
Entscheidfällung **38, 85,** 211
Entscheidungsgrundlagen 163
Entzug
– der aufschiebenden Wirkung **36,** 100
– einer gewerbepolizeilichen Bewilligung 152
Erbengemeinschaft 46

Erbschaftsinventar 6
Ereignis
– künftiges 146
Erforderlichkeit **137, 150**
Ergebnis
– stossendes 119
Erlass **8,** 44
– der Gesetzesstufe 144
– generell-abstrakter 92
Ermahnung 12, **11**
Ermessen 95, **97,** 114, 134, 154
Ermessensausübung 216
– rechtswidrige **98**
– unzweckmässige **98**
Ermessensbetätigung 145
Ermessensgewährung 20
Ermessensmissbrauch **99**
Ermessensspielraum 165
Ermessensüberschreitung **98**
Ermessensunterschreitung **98**
Eröffnung **169,** 207
– mündliche **172**
Eröffnungsfehler 201
Ersatz
– behörde 49
– formen der Zustellung **172**
– vornahme 206, **209**
– vornahme, antizipierte **209**
Erschleichen
– von Leistungen 128
Erschliessung 41
Erschliessungskonzept 158
Erschliessungskosten 32, 92, 117
Ersitzung 41
Erwerb
– gutgläubiger 157
Erwerbseinkommen 97
Erwerbstätigkeit 97
etappieren 91
Evidenztheorie 203
Existenzminimum 85
Experte **68**
Experten-Einvernahmeprotokolle **69**
Expertise 69, 127

F

Fahrpläne 14
Fahrverbot 9
– für Schiffe 144
Faksimile-Stempel 168
Fällen
– von Bäumen 56
Fälschung 197
Fax **171**
Ferienhausbesitzer 114
Feststellungsverfügung 7, **24,** 154
feuerpolizeilich 29, 156
Feuerungsanlagen 66
Flüchtling 110
Folgen
– strafrechtliche 107
Form **160**
– fehler 201
– mangel 180
– vorschriften **82**
Formalismus
– überspitzter **82**
Formular 163
– entscheide 169
Foststrassen 54
Fotokopien **105**
Freiheit
– persönliche 101, **144, 146**
Freiheitsentzug
– fürsorgerischer 150
Fremdreklamen 114
Frist 83
– ansetzung 206
– erstreckung 60
Führerausweis 26
– entzug 26, 37, 39, 43, 210
Führungskräfte 96
Fussgängerverkehr 32

G

Garantieerklärung 175
Gaslieferung 175
Gassenzimmer 43

Sachregister

Gebäude
- breite 97
- höhe 21
- öffentliche 110
- schätzung 123
- versicherungsverträge 176
Gebühren 37, 93, **104,** 135, 215
- ordnung 13
- rechnung 167
- tarif 27
Gefahrenbeseitigung 101
Gegenkundgebungen 143
gegenstandslos 154
Geheimhaltungsinteressen 137, 165
- Dritter 75
Gehör
- rechtliches 61, 68, **70,** 83, 186, 198
Geltendmachen
- verspätetes 128
Gemeinde 71
- recht **107**
- vorstandsprotokoll 77
Gemeingebrauch 149
- gesteigerter 110, 149
Genauigkeit der gesetzlichen Grundlage **90**
Generalklausel
- polizeiliche **100,** 112, 145, 158
generell-abstrakt **5, 8,** 101
generell-konkret 8
Gerechtigkeitsgedanken 119
Gericht 179
Gerichtsentscheid 134, 192
Gerichtsurteile 5
Gesellschaft
- einfache 46
Gesetz **8**
- gebung **4**
- im formellen Sinn 105
- im materiellen Sinn (Verordnung) 144
- mässigkeit der Verwaltung 38
Gesetzesänderung 180
Gesetzesmässigkeit **106**
Gesetzesrecht 211
Gesetzesstufe **93**

Gesuche **154**
- hängige 212
Gewalt
- hoheitliche 68
Gewässerverunreinigungen 29
Gewerbe
- landwirtschaftliche 139
Gewinnsucht 88
Gewohnheitsrecht **104**
Glaubhaftmachung **66**
Gläubiger 184
Gleichbehandlung
- im Unrecht **115**
Gleichbehandlungsgebot 23
Grabkonzession 133, 215
Grenzabstände 88
Grenzbau 22
Grenzwerte 70
Grossbauten 96
Grund
- öffentlicher 114, 149
Grundbuch 30, 35
- vermessung 21, 126
Gründe
- baupolizeiliche 155
- fiskalische 147
- gesundheitspolitische 148
- humanitäre 139
- wirtschafts- oder standespolitische 147
Grundlage
- ausdrückliche gesetzliche **92**
- gesetzliche 20, 30, **87,** 100, 142, **144,** 171, 178, 206, 208
- gesetzliche im materiellen Sinn 92
Grundsätze
- verfassungsmässige 177
Grundschulpflicht 146
Grundwasserspiegel 21
Gutachten **68, 69,** 70
- neue 197
Güterzusammenlegung 90
- landwirtschaftliche 90, 158
gutgläubig 124

318

H

Haft 119
Handeln
- konkludentes 160
- privatrechtliches 14, 111
Handels- und Gewerbefreiheit 31, 110, **142, 147**
Handlungsfähigkeit 42
Härtefall 21
Hauptfrage 40
Hausdurchsuchung **68**
Hausgenosse 171
Haushalt 171
Heilmittel 12
Herkunft 50
Hilfsperson 83
Hilfstätigkeit
- administrative 93, **177**
Hinweise **10**
Höchstgeschwindigkeiten 70
Hofstattrecht **142**
Hoheitsakt **5**
Höherbau 22
Holzbezugsrecht 9
Hotelbus
- konzept 9
- verkehr 148
Hund 138
Hygieneinspektionen 73

I

Immissionen 31, 65
Immissionsprognose 62
individuell-abstrakt 8
individuell-konkret **5, 8**
Indizien 170
- beweis **66**
informieren 122
Infrastruktur **14**
Inhalt **87**
Inkrafttreten
- aufgeschobenes 218
Innenräume 89

Integrität
- körperliche 144
Interesse(n)
- finanzielle **134**, 140
- immaterielle 57
- öffentliche 44, 129, **133, 145,** 171
- pekuniäre 156
- positiv öffentliches 133
- rechtlich geschützte 72
- schützenswerte 154
- schutzwürdige 24, 46, 76, 158
- staatspolitische 148
- tatsächliche 24
- von Privaten 134
Interessenabwägung 57, 68, 76, 99, 108, 129, **152**, 193, 203
Invaliditätsbemessung 42
Investitionen 114
Irrtum 49, 193
- der Behörde 191, 193

J

Jagdpatente 110
justiziabel 153

K

Kannvorschrift 97
Kanzlei
- fehler 189, 202
- gebühren **105**
Kartell
- aufsichtsbehörden 16
- kommission 11
Kassen
- öffentliche 183
Kaufrecht 15
Kautionsleistung 32, 150
Kehrichtabfuhr 110, 140
Kiesabbau 54, 139
- bewilligung 29
Kiesgrube 31
Kindesrecht 120
Kirchengeläut **149**

Sachregister

Klage 181
– weg 44
Klassen 14
Kollektivgesellschaften 45
Kommanditgesellschaften 45
Kompetenzstreitigkeit 39
Konkubinat 66
Konkurs 183
konstitutiv **18**
Kontakte
– informelle 53
Kontingent 148
Konzession 18
– wohlerworbene Rechte 142
Konzessionsverträge 175
koordinationsrechtlich 177
koordinieren **53**
Kopien **76,** 169
Körperschaften
– privatrechtlich organisierte 39
Kosten 104
– deckungsprinzip **105**
– einer Ersatzvornahme 208
Kruzifix 141
Kuhhandel 131
Kulturinteressen 148
Kundgebung 148
Kunstfreiheit 153

L

Ladenöffnungszeiten 20
Landschaftsschutz 139
Lärm 44, 135
– belastung 21
– emissionen 62, 66
– schutz 138
Lautsprecher 143
Legalitätsprinzip 30
Lehrbücher 134
Leistungen
– des Gemeinwesens an Private 93
– staatliche **109**
Leistungsauftrag
– PTT 139
– SBB 140

Leistungsfähigkeit
– der Verwaltung 64
Leistungsverwaltung 177
Leistungsverweigerung **210**
Leitbehörde 54
Lektionenpläne 114
Lotteriegelder 91
Lücke 19, **101**
– echte **101**
– unechte **101,** 134
Lückenfüllung **101**
Luftfahrt
– öffentliche 96
Luftreinhalteverordnung 138

M

Mahnungen **12**
Mangel
– inhaltlicher 202
Massenverfügungen 168
Massnahmen
– bauliche 157
– denkmalpflegerische 137
– superprovisorische **58**
– Vollzug **25**
– vorsorgliche **56**
Materialien 91, 134
Materielle **19**
Mehrheit 85
Meinungsäusserung 113, 148
Meinungsäusserungsfreiheit **143, 148**
Melioration 53
Menschenverstand
– gesunder 136
Merkblätter 123
Messungen
– unangemeldete 73
Missbrauch 29, 157
– von Verfahrensrechten 128
Mitteilungen **10**
mitwirkungsbedürftig 52
Mitwirkungspflichten **61,** 68
Mitwirkungsrechte **61**
Mofafahren 27

320

Motive
– finanzielle 214
mündlich 160

N

Nachfrist 78, 83
Nachteil 19
– nicht leicht wiedergutzumachender 56, 60
Nacht
– fahrverbot 21
– flugbewilligungen 138
– lokal 143, 148
Nachwirkung
– echte 213
– unechte 213, **218**
NAGRA 139
Näherbaurecht 36, 41
Namen 161
– der am Entscheid mitwirkenden Personen 86
Natur
– formeller 80
– schutz 147
– zwingender **38**
Nebenbestimmungen **28**, 157, 165, 189
Nebenpunkte 55
Nichtamtssprache 162
Nichteintreten 12, 63, 82, 158, 164, 186
Nichteintretensentscheid 19, 38, 166, 188
Nichteinwohner der Gemeinde 117
Nichthandeln **81**
Nichtigkeit 39, 52, 54, 124, 126, 160, 170, 179, 189, 193, 196, **200**
Nichtwahl 17
Nichtzulassung 7
Nichtzuschlag 111
Niederlassungsfreiheit **147**
Normenkontrolle
– akzessorische 108
Noten 79, 125
Notstandskompetenzen 100
Notwendigkeit 158
Numerus clausus 91, 100

Nutzungsbeschränkungsrevers 157
Nutzungstransfer 91
Nutzungsvielfalt 146

O

Objekt **48**
Obliegenheit 158
öffentlichrechtlich 174
Offizialmaxime **52**
Öffnungszeiten 114
Ordnung
– öffentliche **100**, 112, 212
Ordnungsbussenverfahren 81
Ordnungswidrigkeit 169
Organe 45
Organisation
– privatrechtliche 182
Organisatorisches **13**
Orientierungen **10**
Orientierungslauf 140
Ort
– der gelegenen Sache 39
– des massgeblichen Vorgangs 39
Ortsbildschutz 91, 95
Ortsfestlegungen **14**

P

Pacht
– vertrag 45, 175
– zins 25
Parabolantenne 151
Park
– felder 114
– gebühren 105
– haus 23
– platz 138
– platzabgabe 30
– platzpflichtbefreiung 32
– verbot 138
Parlamentsbeschlüsse 16
Parlamentsprotokolle 134
Partei
– anträge 52

321

– fähigkeit **45**
– rechte 46
– stellung 72, 106
– verhör **68**
Pauschalierungen 106
Peep-Show (Stützlisex) 148
Pensionsanspruch 132
Perimeterbeiträge 115
Person
– des Experten 73
Personalsicherheit 208
personelle Zusammensetzung der Behörde 161
Personen
– juristische 45, 84, 111
Persönlichkeitsentfaltung 144
Petitionsrecht **143, 148,** 154
Pfandrechtverfügung 47
Pfändung 183
Pflegeheim 176
Pläne 53, 78, 126
Plankopien **76**
Planung **9**
Planungsmassnahmen 116
Polizei
– bewilligungen 18, **157**
– güter **101**
– güterverletzung 36
– klausel, allgemeine **100**
– stunde 29
polizeilich 133
Post **171**
– autokurse 14
– rückbehaltungsauftrag 172
– stellen 13
– stempel 170
Präjudizien **3**
Praktibilität 91
Praktikabilitätsgründe 64, 106
Praktikabilitätsüberlegungen 152
Präsident 169
Praxis **11**
– änderung **117,** 191
– konstante 121, 134, 167
– lange einheitliche **104**
Private 112
Privatrecht 5, **14,** 44, 174

Projektänderungen 205
Projektierungsarbeiten 6, 14
Promotionsentscheide 5
promovieren 36
Protokoll **86,** 169
– führer 169
Protokollierung 74
Prozessfähigkeit **45**
Prozessionen 141
Prüfung 79, 164, 186
Prüfungsergebnisse 164
Prüfungsnoten **7**
PTT
– Telefontaxzahlung 66

Q

Quelle 43

R

Rangfolge
– der Erlasse **107**
Rangordnung
– der Gebietskörperschaften **107**
Realsicherheit 208
Rechnungen **12**
Rechnungsfehler 189, 202
Recht
– ändern **211**
– fertigungsgrund 87
– günstigeres 212
– intertemporales **211**
– kantonales **107**
– mittelberechtigter 46
– noch nicht in Kraft stehendes 217
– öffentliches 44
Rechte
– ehehafte 131
– im Verfahren 72
– verfassungsmässige 107, 177, 178
– wohlerworbene **131,** 180, 192, 214
Rechtsänderung 129, 131, 187, 211
– während des Verfahrens 213, **219**
Rechtsanschauungen 117

Rechtsanspruch
– auf eine Verfügung 157
Rechtsanwendung
– uneinheitliche 121
– von Amtes wegen 87
Rechtsauslegung
– teleologische 203
Rechtsbegriff
– unbestimmter 20, **95,** 134, 145, 154, 216
rechtsbeständig 185
Rechtsbeständigkeit **205**
Rechtsetzung 97
Rechtsfolge 97
Rechtsfragen
– komplexe 43
Rechtsgleichheit **113, 146**
Rechtsgrundsatz 119
Rechtskenntnis
– mangelnde 198
Rechtskraft **204**
– bescheinigung 183
– formelle **204**
– materielle **204**
Rechtsmängel
– inhaltliche 196
Rechtsmissbrauch **128**
Rechtsmittel 163
– belehrung 7, 165, **166**
– erhebung 186
– frist 169, 187
– instanz 185
– kassatorische **198**
– reformatorische **198**
– verfahren 174
Rechtsöffnung 181 ff
Rechtsprinzipien
– allgemeine 99
Rechtsregeln **8**
Rechtssatz **8**
Rechtssicherheit 117, 118, 203
Rechtsstellungen
– unverzichtbare **178**
Rechtsüberzeugung
– gemeinsame **104**
Rechtsungleichheit 214

Rechtsverweigerung
– formelle **81**
– materielle 81
Rechtsverzögerung **81**
Rechtsvorschlag **182**
Rechtswidrigkeit
– offensichtliche 108
Reduktion
– überdimensionierter Bauzonen 193
Regelungen
– gesetzliche **1**
Registersperren 58
Reklame
– anlagen 37, 97
– tafel 140
Religionsfreiheit **141, 149,** 150
Resolutivbedingung **34,** 35
Restwassermenge 36
Revers **35**
Revision **185,** 187, **195**
Revisionsgesuch 128
Revisionsgrund 187, 189, **195**
Richtlinien **94**
Risiko
– eigenes 156
Rodungsbewilligung 31, 54
Rohrkanal 138
Rückforderung 204
Rückstellung
– von Baugesuchen 216
Rückweisung
– zum Neuentscheid 198
Rückwirkung
– echte **213**
– unechte 213, **214**
Ruhetag
– religiöser 141
Rundung
– des Berechnungsergebnisses 103

S

Sache
– abgeurteilte 205
Sachverhalt 33, **61, 162,** 211
– entlastender 66

323

Sachregister

Sachverhaltsabklärung 99, 139
Sanierung 150, 215
Schadenersatz 130
– ansprüche 44, 155
– folgen 121
– pflicht 82
Schallschutzfenster 21
Scheinehe 40, 189
Schiedsklauseln 38
Schiessplatz 47
Schiffsstandplätzen 115
SchKG **181 ff**
Schlechterstellung 71
Schreibfehler 189, 202
Schriftform **160,** 178
Schulbus 110
Schuldbetreibung **181 ff**
Schulzahnarzt 146
Schutz
– des Rätoromanischen 140
– objekt 157
– pflicht **122**
– von Baudenkmälern 146
– würdigkeit von Bauten 147
– zweck 137
Schwager 49
Schweigen
– qualifizierte 103
Schwere
– des Eingriffs 90
– Eingriffe in die verfassungsmässigen Rechte 93, 145
self-executing 153
Sexfilme 90, 158
Sicherungsentzug 37
Sistierung
– eines Verfahrens 81
Sofortmassnahme **56**
– polizeiliche 133
Solaranlage 136
Sollvorschrift 97
Sommersmog 137
Sozialversicherungsrecht 185
Sperre 8
Spezialgesetzgebungen 8
Spezialisten 96
Spielsalon 65

Sportzentrum 23
Sprache 72, 78, **162**
Sprachenfreiheit 111
Spracherhaltung 148
Staatskalender 161
Staatsverträge **153,** 171
Standardbegründungen 164
Stauungen 135
Stellungnahmen 10, **14,** 42, 74
Stempel 170
Steuerkommissär 177
Steuern 101
Steuerrecht 185
Steuerumgehung 128
Stichentscheid **86**
Stimmregisterauszüge 110
Stockwerk
– begrenzungen 95
Stockwerk
– eigentümergesellschaften 45
Störer **47,** 100
– auswahl 47
Strafandrohung 209
Strafanzeige 14
Strafnormen **25**
Strafprozessrecht **25**
Strafrecht **25**
Strafrechtswidrigkeit 43
Strafverfügungen **25**
Strafvollzug **25**
Strassen 13
– abstand 147, 156
Streit
– gegenstand 205
– genossenschaft 55
Studienplan 8
Stufe 106
– des Erlasses **92**
Stützlisex 148
Submissionen 192
Submissionsentscheide 15, 164
Submissionsverfahren 178
Subvention 32
Subventionsverträge 175
Suspensivbedingung **34**

T

Tankstellen 138
Tarif 8
– auskunft 10
Tarife **27**
Tatsachen
– aktenwidrige 196
– neue 196
Täuschung
– der Behörde 189
Tauschvertrag 16
Tavernenrechte 131
Taxibewilligungen 114
Teilentscheide 19, **61**
Teilnahme
– an Augenscheinen 73
– an Zeugeneinvernahmen 73
Teilung
– von Verfahren **53**
Tennisplatz 29
Territorialitätsprinzip 26
Thema
– eines Verfahrens 205
Tier
– halteverbot 138
– schutz 138
Titel **161**
Töffliverbot 89
Treu und Glauben 23, 62, 67, 99, 102, 118, **121,** 127, 133, 170, 185, 192, 205, 212

U

Übergangsbestimmungen **211**
Überprüfung
– akzessorische **107**
– niederrangiger Erlasse 108
– ständige 186
übertragen 48
Übertragung
– staatlicher Aufgaben auf gemischtwirtschaftliche Unternehmen 93
– staatlicher Aufgaben auf Private 93
Umbenennung 13

Umstände
– vertrauenerweckende 126
Umwandlung
– in Busse oder Schadenersatz **206**
Umwelt
– fachstelle 42
– schutz 138
– schutzgesetzgebung 33, 54, 214
Umzonung 117
Umzug 148
unabänderlich 131
Unentbehrlichkeit 96
Unentgeltliche Rechtspflege und Verbeiständigung **84**
unentziehbar 131
Unkenntlichmachung 145
Unruhen 148
Unterschrift 83, **168,** 184
Unterschutzstellung 17
– vorsorgliche 56
Untersuchungsgrundsatz **61**
Untersuchungsmaxime **61,** 71
Unterzeichnung 82
– mangelnde 189
unverhältnismässig 207
Unvollständigkeit
– einer Ausnahmeregelung 103
Unzuständigkeit 38
– funktionelle 200
– örtliche 200
– sachliche 200
Urkunden **68**
– öffentliche **70**

V

Veloparkplatz 138
Veranlagungsverfügungen 205
Veranstaltungen 110
Verbandsbeschwerderecht 158
Verbot
– des Mofafahrens 138
Vereinbarungen
– vertragliche 131
Verfahren 27, **38**
– ausländisches 76

Sachregister

Verfahrensbeginn 211
Verfahrenseinleitung **52**
Verfahrensende 211
Verfahrensfehler 201
Verfahrensgegenstand **52**
Verfahrenskoordination **53**, 201
Verfahrensmängel 196
Verfahrensverfügungen **19**
Verfahrensverschleppung 212
verfassungsmässige Rechte und Grundsätze **109**
Verfassungsmässigkeit **106**
Verfassungsstufe **93**
Verfügung **4**
– ausserkantonale 182
– negative 37
– privatrechtsgestaltende **16**
– widersprüchliche **120**, 126
Verfügungsform 206
Vergleichszahlen 75
Verhalten
– vertrauenerweckendes **123**, **126**
– widerspruchsvolles **126**
Verhaltenspflichten **92**
Verhaltensstörer **47**
Verhältnismässigkeit 24, 68, 100, 110, **136**, **149**, 208
Verhältnismässigkeit i.e.S. **138**, **152**
Verhältnismässigkeitsprinzip 32, 210
Verhandlung
– öffentliche mündliche **86**
verhindert 171
Verjährung 180, 214
Verjährungsvorschriften 102
Verkehrsanordnung **27**, 139
verkehrsgefährdend 96
Verkehrssicherheit 140, 156
Verlängerung 35
– der Beschwerdefrist 126
Vermietungsverbot 31
Vermummungsverbot 145, 152
Vermutungen **66**, 72
Veröffentlichung 47, **172**
Verordnungen **8**
Verpachtung 15, 176
verrechnen 180

Versammlungsfreiheit **143, 148**
Verschulden 121
Versicherungsaufsicht 24
Versicherungsrecht 81
Verträge 5, 126, **174**, 185, 192
– betr. Enteignungsobjekte 175
– ewige 178
– öffentlichrechtliche 175
– privatrechtliche 175
– subordinationsrechtliche **177**
– über die Erschliessung 176
– über raumplanerische Massnahmen 177
Vertragsabschluss 12, 15
Vertragsbruch 179
Vertragspartei 178
Vertrauen 203
Vertrauensschutz 122, 133
vertreten 73
Vertreter **45**, 48, **162**, 170
Verwaltung
– des Finanzvermögens 177
Verwaltungsgebühr **104**
Verwaltungsgericht 181
Verweigerung
– einer Baubewilligung 89
Verweis **88**
verwirkt 155
Verzicht 178
Verzögern **81**
Videoaufzeichnungen 152
Volksgesundheit 146
Vollmacht 83
Vollstreckbarkeit 185, **204**, 208
vollstrecken 151, 155
Vollstreckung 181
Vollzug **204, 205**
Vollzugsanordnung 7
Vollzugsfrist 216
Voraussetzungen **28**
Vorbefassung 51
Vorbehalt 30, 189
Vorbereitungshandlung 60
Voreingenommenheit **48**
Vorentscheid 11, **59**, 123, 192
Vorfragen **40**, 108
Vorladung 73

Vorrang
- des Gesetzes **106**
Vorschläge **10**
Vorschriften
- polizeilich motivierte 214
Vorsorgeprinzip 64, 137, 139
Vorverurteilung 51
Vorwirkung 213, **215**
- negative **216**
- positive **217**

W

Waffentragschein 132
Wahl 11
Wahlakte 16
Wald und Weide 88
Waldfeststellung 24, 54, 99
Wandergewerbe 142
Warnungsentzug 37
Wasserentnahmekonzession 114
Wasserlieferungsverhältnis 176
Wasser
- rechte 131
- versorgung 139
Wegleitung
- zur Steuererklärung 123
Wegräumung 130
Wegrecht 31, 56, 133
Weiderechte 133
Weisung **13**
- der vorgesetzten Stelle 108
Weitergeltung
- einer Polizeibewilligung 132
Weiterleitungspflicht 39
Werke 135
Wertvorstellungen 134
wettbewerbsneutral 142
Wettbewerbswirtschaft 177
Widerruf 35, 126,130, 179, **185, 188,**
  200, 205, 210
- eines Vorentscheids 195
- eines Zuschlags 194
Widerrufsvorbehalt 32, 189
Wiedererteilung
- einer Polizeibewilligung 132

Wiedererwägung **186**
Wiedererwägungsgesuch 12
Wiederherstellung
- des gesetzmässigen Zustandes 150
- des rechtmässigen Zustands 137,
  154, 216
- des ursprünglichen Zustands 208
Wiederherstellungsmassnahmen 155
Wiedererwägung **185**
Willensäusserungen
- privatrechtsgeschäftliche **15**
Willenserklärungen 174
Willkür 19, 81
- verbot **118**
Wintersmog 137
Wirkung
- aufschiebende **36**
Wirtepatent 89
Wohl
- des Kindes 120
Wohnanteil 146
Wohnort 39, 115, 125
Wohnsitz
- des Verfügungsadressaten 40
- pflicht 24, 152
Wortlaut 119

Z

Zahlungsbefehl **182**
Zeit
- ablauf 130, 190
- punkt des Vollzugs **210**
- unvordenkliche 131
Zeugeneinvernahme **68**
Zivilgerichte 44
Zonenzweck 23
Zubringerdienst 96
Zufahrt 139
Zufahrtsrecht 41, 114
Zufahrtsstrasse 135
Zulässigkeit
- des Verfügungswegs **44**
zumutbar 96
Zusammenhang
- sachlicher 31

Sachregister

Zusammensetzung
- der entscheidenden Behörde **79**, 83
Zuschlag 111
Zusicherung **123**
- individuelle 131
Zustände
- rechtswidrige 154
zuständig 124, 177
Zuständigkeit 27, **38**, 154, 208
- funktionelle **40**
- örtliche **39**
- sachliche **39**
Zuständigkeitsbereich 154
Zustandsstörer **47**
Zustellung **171**
Zustimmung
- des Betroffenen 191

Zustimmungen **14**
Zuteilungen **14**
zuwarten 43
- mit dem Vollzug 210
Zuweisungen **14**
Zwang
- sofortiger **209**
- unmittelbarer **207, 209**
Zwangsmassnahmen 63
Zweckänderungsverbot 33
Zwecke
- gemeinnützige 96
zweckmässig 96
Zweitwohnungsbau 214
Zwischenentscheide 19, **60**, 167